此防伪页系专门制造

※此防伪页内有多层次固定水印，透光看水印清晰，水印凹凸立体感明显。

※此防伪页上有开天窗安全线，安全线在可见光下改变角度可变色，线上印有“自学考试”激光字。

全国优秀教材二等奖

全国高等教育自学考试指定教材
工商企业管理专业（专科）

企业管理概论

（附：企业管理概论自学考试大纲）
（2018 年版）

全国高等教育自学考试指导委员会　组编
主编　闫笑非

中国人民大学出版社
·北京·

图书在版编目（CIP）数据

企业管理概论/闫笑非主编. —北京：中国人民大学出版社，2018.4
全国高等教育自学考试指定教材
ISBN 978-7-300-25644-3

Ⅰ.①企… Ⅱ.①闫… Ⅲ.①企业管理-高等教育-自学考试-教材 Ⅳ.①F270

中国版本图书馆 CIP 数据核字（2018）第 054682 号

全国优秀教材二等奖
全国高等教育自学考试指定教材
工商企业管理专业（专科）
企业管理概论
（附：企业管理概论自学考试大纲）
（2018 年版）
全国高等教育自学考试指导委员会　组编
主编　闫笑非
Qiye Guanli Gailun

出版发行	中国人民大学出版社		
社　　址	北京中关村大街 31 号	**邮政编码**	100080
电　　话	010－62511242（总编室）		
网　　址	http://www.crup.com.cn		
印　　刷	北京市鑫霸印务有限公司		
规　　格	787 mm×1092 mm　1/16	**版　　次**	2018 年 4 月第 1 版
印　　张	23.5	**印　　次**	2025 年 8 月第 11 次印刷
字　　数	547 000	**定　　价**	55.00 元

官方淘宝店　http://shop136348527.taobao.com

本书如有质量问题，请与教材供应部门联系。

组编前言

21世纪是一个变幻莫测的世纪，是一个催人奋进的时代。科学技术飞速发展，知识更替日新月异。希望、困惑、机遇、挑战，随时随地都有可能出现在每一个社会成员的生活之中。抓住机遇，寻求发展，迎接挑战，适应变化的制胜法宝就是学习——依靠自己学习、终身学习。

作为中国高等教育组成部分的自学考试，其职责就是在高等教育这个水平上倡导自学、鼓励自学、帮助自学、推动自学，为每一个自学者铺就成才之路。组织编写供读者学习的教材是履行这个职责的重要环节。毫无疑问，这种教材应当适合自学，应当有利于学习者掌握和了解新知识、新信息，有利于学习者增强创新意识，培养实践能力，形成自学能力，也有利于学习者学以致用，解决实际工作中所遇到的问题。具有如此特点的书，我们虽然沿用了“教材”这个概念，但它与那种仅供教师讲、学生听，教师不讲、学生不懂，以“教”为中心的教科书相比，已经在内容安排、编写体例、行文风格等方面都大不相同了。希望读者对此有所了解，以便从一开始就树立起依靠自己学习的坚定信念，不断探索适合自己的学习方法，充分利用自己已有的知识基础和实际工作经验，最大限度地发挥自己的潜能，达到学习的目标。

欢迎读者提出意见和建议。

祝每一位读者自学成功。

全国高等教育自学考试指导委员会

2017年1月

目　　录

企业管理概论自学考试大纲

企业管理概论

企业管理概论

自学考试大纲

出版前言

为了适应社会主义现代化建设事业的需要，鼓励自学成才，我国在20世纪80年代初建立了高等教育自学考试制度。高等教育自学考试是个人自学、社会助学和国家考试相结合的一种高等教育形式。应考者通过规定的专业考试课程并经思想品德鉴定达到毕业要求的，可获得毕业证书；国家承认学历并按照规定享有与普通高等学校毕业生同等的有关待遇。经过三十多年的发展，高等教育自学考试为国家培养造就了大批专门人才。

课程自学考试大纲是国家规范自学者学习范围、要求和考试标准的文件。它是按照专业考试计划的要求，具体指导个人自学、社会助学、国家考试、编写教材、编写自学辅导书的依据。

随着经济社会的快速发展，新的法律法规不断出台，科技成果不断涌现，原大纲中有些内容过时、知识陈旧。为更新教育观念，深化教学内容方式、考试制度、质量评价制度改革，使自学考试更好地提高人才培养的质量，各专业委员会按照专业考试计划的要求，对原课程自学考试大纲组织了修订或重编。

修订后的大纲，在层次上，本科参照一般普通高校本科水平，专科参照一般普通高校专科或高职院校的水平；在内容上，力图反映学科的发展变化，增补了自然科学和社会科学近年来研究的成果，对明显陈旧的内容进行了删减。

全国高等教育自学考试指导委员会经济管理类专业委员会组织制定了《企业管理概论自学考试大纲》，经教育部批准，现颁发施行。各地教育部门、考试机构应认真贯彻执行。

全国高等教育自学考试指导委员会
经济管理类专业委员会
2018年1月

Ⅰ　课程性质与课程目标

一、课程性质和特点

“企业管理概论”是全国高等教育自学考试工商管理类专科生课程，是为培养和检验自学应考者的企业管理基础理论、基本知识和基本技能而设置的。这门课程既是深入学习工商管理类专业知识的基础性课程，也是了解和掌握企业管理的一般知识、提高管理素养的普及性课程。

二、课程目标

作为工商管理类专业的基础性课程，“企业管理概论”可使学习者比较全面地了解企业管理体系，了解适用于管理学科各门课程的一般管理理论，了解企业各基本领域的主要管理内容。学习这一基础性课程，将为进一步深入学习工商管理类专业的各门课程创造有利条件。

本课程的目标是使学生能够：

1. 比较全面地了解企业管理体系、企业类型、组织结构、法人治理结构、组织变革等，理解管理、管理者、管理职能、管理理论、管理方法在企业中的作用；了解和熟悉企业变革、管理理论的发展以及商业模式创新等。

2. 比较全面地了解企业战略、战略构成要素、战略特征、企业使命、战略目标、战略体系、战略类型等内容，初步掌握企业战略环境分析的主要内容、战略选择分析的主要方法；熟悉和掌握企业成长战略、竞争战略和国际化战略选择的理论与方法。

3. 了解和掌握企业文化的内涵、特征、构成、功能、形成规律与建设要点。

4. 基本掌握人力资源管理、市场营销、生产运营与供应链管理、质量管理、财务管理和项目管理的理论与方法。

5. 熟悉创业的条件，了解和掌握创新内涵、类型和途径，理解企业成长中的标志、条件。

6. 为进一步学习工商管理类专业知识和技能打下基础。

三、与相关课程的联系与区别

“企业管理概论”作为工商管理类的基础性导论课程，在整个专业人才培养的课程体系中发挥着提纲挈领的作用，它的特点是内容体系几乎涵盖企业日常运行管理或一次性管理的全部内容，解决学生学习过程中的“盲人摸象”问题；但是，与其他专业课程相比，该课程所涉及每一部分职能管理领域的内容往往都“点到为止”。因此，“企业管理概论”与其他相关专业课程相辅相成，在工商管理类专业人才培养中各自发挥不同的作用。

四、课程的重点与难点

本课程重点内容为：对企业的基本认识，企业管理的基本理论，战略分析，战略选择，企业文化建设，人力资源管理，市场营销，生产运营与供应链管理，质量管理，项目管理，财务管理，创业、创新与企业成长等。

本课程难点内容为：战略分析，战略管理，人力资源管理，生产运营与供应链管理，质量管理，项目管理，财务管理，创业、创新与企业成长等。另外，由于课程涉及企业管理的方方面面，多方面简单内容的组合就构成了具有一定强度和难度的课程。

Ⅱ 考核目标

本大纲在考核目标中，按照识记、领会、简单应用和综合应用四个层次规定自学考生应达到的能力层次要求。四个能力层次是递进关系，各能力层次的含义是：

识记（Ⅰ）：要求自学考生能够识别和记忆本课程中有关企业管理的概念、原理、方法的主要内容，并能够根据考核的不同要求，做出正确的表述、选择和判断。

领会（Ⅱ）：要求自学考生能够领悟和理解本课程中有关企业管理的概念、原理及方法的内涵及外延，理解相关企业管理知识的区别和联系，并能够根据考核的不同要求对企业管理问题进行逻辑推理和论证，做出正确的判断、解释和说明。

简单应用（Ⅲ）：要求自学考生能够根据已知的企业管理事实，对企业管理问题进行某一企业管理职能领域的管理分析和论证，得出正确的结论或做出正确的判断。

综合应用（Ⅳ）：要求自学考生能够根据已知的企业管理事实，对企业管理问题进行多个企业管理职能领域的综合管理分析和论证，得出解决问题的综合方案。

Ⅲ　课程内容与考核要求

第一章　企业

一、学习目的与要求

通过本章的学习，学生应对企业有较全面、正确的了解与认识；重点掌握企业的本质、企业的类型、企业组织结构设计的有关内容、企业组织结构的基本形式、法人治理结构、几种新型组织形态等内容。

二、课程内容

（一）企业的本质
（二）企业的类型
（三）企业组织结构
（四）公司制企业的法人治理结构

三、考核知识点与考核要求

（一）企业的本质

1. 识记：企业。

2. 领会：（1）企业的内涵；（2）企业的构成要素；（3）知识资源的表现形式；（4）知识资源的特征；（5）企业的流程要素。

3. 简单应用：分析知识资源成为更重要的企业构成要素的原因。

（二）企业的类型

1. 识记：（1）个人业主制企业；（2）合伙制企业；（3）公司制企业；（4）国有独资公司；（5）国有控股公司；（6）国有参股公司；（7）劳动密集型企业；（8）资金密集型企业；（9）技术密集型企业；（10）知识密集型企业；（11）联合公司；（12）企业联合体；（13）企业集团。

2. 领会：（1）个人业主制企业的优缺点；（2）合伙制企业的优缺点；（3）公司制企业的特点；（4）大型企业、中型企业、小型企业、微型企业的划分；（5）联合公司的具体形式；（6）企业联合体的主要类型。

3. 简单应用：（1）比较公司制企业两种具体形式的异同；（2）简述企业集团的特征。

（三）企业组织结构

1. 识记：（1）管理层次；（2）管理幅度；（3）直线结构；（4）直线职能结构；（5）事业部结构；（6）虚拟企业；（7）学习型组织；（8）无边界组织。

2. 领会：（1）组织结构设计；（2）管理层次与管理幅度的关系；（3）组织结构设计的基本原则；（4）直线结构的优缺点；（5）直线职能结构的优缺点；（6）矩阵结构的特点；（7）虚拟企业的优越性；（8）学习型组织的“五项修炼”模型；（9）平台型组织的特点；（10）知识型组织的特点。

3. 简单应用：（1）简述确定管理幅度需考虑的影响因素；（2）简述组织结构设计的目的和内容；（3）简述事业部结构的特点、优缺点和适用条件。

4. 综合应用：（1）组织变革的动因；（2）组织变革的趋势。

（四）公司制企业的法人治理结构

1. 识记：（1）法人治理结构；（2）股东大会；（3）董事会；（4）高层经理班子；（5）监事会；（6）独立董事。

2. 领会：（1）股东大会的性质与职权；（2）董事会的性质与职权；（3）高层经理班子的性质与职权；（4）监事会的性质与职权；（5）法人治理结构的矛盾。

3. 简单应用：（1）简述股东大会与董事会相互之间的关系；（2）简述董事会与高层经理班子之间的关系；（3）简述监事会与董事会、高层经理班子之间的关系。

4. 综合应用：阐述对企业经营管理者的激励和约束机制。

四、本章重点、难点

本章重点是企业的内涵、构成要素和流程要素；企业主要的类型；企业组织结构设计的基本问题；几种基本的企业组织结构形式；企业组织变革动因、趋势和新型企业组织形态；公司制企业的法人治理结构的构成、矛盾和激励约束机制。难点是企业组织结构设计、企业组织变革动因与趋势、公司制企业的法人治理结构的矛盾和激励约束机制。

第二章　企业管理的基本理论

一、学习目的与要求

通过本章的学习，学生应从总体上认识企业管理，理解和掌握管理内涵、管理者、管理职能、管理方法等内容；理解管理理论的新发展，认识和理解企业变革的发展变化规律等，掌握商业模式与创新的相关内容等内容，为以后各章有关企业管理的具体内容学习奠定基础。

二、课程内容

（一）管理、管理者与管理职能

（二）企业管理方法

（三）企业变革与管理理论的发展

三、考核知识点与考核要求

（一）管理、管理者与管理职能

1. 识记：(1) 管理；(2) 管理者；(3) 管理职能。

2. 领会：(1) 管理的目的；(2) 管理的任务；(3) 企业管理的任务；(4) 管理者的类型；(5) 管理者的角色；(6) 管理者的技能；(7) 管理职能。

3. 简单应用：分析不同类型的管理者与管理技能之间的匹配。

（二）企业管理方法

1. 识记：(1) 系统；(2) 行政方法；(3) 经济方法；(4) 法律方法。

2. 领会：(1) 人造系统的特征；(2) 系统论观点；(3) 信息论观点；(4) 控制论观点。

3. 简单应用：简述管理系统控制功能发挥作用的前提条件。

（三）企业变革与管理理论的发展

1. 识记：(1) 企业生命周期；(2) 战略冒进陷阱；(3) 战略保守陷阱；(4) 战略转折点；(5) 企业管理前沿的主要理论。

2. 领会：(1) 落入战略冒进陷阱的原因与危害；(2) 落入战略保守陷阱的原因与危害；(3) 知识类型；(4) 隐性知识与显性知识的转化方式；(5) 企业知识的内容构成；(6) 知识管理的关键。

3. 简单应用：(1) 简述处于成长期的企业的主要特点；(2) 简述处于成熟期的企业的主要特点；(3) 简述处于衰退期的企业的主要特点；(4) 分析企业步入衰退期的原因；(5) 简述企业流程再造理论（BPR）的主要观点；(6) 简述企业流程再造的实施工作流程。

4. 综合应用：(1) 论述企业变革中的管理陷阱；(2) 论述前沿的企业管理理论与战略管理基本问题的关系。

四、本章重点、难点

本章重点是管理的内涵、目的与任务；管理者的类型、角色和技能；管理职能；企业管理的方法论（系统论、信息论和控制论）的主要观点；企业管理的一般管理方法（经济方法、行政方法和法律方法）的主要内容；企业流程再造理论和知识管理理论的主要内容；商业模式及构成要素；商业模式对企业的管理实践的意义；商业模式创新的特点与方式。难点是不同类型管理者的主要工作内容与所扮演的角色和需要的技能的关系；处于不同成长周期的企业的主要特点；企业成长中的战略陷阱与管理陷阱；企业管理前沿理论与战略管理基本问题的关系；与传统创新相比，商业模式创新的特点及主要方式。

第三章　战略分析

一、学习目的与要求

通过本章的学习，学生应对影响企业战略的宏观环境、行业环境和内部环境有较全面的认识和了解，初步掌握进行企业战略选择的多种工具，并能够进行简单的企业战略分析。

二、课程内容

（一）战略与战略管理

（二）战略分析内容

（三）战略分析方法

三、考核知识点与考核要求

（一）战略与战略管理

1. 识记：（1）战略；（2）企业战略；（3）竞争优势；（4）协同作用；（5）战略管理；（6）企业使命；（7）战略目标。

2. 领会：（1）理解“企业战略”要把握好的几个要点；（2）不同类型企业的产品和市场领域；（3）产品-市场组合战略的成长方向；（4）发挥协同作用的领域；（5）战略管理过程；（6）战略目标的类别。

3. 简单应用：（1）简述企业战略的特征；（2）指出评价战略的要素；（3）简述企业使命的内容。

（二）战略分析内容

1. 识记：（1）PEST 分析；（2）行业环境；（3）有形资源；（4）无形资源；（5）核心竞争力。

2. 领会：（1）企业战略环境的层次；（2）企业宏观环境的构成；（3）行业需求分析的内容；（4）行业内竞争对手分析的主要内容；（5）产品竞争能力分析的内容；（6）组织能力分析的内容；（7）核心竞争力的特点及判别标准。

3. 简单应用：（1）简述行业生命周期及各阶段的特点；（2）指出分散行业的环境特点及战略选择；（3）简述新兴行业的环境特点；（4）简述影响行业竞争强度的力量；（5）比较有形资源与无形资源。

4. 综合应用：（1）结合案例材料，对某企业进行宏观环境分析；（2）结合案例材料，对某企业的竞争环境进行分析。

（三）战略分析方法

1. 识记：（1）SWOT 分析法；（2）波士顿矩阵分析法；（3）麦肯锡矩阵分析法；（4）通用矩阵分析方法；（5）价值链分析法。

2. 领会：（1）SO、WT、WO、ST 组合战略；（2）战略象限。

3. 简单应用：（1）根据企业产品或业务所在波士顿矩阵的区域进行战略选择；（2）根据企业产品或业务的行业吸引力和竞争地位进行战略决策选择；（3）根据企业产品或业务的行业竞争力和企业竞争力进行战略决策选择。

4. 综合应用：（1）结合案例材料，借助 SWOT 分析法进行企业业务的战略选择决策；（2）结合案例材料，并借助价值链分析法进行企业战略分析。

四、本章重点、难点

本章重点是企业战略的概念、特征与构成要素；战略管理特征与过程；企业使命与战略目标；企业战略环境分析（宏观环境、行业环境、竞争环境、企业内部环境）的主要内容；几种主要的战略分析方法（SWOT 分析法、波士顿矩阵分析法、麦肯锡矩阵分析法、通用矩阵分析方法、价值链分析法）的主要内容。难点是企业战略的构成要素；企业的使命与战略之间的关系；企业战略环境分析的应用；几种主要的战略分析方法的应用。

第四章　战略选择

一、学习目的与要求

通过本章的学习，学生应对企业战略的基本原理和相关理论有基本的认识和了解，重点掌握企业使命和战略目标、公司战略、一般竞争战略、职能战略、国际化战略等。

二、课程内容

（一）企业战略体系
（二）企业成长战略
（三）企业竞争战略
（四）企业国际化战略

三、考核知识点与考核要求

（一）企业战略体系

1. 识记：(1) 公司战略；(2) 一般竞争战略；(3) 职能战略；(4) 成长型战略；(5) 稳定型战略；(6) 紧缩型战略；(7) 进攻型战略；(8) 赶超型战略；(9) 防御型战略；(10) 转移型战略。

2. 领会：(1) 职能战略的特点；(2) 成长型战略的构成；(3) 一般竞争战略的构成。

3. 简单应用：(1) 指出一般竞争战略与公司战略的区别；(2) 指出企业职能战略与公司战略的区别。

（二）企业成长战略

1. 识记：(1) 一体化战略；(2) 纵向一体化；(3) 前向一体化；(4) 后向一体化；(5) 横向一体化；(6) 多元化战略；(7) 相关多元化战略；(8) 不相关多元化战略；(9) 企业并购；(10) 战略联盟。

2. 领会：(1) 横向并购与纵向并购；(2) 直接收购与间接并购；(3) 善意并购与恶意并购。

3. 简单应用：(1) 简述纵向一体化战略的优缺点；(2) 简述横向一体化战略的优缺点；(3) 简述多元化战略的优缺点；(4) 简述多元化战略的进入途径。

4. 综合应用：(1) 试述企业并购的动机、原则以及失败的原因；(2) 指出战略联盟的优点，并说明战略联盟是现代企业组织制度的一种创新的理由。

（三）企业竞争战略

1. 识记：（1）竞争战略；（2）成本领先战略；（3）差异化战略；（4）集中化战略。

2. 领会：（1）成本领先战略的优势与劣势；（2）差异化战略的优势与风险；（3）集中化战略的优势与风险。

3. 简单应用：（1）指出实施成本领先战略的优势与劣势；（2）分析实施差异化战略的优势与风险；（3）分析实施集中化战略的优势与风险。

（四）企业国际化战略

1. 识记：（1）全球化战略；（2）多国本土化战略；（3）跨国战略；（4）国际分包合同；（5）工程承包合同；（6）"建设-运作-转让"（BOT）的境外投资方式。

2. 领会：（1）跨国经营的战略目的；（2）许可证与特许协议；（3）合资企业的主要方式。

3. 简单应用：（1）多国本土化战略的实施条件；（2）简述许可证与特许经营的异同以及使用的局限性。

4. 综合应用：试述 BOT 投资项目的选择标准、约束条件和主要风险。

四、本章重点、难点

本章重点是企业战略层次；企业成长型战略的构成；一体化战略和多元化战略的优缺点；多元化战略的进入途径；企业并购的类型；战略联盟；一般竞争战略的构成；成本领先战略、差异化战略、集中化战略的优势与劣势；企业国际化战略及类型；国际市场的进入方式。难点是公司战略、一般竞争战略与职能战略之间的关系；企业并购的动机、原则以及失败的原因；战略联盟与现代企业制度创新；全球化战略、多国本土化战略、跨国战略的实施条件。

第五章　企业文化

一、学习目的与要求

通过本章的学习，学生应了解企业文化提出的背景，企业文化的含义；重点掌握企业文化的结构和功能；企业文化形成的机制；熟悉企业文化建设的原则、企业文化建设的时机把握和切入点的选择等。

二、课程内容

（一）企业文化的内涵与特征

（二）企业文化的结构与功能

（三）企业文化的形成与建设

三、考核知识点与考核要求

（一）企业文化的内涵与特征

1. 识记：企业文化。

2. 领会：(1) 企业文化的内涵；(2) 企业文化的隐形性；(3) 企业文化的潜移性；(4) 企业文化的可塑性；(5) 企业文化的继承性；(6) 企业文化的稳定性和发展性；(7) 企业文化的普遍性与差异性。

3. 简单应用：简述企业文化的特征。

（二）企业文化的结构与功能

1. 识记：(1) 物质文化；(2) 制度文化；(3) 特殊制度；(4) 企业风俗；(5) 企业最高目标；(6) 企业精神；(7) 经营管理风格；(8) 企业风气；(9) 企业道德。

2. 领会：(1) 表层文化的内容；(2) 制度文化的内容；(3) 企业规章制度的类别；(4) 企业的岗位责任制的内容。

3. 简单应用：(1) 简述企业文化理论系统的构成要素；(2) 说明企业文化构成三个层面的关系；(3) 简述企业深层文化的内容。

4. 综合应用：(1) 论述在制定和贯彻企业规章制度过程中需要遵循的原则；(2) 论述企业文化的功能及其内容。

（三）企业文化的形成与建设

1. 识记：(1) 企业文化建设的原则；(2) 企业文化建设的规划。

2. 领会：(1) 企业文化的形成过程；(2) 企业文化建设规划的内容。

3. 简单应用：(1) 简述企业文化建设的启动时机；(2) 简述企业文化建设的切入点的选择；(3) 简述企业文化灌输、传播与巩固的具体措施。

4. 综合应用：结合案例，分析和总结某企业成功建设企业文化的经验和教训。

四、本章重点、难点

本章重点是企业文化的内涵、特征；企业表层文化、中层文化、深层文化的内容；企业文化的功能；企业文化建设的原则；企业文化建设规划的主要内容。难点是企业文化构成三个层面的关系；企业文化建设的时机把握和切入点的选择；企业文化灌输、传播与巩固的具体措施。

第六章　人力资源管理

一、学习目的与要求

通过本章的学习，学生应了解人力资源管理的内容、特点和过程；掌握企业获取、开发和维护人力资源的任务；重点掌握人力资源规划、职务分析、员工招聘、培训、绩效评估、薪酬管理和职业生涯管理等内容。

二、课程内容

（一）人力资源管理概述

（二）人力资源的获取

（三）人力资源的开发

（四）人力资源的维护

三、考核知识点与考核要求

（一）人力资源管理概述

1. 识记：（1）人力资源；（2）人力资源管理。

2. 领会：（1）人力资源的特点；（2）人力资源管理的特点。

3. 简单应用：（1）简述人本原理及主要观点；（2）简述企业人力资源管理的任务。

（二）人力资源的获取

1. 识记：（1）人力资源规划；（2）职务分析。

2. 领会：（1）职务分析的内容；（2）招聘及过程。

3. 简单应用：比较企业内部、外部招聘的优劣。

4. 综合应用：分析各类外部招聘途径和方式的特点。

（三）人力资源的开发

1. 识记：（1）员工培训；（2）绩效评估。

2. 领会：（1）员工培训的类型；（2）培训的组织过程；（3）绩效评估的内容；（4）绩效评估的方法。

3. 简单应用：（1）简述员工培训的主要目的；（2）评述绩效评估的作用及过程；（3）简述排序考评法的优缺点；（4）指出关键事件法的优点；（5）简述 360°绩效考核法及其优缺点。

4. 综合应用：采用评级量表法，对单位员工做出恰当的绩效评价。

（四）人力资源的维护

1. 识记：（1）薪酬；（2）直接报酬；（3）间接报酬；（4）工资；（5）津贴；（6）奖金；（7）福利；（8）基本福利；（9）补充福利；（10）薪酬管理；（11）结构工资制；（12）职业生涯；（13）职业生涯管理。

2. 领会：（1）薪酬构成；（2）经济类报酬的构成；（3）非经济类报酬的构成；（4）工资的构成及其内容；（5）津贴的构成及其内容；（6）基本福利的构成及其内容；（7）企业工资制度的类型；（8）影响员工职业发展的因素。

3. 简单应用：（1）简述企业薪酬结构的内容；（2）简述薪酬制度设计的主要程序；（3）分析企业薪酬管理中存在的均衡性问题；（4）简述职业发展的路径及具体内容。

4. 综合应用：论述职业生涯管理的内容和方法。

四、本章重点、难点

本章重点是企业人力资源及人力资源管理；人力资源管理的特点与任务；人力资源规划与职务分析；企业内部、外部招聘的优缺点比较；各类外部招聘途径的特点；员工培训类型和主要目的；绩效评估的内容和作用；绩效评估的主要方法；薪酬构成及其内容；薪酬制度设计；职业生涯管理的内容与方法。难点是企业招聘方式或途径选择；使用合适的绩效考核方法对单位员工做出恰当的绩效评价；企业薪酬管理中存在的均衡性问题。

第七章　市场营销

一、学习目的与要求

通过本章的学习，学生应理解市场营销的基本知识；重点掌握现代市场营销观念、市场细分、目标市场选择、市场定位、市场营销组合战略、名牌战略和新形势下市场开拓新谋略等相关内容。

二、课程内容

（一）市场营销观念
（二）市场细分、目标市场选择和市场定位
（三）市场营销组合
（四）名牌战略
（五）市场营销新谋略

三、考核知识点与考核要求

（一）市场营销观念

1. 识记：(1) 生产观念；(2) 产品观念；(3) 推销观念；(4) 市场营销观念；(5) 社会营销观念；(6) 绿色营销。

2. 领会：(1) 生产观念和产品观念产生的不同时代背景；(2) 推销观念产生的市场背景；(3) 顾客价值与市场营销观念；(4) 社会营销观念产生的背景。

3. 简单应用：(1) 简述传统市场营销观念的特点；(2) 简述现代营销观念的特点；(3) 简述实施绿色营销战略的条件。

（二）市场细分、目标市场选择和市场定位

1. 识记：(1) 市场细分；(2) 目标市场；(3) 市场定位；(4) 对峙定位；(5) 避强定位。

2. 领会：(1) 市场细分标准（变量）；(2) 地理细分；(3) 人口细分；(4) 心理细分；(5) 行为细分；(6) 目标市场选择的标准。

3. 简单应用：(1) 简述市场细分的作用；(2) 简述有效市场细分的特征；(3) 简述目标市场选择的模式。

4. 综合应用：结合案例材料，分析某企业的目标市场选择和市场定位。

（三）市场营销组合

1. 识记：市场营销组合。

2. 领会：(1) 4P 营销组合；(2) 4C 营销组合；(3) 4R 营销组合；(4) 新产品开发策略的选择。

3. 简单应用：(1) 比较 4P、4C、4R 营销组合理论；(2) 简述基于 4P 的市场营销组合的四种战略方案；(3) 简述非人员促销策略。

4. 综合应用：结合案例材料，分析某企业的市场营销组合策略。

（四）名牌战略

1. 识记：（1）品牌；（2）名牌；（3）名牌战略。

2. 领会：（1）名牌商标战略；（2）名牌商号战略；（3）商标、商号统一的名牌战略；（4）商标和商号共创名牌战略；（5）地方名牌战略；（6）地区名牌战略；（7）国家名牌战略；（8）国际区域名牌战略；（9）世界名牌战略。

3. 简单应用：（1）简述品牌及其特质；（2）简述品牌与名牌之间的关系；（3）简述名牌的价位战略。

4. 综合应用：结合案例材料，分析某企业品牌战略的实施过程。

（五）市场营销新谋略

1. 识记：（1）整合营销；（2）网络营销；（3）微博营销；（4）微信营销；（5）病毒营销；（6）精准营销。

2. 领会：（1）网络营销的功能；（2）微博营销的优势；（3）微信营销的优势。

3. 简单应用：（1）简述实施整合营销战略需要注意的问题；（2）简述精准营销的主要内容。

4. 综合应用：分析某企业网络营销/病毒营销/精准营销的实践。

四、本章重点、难点

本章重点是各种市场营销观念的产生背景；传统市场营销观念与现代市场营销观念的特点；市场细分标准、作用和有效市场细分的特征；目标市场选择的标准与模式；市场定位；4P 、4C 、4R 营销组合战略；品牌及其特质；名牌战略及类型；整合营销、网络营销（包含微博营销和微信营销）、病毒营销、精准营销等市场营销新谋略。难点是 4P、4C、4R 营销组合的异同；4P 市场营销组合的战略方案选择；品牌与名牌之间的关系；不同名牌战略的异同；市场营销新谋略的企业实践。

第八章　生产运营与供应链管理

一、学习目的与要求

通过本章的学习，学生应重点理解生产运营管理的内容、问题及特点；掌握生产运营的组织与分类；理解和掌握综合生产计划、主生产计划与物料需求计划；了解 MRP Ⅱ、ERP 和 JIT 等先进生产方式；熟悉供应链、物流管理、库存管理；了解第三方物流、第四方物流等内容。

二、课程内容

（一）生产运营管理的内容、问题与特点

（二）生产运营过程的组织与分类

（三）生产计划与方式

（四）供应链与物流管理

三、考核知识点与考核要求

（一）生产运营管理的内容、问题与特点

1. 识记：生产运营管理。

2. 领会：（1）生产运营管理的内容；（2）生产运营过程产出的特征。

3. 简单应用：（1）简述生产运营管理的基本问题；（2）简述现代生产运营管理具有的新特征。

（二）生产运营过程的组织与分类

1. 识记：（1）生产管理；（2）工艺专业化；（3）对象专业化；（4）处理转换过程；（5）加工装配过程；（6）单件生产过程；（7）成批生产过程；（8）流水线生产过程；（9）连续生产过程；（10）备货型生产；（11）订单型生产；（12）生产能力；（13）生产能力柔性。

2. 领会：（1）生产过程的构成；（2）工艺专业化的优缺点；（3）对象专业化的优缺点；（4）服务性生产的基本特征；（5）衡量服务能力的指标。

3. 简单应用：（1）简述流程型和加工装配型生产的主要区别；（2）简述单件生产过程、成批生产过程及流水线生产过程的主要区别；（3）简述流水线生产过程的特点及使用条件；（4）简述企业实现产能柔性采用的主要方式；（5）简述服务能力与生产能力的异同。

（三）生产计划与方式

1. 识记：（1）综合生产计划；（2）主生产计划；（3）物料需求计划；（4）制造资源计划；（5）企业资源计划；（6）准时生产方式。

2. 领会：（1）主生产计划；（2）MRP 系统编制和运行生产计划的依据；（3）MRP Ⅱ系统的构成。

3. 简单应用：（1）根据综合生产计划，编制某企业的主生产计划；（2）简述 ERP 的核心思想及表现；（3）简述 JIT 的实现条件。

（四）供应链与物流管理

1. 识记：（1）供应链；（2）供应链管理；（3）物流；（4）企业物流；（5）销售物流；（6）回收物流；（7）废弃物物流；（8）仓储；（9）在制品库存；（10）安全库存；（11）经常性库存；（12）第三方物流；（13）第四方物流。

2. 领会：（1）供应链的特点；（2）供应链管理的思想；（3）物流服务的要素；（4）销售物流管理；（5）物料处理的主要方式；（6）仓库的主要类型；（7）定量库存控制法；（8）定期库存控制法；（9）ABC 分析法；（10）第四方物流业务内容。

3. 简单应用：（1）简述供应链管理的主要内容；（2）简述定期库存控制法的优点；（3）简述物流“动”“静”的含义；（4）简述与销售物流相比，逆向物流的特点；（5）简述销售物流的主要环节；（6）简述 ABC 分析法的应用；（7）简述第三方物流的优越性；（8）简述第四方物流和第三方物流的区别。

四、本章重点、难点

本章重点是生产运营管理的内容和基本问题；现代生产运营管理具有的新特征；基本生产过程的组织；制造性生产及类型；服务性生产的特征及类型；生产能力与服务能力；

综合生产计划、主生产计划与物料需求计划；MRP Ⅱ、ERP 和 JIT 等先进生产方式；供应链及供应链管理；物流、物流活动及库存管理；第三方物流、第四方物流。难点是流程型和加工装配型生产的区别；单件生产过程、成批生产过程及流水线生产过程的区别；ERP 的核心思想及表现；JIT 的实现条件；第四方物流和第三方物流的区别。

第九章 质量管理

一、学习目的与要求

通过本章的学习，学生应重点掌握质量与质量管理、全面质量管理、质量管理体系、质量标准、质量体系认证等方面的基本知识和基本理论；了解和初步掌握常用的质量控制方法。

二、课程内容

（一）质量与质量管理
（二）全面质量管理
（三）质量标准体系与质量认证
（四）质量管理与控制方法

三、考核知识点与考核要求

（一）质量与质量管理
1. 识记：（1）产品质量；（2）服务质量；（3）工作质量。
2. 领会：（1）质量的形成；（2）质量管理的发展过程。
3. 简单应用：简述质量管理的发展阶段及其特征。
（二）全面质量管理
1. 识记：全面质量管理。
2. 领会：（1）全面质量管理的概念；（2）全面质量管理的特点。
3. 简单应用：简述全面质量管理的特点。
（三）质量标准体系与质量认证
1. 识记：（1）质量标准；（2）国际标准；（3）国家标准；（4）行业标准；（5）企业标准；（6）技术标准；（7）管理标准；（8）工作标准；（9）标准化；（10）质量认证；（11）产品质量认证；（12）质量管理体系认证。

2. 领会：（1）质量管理的原则；（2）各类质量标准的内涵；（3）各类企业标准的内涵；（4）ISO9000 系列标准的核心标准；（5）ISO9000 系列标准的构成；（6）质量管理体系的内容构成；（7）质量管理体系文件；（8）质量管理体系认证的认证证书和认证标志；（9）质量管理体系认证的作用；（10）质量管理体系认证程序。

3. 简单应用：（1）简述质量标准及类别；（2）简述标准化工作的重要性及新特点；（3）简述质量管理体系认证。

（四）质量管理与控制方法

1. 识记：（1）因果图；（2）PDCA 循环；（3）六西格玛方法。

2. 领会：（1）PDCA 循环的工作步骤；（2）六西格玛管理的人员组织结构。

3. 简单应用：简述六西格玛管理的特征。

四、本章重点、难点

本章重点是产品质量、服务质量与工作质量；质量形成的朱兰质量螺旋；质量管理；全面质量管理的概念和特点；质量标准；质量管理体系；质量管理体系文件；质量认证；质量管理的常用统计方法、PDCA 循环和六西格玛方法。难点是 ISO9000 系列标准的核心标准；ISO9000 系列标准的构成；六西格玛方法的内涵。

第十章　项目管理

一、学习目的与要求

通过本章的学习，学生应了解项目的定义和特性以及项目管理的基本含义、目标和主要内容；重点掌握项目管理的过程以及项目管理的各类组织形式；理解并初步掌握工作分解结构和关键路径分析两个重要的项目计划工具。

二、课程内容

（一）项目管理概述

（二）项目管理过程与组织

（三）项目管理技术

三、考核知识点与考核要求

（一）项目管理概述

1. 识记：（1）项目；（2）项目管理。

2. 领会：（1）项目的特性；（2）项目管理的目标；（3）项目管理的主要内容。

3. 简单应用：（1）简述项目生命周期及其特征；（2）分析某项目特点和管理内容。

（二）项目管理过程与组织

1. 识记：（1）职能型组织；（2）纯项目型组织；（3）矩阵型组织。

2. 领会：（1）职能型组织的优缺点；（2）纯项目型组织的优缺点；（3）矩阵型组织的优缺点。

3. 简单应用：（1）简述项目管理过程的作用和任务；（2）简述项目管理组织的类型、特点及适用性。

（三）项目管理技术

1. 识记：（1）工作分解结构；（2）关键路径分析。

2. 领会：（1）工作分解结构的作用；（2）WBS 的高级运用；（3）创建 WBS 的工作

方法；（4）关键路径的特征。

3. 简单应用：（1）简述关键路径分析的作用；（2）对某项目进行关键路径分析，做出项目进度计划。

四、本章重点、难点

本章重点是项目与项目管理；项目管理过程的作用和任务；项目管理组织的类型、特点及适用性；工作分解结构；关键路径分析。难点是项目组织的选择；项目管理组织的选择；项目管理技术。

第十一章　财务管理

一、学习目的与要求

通过本章的学习，学生应了解企业资金运动的规律，重点掌握企业财务管理中的筹资管理、投资管理、资产管理、资本经营和财务分析等内容，探索提高资本运营效率和效益的途径。

二、课程内容

（一）企业财务管理概述
（二）企业筹资管理
（三）企业投资管理
（四）企业营运资金管理
（五）企业利润分配与管理
（六）企业财务分析

三、考核知识点与考核要求

（一）企业财务管理概述

1. 识记：（1）财务管理的内容；（2）财务管理的目标。

2. 领会：（1）财务管理的基本内容；（2）财务管理目标的几种不同观点。

3. 简单应用：评述某企业财务管理目标及其恰当性。

（二）企业筹资管理

1. 识记：（1）企业筹资；（2）筹资渠道；（3）筹资方式；（4）资本成本；（5）资本结构。

2. 领会：（1）企业筹资的动机；（2）筹资的几种渠道；（3）筹资的几种具体方式；（4）筹资的分类。

3. 简单应用：（1）简述筹资管理的原则与内容；（2）计算与分析长期筹资的个别资本成本率；（3）阐述某企业对筹资渠道与筹资方式的选择。

（三）企业投资管理

1. 识记：（1）企业投资；（2）净现值；（3）获利指数；（4）内含报酬率；（5）回收

期；（6）投资利润率。

2. 领会：（1）企业投资的意义；（2）直接投资和间接投资；（3）短期投资和长期股资；（4）对内投资和对外投资；（5）生产性投资和金融性资产投资；（6）现金流入量、现金流出量和净现金流量。

3. 简单应用：（1）简述投资管理的原则；（2）简述投资管理的过程。

4. 综合应用：运用长期投资决策评价方法对某投资项目进行可行性分析。

（四）企业营运资金管理

1. 识记：（1）营运资金；（2）流动资产；（3）流动负债；（4）商业信用。

2. 领会：（1）营运资金的管理原则；（2）现金的持有动机；（3）现金管理的内容；（4）应收账款成本；（5）应收账款的信用政策；（6）应收账款的日常管理；（7）存货的成本与控制；（8）商业信用的形式；（9）短期借款的形式。

3. 简单应用：对某企业营运资金管理现状进行分析评价。

（五）企业利润分配与管理

1. 识记：（1）利润分配；（2）现金股利；（3）股票股利；（4）股利政策。

2. 领会：（1）利配分配的顺序；（2）股利形式；（3）股利发放程序；（4）股利政策类型。

3. 简单应用：简述制定股利分配政策应考虑的因素。

4. 综合应用：对某企业股利政策类型进行判断，并进行分析评价。

（六）企业财务分析

1. 识记：（1）财务分析；（2）资产负债表；（3）利润表；（4）现金流量表。

2. 领会：（1）财务分析的意义；（2）财务分析的方法。

3. 简单应用：（1）简述资产负债表的主要内容与作用；（2）简述利润表的主要内容与作用；（3）简述现金流量表的主要内容与作用。

4. 综合应用：根据某企业财务数据，通过财务指标的计算分析评价企业的偿债能力、营运能力、盈利能力。

四、本章重点、难点

本章重点是财务管理目标和财务管理的基本内容；企业筹资的动机、渠道及方式；企业筹资的种类；筹资管理的内容与原则；投资管理的原则和过程；长期筹资决策中的资本成本与资本结构；企业投资的类型；企业长期投资项目决策评价方法；企业流动资产与流动负债管理；企业利润分配方式及股利政策选择；企业财务指标计算及财务评价。难点是长期筹资决策中资本成本率的计算；企业长期投资项目决策；通过财务指标的计算分析，评价企业的投资方案，评价企业的偿债能力、营运能力、盈利能力。

第十二章　创业、创新与企业成长

一、学习目的与要求

通过本章的学习，学生应理解创业、创新、企业成长的基本知识；重点掌握企业创业的条件、创业成功的要素；技术创新的内涵、特点、作用、影响因素、实现途径等；企业可持续成长的可能性、成长标志、成长条件等相关内容。

二、课程内容

（一）创业管理
（二）技术创新
（三）企业可持续成长

三、考核知识点与考核要求

（一）创业管理

1. 识记：（1）创业；（2）企业家精神；（3）商业计划书。

2. 领会：（1）创业的条件；（2）商业计划书的作用。

3. 简单应用：（1）阐述商业计划书的作用；（2）分析企业家精神对创业成功的作用；（3）简述一份好的商业计划书应包括的具体内容。

（二）技术创新

1. 识记：（1）渐进性创新；（2）根本性创新；（3）产品创新；（4）工艺创新；（5）模仿性创新；（6）合作创新；（7）反向工程。

2. 领会：（1）创新的五种形式；（2）技术创新的特点；（3）技术创新风险类型；（4）发明与创新之间的关系；（5）技术创新与研究开发的区别和联系；（6）技术创新与技术进步的区别和联系；（7）影响创新活动成败的因素；（8）根本性创新的特点；（9）自主创新的特点；（10）模仿创新的特点；（11）合作创新的模式；（12）技术创新评价的内容。

3. 简单应用：（1）阐述熊彼特的创新理论的基本观点；（2）简述技术创新的特点；（3）分析自主创新的优势与劣势；（4）分析模仿创新的优势与劣势；（5）简述合作创新的模式。

4. 综合应用：运用综合评价法对技术创新项目进行评价。

（三）企业可持续成长

1. 识记：（1）可持续成长；（2）可持续成长企业。

2. 领会：（1）可持续成长的特征；（2）企业可持续成长的可能性；（3）企业成长的标志。

3. 简单应用：分析企业实现可持续成长的条件。

四、本章重点、难点

本章重点是创业的条件与商业计划书；技术创新的概念、特点、类型及途径；技术创新能力的评价方法；企业可持续成长的可能性及条件。难点是编写一份好的商业计划书；对技术创新项目进行综合评价。

Ⅳ 关于大纲的说明与考核实施要求

为使本大纲在个人自学、社会助学和课程考试命题中得到贯彻落实，现对有关问题做如下说明，并提出具体考核实施要求。

一、自学考试大纲的目的和作用

本大纲根据专业自学考试计划的要求，结合自学考试的特点，明确了课程学习的内容以及深度、广度、考试范围和标准，其目的是对个人自学、社会助学和课程考试命题进行指导和规定。因此，它是编写自学考试教材和辅导书的依据，是社会助学组织进行自学辅导的依据，是自学者学习教材、掌握课程内容知识范围和程度的依据，也是进行自学考试命题的依据。

二、课程自学考试大纲与教材的关系

课程自学考试大纲是进行学习和考核的依据，教材的内容是大纲所规定的课程知识和内容的扩展与发挥。课程内容在教材中可以体现一定的深度或难度，但在大纲中对考核的要求一定要适当。

大纲与教材所体现的课程内容应基本一致；大纲里面的课程内容和考核知识点，教材里要全部覆盖。反过来教材里有的内容，大纲里就不一定体现。（注：如果教材是推荐选用的，其中有的内容与大纲要求不一致的地方，应以大纲规定为准。）

三、关于自学教材

《企业管理概论》，全国高等教育自学考试指导委员会组编，闫笑非主编，中国人民大学出版社，2018 年出版。

四、关于自学要求和自学方法的指导

本大纲的课程要求是依据专业考试计划和专业培养目标而确定的。课程要求还明确了课程的基本内容，以及对基本内容掌握的程度。考核知识点构成了课程内容的主体部分。因此，课程基本内容掌握程度、课程考核知识点是高等教育自学考试考核的主要内容。

为有效地指导个人自学和社会助学，本大纲已指明了课程的重点和难点，在正文章节中也指明了章节内容的重点和难点。

本课程共 5 学分。

根据学习对象为成人、在职、业余、自学等情况，建议学习本课程的自学应考者应充分发挥自身理解能力强的优势，结合自己的社会阅历和职业经验很好地理解《企业管理概论》全书十二章的内容，全面系统地掌握当今企业管理的基本理论和基本方法，切忌在没有全面系统学习教材的情况下孤立地去抓重点。具体建议有以下几点：

首先，按照课程章节进行快速泛读，全面了解《企业管理概论》各章节内容之间的逻辑关系，初步构建自己的《企业管理概论》的知识体系或逻辑思维导图。

其次，按照课程内容的各个板块（章节）进行深入、系统的学习，注重了解和掌握企业管理的基本理论和基本知识，初步掌握企业管理中各个专业管理领域的理论和方法。在理解的基础上，记忆应当识记的基本概念，并掌握一些重要方法，包括计算方法、分析判断方法等。

最后，“企业管理概论”虽然是一门基础性的课程，但也是一门实践性很强的课程，因此，自学应考者在学习中应把课程内容同我国企业管理工作的实践联系起来，特别是对我国现行企业管理中存在的问题以及企业管理变革的发展趋势要格外注意；在研究分析案例的过程中加深领会教材的内容，将知识转化为能力，培养与提高自己正确分析和解决企业管理实际问题的能力。

五、应考指导

（一）如何学习

制订学习计划是你学习成功的法宝。如果你正在接受助学机构的培训学习，一定要紧跟课程，做听课笔记，并完成作业。

如果你正在家自学，请使用“行动计划表”来监控你的学习进展，或者试着使用本书第十章项目管理的方法管理你的学习进程。

你阅读教材时可以做读书笔记。如果有需要重点注意的内容，可以用彩笔来标注，如红色代表重点，绿色代表需要深入研究的领域，黄色代表可以运用到工作中的内容等。

（二）如何考试

卷面整洁非常重要。书写工整，字距、行距合理，卷面赏心悦目有助于教师评分，阅卷教师只能对他看得懂的内容打分。回答试卷中所提出的问题。要回答所问的问题，而不是回答你自己乐意回答的问题！避免出现超过问题范围的发挥。相信自己的职业阅历积累，尽量不留卷面的空白“天窗”。

（三）如何处理紧张情绪

正确处理对考试失败的惧怕，要知道几乎所有人面对考试都会紧张和恐惧。如果可能的话，请教已经通过“企业管理概论”科目考试的人。考试开始前做深呼吸，放松一下紧张的情绪，也有助于保持头脑清醒和冷静。复习考试期间，做到合理膳食，保持旺盛精力。

（四）如何克服心理障碍

当你阅读考卷时，一旦有了思路就快速记下“线索”。当你开始答题时，一般是按照先后顺序作答，并合理分配答题时间；遇有不会的问题或没有思路的问题，直接跳过，把困难留在最后的富裕时间解决。这样可以保证在有效的时间里解决比较简单的问题，最大限度地确保成绩达到及格线。

六、对社会助学的要求

1. 社会助学者应根据本大纲规定的考试内容和考核目标，认真钻研指定教材《企业管理概论》，对自学应考者进行全面、系统的辅导，引导他们防止自学中的各种偏向，把握社会助学的正确导向。

2. 要正确处理基础知识与应用能力的关系，努力引导自学应考者将识记、领会同应用联系起来，把基础知识和理论转化为应用能力，在全面辅导的基础上，着重培养和提高自学应考者分析和解决企业管理基本问题的能力。

3. 要正确处理重点和一般的关系。“企业管理概论”课程的内容有重点和一般之分，但考试内容是全面的，而且重点和一般是相互联系的，不是截然分开的。社会助学者应指导自学应考者全面、系统地学习教材，掌握全部考试内容和考核知识点，在此基础上再突出重点。总之，要兼顾重点与一般，切不可孤立地抓重点，把自学应考者引向猜题押题上。

4. 要关注与“企业管理概论”课程内容相关的国家法律、法规以及我国经济建设和科技文化发展中的重大方针政策的变化，这些变化往往会体现在未来不久的命题中。

七、对考核内容的说明

本课程要求考生学习和掌握的知识点内容都作为考核的内容。课程中各章的内容均由若干知识点组成，在自学考试中成为考核知识点。因此，课程自学考试大纲所规定的考试内容是以分解为考核知识点的方式给出的。由于各知识点在课程中的地位、作用以及知识自身的特点不同，自学考试将对知识点分别按照识记、领会、简单应用和综合应用四个认知（或能力）层次确定其考核要求。

在考试之日起 6 个月前，由全国人民代表大会和国务院颁布或修订的法律、法规都将列入相应课程的考试范围。凡大纲、教材内容与现行法律、法规不符的，应以现行法律、法规为准。命题时也会对我国经济建设和科技文化发展中的重大方针政策的变化予以体现。

八、关于考试命题的若干规定

第一，本课程考试采用闭卷考试的方式，满分 100 分，60 分为及格。考试时间为 150 分钟。考生可携带钢笔、签字笔、铅笔、橡皮、无记忆存储及通信功能的计算器参加考试。

第二，本大纲所规定的基本要求、知识点及知识点下的知识细目，都属于考核内容。考试命题既要覆盖到章，又要避免面面俱到。要注意突出课程的重点，加大重点内容的覆盖度。

第三，命题不超出大纲中考核知识点范围，考核目标不得高于大纲中所规定的相应的最高能力层次要求。命题着重考核考生是否了解或掌握了基本概念、基本知识和基本理论，是否会应用基本方法。不应出与基本要求不符的偏题或怪题。

第四，本课程在试卷中对不同能力层次要求的分数比例大致为：识记占 20%，领会占

30%，简单应用占30%，综合应用占20%。

第五，要合理安排试题的难易程度。试题的难度可分为易、较易、较难、难四个等级。每份试卷中不同难度试题分数比例一般为2∶3∶3∶2。必须注意，试题的难易度与能力层次不是一个概念，在各能力层次中都会有不同难度的问题，切勿混淆。

第六，本课程考试试卷采用的主要题型一般有：单项选择题、简答题、计算题、案例分析题等。为使考生详细了解试卷的有关情况，附上样卷及答案，供参考。

附录　参考样卷及答案

一、单项选择题（本大题共 20 小题，每小题 2 分，共 40 分。在每小题列出的备选项中只有一项是最符合题目要求的，请将其选出）

1. 按照平等互利的原则，印度塔塔汽车公司与中国某汽车制造商以契约的形式在中国境内共同开办汽车零配件的生产企业。该企业应属于（　　）。

A. 个人业主制企业　　B. 中外合资经营企业
C. 外商独资经营企业　　D. 中外合作经营企业

2. 在软件和信息技术服务业，从业人员 10 人以下或营业收入 50 万元以下的为（　　）。

A. 大型企业　　B. 中型企业
C. 微型企业　　D. 小型企业

3. 20 世纪 20 年代初，由通用汽车公司总经理斯隆首先提出把企业的经营活动按产品或地区加以划分，成立若干个经营单位，每个经营单位在财务上向总公司负责，内部实现独立核算、自负盈亏。这种企业组织结构指的是（　　）。

A. 直接结构　　B. 事业部结构
C. 直线职能结构　　D. 矩阵结构

4. 根据安索夫的观点，企业依据产品-市场组合战略矩阵，现有产品和新市场两项要素对应的基本成长方向（战略）是（　　）。

A. 市场开拓　　B. 新产品开发
C. 市场渗透　　D. 多元化经营

5. 在微波炉行业，G 电器公司的 L 品牌占据了一半以上的市场份额，且近年来市场需求增长相对稳定，可谓财源滚滚。据此判断，L 品牌处于波士顿矩阵图中的（　　）。

A. 野猫区　　B. 明星区
C. 现金牛区　　D. 瘦狗区

6. 某公司出售了其手机制造业务，将注意力聚焦在网络、电子地图业务以及技术开发三大领域。该公司采取的战略是（　　）。

A. 发展型战略　　B. 稳定型战略
C. 紧缩型战略　　D. 多元化战略

7. 通过对不同时期自身与竞争对手实力的对比分析，某企业可以采取与竞争对手抗衡或合作的行动方略，战胜对手或者实现双赢。这体现了企业经营战略特点中的（　　）。

A. 全局性　　B. 竞合性
C. 纲领性　　D. 相对稳定性

8. “我们生产凝聚力”已经成为某水泥企业全体成员的最高理想和追求，是企业向世人的庄重宣言。这反映的是企业文化中的（　　）。

A. 企业最高目标　　B. 企业精神

C. 经营管理风格　　D. 企业道德

9. 醒目的黄色大“M”是麦当劳企业形象的重要识别标志，属于（　　）。

A. 制度文化　　B. 表层的文化

C. 精神文化　　D. 深层的企业

10. 某企业人力资源部以书面文件的方式对各个岗位的工作内容、工作环境、工作职责以及任职人员的资格要求等做了系统描述。该文件被称为（　　）。

A. 职务说明书　　B. 职业发展规划

C. 绩效考核指标　　D. 人员配置规划

11. 企业将需要培训的员工送到大专院校、其他企业、培训机构或国外进行的培训，指的是（　　）。

A. 员工相互培训　　B. 企业内部培训

C. 自我培训　　D. 委托培训

12. 按消费者对“品牌偏好”的不同来细分市场，这种消费者市场细分的标准是（　　）。

A. 人口细分　　B. 地理细分

C. 心理细分　　D. 行为细分

13. 某木材加工厂将原木浸泡、清洗、去皮、刻线全部集中在一个大桶中，由不同工种工人依次加工完成。这属于生产单位组织中的（　　）。

A. 工艺专业化　　B. 对象专业化

C. 技术专业化　　D. 人员专业化

14. 由国务院标准化行政主管部门制定的，并通过正规渠道发布实施的强制标准“GB”和推荐标准“GB/T”，统称为（　　）。

A. 国际标准　　B. 企业标准

C. 国家标准　　D. 行业标准

15. 针对操作者个人或岗位编制最具体的操作性文件，包括作业指导书、岗位责任书、检验指导书等，它属于质量管理体系文件中的（　　）。

A. 质量记录　　B. 程序文件

C. 工作文件　　D. 质量方针和质量目标

16. 以可交付成果为导向，对项目团队为实现项目目标、创建可交付成果而需要实施的全部工作进行层级分解，这指的是（　　）。

A. WBS　　B. ERP

C. MRP　　D. MRPⅡ

17. 项目包括必须以特定顺序来执行的许多活动。对于大规模的项目而言，众多合作者之间需要开展广泛的协调，这属于项目共同特性中的（　　）。

A. 独特性　　B. 相互依赖性

C. 有限的生命周期性　　D. 资源稀缺性

18. 企业按照“共同投资、共同经营、共担风险、共享利润”的原则直接吸收国家、法人、自然人等投资主体资金。这种筹资方式是（　　）。

A. 发行股票　　B. 融资租赁

C. 发行债券　　D. 吸收直接投资

19. 技术创新是一个具有很大不确定性的随机过程，这个过程必须投入大量的人力、物力、财力。这反映了技术创新的特点中的（　　）。

A. 收益性　　B. 市场性

C. 风险性　　D. 系统性

20. 按创新程度的不同，对现有技术进行局部性改进而引起的渐进的、连续的创新，指的是（　　）。

A. 局部性创新　　B. 工艺创新

C. 根本性创新　　D. 全面性创新

二、简答题（本大题共 6 小题，每小题 4 分，共 24 分）

21. 简述企业集团的特征。

22. 简述核心竞争力的特点。

23. 简述企业文化建设的原则。

24. 简述企业内部招聘的优势和劣势。

25. 简述全面质量管理的特点。

26. 简述关键路径分析。

三、计算题（本大题共 2 小题，每小题 6 分，共 12 分。计算结果保留小数点后两位）

27. 某企业 2016 年销货成本为 408 万元，赊销收入净额为 540 万元，平均应收账款余额为 30 万元，年初存货为 48 万元，存货周转率为 8 次。

计算：2016 年该公司的应收账款周转率、平均存货、年末存货。

28. 某企业 2016 年的生产计划安排第一季度 A 系列产品生产 10 000 台。A 系列产品共 A_1、A_2、A_3 三个品种，现已经安排了 A 系列产品 2016 年第一季度的部分主生产计划（如下表），请完成全部主生产计划的安排，即求出下表中 X_1、X_2、X_3、X_4 的值。

月份	1月				2月				3月			
周次	1	2	3	4	5	6	7	8	9	10	11	12
A_1	400	500	650	300	500	400	X_2	500	350	0	450	0
A_2	0	300	0	X_1	300	0	600	0	0	300	250	600
A_3	300	0	350	0	0	300	0	250	400	X_3	0	300
月产量	3 000				X_4				3 500			

四、案例分析题（本大题共 2 小题，每小题 12 分，共 24 分）

29. 案例：

iPhone 依托苹果公司的品牌、自己的 iOS 操作系统和超一流的工业设计，迅速占领全球智能手机市场，成为世人皆知的手机名牌。2011 年，国内的小米科技公司推出了基于安卓系统的小米智能手机。之后，小米借助不断升级的 MIUI 系统和不断创新的应用软件，赢得了“性价比高”的用户口碑，不断提高对合作伙伴的利润贡献。在市场营销方面，小米基于微博、微信、米粉社群等开展宣传，通过官网进行无店铺式销售。目前，小米已成为国内著名的智能手机品牌，并开始进军印度及非洲多国。近年来，小米公司依托其品牌和服务，进行了包括电视、空气净化器、平衡车等系列消费电子产品在内的“生态链投资性”布局。

问题：

（1）简述商业模式创新的方式，分析小米公司采用的商业模式创新方式。

（2）分别指出苹果、小米公司在智能手机领域所采用的名牌战略实施方案，并说明理由。

30. 案例：

腾讯公司作为国内最大的互联网公司之一，2017 年其市值已突破 5 000 亿美元。在游戏和微信的基础上，腾讯公司不断拓展其服务领域，提供了搜索引擎、电子支付、电子书、音乐等服务，并开拓了理财、保险等金融服务。过去十年，腾讯公司不断进行海外投资，先后入股了电动汽车制造商特斯拉、南非报业（Naspers）等多家公司。作为一家高科技公司，腾讯公司于 2016 年成立了腾讯人工智能实验室（AI Lab），专注于人工智能领域的研究，其研发的围棋机器人“绝艺”首次参加东京计算机围棋比赛就一举夺冠。

问题：

（1）指出企业多元化的形式和进入途径，并分析腾讯的多元化举措。

（2）简述技术创新的实现途径，据此分析腾讯的技术创新活动及其在技术开发方面的优势。

参考样卷答案

一、单项选择题

1. D	2. C	3. B	4. A	5. C
6. D	7. B	8. A	9. B	10. A
11. D	12. D	13. B	14. C	15. C
16. A	17. B	18. D	19. C	20. A

二、简答题

21.（1）有一个实力雄厚、对集团成员企业具有控制力和影响力的核心企业；

（2）组织结构具有层次性；

（3）多渠道影响和控制成员企业，以资产联结为主。

22.（1）延展性；

（2）增值性；

（3）独特性。

23.（1）目标原则；

（2）共识原则；

（3）一体化原则；

（4）卓越原则；

（5）绩效原则；

（6）亲密原则。

24.（1）优势：信息了解全面，准确性高；可以调动员工积极性，激励员工；员工可以更快适应工作；使组织培训投资得到回报，费用低。

（2）劣势：来源局限，水平有限；会导致“近亲繁殖”；可能造成内部矛盾，影响士气。

25.（1）顾客满意是全面质量管理的基本出发点；

（2）全面质量管理是全面的管理；

（3）全面质量管理是全过程的管理；

（4）全面质量管理是全员参加的管理；

（5）全面质量管理所采用的方法是多样化的。

26. 关键路径分析，是一种通过分析项目过程中总用时最少的那个活动序列来预测项目工期的分析技术。它主要用于分析两个问题：一是完成整个项目最少需要多少时间；二是哪些活动是影响项目工期的关键。其分析方法主要是用网络图表示出项目整个过程中各项活动之间的相互关系，从中找出控制工期的关键路径，识别出直接决定项目进度的关键活动，在一定工期、成本、资源条件下作出最佳的计划安排，以达到缩短工期、提高工效、降低成本的目的。

三、计算题

27. 应收账款周转率＝赊销收入净额/平均应收账款余额＝540/30＝18

平均存货＝销货成本/存货周转率＝408/8＝51（万元）

年末存货＝2×平均存货－年初存货＝2×51－48＝54（万元）

28. X_4＝10 000－3 000－3 500＝3 500（台）

X_1＝3 000－（400＋300＋500＋300＋650＋350＋300）＝3 000－2 800＝200（台）

X_2＝X_4－（500＋300＋400＋300＋600＋500＋250）＝3 500－2 850＝650（台）

X_3＝3 500－（350＋400＋300＋450＋250＋600＋300）＝3 500－2 650＝850（台）

四、案例分析题

29.

（1）常见的商业模式创新方式有：顾客需求的商业模式创新、产品/服务的商业模式创新、收入模式的商业模式创新、生产模式的商业模式创新、合作模式的商业模式创新。

小米公司采用的商业模式创新方式主要有：第一，顾客需求的商业模式创新。小米不断升级MIUI系统以满足顾客的使用体验需要；针对不断变化的需求，小米基于微博、微信、米粉社群等进行宣传推广，通过官网进行无店铺式销售；依托其品牌和服务，小米公司进行了包括电视、空气净化器、平衡车等系列消费电子产品在内的“生态链投资性”布局。第二，合作模式的商业模式创新。小米通过创新，不断提高对合作伙伴的利润贡献。

（2）根据名牌覆盖范围，苹果实施的是全球化名牌战略。iPhone依托苹果公司的品牌、自己的iOS操作系统和超一流的工业设计，迅速占领全球智能手机市场，成为世人皆知的手机名牌。小米实施的是国家名牌战略，并开始实施国际区域名牌战略。目前小米已成为国内著名的智能手机品牌，并开始进军印度及非洲多国。

此外，从名牌涵盖对象的视角考察，苹果、小米都实施了商标、商号统一的名牌战略。两者都是以产品的商标作为企业名称（商号），其目的是实现企业更大的经营目标，成为更大范围、更高等级的名牌商标和名牌企业。

30.

（1）企业多元化主要包括相关多元化和非相关多元化两种形式。进入新的经营领域，企业一般可以采用企业并购、内部创业与合资经营三种途径。

腾讯公司采取了相关多元化和非相关多元化发展战略。相关多元化表现在：腾讯拓展了理财、保险等金融服务；非相关多元化表现在：腾讯提供了搜索引擎、电子书和音乐等服务。腾讯公司主要通过并购的途径拓展多元化发展战略。过去十年，腾讯入股了电动汽车制造商特斯拉、南非报业（Naspers）等多家公司。

（2）企业技术创新的实现途径有：自主创新、模仿创新和合作创新。

腾讯公司成立了研究机构AI Lab，专注于人工智能领域的研究，标志着腾讯公司的技术创新活动属于自主创新。在技术开发方面，自主创新的优势体现为：首先，自主创新企业在核心技术及其成果上拥有独占性，有助于企业形成技术壁垒，并在一定时间内会形成企业对新技术的自然垄断。其次，自主创新企业可通过专利保护的形式，从法律上确定企业的技术垄断地位，巩固和加强企业在相关技术上的领先地位，使企业在竞争中处于有利地位。再次，自主创新的技术突破往往会导致企业一系列的技术创新，形成创新的集群现象，带动一大批新产品诞生，推动新兴产业的发展。最后，通过建立良好的品牌依赖度，形成较高的市场进入壁垒，提高后来企业的市场进入门槛，这不仅有利于促进企业多元化投资，获取丰厚利润，而且可以使企业在一定程度上控制多个技术领域或全产业的发展。

大纲后记

本大纲由北京石油化工学院闫笑非教授担任主编，北京石油化工学院的张小红教授、李祇辉副教授、杨钟红副教授、曹淑艳副教授、卢君副教授、张传统副教授，包头财经信息职业学校王琦凡老师，法国 AEC 公司的曾宪山先生参与编写。

大纲完成后，中国人民大学秦志华教授、北方工业大学吴振信教授、中国人民大学邓子梁副教授参加审稿工作，全国高等教育自学考试指导委员会经济管理类专业委员会审定。

对参与本大纲编写和审稿的各位专家表示感谢。

全国高等教育自学考试指导委员会
经济管理类专业委员会
2018 年 1 月

企业管理概论

第一章　企　业

本章提要

企业是人类社会发展到一定阶段的产物。进入工业社会之后，企业已成为社会财富的主要提供者，社会经济发展强有力的推动者，社会劳动力的主要吸纳者和社会成员实现自身价值的重要场所。21世纪以来，在经济全球化、新技术革命的冲击下，企业的内涵、组织类型、组织形式等发生了一系列变化。然而，企业的本质、企业的基本类型、基本组织结构、法人治理结构等内容没有变化，这些正是本章的重点学习内容。除此之外，我们还要对企业新的构成要素、新的组织结构等内容进行研究。

重点难点

（一）企业的本质

（二）企业几种主要的分类

（三）企业组织结构设计的有关问题
（四）常见的企业组织结构
（五）企业组织变革
（六）公司制企业的法人治理结构

引导案例

滴滴是“黑车”吗？

滴滴采用“共享经济”的商业模式，即通过高效的信息网络平台，挖掘社会车辆的碎片化时间和闲置车辆资产，以共享的方式提供用车服务，解决了车辆供给和需求的信息不对称的问题。虽然滴滴和司机不是雇佣关系，但是滴滴的服务一直受到好评。滴滴类似出行领域中的淘宝，其运营人员也类似淘宝上的店小二，根本立场在于服务需求者，而不是服务供给者。滴滴在司机和乘客之间，扮演的其实是裁判角色。这就是滴滴、Uber等网约车企业出现、存在并发展的原因之一。滴滴商业模式的横空出世，受到消费者和资本市场投资者的热捧。2016年在全球177家“独角兽”（估值达到10亿美元以上的创新科技公司）中，估值位列第三名（338亿美元），甚至超过中国中铁的市值。

现在年轻一代似乎已经适应了“在乎曾经拥有而不在乎天长地久”的共享理念，衣食住行等方面的共享越来越被人接受。20世纪90年代实力派歌手伍思凯的歌《分享》里的一句歌词“与你分享的快乐胜过独自拥有”，道出共享经济模式除了经济属性外的社会属性，就是共享者的精神愉悦，这也是共享经济的独特魅力所在。

然而，也有人称滴滴专车是“黑车”，他们的理由是，与正规出租车相比，滴滴的车和司机都不需要在政府监管单位注册，公司不需要承担司机的五险一金，车的保修和保险没有安全保障。这些人认为披上新经济和“互联网+”华丽外衣的共享经济，游走在监管的灰色地带，产生不公平竞争，滴滴就是典型的代表。再加上司机常常不认路或者开车技术生疏，私家车蜂拥加入滴滴，给城市已经高负荷的公路交通雪上加霜，拥堵和空气污染的成本皆由全社会来承担。有媒体曾经报道滴滴雨天打车价格是平时的4倍，戏称滴滴打车是“滴滴打劫”。

案例思考：

1. 滴滴属于什么类型的企业？拥有的资源是什么？
2. 滴滴是出租车公司吗？为什么？
3. 在滴滴这类企业，共享资源的提供者，如司机，是企业的员工吗？

第一节 企业的本质

一、企业的概念

企业是从事生产、流通、服务等经济活动，以产品或服务满足社会需要，实行自主经营、自负盈亏、独立核算、依法设立，享有民事权利并承担民事责任的营利性经济组织。尽管企业具体形态丰富多样，但就其本质而言，**它始终是从事生产经营服务活动的经济组织。**

这一概念包含以下几点含义：

第一，企业是**以市场为导向、以营利为主要目的**，从事生产、流通和服务**的经济组织**。这就是说，只有那些从事生产、流通和服务的经济组织，才可能是企业。

第二，企业是实行**自主经营、自负盈亏、独立核算、自我发展的经济实体**。企业是独立的经济组织，其独立性表现在三个方面：

（1）独立的企业产权；

（2）独立的企业经营；

（3）独立的核算。

企业要补偿生产经营中的各种耗费，并依法上缴各种税收，剩余盈利由企业自主支配。若收不抵支、发生亏损，以其资产进行补偿。对经营中发生的债务，由企业负责清偿，直至破产抵债。

第三，企业是**依法设立、依法经营**的经济实体。企业必须严格依照法律规定的程序，经由工商行政管理机关核准登记才能设立，并要在规定的经营范围内进行生产经营活动。

二、企业的构成要素

企业作为社会经济体系中的一种子系统，由五种基本要素构成。

（1）产品。企业为市场提供的有形产品或无形服务。

（2）人。具有科学技术知识和工作技能的员工，包括经营管理人员、工程技术人员、市场营销人员、生产作业人员等。

（3）财。出资人投入的资本和日常运营所需的资金。

（4）物。土地、厂房、机器设备、工具、仪器仪表、运输设备以及产品生产所必需的能源、原材料等。

（5）信息。反映上述要素及其相互结合状态的各种数据。信息作为一种资源，除了具有资源的一般属性外，还有共享性、时效性等特殊的属性。

企业生存发展都离不开上述五个基本要素。

除此之外，在知识经济时代，**知识资源成为许多企业的第六种基本要素**，甚至是更重要的决定性要素，有些知识型企业依托“知识产权”（intellectual property，IP）创造财富并获得快速发展。其原因在于：一是产品和服务的价值取决于其中的知识含量。只有在知识资源开发和利用上占有优势，企业才容易取得成功。二是知识资源成为当今激烈的竞争环境中企业获取竞争优势的源泉。知识资源为企业创造巨大的市场机会和财富，能够将知识转化为价值的企业将会是最成功的企业。

企业的知识资源，指的是企业拥有和可以反复利用的、建立在知识基础之上的、可能给企业带来财富增长的资源的总称。

知识资源的表现形式为：

（1）无形资产，包括市场资产、知识产权资产和组织管理资产等；

（2）信息资源，即企业通过信息网络所能收集到的与企业生产经营活动相关的各种信息；

（3）智力资源，即企业所能利用的、存在于企业内部员工头脑的知识、创意等；

（4）企业外部人力资源中的各类知识和创造性地运用这些知识研究和解决问题的能力。

与企业其他资源相比，知识资源具有的特征是：

（1）是无形的知识资源，不仅不会枯竭，而且可以反复利用，可以再创造；

（2）在企业内部可以共享。企业积累的知识资源可以在内部公开，使有需要的员工都能接触和使用公司的知识和信息；

（3）不会出现边际报酬递减，即知识资源的增加会导致物质资源更加充分和有效利用而不会出现递减。

三、企业的流程要素

从动态的角度看，在一定的外部环境下，由上述五要素所构成的企业实际上就是一种不断地把各种要素投入经过加工制作的生产过程，转换为一定产出（产品与服务）的机构，如图 1－1 所示。当其产品或服务被用户购买而实现了价值以后，资金得到增值，企业就可以进一步改进技术、开发产品，从而获得发展。

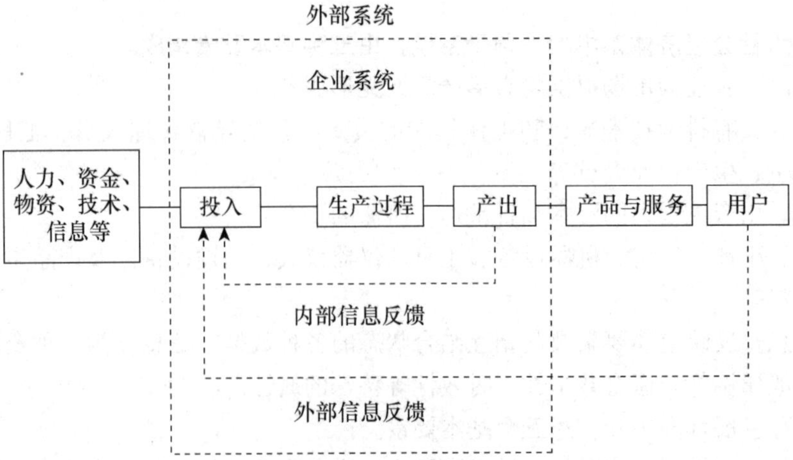

图 1－1　企业转换机构

企业的生产经营过程是循环往复、连续不断的，故其投入的各种要素在运动与变化中就形成了前后衔接、连续不断的流程，主要是：

（1）**物流。**以物质产品和服务为中心的流程，包括产品开发、物资采购、生产制造、市场营销、用户服务与反馈等。

（2）**资金流。**伴随物流而同时发生的流程，包括资金的筹措、投入、使用、结算等。

（3）**人员流。**根据物流与资金流的需要，对企业员工进行的招聘、调配、考核、培训、薪酬分配、升迁、辞退等。

（4）**信息流。**物流、资金流和人员流的各个环节都会产生状态数据，企业还要对其进行监督和调节，从而形成信息流，它包括状态数据的收集、传输、处理、存储。

上述四个流程是紧密联系、相互交织在一起的。

第二节 企业的类型

不同类型的企业有不同的管理要求。企业分类的目的，就是要区分不同类型企业的管理要求，从而在管理方式和方法上有所区别。按照不同的标准，可把企业划分为多种类型。这里介绍一些常见的企业组织类型。

一、按财产构成划分

依照出资人人数和所负有的责任，可以把企业分为个人业主制企业、合伙制企业和公司制企业。

（一）个人业主制企业

个人业主制企业，也称个人独资企业，它是最早产生的，也是最简单的一种企业形式。它属于自然人企业，不具有法人资格。它由业主出资兴办，并由业主直接经营。企业盈利全部归业主所有；企业亏损与债务则完全由业主个人承担，业主对企业债务负有无限责任。个体工商户和私营独资企业便属于这一类。个人业主制企业适用于零售业、服务业、家庭农场、开业律师、个人诊所等。

个人业主制企业投资较少，办理手续简单，法令限制少，容易成立。由于独自出资、独立经营、独立承担风险，所以经营方法比较灵活，决策迅速及时，制约因素较少，业主能够独享利润，企业保密性强，企业主会全力以赴地经营。

个人业主制企业有先天的缺陷：

（1）**企业规模有限。**企业由业主个人出资兴办，个人的资金、信用、偿债能力、获贷能力一般都是有限的，企业资本的扩张主要依靠自身积累。

（2）**企业寿命有限。**由于企业的经营完全依赖于业主个人的素质，企业通常与业主共存亡，业主的死亡、破产或犯罪都可能使企业不复存在。

（3）**业主风险较大。**由于承担无限责任，当企业的资产不足以偿还全部负债时，法律强制业主以个人的其他财产来清偿企业的债务。业主的所有财产都有风险，一旦经营失败，甚至有倾家荡产的可能。

(二) 合伙制企业

这是由两个以上的个人共同出资，通过签订协议而联合经营的企业。按照协议，可以由其中的一位合伙人负责经营，也可以由几个合伙人或全体合伙人共同经营。全体合伙人共享企业盈利，共担企业亏损，对企业债务负有无限连带责任。所谓无限连带责任，首先是无限责任，即企业倒闭、资不抵债时，每个合伙人均要以自己的全部家庭财产来清偿企业债务，而不能以自己的出资额为限；其次是合伙人对企业债务负有连带责任，即每一个合伙人对企业的债务都负有全部清偿的责任。

与个人业主制企业相比，合伙制企业在一定程度上适应了不同层次生产力水平和企业规模扩大的需要，增加了企业发展的可能性。由于合伙的人数较多，共同出资、共同管理、共担风险，其经营风险比个人业主制企业小。

但由于所有合伙人都有权代表企业从事经济活动，重大决策需要得到所有合伙人的同意，容易造成决策上的延误。合伙人有一人退出或有其他人加入都可能引起企业的解散或重组，企业存续相对不稳定。合伙人需承担无限责任，且每个合伙人不能对企业的经营活动单独行使完全的控制权，这就陡增了合伙人的风险。企业规模的扩大仍然受到制约。

合伙制企业适用于生产规模较小，管理不太复杂，不需要设立专门管理机构的生产经营行业或服务行业，如广告事务所、会计师事务所、审计师事务所、律师事务所、股票经纪行等。

(三) 公司制企业

这是两个以上的出资者共同投资、依法组建，以其全部法人财产自主经营、自负盈亏的企业组织形式。

1. 公司制企业的特点

同前两类企业相比，公司制企业有三个特点：

(1) 企业是**法人**，在法律上是独立的民事主体，在经济上拥有独立的财产。企业具有法人的资格，享有法人的权力，承担法人的义务。

(2) 企业实行**有限责任制度**，以其全部财产为限对公司债务承担有限责任，股东则以其出资额为限对公司债务承担有限责任。

(3) 企业的**所有权与经营权相分离**，作为企业所有者的股东不直接经营管理企业，委托董事会并由董事会聘任总经理来经营管理企业，这些经营者不一定非是本企业的所有者不可。

2. 公司制企业的形式

公司制企业主要有两种具体形式：

(1) **有限责任公司**，是指由两个以上股东共同出资，每个股东以其出资额为限对公司承担责任，公司以其全部资产对公司债务承担责任的企业法人。

(2) **股份有限公司**，是指注册资本为等额股份构成，通过发行股票筹集资本，股东以其所持股份为限对公司承担责任，公司以其全部资产对公司债务承担责任的企业法人。从国外情况看，公司制企业中的有限责任公司是多数，股份有限公司是少数；股份有限公司中，上市公司又是少数。

股份有限公司有许多突出的优点，除了股东承担有限责任减小了股东的投资风险外，最显著的一个优点是有可能获准在交易所上市。公司上市后，由于面向社会发行股票，具有大规模的筹资能力，能迅速扩展企业的规模，增强企业在市场上的竞争力。此外，由于股票易于转让，提高了资本的流动性。当股东认为公司经营不善时，会在证券市场上抛售股票，把资金转而投向其他公司，即所谓的“用脚投票”，对公司经理人员形成强大的压力，迫使他们努力提高企业的效益。

当然，股份有限公司也有缺点，如公司设立程序复杂，公司经营情况和财务状况需要向社会公布，保密性不强，股东可能为了获利而缺少对企业长远发展的关心，所有权与经营权的分离，可能会产生复杂的委托-代理关系等。尽管如此，股份有限公司仍然是现代市场经济中最适合大中型企业的组织形式。

其实，在公司制企业中，按照国有资产控制的情况，还可以划分为：

（1）国有独资公司。这类企业由政府全额出资，以实现社会福利的最大化为主要目标，经济目标居次。主要是典型的自然垄断企业和资源类企业，如铁路、自来水、天然气、电力、机场等行业的公司。

（2）国有控股公司。这类企业由政府出资控股，兼具社会公共目标和经济目标，以经济目标支撑社会公共目标。主要是准自然垄断企业，如石油石化、电子、汽车、医药、高速公路、机场等行业的公司。需要注意的是，这类企业不直接提供公共服务，而是通过向国家财政上交股息和红利，间接提供公共服务。如果由于特殊需要，这类企业不得不履行部分公共服务职能，由此造成的损失由国家财政给予补偿。

（3）国有参股公司。这类企业严格来说应该称为“国家参股公司”或“政府参股公司”，不是国有企业，政府只是普通股东。与一般竞争性企业无异，它们没有强制性社会公共目标，经济目标居主导。如果也提供公共服务，那是它们自觉履行社会责任的行为，应该予以鼓励和支持。对于这类企业，政府参股只是为了壮大国有经济的实力，除此之外，政府对这类企业没有任何其他附加的义务。

混合所有制经济在我国的出现和发展，主要源于国有企业改革，源于寻找国有制同市场经济相结合的形式和途径。其有利于国有资本放大功能、保值增值、提高竞争力，有助于“走出去”，是国资国企改革的重要支撑。经过多年股份制改造，虽然很多国企早已变成混合所有制，国有资产占比已较低，但政府干预仍无处不在，行政化垄断体制未真正打破，公司治理上不达标。开了“玻璃门”，还有“旋转门”，准入限制未真正放开。中国共产党十八届三中全会通过的《中共中央关于全面深化改革若干重大问题的决定》提出“积极发展混合所有制经济”。2014 年《政府工作报告》进一步提出“加快发展混合所有制经济”。国企民企融合成为新一轮国资国企改革重头戏。

二、按企业所属行业划分

按所属行业划分，可以将企业分为农业企业、工业企业、服务企业等。

（一）农业企业

农业企业是指主要从事农、林、牧、渔等生产活动的企业，主要包括从事种植、饲养、采集、林木、放牧、渔猎等生产经营活动的企业。

（二）工业企业

工业企业是指依靠和运用物理、化学、生物等技术，对自然资源、农副产品、各类中间产品等进行的采掘和加工，使其转变为工业用生产资料或者消费者使用的消费品的企业。工业企业主要包括采掘企业和加工企业，如煤炭企业、石油开采企业、钢铁企业、制药企业、建筑安装企业等。其中，建筑安装企业是从事土木建筑、设备安装、室内外装修等工程施工的工程公司、桥梁工程公司、房屋建筑公司等。

（三）服务企业

服务企业是指主要从事服务性活动的企业。服务企业种类很多，本书仅列举与百姓生活密切相关的几种类型。

（1）餐饮服务企业，是指为消费者提供各种饮食服务的企业，如快餐店、美食中心等；

（2）运输服务企业，是指专门从事人员和物品等运输业务或者直接为运输业务服务的企业，如铁路运输企业、公路运输企业、航空企业等；

（3）金融企业，是指专门从事货币和信用服务业务、各种事项担保等的企业，如银行、证券、保险公司等。

随着新兴产业的崛起，新的企业类型，尤其是新的服务型企业不断出现，如共享单车企业、移动支付企业、第三方物流公司、旅游企业和咨询企业等。

三、按企业使用的主要资源类型划分

按企业使用的主要资源类型划分，可以将企业分为四类企业。

（一）劳动密集型企业

劳动密集型企业是指占用劳动力较多，以手工劳动为主的企业。其特点是：固定资产投资较少，工艺设备相对较为简单，劳务费用对成本影响较大，工人技艺及娴熟程度对生产率有明显影响，如以手工为主的服装、鞋帽、工艺美术等的企业。

（二）资金密集型企业

资金密集型企业是指占用资金较多，以机械化、自动化作业为主的企业。其特点是：投资多，技术装备水平较高，所需劳动力较少，设备工艺复杂，劳动生产率较高，如石油化工等公司。

（三）技术密集型企业

技术密集型企业是指以先进的、现代的科学技术为基础的企业。其特点是：以中高级科技人员为主体，技术装备程度比较高，产品所需资金投资较多，产品成本中技术含量高，所需劳动力或手工操作的人数比较少，如从事信息技术、生物技术、新材料技术、新能源技术、空间技术和海洋开发技术等高新技术产品的研制、开发、生产和经营的企业。

（四）知识密集型企业

知识密集型企业是指以科研开发为主、脑力劳动者为主要成员的企业。其特点是：对员工文化技能素质要求较高，科技成果开发的不确定性较大，风险和收益都要高于一般企业，如管理咨询、文化创意、广告公司等。

需要说明的是，随着信息技术的进步，上述类型企业的划分越来越难，如大量的机器人被引入传统的劳动密集型企业后，企业可能变成资金密集型或技术密集型企业。

四、按企业规模划分

按照从业人数、营业收入和资产规模等，我国对不同行业有不同的企业规模分类标准（参见国家统计局的企业规模分类标准）。

（一）大型企业

大型企业是指资产、从业人员、生产经营能力或者营业额达到一定数值的企业，如农业企业的营业收入达到 20 000 万元及以上；工业企业的营业收入达到 40 000 万元及以上，且从业人员 1 000 人及以上；建筑企业的营业收入达到 80 000 万元及以上，资产总额 80 000 万元及以上。

大型企业资金雄厚、设备齐全，有条件生产大型、复杂、尖端技术的产品，或大规模生产标准产品，或对劳动对象进行深度综合利用加工。一般来说，钢铁、汽车、造船、航空、石油化工等均是大型企业。这些企业投资多、工艺复杂、人员较多、管理难度较大。

（二）中型企业

中型企业是指介于大型企业和小型企业之间的企业。如工业从业人员 300 人及以上，且营业收入超过 2 000 万元，但未达到大型企业标准的企业；而零售业从业人员 50 人及以上，且营业收入 500 万元及以上，但未达到大型企业标准的企业；住宿业从业人员 100 人及以上，且营业收入 2 000 万元及以上，但未达到大型企业标准的企业。

（三）小型企业

小型企业是指介于中型企业和微型企业之间的企业。工业从业人员 20 人及以上，且营业收入 300 万元及以上，但未达到中型企业标准的企业；房地产开发经营企业，其营业收入 100 万元及以上，且资产总额 2 000 万元及以上，但未达到中型企业标准的企业。

小型企业人员少，技术相对专门化，经营比较灵活，适合生产多品种、小批量或较大批量的单一标准产品。因其投资不多，建立较容易。但由于其经济实力不够雄厚，资信较差，人才吸引力不强，因而难以抵御较大风险。

（四）微型企业

微型企业是指企业雇员人数少、产权和经营权高度统一、产品（服务）种类单一、市场占有率很低或只在小范围有较高市场份额的企业组织。工业从业人员 20 人以下或营业收入 300 万元以下的为微型企业。交通运输业从业人员 20 人以下或营业收入 200 万元以下的为微型企业。软件和信息技术服务业，从业人员 10 人以下或营业收入 50 万元以下的为微型企业。

规模不同的企业，其内部组织结构与运行以及市场竞争中的优势和劣势各不相同，对高层管理者也有不同要求。

五、按企业外部社会联系方式划分

（一）联合公司

联合公司是指由若干个彼此存在一定生产技术经济联系的不同行业或生产不同类产品的工厂联合组成的公司。具体形式有：

（1）把从原材料生产到产品加工的全过程组织成联合公司，其特点是前一道加工阶段的产品是后一道加工产品阶段的原料，如包括采矿、炼铁、炼钢、轧钢等过程的钢铁公司；

（2）以综合利用为基础组成的联合公司，其特点是综合利用资源、能源和工业“三废”等，把有关工厂联合起来，如石化公司、冶金化学公司等；

（3）以科学技术研究为生产服务为基础而组织的科研生产联合公司，其特点是科研成果直接利用于生产活动，将有联系的科研单位与生产单位直接联合起来，使科学技术尽快转化为生产力，如华为、小米等科技公司。

（二）企业联合体

企业联合体是以大中型企业为依托，由若干具有独立法人地位的、相互之间具有一定经济技术联系的企业，按照专业化协作和经济合理的原则，自愿结合、谋求共同发展而形成的相对稳定的经济联合组织，也称企业群体或经济联合体。

按照企业联合体实行经济联合的内容来划分，其主要类型有：

（1）**紧密合作型**，是指联合体成员通过融合，成员之间股权合作，可以联合投资或相互持股，共同打造强势品牌，实现共同发展。它是具有独立的法人代表、独立的品牌体系、独立的运作系统的企业联合体。**企业集团就是比较常见的这种企业联合体。**

（2）**资源合作型**，是指无股权关系的联合体成员单位，完全依托联合体资源平台，有偿或无偿共享企业联合体提供的联合采购、技术研发、信息系统、资源融合与发展、企业运营管理、人力资源开发等资源，实现资源共享、互利共赢、共同发展。它是非独立企业联合体。

（3）**服务合作型**，是指联合体成员根据市场经济法则，由企业联合体为其提供政策法规学习、技术支持、培训、信息资源共享、原料采购等方面的服务。

（三）企业集团

改革开放以来，一些国内企业实行专业化、联合化和集团化的改制，组建了多种形式的企业集团，取得了很好的效果。

企业集团作为一种经济组织和企业组织形式，它是一个以少数几个或一个大企业为核心，以一批具有共同利益、受这个核心不同程度控制和影响的企业为外围，通过各种不同的联系方式而结成的比较稳定和紧密的企业联合体。

企业集团具有以下特征：

（1）有一个实力雄厚、对集团成员企业具有控制力和影响力的**核心企业**。它有独立财产，有法人地位，有资金、技术、产品和市场营销实力，能统一规划集团的投资活动。

(2) 组织结构具有层次性。一般分为四个层次:

1) 核心层即集团公司,是起**主导作用**的。

2) 紧密层由集团公司控股的子公司组成,是集团实施一体化经营的**基本力量**。

3) 半紧密层由集团公司参股的企业组成,是集团一体化经营的**辅助力量**。

4) 松散层是那些承认集团章程、与集团公司及紧密层企业建立有长期、稳定、优惠协作关系的关联企业。

(3) 多渠道影响和控制成员企业,以资产联结为主。多渠道包括参股和控股、章程与合同、人事派遣、业务联系等,其中以资产联结纽带为主。

这几个特点使企业集团在组织上比一般企业联合体要紧密很多、稳定很多,能够形成共同的经营目标和经营战略,作为一个整体来开展经营活动,因而更能发挥联合优势,具有更强的竞争力,是高层次的企业联合体。

第三节 企业组织结构

企业组织结构就是企业内部在分工协作的基础上由层次、部门、职务、职权等构成的组织体系,以及企业外部的、同其他企业之间的组织联系。企业组织结构是否合理,对于能否充分发挥各部门和各级管理人员的积极性,高质量、高效率实现企业战略,完成目标所必需的各项工作任务,对于增强企业市场竞争能力和应变能力,都具有重要意义。企业应该根据自身的实际情况,设计和选择合适的组织结构。

一、企业组织结构设计

组织结构设计就是对组织的组成要素和它们之间连接方式的设计,它是根据组织目标和组织活动的特点,**划分管理层次、确定组织系统、选择合理的组织结构形式的过程**。在企业的组织中,企业组织结构设计就是对构成企业组织的各要素进行排列、组合,明确管理层次,分清各部门、各岗位之间的职责和相互协作关系,并使其在企业的战略目标过程中获得最佳的工作业绩。

(一) 管理层次与管理幅度

1. 管理层次

管理层次,是指在职权等级链上所设置的管理职位的级数。当组织规模相当有限时,一个管理者可以直接管理每一位作业人员的活动,这时组织就只存在一个管理层次。而当规模的扩大导致管理工作量超出了一个人所能承担的范围时,为了保证组织的正常运转,管理者就必须委托他人来分担自己的一部分管理工作,这使管理层次增加到两个层次。随着组织规模的进一步扩大,受托者又不得不进而委托其他人来分担自己的工作,以此类推,而形成了组织的等级制或层次性管理结构。

从一定意义上来讲,管理层次是一种伴随组织发展不得已的产物,其存在本身带有一定的副作用。首先,层次多意味着费用也多。层次的增加势必要配备更多的管理者,管理者又需要一定的设施和设备的支持，而管理人员的增加又加大了协调和控制的工作量，所有这些都意味着费用的不断增加。其次，随着管理层次的增加，沟通的难度和复杂性也将加大。命令在经由层次自上而下传达时，不可避免地会产生曲解、遗漏和失真，由下往上的信息流动同样困难，也存在扭曲和速度慢等问题。此外，众多的部门和层次也使得计划和控制活动更为复杂。一个在高层显得清晰完整的计划方案会因为逐层分解而变得模糊不清。随着层次和管理者人数的增多，控制活动会更加困难，但也更为重要。

2. 管理幅度

管理幅度，又称管理宽度、管理跨度，是指在一个组织结构中，一名领导者直接领导的下属人员的数目。在这里需要我们注意的是“直接”这个词的含义，那些间接的被领导者不应该算作管理幅度的范畴。

需要说明的是：

第一，管理幅度是有限的。

第二，有效管理幅度不存在一种普遍适用的固定的具体人数，其大小取决于若干基本变量，也就是影响因素。

第三，**组织设计的任务**就是找出限制管理幅度的影响因素，根据影响因素的大小，具体确定特定企业各级各类管理组织与人员的管理幅度。

对企业来说，确定管理幅度需考虑以下影响因素：

(1) 工作计划的完善程度。事先有良好、完整的计划，工作人员都明确各自的目标和任务，清楚自己应从事的业务活动，主管人员就不必花费过多的精力和时间从事指导和纠正偏差，其管辖幅度就可以大一些；管理幅度大，管理层次就相对少一些。反之，计划不明确不具体，就会限制一个管理人员的管辖范围，管理幅度就相对较小。

(2) 工作任务的复杂程度。若主管人员经常面临的任务较复杂，解决起来较困难，并对企业活动具有较大影响，则他直接管辖的人数不宜过多。反之，可增大管理幅度。

(3) 企业员工的经验和知识水平。当管理人员的自身素质较强，管理经验丰富，在不降低效率的前提下，可适当增加其工作量，加大管理幅度；同样，下属人员训练有素，工作自觉性高，也可采用较大的管理幅度，让他们在更大程度上实行自主管理，发挥创造性。

(4) 完成工作任务需要的协调程度。如工作任务要求各部门或一个部门内部协调的程度高，则应减少管理幅度，以较为高耸的结构为宜。

(5) 企业信息沟通渠道的状况。当企业沟通渠道畅通，通信手段先进，信息传递及时，可加大管理幅度。

管理层次的多少受管理幅度、组织规模、组织性质、集权程度、信息传递速度等多种因素的影响。其中，**影响最大的是管理幅度，它与管理层次之间存在反比例的关系。**当组织规模一定时，**管理幅度越小，管理层次越多；管理幅度越大，管理层次越少。**这两种情况相应地对应着两种类型的组织结构形态，前者称为高耸型结构，后者称为扁平型结构。一般来说，传统的企业结构倾向于高耸型，偏重于控制和效率，比较僵硬。扁平型结构则被认为比较灵活，容易适应环境，组织成员的参与程度也相对比较高。所以，企业组织结构出现了一种由高耸型向扁平型演化的趋势。

曾经效力于IBM的社会心理学家海尔特·霍夫斯泰德（Geert Hofstede）发现，在一家公司里，等级越多，腐败就越严重。在权力层级很多的企业里，底层员工很容易把责任交给级别更高的人去承担，较低级别的员工感到他们无权自作主张。那些人微言轻的员工根本不相信自己的建议，甚至是一个好想法能够安全地抵达更高级别的领导耳中。处于顶端的那些人几乎不受制约，底层员工则感到没办法（或畏惧）通过正规流程做成任何意见上传的事情。

（二）组织结构设计的目的和内容

1．组织结构设计的目的

组织结构设计的目的，就是通过对组织资源（如人力资源）的整合和优化，确立企业某一阶段的最合理的管控模式，实现组织资源价值最大化和组织绩效最大化。组织结构设计或组织结构变革（再设计）的结果是大幅度地提高企业的运行效率和经济效益。

从最新的观念来看，**企业的组织结构设计实质上是一个组织变革的过程**，它是把企业的任务、流程、权力和责任重新进行有效组合和协调的一种活动。因此，创建柔性灵活的组织，动态地反映外在环境变化的要求，并在组织成长过程中，有效地积聚新的组织资源，同时协调好组织中部门与部门之间的关系，人员与任务间的关系，使员工明确自己在组织中应有的权力和应承担的责任，有效地保证组织活动的开展。

2．组织结构设计的主要内容

（1）职能设计。

它是指企业的经营职能和管理职能的设计。企业作为一个经营单位，要根据其战略任务设计经营、管理职能。如果企业的有些职能不合理，那就需要进行调整，对其弱化或取消。

（2）框架设计。

它是企业组织结构设计的主要部分，运用较多。其内容简单来说就是纵向分层次、横向分部门。

（3）协调设计。

它是指协调方式的设计。框架设计主要研究分工，有分工就必须有协作。协调方式的设计就是研究分工的各个层次、各个部门之间如何进行合理的协调、联系、配合，以保证其高效率的配合，发挥管理系统的整体效应。

（4）规范设计。

规范设计就是管理规范的设计。管理规范就是企业的规章制度，它是管理的规范和准则。结构本身设计最后要落实并体现为规章制度。管理规范保证了各个层次、部门和岗位按照统一的要求和标准进行配合和行动。

（5）人员设计。

人员设计就是管理人员的设计。企业结构本身设计和规范设计，都要以管理者为依托，并由管理者来执行。因此，按照组织设计的要求，必须进行人员设计，配备相应数量和质量的人员。

（6）激励设计。

激励设计就是设计激励制度，对管理人员进行激励，其中包括正激励和负激励。正激励包括工资、福利等，负激励包括各种约束机制，也就是所谓的奖惩制度。激励制度既有利于调动管理人员的积极性，也有利于防止一些不正当和不规范的行为。

（三）组织结构设计的基本原则

1. 任务与目标原则

企业组织结构设计的根本目的是为实现企业的战略任务和经营目标服务的，这是一条最基本的原则。组织结构的全部设计工作必须以此作为出发点和归宿点，即企业任务、目标同组织结构之间是目的同手段的关系；衡量组织结构设计的优劣，要以是否有利于实现企业任务、目标作为最终的标准。

从这一原则出发，当企业的任务、目标发生重大变化时，例如，从单纯生产型向生产经营型、从内向型向外向型转变时，组织结构必须作相应的调整和变革，以适应任务、目标变化的需要。企业进行机构改革，必须明确要从任务和目标的要求出发，该增则增，该减则减，避免单纯地把精简机构作为改革的目的。

2. 专业分工和协作的原则

现代企业的管理，工作量大，专业性强，分别设置不同的专业部门，有利于提高管理工作的质量与效率。在合理分工的基础上，各专业部门只有加强协作与配合，才能保证各项专业管理的顺利开展，达到组织的整体目标。贯彻这一原则，在组织设计中要十分重视横向协调问题。主要的措施有：（1）实行系统管理，把职能性质相近或工作关系密切的部门归类，成立各个管理子系统，分别由各副总经理（副厂长、部长等）负责管辖。（2）设立一些必要的委员会及会议来实现协调。（3）创造协调的环境，提高管理人员的全局观念，增加相互间的共同语言。

3. 有效管理幅度原则

由于受个人精力、知识、经验条件的限制，一名领导人能够有效领导的直属下级人数是有一定限度的。有效管理幅度不是一个固定值，它受职务的性质、人员的素质、职能机构健全与否等条件的影响。这一原则要求在进行组织结构设计时，领导人的管理幅度应控制在一定水平，以保证管理工作的有效性。由于管理幅度的大小同管理层次的多少呈反比例关系，这一原则要求在确定企业的管理层次时，必须考虑到有效管理幅度的制约。因此，有效管理幅度也是决定企业管理层次的一个基本因素。

4. 集权与分权相结合的原则

在进行企业组织结构设计时，既要有必要的权力集中，又要有必要的权力分散，两者不可偏废。集权是大生产的客观要求，它有利于保证企业的统一领导和指挥，有利于人力、物力、财力的合理分配和使用。而分权是调动下级积极性、主动性的必要组织条件。合理分权有利于基层根据实际情况迅速而正确地做出决策，也有利于上层领导摆脱日常事务，集中精力抓重大问题。因此，集权与分权是相辅相成的，是矛盾的统一。没有绝对的集权，也没有绝对的分权。企业在确定内部上下级管理权力分工时，主要应考虑的因素有：企业规模的大小，企业生产技术特点，各项专业工作的性质，各单位的管理水平和人员素质的要求等。

5. 稳定性和适应性相结合的原则

稳定性和适应性相结合原则要求组织结构设计时，既要保证组织在外部环境和企业任务发生变化时，能够继续有序地正常运转，又要保证组织在运转过程中，能够根据变化了的情况做出相应的变更，组织应具有一定的弹性和适应性。为此，需要在组织中建立明确的指挥系统、责权关系及规章制度；同时又要求选用一些具有较好适应性的组织形式和措施，使组织在变动的环境中，具有一种内在的自动调节机制。

二、企业组织结构的基本形式

企业组织结构的基本形式有直线结构、直线职能结构和事业部结构。

（一）直线结构

直线结构是一种高度集权的组织结构，也是最简单的企业组织形式。其基本特点是：指挥和管理的职能由企业的行政领导人执行，不设专门的职能管理部门，如图 1－2 所示。

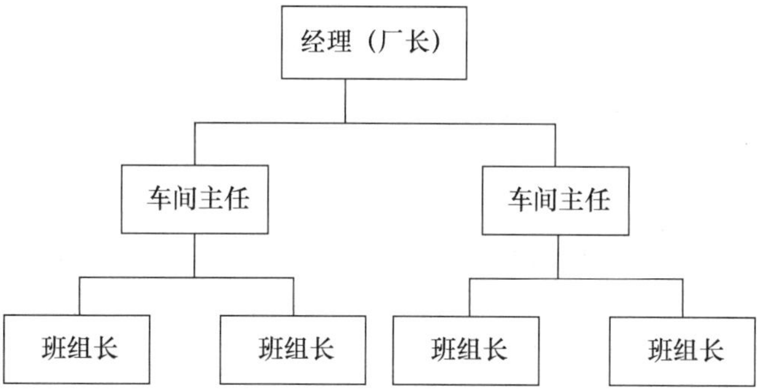

图 1－2　直线结构图

直线结构的主要优点是：形式简单，指挥统一，职责分明，决策迅速。

不足之处是：没有专门的职能机构和人员为经理（厂长）做助手、参谋，因而对企业领导人的素质要求高，要求企业领导者必须是企业管理的全才，具备广泛的业务知识和能力。

直线结构一般只适合于产品单一、工艺简单、规模较小的企业。一旦企业规模扩大，产品结构复杂，经理（厂长）就会顾此失彼，难以应付。

（二）直线职能结构

直线职能结构是一种以集权为主要特征的组织结构，它是在直线结构的基础上发展起来的。其特点是：按集中统一原则设置直线行政领导者（如厂长、车间主任等），又按分工管理的原则设置各级职能机构或人员（如研发、生产、销售、财务、人事等）；行政领导者对直属下级有直接指挥权，各级职能机构和人员的职责是为同级行政人员出谋划策，对下级没有直接指挥权，只起业务上的指导和监督作用。这种组织结构的另一特点是企业的管理权高度集中，因为企业的职能部门只负责某一方面的职能工作，主要经营决策必然集中在企业的最高领导层。直线职能结构见图 1－3。

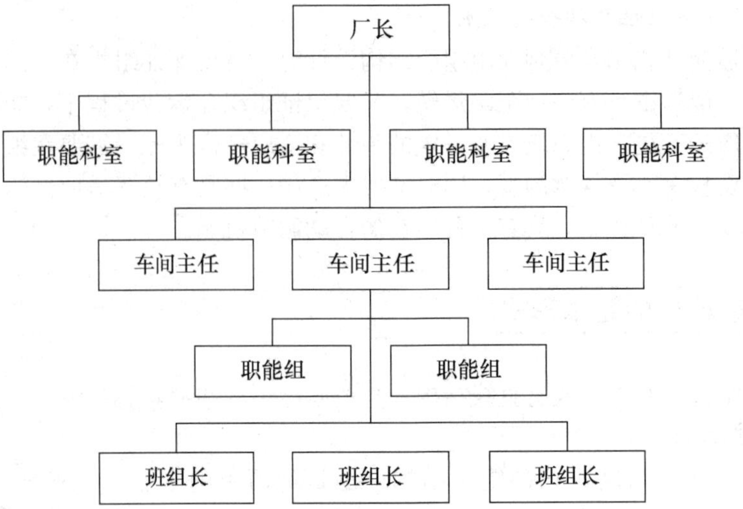

图 1-3　直线职能结构图

直线职能结构的主要优点是：分工严密，每个职能部门的职责容易明确规定；上下级之间的关系清楚，易于保证集中统一指挥；每个部门实行专业分工，可以有较高的工作效率；每个管理人员都固定地归属于一个职能机构，整个组织系统有较高的稳定性。

这种结构的主要缺点是：各个职能部门之间由于分管的业务不同，考虑问题的出发点往往不一致，矛盾较多，致使最高领导层的协调工作量很大，容易陷入日常事务；由于横向协调差，使得企业对环境变化不能及时做出反应，组织系统的适应性不好；各部门主管人员都是专业职能人员，仅熟悉自己范围内的业务工作，因而不利于在企业内部培养出全面的管理人才。

直线职能结构采用较为普遍，主要适用于中小型企业，以及产品和技术比较单一、市场需求比较稳定的企业。

（三）事业部结构

事业部结构，又称联邦分权制，或部门化组织结构，是一种以分权为基本特征的组织结构。这种结构最早于 20 世纪 20 年代初由通用汽车当时的总经理斯隆提出，因而又叫斯隆模型，或称为斯隆的组织革命。

事业部结构的主要特点体现在八个字**“集中政策，分散管理”**，就是把企业的经营活动按产品（或地区）加以划分，成立各个经营单位，即事业部。每个事业部在财务上向总公司负责，内部实现独立核算、自负盈亏。每个事业部都是一个利润中心，并拥有相应的独立经营的自主权。事业部结构如图 1-4 所示。

事业部结构有很多优点：

（1）把较多的管理权力下放给各事业部，使经理等公司一级的高级管理人员摆脱日常管理事务，主要致力于研究和制定各种经营方针政策，比如财务大权的掌管、重要的人事任免、规划的制定、产品和科技发展方向的规定以及其他重要决策等，而日常生产、销售等具体管理活动则由各个事业部负责，各事业部都是独立核算单位。

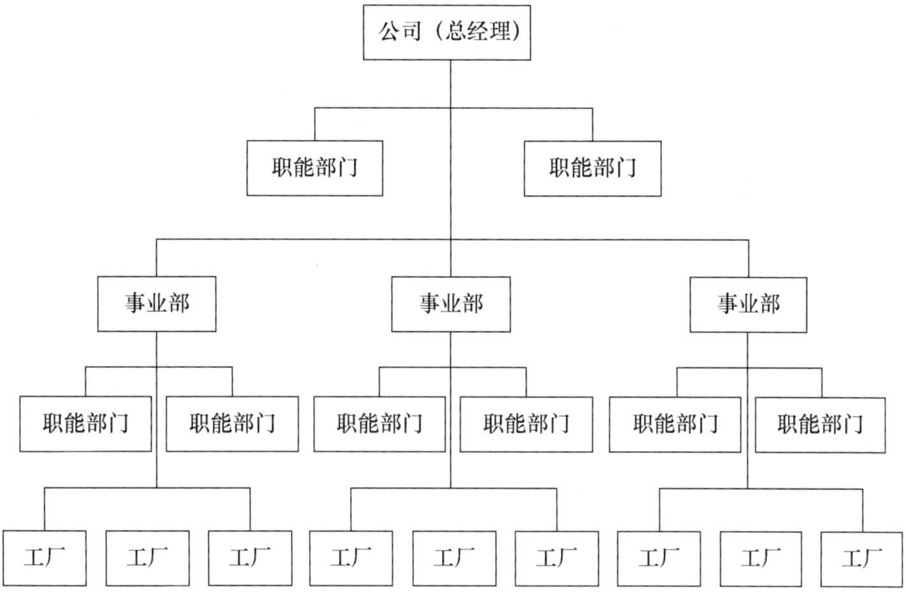

图 1－4　事业部结构图

（2）既有较高的稳定性，又有较好的适应性，各个事业部都能灵活自主地适应市场变化，做出相应的决策。

（3）由于各个事业部独立核算、自负盈亏，易于建立衡量管理人员成绩和效率的标准，便于考核。

（4）事业部经理要熟悉各方面管理业务，这样才能经营好本事业部，因此有利于培养全面的管理人才。

事业部结构的主要缺点是：

（1）各个事业部内部以及公司总部均需要设置一套齐备的职能机构，因而用人多、费用高。

（2）各个事业部自主经营、自负盈亏，容易只考虑本事业部的利益，有本位主义，影响各事业部之间的协作。

这种组织结构在国内外大企业得到了广泛应用。事业部结构主要适用于品种多样化、市场环境变化较快的大型企业。对于大型的钢铁、化学、铝业、玻璃、造纸等企业，事业部结构是目前最适合的组织结构。

为了克服事业部结构的缺点，人们在事业部结构的基础上又发展起来两种新模式，即超事业部结构和矩阵结构。

超事业部结构。在公司最高领导层和各事业部之间增设若干事业总部，负责统辖和协调各个事业部的活动，使企业在分权的基础上再度集中，从而较好地克服了传统事业部结构的本位主义弊端。超事业部结构尤其适合规模巨大的跨国公司。

矩阵结构。在技术创新项目、工程项目等实施过程中，项目组经常采用直线职能结构和事业部结构相结合的矩阵结构，它的主要特点是既有按职能划分的垂直管理系统，又有按工程或项目划分的横向管理系统，纵横结合，形如矩阵。在这种组织结构中，每个管理

人员同时受纵、横两方面管理部门的指挥。(具体见后面第十章的相关内容)

以上几种典型的企业组织结构，无论哪一种形式，都是既有优点，又有一定的缺陷。各种组织结构均有一定的适用条件，不存在普遍适用于任何企业的组织结构。

三、企业组织变革

促使企业变革的动因很多，但归纳起来无非外部和内部动因两类。

(一) 变革的动因

1. 外部动因

进入21世纪以来，企业面临的外部环境发生了巨大的变化，概括起来主要是：

(1) 经济的全球化。

具体表现为市场全球化、资本全球化、竞争全球化、科技全球化等多个方面，改变了世界经济、各国经济，乃至企业的运行机制和发展方式。

从企业的角度看，它要求企业决策者高瞻远瞩，顺应经济全球化的潮流，积极制定参与国际竞争的战略，并提供组织上的保证。

(2) 信息技术革命。

以网络信息技术为代表的信息技术革命，特别是移动互联、物联网、大数据、基于机器学习的人工智能等，给企业的生产和销售体系带来了革命性的变化，它把生产者和消费者、研究设计者和投资者、企业和政府以及世界各国市场，如此紧密地联系起来，从根本上改变很多产业的内涵和运营方式，甚至使我们熟悉的许多概念，如市场、货币、销售等传统定义过时了。

信息技术已经颠覆了娱乐、媒体和零售业，最近还颠覆了酒店客房和出租车的供应。事实上，金融业是一个信息产业。金融业对信息科技的投入占其收入的比重已经高过任何其他行业。金融业的三大基本功能：支付、连接储蓄与投资的中介、保险，这些功能都是信息密集型的。

(3) 知识经济的降临。

知识经济是相对传统的农业经济、工业经济而言的，是信息技术革命带给世界经济的最有震撼力的变化。知识经济的概念于20世纪90年代中期被正式提出。知识经济在产业内容、管理方式、效率标准等方面，与传统工业经济时代有着根本性的变化。工业经济时代管理的重点是生产，而知识经济时代管理的重点是研发活动、销售活动与职工培训。这些变化都要求企业的组织结构进行调整，甚至是根本性的变革。

2. 内部动因

与企业外部环境的变化相比，组织变革的内部动因更是根本性的。其主要是企业战略的变化、企业规模的扩大、组织结构自身的缺陷等原因引起的。

(1) 企业战略的变化。

“结构跟着战略变”，这是美国著名管理学家钱德勒的著名结论，企业在战略发展的每一个阶段，都需要相应的组织结构与之相匹配。随着企业内外环境的变化，企业需要制定新的战略，或进行一定程度的战略调整。企业战略的调整必然会引起组织结构的变革。

(2) 企业规模的扩大。

大型企业与小企业的组织结构有着明显的不同。随着企业规模的扩大，业务活动越来越复杂，需要沟通的信息越来越多，分工越来越细，部门越来越多，管理层次越来越多。为了保证大型组织的高效能，必然要求更多的分权、制度化和正规化；管理人员的结构也发生了变化，一线人员的比例下降，参谋人员的比例上升。因此，随着企业规模的扩大，其组织结构必须做出调整。

(3) 组织结构自身的缺陷。

企业组织结构设计的缺陷或组织运行过程中的矛盾会严重影响组织的效能，通常表现为：

1）机构臃肿，人浮于事。机构越设越多，管理人员越来越多，使协调工作量增加。

2）推诿扯皮，效率低下。机构多，管理人员多，容易造成分工不清，职责不明，关系不顺，互相扯皮和效率低下便成为普遍现象。

3）反应迟钝，模式僵化。庞大的组织结构失去了对环境和新事物的敏感性，而且时间久了，组织模式逐渐僵化，人们思维和行为僵化。

4）文山会海。机构越多，协调量越大，文件就越多，会议就越多，领导者整天挣扎于开会和签署林林总总的文件之中。

以上现象是组织老化的典型标志，是组织变革的先兆。

企业内外环境的变化对组织变革提出了挑战，同时也为组织变革提供了手段。企业只有适应时代要求，不断自我变革与创新，才能使基业长青。

（二）变革趋势

从亚当·斯密的分工理论开始至20世纪80年代，企业组织理论强调高度分工，组织结构也越来越庞大，组织形式从直线制开始，一直演变到事业部制，称之为传统的多层化组织结构理论。自20世纪90年代开始，企业组织理论强调简化组织结构，创建扁平化的组织结构，一些新的组织形式，如矩阵制、内部共同企业、学习型组织等都反映了扁平化、网络化和柔性化的特点，称之为扁平化组织结构理论。扁平化要求企业尽量减少决策层和操作层之间的中间环节，强调系统、影响力、灵活指挥、分权、加大控制幅度等，使管理的成本费用大大降低，而管理的幅度和效率却大大提高，是对传统多层化组织结构理论的一种否定。

按照组织变革的深度和涉及的范围，企业组织变革可以是精简机构般的局部变革，也可以是对原有组织结构否定的根本性变革。

（三）新型企业组织形态

随着企业内外经营环境的发展变化，特别是信息技术的快速发展冲击了传统的组织边界，传统组织的物理和制度边界正在淡化，网络技术可以将全球任何地区的人协同起来开展一项任务，也改变了组织内部、组织间边界对信息的传递方式，信息可以不只按照组织中行政维度传递，这种对企业组织边界的冲击催生了新型组织形态，出现了许多具有快速、灵活和适应变化特点的新组织结构。以下介绍几种当今比较典型和有影响力的新型企业组织。

1. 虚拟企业

虚拟企业，是指企业依靠网络信息技术，将拥有实现一定经营目标所需资源的若干企业集结而成的一种网络化的动态合作经济实体。

作为一种网络化的组织形态，虚拟企业存在一个网络核心企业，其负责联系和协调较大范围乃至全球范围内的各种承包商，具有调配、协调和管理承包商的基本职能。在与承包商之间一系列转包与承包的契约安排中，网络核心企业把其他企业更擅长的业务外包出去。为了保持整个网络组织的创新和高效，网络核心企业常常需要更换承包商。耐克、阿迪达斯、李宁、安踏、361度等国内外许多运动品牌都纷纷采用了这种“哑铃型”虚拟企业的组织结构，把重点集中于两头的研发和销售，中间的生产基本上外包。

虚拟企业这种组织形式的优越性在于：

（1）提高企业竞争力；

（2）更充分地利用各种劳动力资源；

（3）在关键性的职能方面，可以实现跨组织的协同；

（4）降低管理费用。

但是，过分依赖外包有可能产生以下问题：一是失去控制力；二是降低组织的参与性；三是降低员工的忠诚度。

虚拟企业中比较典型的是流程型组织，即以系统论、整合理论为指导，提高对客户需求的反应速度，降低供应成本，提升客户对产品或服务的满意度，而建立的以业务流程为中心的组织。典型的特征是以客户为导向、集成化与系统化。

2. 学习型组织

1990年彼得·圣吉在其代表作《第五项修炼》提出了学习型组织的概念。所谓**学习型组织**，是指企业以共同愿景为基础，以“组织学习”的团队学习为根本特征，通过营造整个组织的学习气氛，实现员工知识更新和保持企业创新能力，并使组织绩效得到提高的系统。

大家常所说的创新型组织、生态型组织，实际上都属于学习型组织。创新型组织是指组织的创新能力和创新意识较强，能够源源不断进行技术创新、组织创新、管理创新等活动的企业组织。彼得·德鲁克认为创新型组织就是把创新精神制度化而创造出一种创新的习惯。典型的特征是创新性。生态型组织是一种高度灵活，能够自我更新、可以进行新陈代谢的企业组织。典型的特征是灵活性、能够新陈代谢。

彼得·圣吉认为，“学习型组织的战略目标是提高学习的速度、能力和才能，通过建立愿景且能够发现和改进组织的思维模式并因此改变他们的行为，这才是最成功的学习型组织”。他提出了建设学习型组织的“五项修炼”模型。

（1）自我超越。在解决问题的过程中，能够不断理清个人的真实愿望，集中精力，培养耐心，抛弃旧的思维方式和常规程序，实现自我超越。在知识经济时代，技术变革的快速步伐意味着必须经常不断地学习，而且时时更新，人们为了维持自己的收入能力必须提高学习能力。

（2）改善心智模式。心智模式是看待旧事物形成的思维定式。

（3）建立共同愿景。就是组织中人们所共同持有的意象或愿望，有一个人人赞同的共同构想。

（4）团队学习。人们抛弃个人利益和部门利益，在发展成员整体搭配与实现共同目标能力的过程中坦率地沟通，为实现组织的共向构想一起合作。适应性学习和创造性学习是团队学习的两个阶段。团队学习包括自觉地运用知识的获得（技能、观察力、关系的发展创造）、共享（知识的传播）和利用（如何使知识产生效益）三个阶段。学习可以“持续不断地提高公司的基本智力”，而一个组织的学习能力是其竞争优势的核心。

（5）系统思考。要求人们用系统的观点对待组织的发展，对所有的组织过程、活动、功能和环境的相互作用进行思考。

现代企业要生产产品、提供服务，但更重要的是要生产自己，即不断提高企业更好地为市场提供产品和服务的能力。换句话说，只有自己的成长不低于工作的成长，企业才有发展的潜力，才能实现可持续成长。

在成熟的学习型组织中，学习和工作是融为一体的，员工要成为学习型组织的一员，而管理者则要千方百计地提高组织的学习能力。学习型组织不同于以往的横向或纵向的组织结构。典型的学习型组织表现为网状结构、精简的扁平结构，且在实践中不断变化，将学习和工作实践融为一体。首先，在组织中开展各种活动，推进员工的学习，使每个员工掌握多种技能，可胜任多个岗位，成为“多面手”，然后企业从这些掌握多种技能的员工中挑选优秀的人才，进行组织的精简。其次，把与企业发展无关甚至阻碍企业发展的工作找到并去除，然后再精简与此相关的人员，对企业发展有利的工作，企业不但不减少，还应大胆地增加人力、财力、物力，使之更强有力地促进企业发展。总之，企业要创建学习型组织，一定要注重简明、高效。

作为一个经理人和领导者，必须挑战自己的组织，提防阻碍学习的“病毒”在公司滋生和扩散，要让学习成为一种驱动力，使员工总是有一种对于新东西的饥渴感，使学习成为一种生活方式，一种持续的心境。要成为一个好领导，就得做一个好教师，尝试使公司变成一个以创新为指向的“学校”，营造一种使其沉浸其中的气氛，使工作成为“被支付报酬的学习”。在杰克·韦尔奇看来，领导要“成为真正提供方便的人，真正的发动机，使分享、学习、搜寻和好奇心成为公司的气血”。

3. *无边界组织*

无边界组织，是指其横向的、纵向的或外部的边界不由某种预先设定的结构所限定或定义的这样一种组织设计。典型的特点是灵活性和非结构化。

毫无疑问，无边界组织也是一种网络型组织。它是由多个独立的个人、部门和企业为了共同的任务而组成的混合体；它的运行不靠传统的层级控制，而是在定义成员角色和各自任务的基础上，通过密集的多边联系、互利和交互式的合作来完成共同的目标。

埃里克·施密特在《重新定义公司》一书中说，未来企业的成功之道，是聚集一群聪明的创意精英，营造合适的氛围和支持环境，充分发挥他们的创造力，快速感知客户的需求，愉快地创造相应的产品和服务。这意味着组织的逻辑必须发生变化。未来的组织会演变成什么样，现在还很难看清楚，但未来组织最重要的功能已经越来越清楚，协同创新机制也许是未来组织创新最重要的领域之一。

从某种意义上说，现在滴滴、小米等创新公司，基本上都属于无边界组织。

现代信息技术和网络技术的发展，催生了虚拟企业、电子商务、虚拟团队、网上办公等组织模式和管理模式，不仅使网络化管理成为现实，也推动了管理思想的转变，从等级管理向无组织边界的网络管理转变。学习型组织、企业再造和知识管理等，也要以网络化的管理和组织为基础。

4. 平台型组织

随着互联网商业应用的发展，大量平台型的企业组织出现了。下面以滴滴打车为例，说明该组织体制的主要功能、任务和特点（见图1-5）。

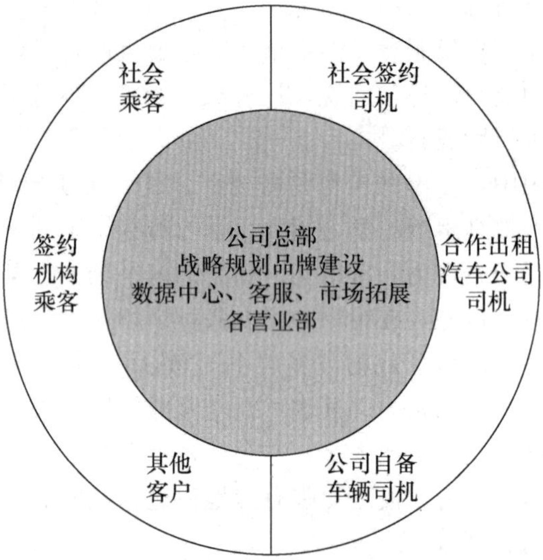

图1-5 平台型组织

（1）主要功能。提供具有聚集交易和互动分享功能的基础设施和信息服务。滴滴公司为出行的供需双方提供地图、用车价格预估，撮合乘客与车主，提供相关服务，为乘客、车主和公司创造新价值。

（2）主要任务。公司以发现市场、吸引社群、匹配交易、制定协同规则、控制风险、平衡利益为主要任务，如前期通过大量广告、大量补贴吸引私家车和出行者，培养工作和消费习惯，通过建立信息系统匹配交易，评价司机、跟踪车辆、集中收付，以减少风险，并制定开车与用车的奖惩规则。

（3）主要特点。

1）组织边界相对模糊。

除了公司总部固定员工，还有大量签约司机。这些司机接受公司的一些管理制度约束，但是有较大的自主权，组织成员流动性较大。公司正式员工的相互协同继承传统方式，社会车主需要与公司签约接受管理，车主虽然可以自行决定出勤时间，但一旦出勤就要服从公司调度（派车），因而其行为是受到控制的。如果主动取消订单，或者乘客投诉，会直接影响其利益，根据信用评估，可以解约。

2）机构精干。

公司机构精干（相对于规模），具有轻资产（相对于营业额）的特点。部分车辆是公司自有的，大量车辆是社会的。

3）组织的凝聚力一定程度上取决于沟通。

为使社会公众接受新的商业模式，公司前期投入较大；社会车主分散，对公司期望不一，在利益分配政策方面需要沟通协商。

5. 知识型组织

知识型企业是知识经济时代的基石。随着信息技术和网络技术的应用，原来集中于企业数据库中的数据和信息可以通过网络为更多的人所获取和应用，这是知识管理产生的前提；而由于资料过多而造成的“信息烟雾”和信息爆炸，是企业要进行知识管理的根本原因。企业通过信息的生产和服务升级，可以成为一个知识型企业。但是，知识型企业的成功，很大程度上取决于有组织的知识创新机制的建设。

知识型企业重视个体的知识创新，更重视知识在组织中的有效传播与扩散，使个体知识为组织成员共享。共享是知识创新中一个由个体知识向组织知识转换的重要过程，只有通过共享才能形成一个企业的知识平台。知识型企业有六个相互关联的特征，但并非任何智能产品和服务都必须同时具备所有这些特征。

（1）越使用知识型产品和服务，产品就越智能。

丽思-卡尔顿酒店集团安装了一个可记录客户喜好、需要并自动把信息传送到世界各地的知识型系统。例如，如果一位住进波士顿丽思-卡尔顿酒店的客人要了 6 个低枕头，那么在下一次他住进任何一个丽思-卡尔顿酒店时，不论是在波士顿还是在夏威夷、香港，他都将在他的房间里找到 6 个这样的枕头。这个知识型系统获得了很多关于客户的信息，并能把新的信息投入使用。

（2）越使用知识型产品和服务，使用者就越聪明。

知识型企业的产品和服务不仅使它们自身更加智能，而且把顾客视为学习者而非消费者，把自身视为教育者而非生产者，它们在力图使企业与顾客之间的传统的“买卖关系”改变为“教学关系”，将传统的“交换关系”改变为“共享关系”，让其使用者去学习并从中获益。

通用汽车公司的计算机辅助维护系统（CAMS），其最初设计只是为了帮助新修理工诊断和修理汽车，但是它已成为一个可使有经验的修理工完善他们技能的更为复杂的系统。现在，每一个修理工都能从这个吸收了所有修理工技术知识的专家系统中获益。事实上，许多修理工由于获得了其他所有修理工的经验而变得更加聪明。这种系统因为总是在学习新的来自最好的修理工的技术，自身可以不断地获得提高，结果当然是更好地为顾客服务。

（3）知识型产品和服务可随环境变化而做出调整。

一成不变的产品和服务，显然不如能够对新环境做出评价并随之进行相应调整的产品和服务有价值。例如用相变材料制成的滑雪衫感受到冷时，它会变暖。同样的相变材料还可用来做成汽车座位、窗帘、隔热材料和墙纸。

美国桑泰克公司制造的云纹滤光板能根据温度或阳光的强度，反射或透过 90%的光线。例如，当温度是 20℃时，经过处理的玻璃或天窗将让更多的热量透进来；而当温度是 21.67℃时，它开始把热辐射反射回空中。全世界每年大约要安装 60 亿平方英尺（约 5.57 亿平方米）的新玻璃。可以设想，如果所有这些玻璃都涂上这种材料，能源消耗将降低 17%，10 亿吨以上的空气污染将会避免。

当今，在各种产品中放入计算机芯片已成为常事，智能产品和服务能告诉你如何行动。例如，固特异公司开发出一种装有集成电路的“智能胎”，它可收集和分析轮胎的空气压力数据，并可以在仪表板上显示出“轮胎压力不够——请到停车修理站”的消息。

（4）知识型企业可按顾客要求提供产品和服务。

知识型产品和服务可使顾客改变购买方式、癖好和特殊需要。例如，网络公司正在提供具有知识型特点的网络服务，如个性化网页、个性化需求信息的推送。在许多按顾客要求提供的产品和服务中，面部识别很快将成为一个重要措施。

（5）知识型产品和服务具有相对更短的生命周期。

对知识产权中的专利保护远不如对“硬”技术的保护那么发达，因此专有信息的半衰期是短暂的。比如由商业和投资银行提供的外汇咨询服务，这种知识是高度专业化的，产品通常是根据公司委托人的要求提供的。由于市场信息广泛传播，专有产品可以很快被竞争对手复制。因此，银行为了获得它们的利润和专卖优势，必须不断地对其产品进行升级。

（6）知识型企业能使顾客实时采取行动。

信息在用来对顾客的要求立即做出反应时，价值更大。提供地图服务的网络公司通过手机或汽车全球定位系统，把位置及相关信息实时传送给汽车司机，司机不仅可以方便地获得这种位置信息，而且信息还可以根据交通状况不断地更新。司机可以利用信息绕道避开交通堵塞，或在“最佳”地点停车就餐。如果这种服务可以交互进行，可对汽车驾驶员的问题做出反应，它的价值将会更大。

第四节　公司制企业的法人治理结构

公司制企业是由一个法人治理结构来经营管理的。所谓**法人治理结构**，是根据企业经营管理的决策权、执行权、监督权彼此既分立、制约，又相互联结、协调的原则，在企业高层组织设置权力机构、决策机构、执行机构和监督机构，形成各自独立、权责分明、相互制衡、相互协调关系的一种企业领导制度。

一、法人治理结构的构成

按照《公司法》的规定，法人治理结构由股东大会、董事会、高层经理班子和监事会四个部分组成。

（一）股东大会

股东大会是一种定期或临时举行的由全体股东出席的会议，同时又是一种非常设的由全体股东所组成的**公司制企业的最高权力机构**。它是股东作为企业财产的所有者对企业行使财产管理权的组织。

股东大会的性质表现在：

（1）在所有权和经营权分离的现代企业中，拥有财产所有权的股东们并不直接管理和支配公司法人财产，而是通过参加股东大会对公司有关重大事项的决议做出表决以表达他们的意志。

(2) 股东大会作为公司制企业股东利益和企业经营管理的最高权力机构，不仅要选举和任免董事会和监事会成员，而且企业的重大经营决策和股东的利益分配等重大问题都要得到股东大会的批准。

以股份有限公司为例，按照我国《公司法》的规定，其股东大会依法行使以下职权：

(1) 重要人事的决定权。公司的董事和监事由股东大会选举和更换，其报酬也由股东大会决定。

(2) 重大事项决策权。重大事项包括批准和修改公司章程，审议批准董事会和监事会的报告，决定公司的经营方针和投资计划，审议批准公司年度财务预算、决算方案，等等。

(3) 利润分配权。讨论批准董事会提出的利润分配方案和亏损弥补方案。

(4) 公司资本重大变动的处置权。公司增加或减少注册资本，公司的合并、分立、解散或破产清算等涉及股东财产重大变动的事项等，必须经股东大会讨论决定。

有限责任公司股东大会的职权与股份有限公司基本相同。

此外，《公司法》还明确规定，国有独资公司不设股东大会，而由国家有关部门授权董事会行使股东大会的部分职权，决定公司的重大事项，但公司的合并、分立、解散、增减资产和发行公司债券，必须由国家授权投资的机构或国家授权的部门决定。

(二) 董事会

董事会是公司的经营决策机构，它是由股东在股东大会上选举产生的由董事所组成的一个集体领导班子。

我国《公司法》规定，股份有限公司设董事会，其成员为5～19人；有限责任公司设董事会，其成员为3～13人。同时还规定，两个以上的国有企业或者其他两个以上的国有投资主体投资设立的有限责任公司，其董事会成员中应有公司的职工代表，职工代表由公司职工民主选举产生。

实际上股东大会与董事会之间的关系是一种信任托管关系。董事会是股东大会的受托人，接受股东大会的委托而行使对公司法人财产的支配权。股东们对董事会持信任态度，而董事会则必须对股东承担受托责任，确保股东资产的保值和增值。

董事会作为承担股东财产受托经营的职能机关，是股东大会闭会期间的权力机构，拥有支配公司法人财产的权力。

董事会的职权有：

(1) 召集股东会并向股东大会作报告，执行股东大会的决议、决定。

(2) 决定公司的战略经营计划，拟订投资方案，对公司经营活动进行全面而连续的检查评价。

(3) 提出公司的利润分配方案及弥补亏损方案。

(4) 制定公司的财务预决算方案，以及公司增减注册资本和发行公司债券的方案。

(5) 拟订公司的合并、分立、解散方案。

(6) 聘任或解聘公司经理，根据经理提名，聘任或解聘公司副经理、财务负责人，并决定他们的报酬。

（7）制定公司的基本管理制度。

从国内外公司的实践来看，董事会成员可以是公司的股东，称为内部董事；也可以是非股东，如外聘的社会名流或专家，称为外部董事或独立董事。近年来，为了保证公司治理结构的有效性，发展了很多复杂的制度性安排，其中比较重要的一项就是独立董事制度，即公司章程明确规定公司董事会必须有一定数量的独立董事。许多公司越来越倾向于减少内部董事，增加外部董事。在美国标准普尔 1 500 家大公司中，独立董事的比例为全部董事的 62%。此外，董事会成员可以是自然人，也可以是法人。如果是法人担任公司的董事，须指定一名具有行为能力的自然人作为其代理人。

独立董事，是指具有完全独立意志、代表公司全体股东和公司整体利益的公司董事会成员。独立董事的独立性表现在三个方面：

（1）独立于大股东。

（2）独立于经营者。

（3）独立于公司的利益相关者。

由于独立董事与公司没有利益联系，同时又都是具有特殊专长的专家，因此可以客观、公正、独立地作出有关公司决策的判断。独立董事的这种特殊地位和作用，在董事会中能对内部董事起到监督和制衡作用，对完善公司法人治理结构，监督和约束公司的决策者和经营者，制约大股东的操纵行为，保护中小股东乃至整个公司利益起着重要作用。实行独立董事制度也是完善我国法人治理结构、履行好董事会职责与职权的重要措施之一。

（三）高层经理班子

以总经理为首的高层经理班子是公司的执行机构，由总经理、副总经理、总会计师、总工程师、总经济师等高层经理人员组成。总经理实行董事会聘任制，不实行上级任命制，他负责公司的日常经营管理活动，对公司的生产经营活动进行全面领导，并对董事会负责。

为了避免因董事长与总经理集一身而造成的职责不分，有的公司规定总经理不得由董事长兼任，使两者都具有相对的独立性和代表性，既各司其职，又相互协调。值得一提的是，近年来，国内外一些企业的执行机构一般由首席执行官领导下的经理班子担任，首席执行官或最高行政长官（CEO）由董事会授权行使权力，企业的业绩由 CEO 直接对董事会和所有者负责。一般情况下，CEO 由董事会下的常设机构“执行委员会”中的首席执行董事来担任。据统计，在《财富》500 强企业中，有 15%的公司将 CEO、董事会主席和总经理三者合一，更普遍的是一人兼二职，既做 CEO 又做董事会主席，或既做 CEO 又做公司总经理。实际上，董事会主席、首席执行官、总经理是三个层次上的职务。

为了保证总经理所承担的行政和经营管理工作顺利进行，公司必须赋予总经理相应的职权。我国《公司法》规定，总经理行使的主要职权有：

（1）主持公司的生产经营管理工作，组织实施董事会决议。

（2）组织实施公司年度经营计划和投资方案。

（3）拟订公司内部管理机构设置方案。

（4）拟订公司的基本管理制度。

（5）制定公司的具体规章。

（6）提请聘任或解聘公司副经理、财务负责人等。

（7）聘任或解聘除了应由董事会聘任或者解聘以外的管理人员。

（8）公司章程或董事会授予的其他职权。

总经理要列席董事会会议。总经理应遵守公司章程，忠实履行职务，维护公司利益，不得利用在公司的地位和职权谋取私利。同时，总经理在行使职权时，不得变更股东大会和董事会的决议或超越授权范围。如果总经理在执行公司公职时，违反法律法规或公司章程的规定，给公司造成损失的，应当承担赔偿责任。

（四）监事会

监事会是公司设立的专门监督机构。由于在法人治理结构中决策权和经营管理权大部分都集中在了董事会和总经理等少数经营者手中，股东大会虽然在名义上是公司的最高权力机构，但因它不是公司的常设机构，因而很难对经营者在经营管理中做出的有悖于所有者权益的行为进行及时的监督和纠正，因此，现代公司都设立专门的监督机构，即监事会，对董事会和经理班子的行为进行经常性的监督，以防止他们从事违反法律和公司章程的活动，损害股东和公司利益。

为了使监事会能够站在公正的立场上独立地对经营者行使监督权力，监事会成员不得由经营管理机构选任。监事会应当与董事会并立，直接向股东大会报告，对股东大会负责。我国《公司法》规定，监事会成员不得少于 3 人。监事会由股东代表和一定比例的职工代表组成，公司的董事、经理和财务负责人均不得兼任监事。

按照我国《公司法》的规定，监事会行使以下职权：

（1）检查公司的财务。

（2）对董事、经理等管理人员在执行公司职务时有无违反法律、法规或者公司章程的行为进行监督。

（3）当董事和经理的行为损害公司利益时，有权要求他们予以纠正。

（4）提议召开临时股东大会。

（5）公司章程规定的其他职权。

公司法人治理结构的股东大会、董事会、高层经理人员、监事会四个组成部分，分别行使着公司的权力机构、经营决策机构、执行机构和监督机构的职权，同时，它们又相互制约，联为一体。

二、法人治理结构的矛盾

法人治理结构为现代企业的运行创造了一种高效的企业领导制度，其高效率主要来源于企业经营权和所有权的分离，利用了经营管理者即职业经理人的专业经营管理才能。

由于两权分离，在法人治理结构中又必然存在作为企业所有者的委托人与作为职业经理人的代理人之间的矛盾，这一矛盾的主要表现是：

（1）企业经营管理者和所有者的利益不相同，追求的目标不一致。所有者追求的是资本收益最大化，而经营者追求的是自身效用最大化。

（2）企业经营管理者和所有者的信息不对称。经营管理者拥有企业经营决策大权，掌握着大量所有者所不知且难以验证的信息，这就意味着企业所有者对经营管理者的一些行为和决策无法观察和监督。

以上两方面的矛盾使经营管理者在最大限度地增进自身效用时，可能做出不利于企业所有者的行为。这种行为主要有两类：一是偷懒，即经营者所付出的努力小于其获得的报酬；二是机会主义，即经营管理者付出的努力是为了增加自己而不是所有者的利益，或者其努力是负方向的。

三、经营管理者的激励约束机制

为了充分利用职业经理人的专业才能，同时又能规范其行为，需要一个有效的激励约束机制。根据国内外企业公司制改造的实践，可以把经营管理者行为激励约束机制归纳为报酬机制和约束机制两方面。

（一）报酬机制

企业经营管理者的激励报酬机制是多方面的，包括经济利益、个人价值实现、社会荣誉等，但经济利益是第一位的，它包括工资、奖金、在职消费、股权，等等，这是调动企业经营管理者积极性、约束其行为的一个重要因素。国内外企业家的报酬一般是普通工人的几倍、十几倍甚至几十倍。近几十年来，期权激励成为高科技企业大发展的重要组织创新。

（二）约束机制

经营管理者行为约束机制分为内部约束和外部约束两方面。

1. 内部约束

内部约束是指企业所有者与经营管理者之间形成的相互约束关系和约束机制。内部约束主要通过股东大会、董事会和监事会实现。股东作为企业出资人保留了对董事的挑选，审计员的挑选，合并、增资及新股发行事项的审批及否决权，其他的管理功能授给董事会；监事会主要代表全体股东对董事和经理人员行为进行监督、审查。除此之外，内部约束还来自以下几方面：

（1）公司章程约束。公司章程是企业的大法，它规定了企业中包括对职业经理人在内的各种利益主体的责、权、利及其行为，所以企业经营管理者必须遵守章程的规定，受到章程的约束，按照章程行事。

（2）合同约束。职业经理人进入企业时，必须与企业签订受法律保护的任职合同，这种任职合同对职业经理人的责、权、利做了明确规定，尤其是对职业经理人离开企业时，对企业在商业秘密、技术专利等方面应负的责任都做出了严格规定，从而成为对职业经理人的有效约束。

（3）组织机构约束，即从完善董事会制度的角度考虑对职业经理人的约束问题。因为完善董事会制度，包括增强外部董事及各类专业人才在董事会中的地位和作用，可以使董事会更好地协调企业与职业经理人的关系。

2. 外部约束

外部约束是指在企业所有者与经营管理者之外形成的约束，即法律、市场机制、社会道德等各种社会机制对经营管理者的约束。其内容主要包括以下几方面：

(1) 法律约束。

运用法律形式对职业经理人行为的约束主要表现在：

1) 以法的形式规定公司经营者的职责和权利；

2) 用法律规范约束经理人员不得滥用权力和侵害公司资产；

3) 设立专职的执行机构来监督经营者的行为；

4) 对于破产倒闭的公司，必须依法调查是否有经理人员在公司经营活动中发生渎职行为，如有，需依法追究其刑事责任。

2013 年 7 月 11 日，中国公安部通报涉嫌严重商业贿赂等经济犯罪，全球知名的英国药企葛兰素史克（中国）投资有限公司（简称 GSK 中国）部分高管被依法立案侦查。此前，为增加产品销售，该公司通过第三方基金向医生、医院及政府官员行贿。2014 年，中国政府的行政监管机构对 GSK 中国处以 2.97 亿英镑的罚款。

(2) 市场机制约束。

市场机制约束包括企业家市场约束和证券市场约束两方面。企业家市场约束表现在：首先，作为企业经营管理者的企业家既然是一种资源，它就要按照市场经济机制的要求进行优化配置，因此改变通过行政命令委派经理人员的做法，让企业家进入市场，让市场选择企业家是发展市场经济和建立现代企业制度的必然要求；其次，在企业家市场上，充分的竞争使经营者始终保持生存的危机感，从而自觉地约束自己的机会主义行为。

证券市场约束机制一方面表现为股票价值对经营管理者业绩的显示，即经营业绩差的公司股票在证券市场就会遭到投资者的抛售，股价下跌，董事会就可能因经理表现不佳而解雇经理；另一方面则直接表现为兼并、收购等资本市场运作对经理人的威胁，即高度发达的证券市场还可以通过其收购兼并机制和退出机制来惩罚那些能力低下或工作不努力的经理人员。

(3) 社会约束。

社会约束主要来自三个方面：一是社会中介组织，诸如会计师事务所、审计事务所、资产评估中心等形成的对企业家的约束；二是舆论、社会道德等形成的对企业家的约束；三是企业家的自律组织，如企业家协会等形成的对企业家的约束等。

本章内容小结

（一）企业及构成

（二）典型的企业类型

（三）企业组织结构设计的目的、内容和基本原则

（四）企业组织结构的基本形式

（五）几种新型组织形态

（六）公司制企业的法人治理结构

第二章　企业管理的基本理论

本章提要

管理与人类劳动分工同行。进入20世纪后，伴随着第一次工业革命、第二次工业革命和第三次工业革命，管理与科学技术一起成为推动企业成长、社会发展的两个车轮，管理思想、管理原则和管理方法也日渐丰富和成熟。在管理实践中，当我们面对某一实际管理问题时，不同的管理者对于同一个管理问题可能会采用类似的管理原则和方法，也可能采取不同的管理措施。这与管理的基本规律有关，也与管理者的个性特点有关，实际上这就是管理科学性与艺术性的统一。21世纪以来，以移动互联、物联网、大数据、人工智能为代表的第四次工业革命扑面而来，大量新的管理问题需要面对。本章除了对管理内涵、管理者、管理职能、管理方法等内容进行系统阐述之外，还要让学生学习理解管理理论的新发展，认识和理解企业变革的发展变化规律等，学习和掌握商业模式与创新的相关内容，以便更好地学习以后各章有关企业专业管理的具体内容或更好地开展企业管理工作。

重点难点

（一）管理、管理者和管理职能
（二）企业管理的任务
（三）企业管理的方法论和一般管理方法
（四）企业管理理论的新发展
（五）企业生命周期与企业变革中的“陷阱”
（六）商业模式与创新

引导案例

办公室工作已死？

曾开发博客创建工具WordPress的Automattic公司，其470名员工分布在45个国家，已探索出适合自己公司的工作方式。员工可以选择在自己喜欢的地方工作，包括在家办公，通过博客和聊天工具Slack而非邮件交流。他们一年用3～4周的时间去参加团队或公司会议。像在线影片租赁提供商Netflix等年轻科技公司一样，Automattic还有不设定天数的开放休假政策。然而，这种工作方式不适合那些循规蹈矩的员工。Automattic在一份企业文件中承认，新员工在与世界各地的同事远程合作时感觉“很乱”。

然而，采用类似工作方式并非年轻科技公司的专属。加拿大电信提供商Telus是一家大公司，十年前就采取了类似的灵活“工作方式”倡议，并取得引人瞩目的成果。该公司在加拿大的2.7万名员工中，现在有70%是“移动的”，在家、办公室和其他地方工作，或者完全在家工作。过去6年里，员工敬业度评分从54%飙升至87%。Telus一年节省的房地产成本超过4 000万美元，通勤里程下降了近3 300万公里，碳排放每年减少了8 000吨。

当员工可以选择最适合手头工作的时间和地点的时候，工作效率就提高了。斯坦福大学与中国客服中心的工作人员合作进行的为期9个月的试验发现，那些在家工作的人接听的电话数量比在办公室工作的同事多出13.5%，而且离职率是后者的一半。

（资料来源：英国《金融时报》，2016-07-11.）

案例思考：

结合案例中两家不同类型的公司的类似做法，回答下列问题：

1. 对类似Automattic这样的公司，什么是管理？企业的管理职能体现在什么地方？为什么？

2. 加拿大的Telus公司，是如何落实管理的原理的？其工作方式是如何解决企业的激励动力问题的？

3. Automattic 和 Telus 公司的工作方式的变化，所反映的管理理论的新发展趋势的内容是什么？

第一节 管理、管理者与管理职能

一、管理

关于管理，中外学者有各种各样的观点。有代表性的观点包括：科学管理之父泰勒认为，管理就是要事先安排工作，指挥他人用最好的工作方法去工作；亨利・法约尔在其《工业管理与一般管理》中认为，"管理就是实行计划、组织、指挥、协调和控制"；诺贝尔经济学奖获得者赫伯特・西蒙认为，"管理就是决策"；彼得・德鲁克认为，管理就是经由他人的劳动完成工作目标的一系列活动。

管理是管理者通过计划、组织、激励、协调、控制等职能，为集体活动配置资源、建立秩序、营造氛围，以达成预定目标的行为。它包括管理的目的和管理的任务两方面的内容。

（一）管理的目的

从原始社会氏族部落抵御洪水猛兽求生存，到工业社会大规模生产钢铁、汽车，建设高楼大厦和高速公路，再到信息社会完成网络交易，人们都必须依赖协作才能满足自身需要。管理是集体努力产生协作效果的必要条件。管理的价值就体现在有助于达成分散个体达不到的目标，满足个人努力无法满足的需要。

管理的目的是发挥集体作用，满足个人努力无法满足的需要。

（二）管理的任务

一个集体共同努力并取得好的效果，取决于三个基本条件：

（1）资源配置必须是合理、优化的。

（2）集体活动必须是有序的，做到分工合作、令行禁止。

（3）集体活动的氛围应当是有利于促进合作奋斗和富有激励性的。

这三个条件不可能自发形成，需要通过管理者带领大家去解决资源的筹集和优化配置问题、建立和维持必要的秩序、营造合作奋斗的氛围。因此，配置资源、建立秩序、营造氛围就是管理的三个主要任务。

企业管理是以企业任务为导向的执行一系列管理职能的系统活动，因而，**企业管理必须承担和完成下列相关的三项任务。**

1. 实现企业的经济利益

企业作为商品生产者和服务提供者，必须以尽量少的劳动消耗和资金占用，生产出尽可能多的符合用户需要的产品和服务，不断提高经济效益，同时使企业出资者及其他利益相关者获得各自追求的合法利益。获得经济效益是企业根本目标之一，提高经济效益实质上是提高劳动生产率。因此，企业管理者的首要任务是保证企业实现预期的经济效益目标，并使之持续、稳定地不断提高。

2. 使企业有活力，员工有成就

企业竞争力取决于企业的活力，它直接决定企业在市场竞争中经营业绩的实现；而企业的活力，需要充分调动和激发全体员工的积极性、主动性和创造性，让员工在各自的岗位上取得良好业绩。

企业从诞生之日起，就面临着组织整体利益与个人利益的矛盾。这种矛盾表现为：

(1) 诸多个人抱着不同目的参加组织，通过为企业组织服务谋求自身经济利益及其他利益；如果组织不能在总体上满足员工的基本需求，组织就将面临瓦解。

(2) 任何组织都必须统一员工的意愿与意志，围绕一个共同的经营战略、按照共同的行为准则去开展生产经营活动，然而这种共同的意愿与意志并不一定合乎个人的要求。组织与人的矛盾，集中反映在工作与人的相互排斥上。源于组织的存在价值与存在理由的工作是客观的，但这种客观性并不源于个人的意愿。个人的个性意愿并不总是合乎工作的客观要求。

解决上述矛盾就成为企业管理者完成管理任务的一大难点。因此，企业管理者在企业的生产经营活动中，不仅要管好物，更要管好人，要以人为中心开展各项管理工作。这样才能最大限度地发挥每个员工的聪明才智，确保企业能够真正获得令人满意的经济成果。

3. 履行社会责任

企业作为一个经济组织，在向顾客提供商品和服务的同时，还应搞好对自然资源和企业生产能力的利用，减少对资源的危害和浪费，承担相应的社会责任，依法经营，照章纳税，履行合同等。要坚决抵制那些有害于国家、用户和消费者的行为，如偷税漏税、生产销售假冒伪劣产品等行为。总之，要求企业行为必须符合社会的价值准则、伦理道德、国家法律以及社会期望，并以自己的经济活动推动社会进步。

二、管理者

管理者是指在组织中行使管理职能，通过协调他人的活动以实现组织目标的人。简单来说，管理者是组织中从事管理工作的人员，是管理活动的筹划者、执行者。

(一) 管理者的类型

1. 按管理者所处层次划分

(1) 高层管理者。

高层管理者是指对整个组织负有全面责任的管理人员。高层管理者的主要职责是管企业全局的大事，他们负责制定组织的总目标、总战略，掌握大政方针，有权分配组织中的一切资源，对组织的生存和发展具有特别重要的作用，对于组织的成败负有最终责任。企业高层管理者包括董事会主席、首席执行官、总裁或总经理及其他高级经理人员等。

高层管理是企业管理体系中最重要的组成部分，处于统帅地位。其核心内容是制定和组织实施企业经营战略、决策与计划，关系企业前途与命运。除此之外，企业高层管理还包括企业组织结构的设计与变革；选拔、使用和培养干部；培育企业文化；协调企业同外部各方面的关键关系，为企业争取良好的生存与发展环境；处置重大危机，趋利避害，化险为夷，实现企业健康地持续发展。因此，高层管理决定着企业管理全局，要搞好企业管理，首先要抓好高层管理。

（2）中层管理者。

中层管理者是负责制订具体的计划，对某一部门或某一方面负有责任的管理人员。他们在高层与基层之间起着桥梁和纽带作用，一方面对高层管理发挥参谋与助手的作用，另一方面通过自己的业务活动对基层管理进行指导、服务与监督。他们执行高层管理者所制定的重大决策并传达到基层，同时将基层的意见和要求反映到高层。中层管理者通常有部门主任、科室主管、项目经理、地区经理、产品经理或分公司经理等头衔。

中层管理的内容一般是以企业生产经营全过程的不同阶段（开发、供应、生产、销售等）和构成要素（人、财、物、信息等）为对象，形成一系列的专业管理。

（3）基层管理者。

基层管理者，又称一线管理者，如汽车厂生产车间一个工段的主管或一条生产线的负责人，医院妇产科的护士长。他们的主要职责是通过自身的作业管理和作业活动，给下属作业人员分派具体工作任务，指导和协调下属的活动，控制工作进度，贯彻落实企业规定的各项制度和方法，最终实现高层确定的经营目标。

基层管理是对生产、销售、服务等现场作业的管理，管理对象是作业层。作业层在工业企业里通常指的是生产车间，在服务业企业里就是作业场所，所以基层管理也称为作业管理或现场管理。根据现场作业过程及其影响因素，为了全面完成基层承担的作业任务，基层管理的内容一般包括工序管理、物流管理、环境管理、规范化管理、职工自主管理和基层组织管理等。基层管理者工作的好坏，直接关系到任务的完成和目标的实现。

按照分工的要求，上述三个层次的管理各有自己的职责，这三个层次的管理是不可分割的有机整体。

2. 按管理者所从事管理工作的领域划分

（1）综合管理者。

综合管理者是指负责管理整个组织或组织中某个事业部全部活动的管理者。综合管理人员应当是管理的全才，是全能管理者，如公司的总经理、事业部经理应当具有生产管理、营销管理、财务管理、人力资源管理、技术管理等多方面的才能。

（2）专业管理者。

专业管理者是负责管理组织中某一类活动或某一阶段（或职能）的管理者，如人力资源管理人员、营销管理人员、财务管理人员、设备管理人员等。专业管理者应当是某一领域的专家，具有某一方面的专长，如财务管理者就应当是财务管理方面的行家里手，营销管理者就应当精通营销管理。

需要说明的是，专业管理者的管理内容将分别在不同章节进行阐述，如人力资源管理（第六章）、市场营销管理（第七章）、生产运营与供应链管理（第八章）、财务管理（第十一章）等。

（二）管理者的角色

所谓角色就是处于组织中某一位置的人所需要做的一系列特定的任务。根据亨利·明茨伯格的研究，管理者扮演着10种不同的角色，管理者通过这些角色的履行来影响组织内外个人和群体的行为。我们可以将其组合成以下三类角色：

1. 人际关系方面的角色

管理者在处理与人的关系时便扮演着这种角色，具体包括：

（1）当管理者履行礼仪性和象征性的业务，如参加社会活动、宴请重要客户、带领有关领导参观企业等，他们在扮演挂名首脑角色；

（2）当管理者激励、指导员工时，他们在扮演领导者角色；

（3）当管理者与内部人员进行沟通，与利益相关者建立良好关系时，他们在扮演联络者角色。

2. 信息传递方面的角色

管理者是所在单位的信息中心，不断从内外部获得各种信息，同时又向外界传递信息。信息传递方面的角色具体包括：

（1）当管理者通过接触下属，通过各种媒介寻求和获取各种信息，以便更好地了解组织和环境时，他在扮演监听者角色；

（2）当管理者将获得的信息传递给组织的其他成员时，他在扮演传播者角色；

（3）当管理者向外界，如股东、消费者、公众、政府等，发布组织的有关信息时，他在扮演发言人角色。

3. 决策制定方面的角色

管理者是组织重要的决策者，在决策制定方面承担重要角色，具体包括：

（1）当管理者积极利用外部机会，不断开发新产品和新工艺，开拓新市场时，他在扮演企业家角色；

（2）当管理者处理冲突或问题，调解各种争端时，他在扮演混乱驾驭者角色；

（3）当管理者合理分配组织的人力、物力、财力、信息、时间等资源时，他在扮演资源分配者角色；

（4）当管理者为了组织的利益与其他组织或个人进行讨价还价、商定成交条件时，他在扮演谈判者角色。

除此之外，在知识经济的大潮中，管理者还要扮演知识的学习者、掌握者，以及知识资本的挖掘者等角色。

（三）管理者的技能

根据罗伯特·卡茨的观点，管理者要具备三种技能：

1. 技术技能

技术技能是指使用某一专业领域内的程序、技术、知识和方法完成组织任务的能力。生产技能、财务技能、营销技能等，都属于技术能力的范畴。

管理者要想有效工作，须具备一系列相应的技术能力。例如，饭店的管理者不仅需要具备烹调技能，厨师不在时能够替换上阵，还需要财务会计技能以掌控收入、成本和员工薪资支出，还需要审美技能以使饭店对顾客充满吸引力。

尽管管理者未必要成为技术专家，但还是需要了解并初步掌握与其管理的专业领域相关的基本技能。不同层次的管理者对于技术技能要求的程度不同。**技术技能对于基层管理**

者最重要，对于中层管理者较重要，而高层管理者对技术技能只需要一般的了解。

2. 人际技能

人际技能是指与处理人际关系有关的技能，即理解、激励他人并与他人共事的能力。**有效管理者的突出特征之一**就是其具有良好的沟通、协调能力，能够激励人们使其融合为一个团结一致的团队。为了有效管理好人际互动性活动，组织中的每一个人都需要学习如何和他人形成默契，如何理解别人的观点及他们所面临的问题。

人际技能对于高、中、低层管理者的重要性大体相同。

3. 概念技能

概念技能是指综观全局、洞察企业与环境要素间相互影响和作用的能力。具有概念技能的管理者往往能感知和发现环境中的机会与威胁，理解事物的相互关系并找出关键影响因素，权衡不同方案的优劣和内在风险。**概念技能对于高层管理者最重要**，对于中层管理者较重要，对于基层管理者则不太重要。

要想成为有效的管理者，就必须具备上述三种技能，缺乏其中任何一种技能，都可能导致管理工作的失败。但处于不同层次的管理者，三项技能的侧重点不同，一般来说，高层管理者更需要概念技能，中层管理者人际技能较重要，而基层管理者技术技能更突出。

三、管理职能

管理职能是管理主体对管理客体施加影响的主要方式和具体表现，是管理者的职责和功能。亨利·法约尔在 20 世纪初第一次完整地阐述了管理的各种职能，他把管理分解为计划、组织、指挥、协调和控制五大职能。之后，随着管理理论的不断发展，20 世纪 70 年代以来，管理学家通常认为，**基本的管理职能包括计划、组织、领导和控制**。

（一）计划

任何管理活动都是从计划工作开始的。为了使管理有效益，首先必须确立明确的目标，这样我们才能判断什么事情应该做，什么事情不能做。为了提高效率，以比较少的投入获得比较大的产出，我们就要对资源的投放、工作的开展事先进行研究和安排，为此就要制订计划，明确实现目标的途径。计划工作表现为确立目标和明确实现目标的必要步骤的过程，包括估量机会、确立目标、制定实现目标的战略方案、形成协调各种资源和活动的具体行动方案等。因此，在企业管理的各项职能中，**计划是首要职能**。

（二）组织

在制订出切实可行的计划后，为了将目标变成现实，就要组织必要的人力和其他资源去执行既定的计划，也就是要进行组织工作。组织工作是为了有效地达成计划所确定的目标而进行分工协作、合理配置各种资源的过程，它是计划工作的自然延伸，一般包括任务的分解、权责的明确、资源的配置以及协作关系的明确等内容。可以看出，组织职能与计划职能是密切相关的，**组织职能为计划的完成提供组织上的保证**。

（三）领导

任何活动的行为主体是人，因此指导和协调实施过程中人与人之间的关系，激励和调动人的积极性，是管理的基本工作之一。在一个组织中，领导工作就是管理者利用职权和威信施展影响，指导和激励各类人员努力去达成目标的过程。

科学技术的快速发展，生产的机械化、自动化程度的不断提高，企业经营管理的日益复杂，对工人和各级管理人员素质的要求越来越高，同时，对于充分调动人们的积极性和创造才能，也提出了迫切要求。古今中外许多成功企业的经验表明，**人才是企业最宝贵的资源，是企业兴旺发达之本**。因此，领导工作的重点在于调动相关人员的积极性，协调相关人员之间的关系。个人的力量是有限的，我们要注重在实现目标的过程中，充分调动一切可以调动的因素，激励他人，协助我们实现目标。

（四）控制

控制就是在动态的环境中为确保既定目标的实现，通过信息反馈来发现目标实施过程中的偏差，并采取纠正措施予以消除的活动或过程。**控制是企业管理的一项重要职能，它是保证目标能按计划实现所必不可少的职能。**企业管理存在环境的不确定性、组织活动的复杂性和管理失误的不可避免性，因此，企业要想有效地达成目标，就必须对环境、组织成员和组织活动等加以控制。

控制工作过程由确立控制标准、衡量实际业绩、进行差异分析、采取纠偏措施等步骤构成。**控制内容**具体包括生产作业控制、质量控制、成本控制、库存控制和资金控制等，它们分别由不同的管理部门和人员负责，它们也是企业管理过程中某个方面的局部控制。与此相对应的是全面控制（综合控制），即对综合反映企业生产经营状况的财务指标进行分析、判断和控制。按照控制方式的不同，控制还可以分为事前控制（前馈控制）、事中控制（过程控制）和事后控制（反馈控制）。

控制是社会化大生产的客观要求，没有控制，管理职能体系就不完整，也就不能进行有效管理。在许多情况下，即使制订了可行的计划，也进行了很好的组织，但如果没有把握好控制这一环节，最后还是无法达到预期的目的。**无效的控制会导致计划无效、组织无效。**

以上几个管理职能具有普遍性。无论何种类型的企业，也不管企业哪一个管理部门或者哪一级管理人员，他们所从事的管理工作都包含或都可以归纳为这些职能，区别仅仅在于他们执行的各种管理职能的具体内容、要求及时间分配等各不相同而已。以总经理为首的企业高层管理人员，要为计划、组织和用人花费大部分时间，而且要求很高；车间、工段、班组等基层管理人员主要从事执行性工作，因而用于计划的时间较少，大部分精力应集中于指挥和控制。

第二节　企业管理方法

执行企业管理职能，完成企业管理任务，必须解决方法问题。本节所要讲的方法不是各项专业管理的具体方法（后面各章介绍），而是企业管理的方法论基础，以及各项管理工作和各层次管理人员都需要学习和应用的一般方法。

一、企业管理的方法论

系统论、信息论和控制论是企业管理的方法论基础，对研究解决企业管理的各种具体方法具有重要的指导意义。

（一）系统论观点

研究系统一般模式、结构和规律的系统论，现已成为科学研究和社会实践中解决复杂问题的科学理论与方法。

系统，是指由若干相互作用和相互依赖的组成部分综合而成的、具有特定功能的有机整体，而系统本身又是它所从属的一个更大系统的组成部分。

从是否为人造的角度考虑，可以把世界上各种各样的系统划分为两类：自然系统，是自然界本来就有的系统，如太阳系；人造系统，即由人工创造或改造的系统，如企业。

人造系统具有以下几个特征：

1. 整体性

正因为系统是由两个以上相互区别的要素组成的一个整体，所以它才具有每一个要素在孤立状态下都不具有的功能，即“整体大于部分之和”，形象地说就是“1＋1＞2”。例如，由用户、零售商、分销商、制造商和供应商等共同参与、有机联系而形成的网络式供应链组织，通过信息共享、流程重组等手段，使所有成员企业的业务活动有机衔接，实现业务活动的协同，进而提高各个企业的运作效率，具有每一个单独企业所不具有的强大功能。因此，供应链很好地体现出系统的整体性理念。

进入 21 世纪，企业面对的是复杂多变的经营环境，企业的绩效越来越取决于企业组织整体对环境的敏捷性和适应能力，这就要求企业管理由关注局部转向关注整体。仅仅关注某一种管理要素或只强调管理的某项职能，都无法面对环境的挑战，只有整体优化配置企业的全部资源，特别是人力、智力、物力和财力资源，让企业中的各个层次、各个部门和各个岗位，以及总公司与分公司、子公司，产品供应商与推销服务商和相关的合作伙伴协调起来，统一意志，协同行动，才能发挥企业竞争优势，实现企业的经营目标。

管理实践的需要反映在管理理论上，就体现出了整体化的趋势。管理理论要具有整体观念，从组织整体以及组织与环境的关系上思考管理问题，提出解决办法。整体性体现了管理理论在管理活动的空间维度上的扩展。现代信息技术的集成化趋势，也为整体管理思想的实现提供了技术保证。核心能力理论、学习型组织理论，以及基于信息技术而产生的各种管理模式都印证了这一点。

2. 相关性

系统论强调整体与局部、局部与局部、系统本身与外部环境之间互为依存、相互影响和制约的关系。系统各个组成要素是互相作用、相互依存的，从而形成带有一定层次性的复杂结构。由于系统的各要素具有相关性，它们当中任何一个要素发生变化，其他要素也要相应地改变或调整。因此，研究一个系统的结构，一定要全面分析它的要素构成及这些要素的相互关系。系统的结构会影响系统的整体功能。

3. 目的性

只要是人造系统，都具有一定的目的。目的可以是单一的，也可以是由几个目的有机结合而构成的整体。例如，组建一个由若干部门（要素）有机结合（相关性）而成的企业，目的是通过完成必需的各项管理业务，最终提高企业的经济效益。而经济效益的中心目标是由若干目标（亦称子目标）构成的体系。

4. 环境适应性

环境是一个系统所从属的更高一级的系统，任何系统均必须适应所处环境的要求和变化，否则便不能生存和发展。之所以要面向市场、面向用户来组织安排企业的生产经营活动，就是因为市场是企业从属的大系统，它决定着企业的运行。

学习和掌握系统论观点，对于改进企业管理具有重要意义。根据系统论观点，我们可以把企业作为系统来研究，这有助于全面分析、正确处理企业生产经营活动中的各种矛盾关系，寻求提高企业经济效益的最佳方案。

（二）信息论观点

信息论认为，系统正是通过获取、传递、加工与处理信息而实现其有目的的运动的。而信息用来减少和消除人们对于事物认识的不确定性，信息是一切系统保持一定结构、实现其功能的基础，信息的价值在于利用。

现代企业管理的本质之一，就是通过对所有有关信息的选择、判断和处理，做出资源优化配置的决策。而企业管理信息，就是经过加工处理后对企业生产经营活动有价值的数据，既包括产量、产值、销售额、利税额等数值数据，也包括图像、表格、文字、声音等非数值数据。

当今时代，以网络和移动互联技术为代表的信息技术快速发展，企业几乎都有自己的网站，或者利用网络社交平台的公众号等介绍产品或提供技术支持，或利用互联网组织企业的采购和销售；管理信息系统已经开始从 ERP 系统全面升级，例如以阿里巴巴为代表的网络创新组织已开始用自己开发的基于网络的内部协同软件替换了 ERP；掌握现代数据技术和信息安全技术的专业人才已成为许多企业极为重要的组成部分，例如金融信息化人才成为现代金融企业创新变革的核心动力之一。

在当今数据为王的时代，没有数据，就没有管理。企业的数据管理水平，事关企业的生存和未来。对于一些依托互联网的公司或互联网平台企业，数据更是企业的宝贵资源和无形财富。数据就是企业未来的金矿。近年来，每逢春节的网络红包大战，其本质上就是对网络用户资源的争夺和数据的获取。

（三）控制论观点

控制论主要是通过研究系统的状态、功能、行为方式及变动趋势，调节与控制复杂的系统，使其按照预定的目标稳定运行。

现代管理的控制活动，就是通过不断接受和交换内外信息，依据一定的标准，监督检查计划的执行情况，发现偏差，采取有效措施，调整生产经营活动，以达到预期的目标。

一个系统的控制功能要发挥作用，必须具备两个前提条件：

1. 明确的检验标准

计划和实施控制的组织机构是以计划为依据的，计划越是明确、全面和具体，控制的效果也就越好，同时计划中要有明确的检验标准，这是有效控制的条件之一。

2. 做好信息反馈

控制的发挥还需要建立相应的组织机构，实现对计划执行情况的考察、衡量，并对偏差采取纠正措施，保证计划的顺利完成。在控制活动中必须做好信息反馈，这也是实现有效控制的重要条件。所以，在控制系统组织机构中应明确规定有关信息的收集、整理、传送的分工和职责。

二、企业管理的一般方法

这里讲的一般方法是企业在各个管理领域中都需要使用的方法，具有普遍性。按照管理者和被管理者之间相互作用的方式划分，有以下三类方法。

（一）行政方法

这是企业组织运用行政手段（命令、指示、规定等），按照行政隶属关系来执行管理职能、完成管理任务的一种方法。它具有强制性。行政方法是必要的，但必须注意，运用行政方法必须依照客观规律办事，讲究科学性，从实际出发，切忌瞎指挥。

（二）经济方法

这是按照经济规律的要求，运用经济手段（价格、工资、利润、奖金等）和经济方式（经济责任制等）来执行管理职能，实现管理任务的方法。经济方法是运用物质利益原则，调动经营者和生产者的积极性，引导他们为企业、社会和国家发展做出贡献。

（三）法律方法

这种方法是企业在国家法律、部门或地方法规框架下，自觉依法开展生产、销售等经营活动。

综上所述，企业管理的一般方法各有不同的作用和长处，都是企业管理所必需的。同时，每一种方法都有一定的局限性。因此，搞好企业管理，不能单纯依赖某一种方法，而是应该把各种方法结合起来使用，使之相互补充，以求得理想效果。

第三节　企业变革与管理理论的发展

世界上没有一个企业能永远保持不变，原因在于企业自身条件发生了变化，原有的组织结构不再适应企业的发展；或者外部环境发生了变化，企业难以适应环境的要求。一个有活力的企业，必须不断研究企业发展的生命周期，敏锐洞察自身条件和外部环境的变化，及时察觉成长过程中的各种“陷阱”，积极主动地推动企业变革，寻求生存和持续发展。

一、企业成长中的战略陷阱与转折点

（一）战略陷阱

企业的产品或技术或事业，都有一个从诞生到消亡的周期，即产品的生命周期或技术的生命周期或事业的生命周期。一般来说，任何一个生命周期都要经过培育期、成长期、成熟期和衰退期四个阶段，这样很自然地画出了一条S曲线（见图2－1）。

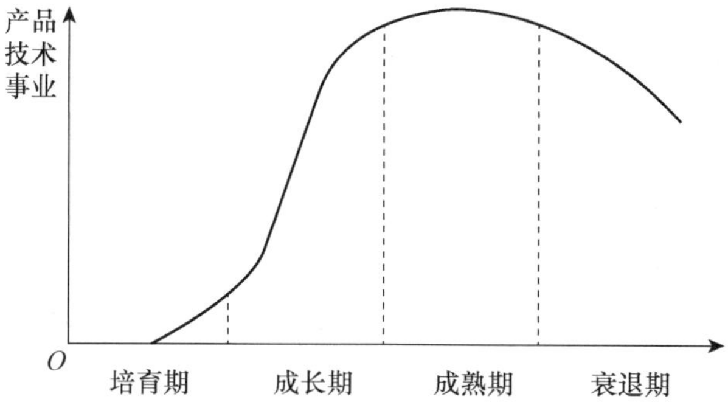

图2－1　企业的生命周期示意图

如果企业只从事某种产品的生产，或仅仅依靠某种技术，或执意坚守某个特定领域，这个企业必然会与这种产品、技术或事业的兴衰走出同样的生命周期曲线。也就是说，在一定的条件下，企业也有生命周期。追求可持续成长的企业一般都要超越特定产品、技术和事业领域的制约，希望获得更大的生存空间。实践证明，没能突破这些制约的企业不胜枚举，足以说明实现企业可持续成长的艰难。上述曲线反映了大多数企业的成长与发展的轨迹，由此也可以演变出企业成长的阶梯（见图2－2）。

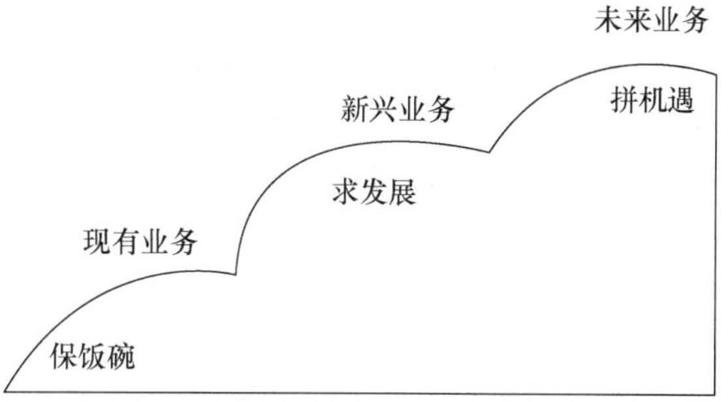

图2－2　企业成长的阶梯

1. 培育期

处于培育期的企业被称为初创企业。**初创企业要解决的首要问题不是成长而是生存问题。**在初创阶段，企业的生存能力比较弱，市场占有率低，融资能力差，市场地位不稳定，容易受到竞争对手的威胁，风险性较大；实际上，在初创期企业的死亡率非常高。但处于培育期的企业有活力，企业家精神充足，由生存欲望所激发的奋斗精神、吃苦耐劳精神、创新精神成为这一时期企业成长的主要动力。这一阶段是精神转化为物质的阶段。

初创期企业的重点是强调研发、重视市场、确保融资，所以，把新产品迅速销售出去，在市场上站住脚，活下来，就能为将来的迅速成长创造机会和希望。因此，在创业初期企业不需要太复杂的管理，通过创业者本人就可以控制整个团队。

对于“互联网＋”时代的初创企业来说，第一轮融资（A轮）是非常重要的，特别是处于种子期的企业。业务发展慢慢壮大后，才会有后续B轮、C轮融资。根据IT桔子的统计（截止到2015年3月13日），2014年拿到种子天使投资的公司有847家，拿到A轮的达到861家，到B轮只有229家，到C轮还有82家，D轮只剩下17家。因此，**绝大部分项目都死在了A轮前，同时，获得A轮的项目也有74%倒在了爬向B轮的路上！警惕A轮死！**

2. 成长期

如果企业能在培育期活下来，一般会较快地转入成长期，进入企业规模扩张状态。处于成长期的企业，可以在短时间内获得较高速的成长，规模经济开始产生作用，企业经济实力增强，市场占有率提高，员工人数增加，主业日益明显，抵御市场风浪的力量也得以加强。但是，企业的高速成长是有极限的。

处于成长期的企业的主要特点有：

（1）企业主要目标是快速成长。

（2）做大做强是企业发展的内在动力。

（3）管理方式走向半职业化时期，开始有外面的职业经理人进入企业。

（4）面对的主要问题是市场营销。

（5）面临的前所未有的困难主要是业务停滞、机制不顺、队伍涣散、人才流失、资金紧张等。

（6）成功发展的主要因素是转型。把管理木桶的各板块整理好、衔接好，把价值衔接好。

当企业成功地度过培育期，进入成长期之后，展现在面前的是一片崭新的天地和众多的机会。企业应该注意不能被众多令人炫目的投资机会所诱惑，放弃主业，盲目多元化，犯战略冒进的错误。这个时期企业最容易掉进**战略冒进陷阱**（陷阱Ⅰ）。

创业成功使创业者和整个员工队伍都充满着自信，逐渐丰厚的利润回报也使企业有了扩张的实力和融资的资本。这些都会诱发企业冒进扩张。另外，患上“成功综合征”也是企业掉进这一陷阱的重要原因。有些经营者误以为其成功经验可以“复制”，在多种行业中普遍适用，于是大踏步地跨入不同的行业领域，甚至是不熟悉的非关联领域，比如由制造业进入金融或房地产领域。事实上，以往的成功并不能保证今天的成功，更不能保证今后的成功。

有限的资金投入到多个领域，不仅分散精力，而且在任何一个领域都不能形成真正的战略优势；同时，还必须面对众多的竞争对手，导致顾此失彼，穷于应付。

处在成长期的企业，首要任务是把主业“做大”，而不是分散精力去“做多”。这个时期企业的核心目标是做大现金流、扩大市场占有率。

企业跳不过第一个陷阱，就会夭折，既长不大，也活不长，其主要问题出在欲速则不达的战略失误上。

3. 成熟期

企业坚持过了成长期，就会进入成长速度放缓但利润率提高的收获季节——“成熟期”。实际上，进入成长期的企业不多，而能进入成熟期的企业就更屈指可数了。此时，企业一般生产规模已经很大，市场占有率也较高，竞争企业已经不太容易撼动其地位，不需要再做大量投入也可以获得比较好的收益。

处于成熟期的企业的主要特点有：

（1）企业走向职业化管理阶段。

（2）形成企业核心竞争力是企业走向成熟的主要标志。

（3）管理方式采用职业化的管理，企业文化在起着稳定剂作用。

（4）面对的主要问题是技术（产品技术、市场技术、管理技术等）。

（5）成功立足的主要因素有突破成长瓶颈（完善有效的运营机制），建立员工的激励机制、技术领先、融资渠道拓展等。

成熟期后期的企业一般都会考虑多元化经营的问题。由于原有事业已经不可能期望有满意的成长空间，追求可持续成长的企业会将成熟期丰厚的利润再投入到新的领域。这一转变被称为企业脱成熟化或企业蜕变过程。

当企业成功地度过成长期，进入成熟期之后，由于企业家价值判断的误区，企业容易落入**战略保守陷阱**（陷阱Ⅱ）。

在图 2－3 中的 A 点和 B 点之间，企业家均可抓住时机，做出成功的战略决策。激进的企业家会在靠近 A 点一侧较早制定和实施战略，而比较保守的企业家会在靠近 B 点一侧较晚采取行动。这就是**"文化决定战略"**基本理论的具体表现。

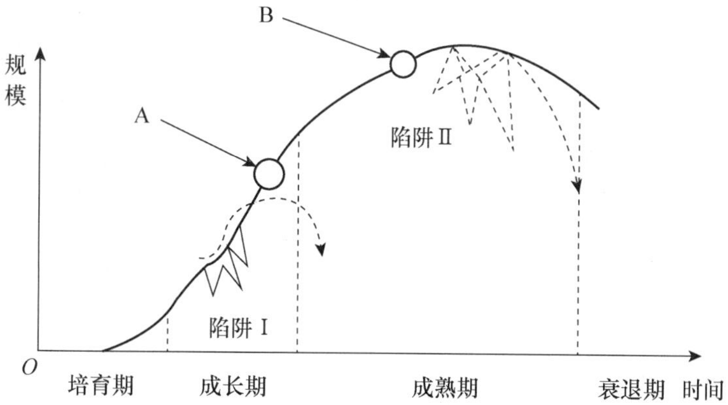

图 2－3　企业成长的战略陷阱

传统竞争的逻辑是打败竞争对手，在各方面都要超越竞争对手，当竞争对手被清除出市场后，胜者也就失去目标，此时，企业如果还是延续原来的战略，就有可能受累于自己的战略局限性，陷入"赢家陷阱"中，导致发展缓慢，甚至会因此衰落。曾经在中国彩电业位居第一的四川长虹就在一定程度上陷入这种境地，当长虹正在追赶同行时，表现得极具竞争能力，但长虹成为业内第一后，却未能超越自己，发展势头逐步缓慢，从而被其他竞争者追上。因此，固守原有的竞争之道并不能自然地给企业带来基业长青。

视企业为孩子还是商品，体现出两种不同的文化。犹太人可能是世界上最能赚钱的民族之一，他们对企业的态度是两者兼而有之。当他们把企业办到一定阶段后，习惯于用两种方式"处理"企业：一是把企业看成商品，在最赚钱的时候（一般处于成熟期）出手卖掉，自己再去办一个新公司。二是将企业交给一个比自己更会管理企业的人去经营，"无情未必不丈夫"，自己再去找新的事业增长点。与此相比，中国企业家更倾向将企业看成自己的孩子。持这种观念和心态，自然就会为企业的去留而伤情动感，也更容易步入误区。因此，掉进保守陷阱的主要原因之一是文化问题。但是文化观念的问题，不是轻易就能转变的。

企业跳不过第二个陷阱，就无法实现蜕变，进入新的成长空间，就长不大，其主要问题出在固执僵化的战略失误上。

4. 衰退期

成熟期的企业如果不能成功地进行脱成熟化和蜕变的话，将就此成为衰退企业（当然也有未成熟先衰的）。企业步入衰退期的可能原因是：

（1）某个关键人物（如创业者等）的离去。

（2）产品或服务市场的消亡，如电报业务。

（3）技术的落后，如诺基亚。

（4）企业组织的自然老化。

衰退期企业成长方向选择，如图 2-4 所示。

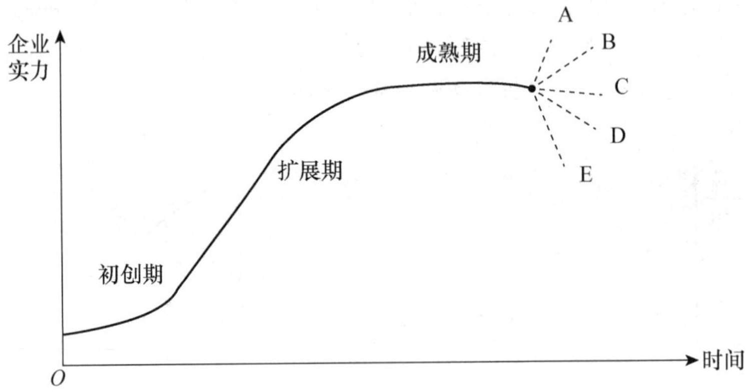

图 2-4　衰退期企业成长方向选择

处于衰退期的企业的主要特点有：

（1）企业面临抉择，要么成为行业领袖，要么衰亡。

（2）企业再造与创新成为企业再创辉煌的主要因素。

（3）面对的主要问题是管理创新、把漏洞补好。

（4）成功的主要因素有战略、变革、创新。

习惯上，企业界把成长过程中的重大革新阶段称为第二次创业或第三次创业。这使企业的成长过程出现一定的动荡期，或者说处于危机点。如果变革成功，企业就会进入一个新的成长期，但如果变革不成功，企业则进入衰退过程（见图 2-5）。

持续创新是当前企业竞争的必然要求，企业长寿或者说持续成长的手段就是“创新”。首先，企业可以通过不断的产品创新超越某一产品的寿命持续成长；其次，企业可以通过不断的技术创新，突破某一技术的生命周期而持续成长；再次，企业可以通过对事业的转换，跨越特定事业的生命周期以获得持续成长；最后，企业还可以通过制度的创新，不断为企业的可持续成长构建新的制度平台，为企业注入新的活力，使企业保持精神上的年轻。这一系列的创新过程，实际上就是企业的“蜕变”过程。

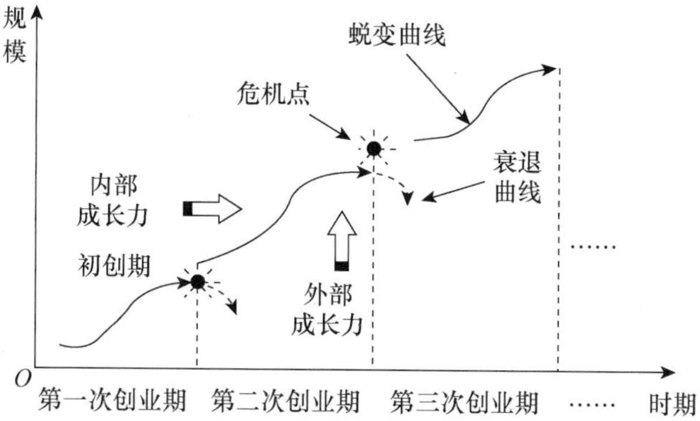

图 2-5　企业的连续创业

（二）战略转折点

经验告诉我们这两个陷阱的存在，落入任何一个陷阱都会损害企业的可持续成长。但企业仍然不能完全避免掉进陷阱之中。原因之一是企业家经常无法获得进行正确决策所需的完整信息。企业家需要在“状态不确定”“信息不充分”的情况下做出决策，这对企业家的敏感性和洞察力提出了挑战，甚至就是考验企业家是否合格。

假设企业的生命周期为 S 曲线，显然，曲线上存在两个转折点，如图 2-6 所示。这是企业跳过陷阱的关键时点。

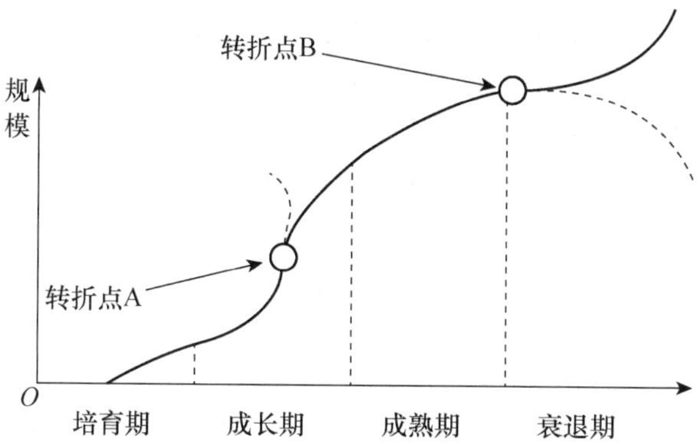

图 2-6　企业成长中的战略转折点

法国经济学家赛伊（J. B. Say）曾经讲过，企业家就是那些把资源从低收益项目的生产转到高收益项目生产中去的人。上述两个战略陷阱本质上都是有关资源转移的，企业家的重要作用就是正确判断转移的黄金时刻。这一判断很难科学化、定量化。英特尔原总裁安德鲁·葛洛夫认为，企业发展到一定阶段就会遇到“战略转折点”。在现有战略依然有效、企业业绩仍在上升、客户与协作企业仍然交口称赞的时候，在你的雷达屏幕上却出现了值得警惕的重要光点，那一时刻，你就该考虑和做出战略转移选择了。

在战略转折点上，如果旧的战略被新的战略所代替，企业有机会成长到一个新的高度。但是，如果依然采用旧的战略，企业会依惯性上升到一个高峰，然后开始下滑，也预示着衰败的开始。

战略转折点的概念可能使我们对图中 A 点和 B 点的定位有一个更难确的说法。那就是，战略转移决策应在转折点 A 与 B 之间做出，在 B 之前行动。实践证明，经历了转折点而开始走向衰退的企业，很少能重拾当年的辉煌。因此，企业要实现可持续成长，正确判断战略转折点并果敢行动是必要条件之一。

近年来，有些企业提倡的第二次创业，其实就是一次“战略转折点”的抉择。

二、企业变革中的陷阱

企业要不断地完成变革，需要跨越五大不同的管理陷阱，才能实现可持续成长。

企业成长过程不是一条平滑曲线，存在量变和质变两种阶段或时期。

在“渐变阶段”或量变时期，企业对外部的适应性和内部的整合性都比较好，成长也比较顺畅；但在“激变阶段”或质变时期，企业长期积聚的矛盾开始激化，企业必然要经历人员、观念、组织等方面的成长状态动荡。这就是企业在成长过程中遇到的危机点（或叫战略转折点），即**管理陷阱**。它是危险与机会并存的地方，也是决定企业能否可持续成长的关键点。一般讲，“渐变阶段”较长，“激变阶段”较短。

企业一般会经过五个典型的“渐变阶段”，每个渐变阶段之后，都有一个激变的陷阱。

（一）创业成长的“领导陷阱”

企业创立初期，创业者一般更重视产品制造、市场开拓、技术开发，领导方式为权威式，忽视管理的作用。员工之间的沟通频繁但多是非正式沟通。企业的兴衰成败决定于能否打开和占领市场，经营者的行为完全为市场和顾客所左右。

然而，随着生产规模与市场的扩张、员工数量的增加、新资本的投入，提高生产效率、建立正式沟通机制、实现有效的财务管理等内容纷纷被列入企业重要的议事日程，企业经营的重心开始由产品和市场转向内部管理，企业及其组织开始走向正规化。

以往的经验、惯性思维和行为惯性，让创业者保持事必躬亲、寄希望于后人向自己看齐，等等，尤其是在创业非常成功的情况下，创业者更容易陷入新成功的“幻想”，这时，企业就遇到了成长过程中的第一个陷阱：领导陷阱。

很多人都知道这个陷阱的存在，也都想极力跳过它，但是，并非所有的企业能完成跨越。

（二）集权成长的“本位陷阱”

企业通过任用有才能的职业管理者，引进集权式的职能型组织机构，建立计划、财务和人力资源管理等体系，实现生产、销售、技术等职能的分工，建立正规化的组织和有效的制度，实现个人之间、部门之间的正式沟通，以专业化求效率，企业就可能跳过第一个陷阱，迎来企业第二个渐变成长阶段。

随着企业规模不断扩大，产品群不断增多，市场不断拓展，事业范围也更加广泛，企业实现了成长，但新的问题出现了——集权式管理并不适合于大规模且多元化企业的管理。在集权管理模式中，中层管理者仅被置于一个专业职能管理者的位置，普通员工更是大厦的一片瓦、机器上的一个齿轮，他们是不能自主决策的管理者或组织成员，其行动受到集权式管理系统的制约。然而，他们更接近顾客、产品和技术前沿，拥有更新的信息。

按组织程序办事和按自主判断行动的矛盾就集中体现在他们身上。当问题出现时，踢球扯皮、推诿责任成为普遍现象。他们会最大限度地利用自己的职责，谋求本位利益。本位主义现象发展到一定程度，企业成长中的第二个陷阱就出现了。

有效的分权管理与组织变革是帮助企业跳过这个本位陷阱的常用手段，但是，钟情于集权的管理层不习惯也不放心放权给中层和基层管理者，让他们自主决策。

（三）分权成长的“失控陷阱”

公司通过成立事业部组织并给予产品事业部和地域事业部的管理者更多的权限，对其经营活动通过文件、电话、短期巡访、定期报告等形式进行例外管理，集中精力于新事业的开拓和长远战略问题研究。企业借助分权管理，有效激发中层管理者的积极性和主动性，实现迅速扩张和成长，让企业跳过本位陷阱，进入新的渐变成长空间。

但是，随着公司总部规模的缩小和有效分权，快速成长壮大的企业出现了事业部之间、事业部与其他部门之间的协调问题，事业部之间出现争夺用户的竞争“内耗”，企业对高度分权的各事业部的经营活动难以控制，甚至出现诸侯割据的独立王国。这时，“失控”就成为横在企业继续成长道路上的第三个陷阱。

分权是企业成长的促进力，但只有当员工真正认为自己是企业的主人时，分权才会有基础，没有这样的基础做支撑，分权就会导致混乱。整合的企业文化也是分权的基础，没有对企业的价值认同感，就不能分权。因此，要想解决企业面临的管理失控，维持企业的整体性，就要进行新的变革，但绝不是原来的集权管理老路。

（四）协调成长的“官僚主义陷阱”

要想通过围绕总部的新协调机制实现企业新一轮的成长，达到企业有限资源的更高效分配，就需要强有力的经营资源配置与调整系统，具体来说，按较大的产品或事业群来划分战略分权单位，强化总部的统合功能；配备较多的民主决策部门如委员会或参谋部门，密切关注资源在各事业领域的合理分配；把按产品或事业群来划分的战略分权单位作为一个投资中心，以投资收益率作为分配投资的主要标准。同时把信息处理、股权管理、文化建设等职能集中到公司总部，让企业跨越“失控陷阱”。

但是，由于事业部负有相当大的经营责任，其管理者会很快学会谨慎言行，以“上有政策，下有对策”的方式避开公司总部的监管。于是，在直线和职能部门之间，公司总部和事业部之间会产生“信任缺乏症”，需要用大量的制度、规定来相互制衡，这时，企业变成患“大企业病”的无效率官僚组织，官僚主义陷阱出现了。

（五）互动成长的“未知陷阱”

要想跳过官僚主义的陷阱，企业必须重视用核心价值观、文化约束和人的自律性取代组织的正规控制系统，通过在部门之间、员工之间建设富有生命力的互动组织和互动文化，有效地解决组织内部的隔阂，激发人的自发性和奉献精神。对于曾经制定了原有管理系统的专家和习惯于依赖正规程序解决问题的管理者来说，这样的变革是很难接受和适应的。

公司为此需要采取一系列的对策和措施，如采用矩阵组织的形式，大幅减少公司总部职能部门人员，从不同专业、不同部门抽调人员组成跨专业、跨部门的委员会或项目小组，给各事业部提供咨询和帮助。另外，以会议形式来沟通解决公司的重要问题，让教育培训机构在提升管理者团队精神和解决冲突的技巧等方面发挥重要作用，重视团队的激励和奖励导向，鼓励创新行为和在企业内创业。

互动成长后的企业会遇到的新陷阱是什么，目前还没有明确的界定，暂且称之为“未知陷阱”，主要表现为员工产生“心理上的饱和感”或“创造力缺乏感”。针对这一陷阱，一些公司通过创建“学习型组织”，提倡“系统思考”和“创新思考”，构筑组织的知识平台等，激励员工特别是管理者的活力与创造灵感，来推进企业进入全新的成长阶段。

三、企业管理理论的发展

伴随着企业成长和不断变革，20世纪八九十年代以来，企业管理理论有了很大的发展，涌现了大量的新理论和新模式，如核心能力、供应链管理、战略联盟理论、虚拟企业、电子商务、知识管理、流程再造、学习型组织、网络组织、团队管理、企业伦理、绿色管理和跨文化管理等，为管理实践提供了丰富的理论指导和可供使用的管理工具。

（一）管理前沿理论的整合

美国学者安索夫于1976年提出了企业战略管理的概念，以及环境、战略和组织的互动模型。从环境、战略和组织的互动关系出发，战略管理理论要回答三个基本问题：组织竞争优势的源泉是什么？组织如何保持竞争优势？组织如何保持对环境的敏感性？所有关注这三个问题的理论都可以归入战略管理的范畴。

前面提到的企业管理理论，大多从不同的角度对上述三个问题做出了回答。学习型组织理论认为，学习能力是企业竞争优势的源泉，持续地学习可以使企业适应环境变化，提高企业竞争力；供应链管理理论认为，企业的竞争优势来源于供应链企业之间的协调管理，借助信息技术，对跨组织流程进行优化，可以形成企业独特的竞争优势；核心能力、战略联盟和虚拟企业等理论则更是从核心竞争力、战略合作、虚拟企业的角度，就提高企业竞争力进行研究。

上述企业管理的前沿理论各有特点，却也都有一定的局限性。例如，供应链管理侧重于供应链上企业间关系的管理，对于流程再造、核心能力培养却显得有些力不从心；流程再造重视跨部门流程的改造，却忽视了跨企业流程改进的巨大潜力；学习型组织强调培养企业的学习能力和生存适应能力，却又很难找到明确的组织形态，无法进行具体的组织设计；就完整的供应链而言，供应链管理、客户关系管理有“各管一段”的倾向。在实践中需要整合这些理论和方法，系统地解决企业所面临的问题。这里将梳理这些理论之间的联系，对这些理论加以整合。

图2-7围绕企业战略管理工作，对一些相互联系的管理理论进行了系统化梳理。

核心能力理论认为，核心能力是企业竞争优势的源泉。企业必须从核心竞争力的角度而不是从战略单元的角度对战略进行思考。把培育和完善企业核心能力作为中心环节实施战略管理，可以使企业战略管理更具有针对性和可操作性，有利于企业获得持续的竞争优势。

核心能力的发挥取决于组织系统的整体协作情况，这需要对企业的整个供应链系统中

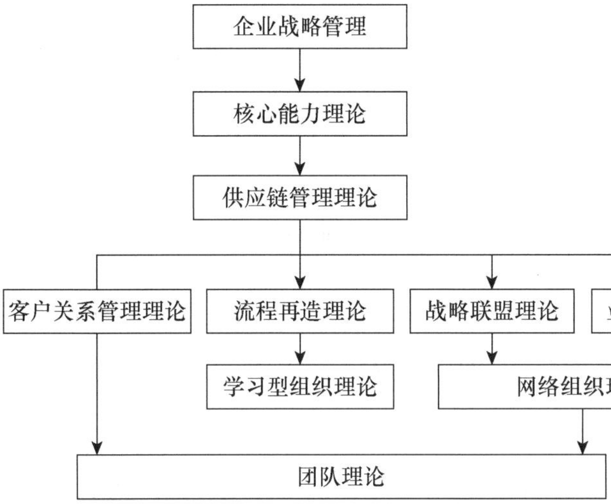

图 2-7　管理前沿理论逻辑关系图

的各种活动和过程进行计划、协调、操作、控制和优化，也就涉及供应链管理的内容。在供应链分析的基础上，就可以确定各阶段的管理重点和管理模式。

在企业组织内部，为了提高组织的反应能力，支持 ERP（企业资源计划）系统的建立，就需要进行内部流程再造。为了巩固流程再造的效果，保持企业组织的创新能力，企业需要创建学习型组织。团队是建立学习型组织的五项修炼之一。团队是组织中最关键的也是最佳的学习单位。这就与团队理论联系起来了。

客户关系管理（CRM）旨在在企业与客户之间建立新型管理机制。它强调通过整合企业的客户信息资源和实现信息共享，使销售、市场和客户服务等部门和人员协同合作，在实现顾客利益最大化的基础上，实现企业盈利的最大化。

在企业之间的协作关系上，为了有效整合外部资源，产生了两种新的模式，即战略联盟和外包。战略联盟是指两个或两个以上的企业为了实现共同的预期目标而采取的资源共有、风险共担、利益共享、共创竞争优势的联合行动；外包是指企业将原来应在企业内部完成的业务，转移到企业外部由其他企业完成的行为。

组建何种形式的战略联盟，哪些业务实施外包，都要以核心能力分析和供应链分析为依据。为了改善企业之间的联系，无论是战略联盟还是外包，都要建立跨企业的网络组织，促进企业之间的协作和协同。

根据团队任务的实际需要，企业也可以组建跨企业的团队，吸收顾客、合作商和供应商的代表参加到企业的团队中来。

通过以上分析可以发现，这些前沿理论都是相互联系、相互补充的，在实践中要善于整合不同理论的思想，实施系统的管理创新。

（二）流程再造理论

1. 企业流程再造提出的背景

1993 年，美国学者迈克尔·哈默和詹姆斯·钱皮的《企业再造工程》著作中提出了企业应对市场变化，实现企业组织转型的新理论和新方法，即企业流程再造（business process reengineering，BPR）。其主要观点是：

（1）对生产经营流程进行根本改造，由渐进性改良转变为激进式飞跃；

（2）从产品导向转为顾客导向；

（3）从职能导向转为流程导向；

（4）从控制命令式转为横向协作式；

（5）员工队伍从劳动专业化分工转为综合技能型分工。

哈默和钱皮把当时的市场特征概括为 3C，即顾客（customer）、竞争（competition）、变化（change）。企业为了适应 3C 的变革，应该从市场需求出发，通过对企业的运作过程进行根本性的分析，对企业流程的构成要素进行重新组合和设计，这就是企业再造的基本含义。

2. 企业流程再造的实施

迈克尔·哈默认为，企业流程再造不是简单地破除原有的工作流程以及信息工程技术在管理中的简单应用，而是建立在总结旧的工作流程经验的基础上，应用新技术，建立新的工作流程。

（1）分析现有流程。主要目的是了解现有流程的概貌、优点、缺陷，寻找流程再造的切入点。最有效的分析方法就是画出原有流程细化的“流程图”，详细了解流程中每一个环节的功能和优缺点。

（2）分析当前的市场需求。有效满足顾客需求是企业再造的出发点，也是实施企业再造的目的。为此，必须了解顾客的购买力、需求偏好，对产品的质量、功能、价格的需求，对购买方便性、交货可靠性的需要等。同时，也应调查竞争情况，了解政府的法律法规等因素对市场的影响。

（3）采取综合措施，实施企业再造。在弄清楚内外条件后，企业再造就进入了最关键的实施阶段了。在这一阶段，最重要的是选择企业再造的方式。**企业流程再造的方式有两种**：一是以局部改良为主的改良式再造；二是抛弃原有流程，注重于建立全新流程的革命性再造。前者因风险小、成本低而被普遍采用。

企业再造是一个复杂的系统工程，完成工作流程的设计只是企业再造的第一步，更重要的是如何管理流程再造，保证企业再造工程的成功。企业再造工程的成功实施不仅需要企业高层具有创造性的思维，需要强大的人力资源和组织上的保证，而且还涉及企业的意识形态层面，需要企业文化做相应的调整和变革；同时必须广泛应用现代信息技术，这是企业再造成功的技术保证。

20 世纪 90 年代以来，国内许多企业引入了 ERP 系统，实际上就是典型的企业流程再造。企业组织结构从以职能为中心、以控制为导向、多层次的金字塔式结构，转变为以过程为中心、以顾客为导向、少层次的扁平式结构，这是与传统的企业组织结构完全不同的一种新型的企业组织结构。因此，企业流程再造是典型的一把手工程。

（三）知识管理理论

1. 知识管理理论的提出与发展

知识管理是在知识经济时代出现的一种新的管理思想流派。20 世纪 60 年代初，美国管理学教授彼得·德鲁克博士首先提出了知识工作者和知识管理的概念；20 世纪 90 年代中后期，美国波士顿大学信息系统管理学教授托马斯·达文波特提出了知识管理的两阶段论和知识管理模型，同时，日本管理学教授野中郁次郎博士针对西方的管理学者片面强调技术管理而忽视隐性知识的观点，系统论述了隐性知识和显性知识之间的区别；21 世纪初，瑞典企业家与企业分析家卡尔-爱立克·斯威比博士将对知识管理的理论研究引向了与实践活动紧密结合并相互比照的道路，他从企业管理的具体实践中得出，要进一步强调隐含知识的重要作用，并指出了个人知识的不可替代性。

2. 知识类型及其转化

知识是经过归纳总结、逻辑推理而形成的具有应用价值的信息。在经济合作与发展组织（OECD）《以知识为基础的经济》的报告中，知识可分为四大类：

（1）知道是什么，即知事（know-what，又称事实知识）；

（2）知道为什么，即知因（know-why，又称原理知识）；

（3）知道怎样做，即知窍（know-how，又称技能知识）；

（4）知道谁有知识，即知人（know-who，又称人力知识）。

其中，前两类知识即事实知识和原理知识是可表述出来的知识，也即我们一般所说的显性知识；而后两类知识，即技能知识和人力知识则难以用文字明确表述，亦即隐性知识。

一般来说，显性知识相对来说易于管理，而隐性知识则较难管理。但是，隐性知识比显性知识更完善、更能创造价值，挖掘和利用隐性知识的能力已成为企业成功的关键。对显性知识的管理主要是编码化、数据库化；而对隐性知识的管理则主要是显性化。通过运用暗号、比喻、类比和模型，可以将存在于整个组织中的有价值的隐性知识转化为容易传播的显性知识。

日本著名管理学家野中郁次郎和竹内弘高对知识管理的重要贡献之一是对隐性知识和显性知识（编码知识）之间相互转化模型的描述。这个模型概括了隐性知识与显性知识转化的四种方式（见图 2－8）：

图 2－8 知识相互转化模型

（1）隐性知识到隐性知识的转化（知识增值），称为知识共感化，这是在个人间分享隐性知识，是知识社会化的过程。主要通过观察、模仿和亲身实践等形式使隐性知识得以传递。采用的主要技术有电子社区、电子邮件、群邮件、讨论组、即时消息、P2P 应用定位系统。

(2) 隐性知识到显性知识的转化，称为知识显现化。主要通过对话方式完成。当前采用的主要技术有自助服务、专家系统、文档工作流、内外网站的内容管理、搜索引擎和全文检索、数据仓库和在线分析、商业智能、数据挖掘和知识挖掘。

(3) 显性知识到显性知识的转化，叫做知识关联化。主要通过培训、学习方式实现。这是一种知识扩散的过程，通常是将零碎的显性知识进一步系统化，将其整合并用专业语言表述出来，个人知识就上升为组织知识，更容易为更多人共享和创造组织价值。采用的主要技术有知识库联网、分布式文档管理、内容管理、异构数据库搜索、数据仓库和数据集市、门户应用集成。

(4) 显性知识到隐性知识的转化，称为知识内溶化。主要通过人在工作中的体验来完成。这意味着企业的显性知识转化为企业中各成员的隐性知识。也就是说，知识在企业员工间传播，员工接收了这些新知识后，可以将其用到工作中去，并创造出新的隐性知识。显性知识必须很快地再转换为隐性知识，否则它的真实价值就不复存在。显性知识转换为企业员工隐性知识的过程，一般都是知识应用的过程或知识成为生产力的过程。团体工作、干中学和工作中培训等是实现显性知识隐性化的有效方法，学习和培训技巧的成熟也为这种转换提供了越来越强大的支持。采用的主要技术有电子社区、电子邮件、群邮件、讨论组、即时消息、P2P 应用、E-learning 等。

知识显现化过程即是个体知识向组织知识转换的预备过程，形成具有传播可能性的新概念；知识关联化是个体知识向组织知识转换的实施过程，形成由组织成员共享的系统知识；知识内溶化是组织知识向个体知识的转化，通过行为体验使他人的言传知识变为个人的技能知识；知识共感化则是通过语言文字之外的影响力，靠个体与个体的日常接触，潜移默化地形成企业组织的文化，形成企业组织独特的知识平台。

事实上，隐性知识正是一个人或一个企业组织的核心竞争力所在，大多只能靠自己去积累，去创新。隐性知识很难从市场上或正式渠道取得。有的出高价也不一定能拿到，有的买得到却不一定会用，或形不成真正的价值或实力。隐性知识往往需要人们较长时间的学习、体验和领悟才能得到。比如国内某些企业热衷于购买国外的专利技术，甚至连设备一起引进，但生产出来的产品就是达不到国外同样产品的质量。后来才明白还有技术诀窍（know-how）即技能知识没有学到手。知识不配套，好的产品就生产不出来。

企业所需要的知识必须是能够商业化的知识。**企业知识由三部分内容构成**：(1) 环境知识，是指市场情报、技术、政治因素、供应商关系、知识信息等方面的知识；(2) 公司知识，是指那些像公司声望、品牌形象、广告和促销等内容构成的知识；(3) 内部知识，是指公司文化、风气、数据、雇员等方面的知识。

企业知识与社会知识不同，当然，成功的企业应该存在一个有别于社会知识体系的独特知识体系。比如联想集团，对新员工都有一个“入模子”的培训过程，目的不是帮员工学习一般的社会知识和通用技术，而是传播联想集团特有的企业文化、精神、价值观念、行为模式、做事原则和在联想集团工作所需要的特殊技术知识。“联想要形成一个坚硬的模子，进入联想的职员必须进到联想的模子里来，凝成联想的理想、目标、精神、情操、行为所要求的形状”（联想前总裁柳传志）。联想的“模子”，从本质上讲就是联想集团的一个特殊的知识体系。

3. 知识管理的内容与技术

一个企业在成为大规模组织的时候，必须以更好的管理使自己变得更加有活力和有效率，使企业的知识资本增值大于财务资本的增值，使企业成长的牵引力处于比较充足的状态，使企业有足够的机会来吸引人才等。

一般来说，有效的知识管理能够从员工发展、优异运营、产品/服务领先、客户忠诚四个方面对企业战略的达成起到积极而巨大的推动作用。知识管理的关键不是要员工在职能管理的体制下各司其职，最大效率地完成其分管的工作，而是要创造一种机制和氛围，使企业员工个人及组织的知识创新能力最大限度地发挥出来。

施乐公司在总结知识管理实践的基础上，列出了知识管理最重要的十个方面内容：

（1）培养员工对知识和最佳业务经验共享的意识；

（2）在企业内进行知识交流与共享责任的宣传；

（3）积累和利用过去的经验，扩大企业的知识资源；

（4）保证企业知识的生产以及知识资源的积累和扩大，并将其充分融入产品或服务及其生产过程和管理过程之中；

（5）创造适宜的条件与环境，充分开发和有效利用企业知识资源，进行以创新为目的的知识生产；

（6）驱动以创新为目的的知识生产；

（7）建立知识网络（专家网络），促进知识的交流与共享；

（8）建立和挖掘客户的知识库；

（9）理解并计量知识的价值；

（10）利用知识资产。

知识管理与信息技术理念和工具，如 OA（办公自动化）、EIP（企业信息门户）、BI（商业智能）、竞争情报等有密不可分的关系，它们是实现知识的各种转化和传递的工具，因此，它们都属于知识管理的范畴。目前，知识管理的主流软件平台或产品有很多种，比如，IBM 公司的 Lotus Domino/Notes、微软的知识管理系列产品、荷兰 Exact 公司的 Exact Synergy 等。

四、商业模式与创新

在大变革的时代，企业作为一个经济组织，要生存要发展，其根本是选择好正确的赚钱逻辑，即恰当的商业模式（business model）。

（一）商业模式及构成要素

20 世纪 90 年代，随着互联网和电子商务企业的大量出现，商业模式被广泛关注并受到异乎寻常的重视。商业模式被认为是企业取得成功的灵丹妙药，甚至一些缺乏资源和能力基础的初创企业，仅凭一纸写有商业模式的商业计划书就可以受到投资者的青睐，获得很高的估值。

商业模式是指企业赚钱的逻辑，即企业如何进行商业运作才能盈利的模型。对于一个拥有好的商业模式的企业来讲，必须能够清楚地回答以下这些核心问题：

（1）企业的顾客与市场在哪里？企业为这些顾客与市场提供什么样的产品和服务？

（2）企业如何从提供的产品与服务中取得收入、获得利润？

（3）企业为了提供价值、获取利润，如何构造其内部的各种活动以使其有机地联系起来？

（4）企业如何在资金与产品的生产、推广等方面与外界进行合作，促使企业进一步发展？

根据国内外不同学者对商业模式构成要素的总结与归纳，企业的商业模式基本都由以下因素构成：

（1）产品与性能。企业为顾客提供什么样的产品（服务）？这些产品（服务）具有什么样的性能用来为顾客带来价值？

（2）目标市场。企业根据顾客需求的不同特征，所选择的产品（服务）提供对象。

（3）定价与收益。企业在各个目标市场上所采取的定价策略，如在哪些产品与服务上采取高溢价或低溢价，在哪些产品与服务上采取收费或不收费，以及收费的方式，最终取得总收益的最大化。

（4）市场推广。企业为了提高产品销量和知名度，将产品或服务的信息传递给目标顾客，激发和强化其购买动机，并促使这种购买动机转化为实际购买行为而采取的一系列措施。

（5）生产方式。企业所选择的生产运作过程的实现方式，例如是进行大规模生产还是单件小批生产。

（6）外部合作。企业在研发、生产以及销售等环节中与其他一些企业进行不同方式的合作，以实现优势互补与资源共享，达到双赢或者多赢的目的。

总的来说，大多数企业的商业模式中都一定程度上包含了上述这些构成要素，但实际上每个企业都有着自己与众不同的商业模式要素，并不是千篇一律的。例如有些企业是自行生产与销售产品的，并不与其他企业进行合作；而有些企业更注重与顾客进行关系维护，因此“顾客关系”则成为该企业的一个比较重要的模式要素。总之，商业模式体现了企业的个性化，各个企业在商业模式构成要素的数量、内容以及各要素的重要程度上都是有所差异的。

企业商业模式的这些构成要素犹如企业商业模式的“零部件”，但很多人误将这些“零部件”看成了企业的商业模式。实际上，商业模式绝不是其构成要素的简单罗列或是叠加。首先，商业模式必须是一个整体，有一定的结构；其次，商业模式的构成要素之间必须有内在联系，这个内在联系把各构成要素有机地关联起来，使它们互相支持、共同作用，形成一个良性循环，使企业的规模不断扩大、绩效不断提高。因此企业的商业模式就是企业在经营活动中各要素之间的结构与内在联系，用以阐明企业的经营逻辑，推动企业绩效的不断提高。

（二）研究商业模式的意义

目前为止，许多研究者对商业模式的重要程度给予了极大的肯定。商业模式对企业的管理实践有着十分重要的意义，具体体现在以下几个方面：

（1）商业模式已经成为一种企业可操作的竞争工具。许多商业模式创新的先行者很早就注意到了商业模式在企业竞争中的实际应用价值，并把商业模式当作企业竞争的壁垒，并试图通过法律手段保护自身在商业模式创新方面的优势，使商业模式成为专利注册的对象。例如，戴尔公司为“Build-to-Order”商业模式申请专利36项，零库存管理专利6项；亚马逊公司也申请了182项与电子商务有关的专利，其中，于1999年9月28日取得点击订购（One-Click）专利，并据此起诉其竞争对手巴诺公司（B&N）专利侵权；2004年10月27日，DE科技公司向美国地方法院提起诉讼，指控戴尔公司侵犯了该公司的全球电子商务专利，这项专利主要涉及处理不同国家之间语言、货币、税款以及进口税差异的方法。由此可见，关于商业模式设计已经成为一种产权化的知识，其价值得到普遍的认可。

（2）商业模式是企业管理决策的基本内容，并成为企业竞争实力的重要组成部分。可以预见，不论是高新技术企业还是传统产业的企业，在未来都势必会更加关注自身的商业模式。对于高新技术企业来说，已经越来越清楚地意识到，即使企业有了先进的技术，没有科学合理的商业模式也无法获得应有的价值与回报；而对于传统产业的企业来说，由于互联网的出现正在改变着企业的竞争环境，传统的商业模式正在遭受着创造性破坏，需要这些企业向新的商业模式进行过渡与转换，如何过渡并转换到何种商业模式决定了企业的生存和发展。

（3）商业模式有助于企业更加深刻地认识自身情况，从而推动企业创新。商业模式就是企业在生产经营过程中各相关要素之间的结构与联系，因此企业对自身商业模式的充分把握有助于企业理清自身在经济活动中的来龙去脉，从而帮助企业找出自身的核心资源与能力所在，并进一步调整或选择更加合适的商业模式，加强企业的竞争优势。从这个角度上来看，商业模式的系统化理论和分析工具有助于传统企业的商业模式创新，也有助于新型的高新技术企业建立有竞争力的商业模式，因此具有重要的实践意义。

（三）商业模式创新

商业模式创新作为一种新的创新形态，其重要性不亚于技术创新。在所有的创新之中，商业模式创新属于企业最基本的创新，离开商业模式，其他的管理创新、技术创新等便失去了可持续发展的可能与盈利的基础。几乎所有成功的大企业都是从新创小企业时秉持成功的商业模式一步步走过来的。因此，对于创新型创业企业来说，商业模式的创新对企业能否生存与发展起着关键的作用。

1. 商业模式创新的概念与特点

商业模式创新是指企业创造价值的基本逻辑发生了根本性的变化，即把新的商业模式引入社会的生产体系，并为客户和自身创造价值，通俗地说，商业模式创新就是指企业以新的有效方式赚钱。在现实中，进行商业模式创新的企业已经越来越多，例如亚马逊与西南航空公司等。

20世纪90年代中期，计算机互联网在商业世界的普及应用，创造了全新的消费环境。看到这一点，1994年，贝索斯辞去原有工作与妻子创建了亚马逊，经过一年的准备，亚马逊公司作为一个完全基于互联网的企业于1995年7月开始营业，销售图书。网站为顾客提供了多种了解和接触图书的途径：读者评论、分类浏览清单、多维搜索能力、参照以前搜索、电子邮件通知、推荐引擎等，明显不同于在传统有实体店面的书店现场购书的方式，因此开创了一种全新的商业模式。消费者只需通过点击鼠标，就可以在其网站上进行下单购买，亚马逊在其仓库完成配货后运送给购书者。由于不需要高成本的实体书店店面，亚马逊的成本很低，即使给 3 本以上书的订单免去运费，其成本依然比传统零售商低 8%～10%。

在 20 世纪五六十年代，全球绝大部分的航空运输服务是由采用 FSNC（全服务网络运营商）模式的航空公司提供的，它们居绝对主导地位。西南航空采用低成本（low-cost carrier，LCC）的商业模式，于 20 世纪 70 年代早期在美国投入运营，被认为是第一家成功采用此种商业模式的航空公司。西南航空在多方面不同于当时一般的 FSNC 航空公司，它不通过旅行社或中间代理商销售，直接面向国内个人和公司旅行者零售短途、点对点、直达、高频次的航空服务，产品简单；只提供饮料和点心，不设头等舱；不需要提前订票，可全额退票；运营只使用波音 737 飞机，独立的行李运送，利用大城市不拥挤的机场，不和其他航空公司航班共享代号，重视一线员工；强调准点到达、愉快的旅途、持续保持低价格。虽然西南航空的这种模式收取价格较低，但由于成本更低，它能持续获取良好的利润。这使它保持数十年的持续增长。

相对于这些传统的创新类型，商业模式创新具有以下几个明显的特点：

第一，商业模式创新更注重从客户的角度思考设计企业的行为，视角更为外向和开放。

第二，商业模式创新体现得更为系统与根本，它不是单一因素的变化，而是常常涉及多个要素同时发生较大的变化，需要企业组织进行较大的调整。

第三，从绩效来看，商业模式创新如果提供全新的产品或服务，那么它有可能开创一个全新的可赢利的产业领域；即便提供已有的产品或服务，通过模式的变化，也会给企业带来更持久的盈利能力与更大的竞争优势。

2. 商业模式创新的方式

对商业模式的其中一个或几个构成要素进行改变，我们都可认为是一种企业商业模式创新的方式，因此，商业模式创新可体现在企业运营的方方面面。一般说来，常见的商业模式创新方式有如下几种：

（1）顾客需求的商业模式创新。

顾客需求通常是不断发生变化的，这就要求企业能做到不断地对目标市场顾客的需求进行确认，并要弄清楚这些问题：顾客想要的产品属性究竟是什么？为什么顾客会喜欢这些产品？企业如何做才能更好地提供顾客所需求的东西？企业除了要经常进行市场调研之外，更重要的是和顾客进行直接有效的沟通，这样才能帮助企业更好地发现顾客的需求所在，帮助企业实现商业模式的创新。例如美国的星巴克公司，成功地把顾客需求的中心由产品转向服务，再由服务转向体验，创造了一种以“星巴克体验”为特点的运营模式。

（2）产品/服务的商业模式创新。

任何一种商品或服务都有自己的生命周期，即都会不可避免地经历由盛到衰的过程。在当今世界，以信息技术为核心的知识创新，更是使得产品和服务的使用周期日益缩短，在这种情形下，对所提供产品/服务进行重新定义的商业模式创新变得更为重要。例如，随着手机的发展，手机不再仅仅是一个简单的语音通信工具，而逐渐演变成一个综合的资讯和娱乐平台。中国消费者不仅对手机的依赖程度非常高，而且很喜欢追求时尚，再加上人们生活节奏的加快，使得利用移动终端来满足自己娱乐和资讯需求成为潜在的消费目的。正是看到了这一点，空中网将手机与互联网有机地联系在了一起，打造出“无线互联网”，推出手机上的全面无线增值服务，如提供音乐、彩信、手机游戏、彩铃等业务，并通过和运营商的合作引领了“拇指”的时尚。

(3) 收入模式的商业模式创新。

收入模式是指企业通过商业活动取得收入的模式。企业的收入模式一般来说包括了四个方面的内容，即收入对象（企业获取收入的对象）、收入介质（企业选择提供什么产品/服务以获取收入）、交易方式（通过什么样的方法和渠道获取收入）、收入方法（怎样对收入介质进行定价）。企业对上述这四种要素中的一种或几种进行改变，往往会取得新的利润来源。例如一些企业把收入的重点放在了对产品的售后服务上面，而不是售出产品本身所获得的收入，这样不仅可以有效地提高收入，还在一定程度上增长了市场份额。不同企业往往具有不同的收入模式，即使是在同行业中的两家企业，例如微软公司与红帽公司，在经营中也采用了完全不同的收入模式。

(4) 生产模式的商业模式创新。

随着知识经济时代的来临，顾客群体的购买能力正在逐步增强，越来越多的顾客希望得到一种有创意的、细致入微的、独一无二的产品和服务。在这种背景之下，以规模经济为特征的大规模生产会逐渐失去其原有的竞争力。如何积极调整原有的生产模式，从而向市场需求个性化的方向去转变，成为众多企业需要考虑的重要问题。例如生产牛仔裤的李维斯公司就是进行生产模式创新的成功典范，李维斯公司开发了一个系统，该系统可根据客户的尺码选定相应的数据，然后传给加工厂，在流水线上定制，两周内就可以将产品送到客户家。2017 年 5 月中国滴滴公司获得苹果公司 10 亿美元的投资，滴滴绝对是苹果在中国的强势入口。滴滴本质上是一个按需服务的超级 O2O 平台，它整合了大量闲散的社会交通资源，通过互联网实现了供需双方去中介化、实时、精准、高性价比的对接，自己赚取少量佣金，实现多赢。现在，滴滴有 3 亿的用户基数，整个交通的大数据，高频的支付，就是一个“入口级产品”。“衣食住行”中出行是高频的生活服务刚需，足以触发多种本地生活服务。这些对任何正在觊觎汽车互联网、智能汽车的巨头来说，都是重要的生态资源。

(5) 合作模式的商业模式创新。

越来越多的人已经深刻意识到“合作”的重要性，一个企业惊人业绩的取得，并不一定非以其他企业的失败为代价，商场上可以双赢甚至是多赢，因为竞争双方既有相互对立的一面，又有相互依赖影响的一面，若能找出双方利益的共同点，并为实现共同利益而结成合作伙伴关系，便能携手把蛋糕做大。在当今外部环境日趋复杂的背景下，企业在某些项目上与其他人进行合作，往往要比自己做能够产生更好的效果，这些例子在现实中比比皆是。

在 2017 年春节前，福特汽车希望与腾讯合作将拥有超过 6 亿用户的微信装进在中国生产的福特汽车里。目前，将微信装在汽车上已经成为汽车业的新时尚，戴姆勒、日产、通用等公司也都有类似的“互联网思维”。2017年2月，通用汽车在中国的合资公司上海通用汽车与腾讯签署战略合作协议，将与微信平台、腾讯视频、腾讯游戏、腾讯移动产品群等进行全方位合作。在“90后”开始逐渐成为中国主流消费群体之时，如何抓住移动互联网下长大的新生代已经成为中国汽车企业最紧迫的课题。而智能手机发展达到高峰之后，如何让汽车——第二大移动平台（除智能手机外）的消费者与智能手机保持更长时间的黏性，也是移动互联网巨头们急需解决的问题。因此，汽车巨头们与中国互联网巨头们拥抱在一起，开启了新的淘金战场。

本章内容小结

（一）管理、管理者

（二）管理职能

（三）企业管理的方法论和一般方法

（四）企业生命周期与变革中的“陷阱”

（五）管理理论的发展

（六）商业模式与创新

第三章　战略分析

本章提要

20 世纪五六十年代，美国一批管理学家在研究美国企业经营实践的基础上，首先提出了企业战略理论。之后，战略管理经历了 70 年代的竞争战略等应用研究，80 年代的学习型组织、核心竞争力等战略管理理论的深化，以及 90 年代聚焦超竞争等战略理论新热点，战略管理的内涵、研究框架和方法都有了很大的发展。伴随着改革开放的步伐，中国企业也开始关注战略问题的研究与实践。进入 21 世纪，企业内外环境发生了前所未有的深刻变化，信息技术的快速发展，特别是互联网技术的广泛使用，推动着经济全球化的进程。企业制定战略，除了考虑企业内部因素，把已经做的在今后做得更好之外，还要关注国内外经济、技术、金融等变化，关注复杂多变的市场需求，以及竞争对手的动向。因此，对影响企业战略的宏观环境、行业环境和内部环境进行多角度的战略分析，并提供企业进行战略选择的有用工具，就变得越来越重要。

重点难点

（一）企业战略的概念、特征与构成要素
（二）战略管理的含义、特点和过程
（三）战略环境分析的主要内容
（四）几种主要的战略分析方法

引导案例

苹果数据中心落户贵州

截至2017年6月，苹果（Apple）科技集团一直利用中国境外（主要是美国）的数据中心为中国的iCloud用户提供服务。2017年7月上旬，苹果宣布将投资10亿美元，在贵州设立首个中国数据中心，并与一家中国互联网公司共同运营这个数据中心。届时，苹果将把中国内地用户的iCloud数据从美国迁出，iPhone和iPad中国用户的个人在线信息，包括私人信息、照片和设备备份，将首次被存储在中国境内。

2017年苹果在大中华区实现了市场占有和收益双增长，对苹果来说，中国市场是越来越重要的销售收入来源。

根据中国政府开始实施的网络安全法，苹果必须把iCloud加密密钥存储在中国境内。微软、IBM和亚马逊等其他美国科技集团，已通过当地的合作伙伴在中国提供它们的云基础设施服务。

（资料来源：英国《金融时报》，2017-07-13.）

案例思考：

1. 为什么苹果要设立中国数据中心？
2. 苹果的大中华区的业务处于波士顿矩阵或麦肯锡矩阵的哪个区域？

第一节 战略与战略管理

一、企业战略

（一）战略和企业战略的概念

“战略”一词源于希腊语“strategos”，原本是军事词汇，指将帅**指挥战争或战役的谋略和艺术**。《辞海》对“战略”的解释为“军事名词，**对战争全局的筹划和指挥**”。

“战略”是指**具有全局性、长远性、根本性的重要谋划与方略**。越来越多的人认识到，军事战略可以广泛运用于政治、经济、社会、文化、教育、科技等各个方面。同样，“战略”应用于企业生产经营活动之中（见表3-1），即“企业战略”也可以发挥重要的指导作用。

表3-1 战争与商战“战略”内涵的比较

	战争的“战略”	商战的“战略”
背景	战争	风险
主体	参战各方	竞争各方
目的	制胜	制胜——实现持续的生存和发展
课题	作战计划	投资方向、资源配置、组织文化
活动	谋划与行动	重大的、全局性的、长远性的、纲领性的谋划与行动
概念	战争中对抗各方制胜的谋略	商战中竞争各方制胜的谋略

企业战略，是指**企业面对剧烈变化的环境、激烈的竞争，为求得长期生存和不断发展所作出的总体性、长远性的谋划和方略**。

“企业战略”来源于企业生产经营活动实践，由于不同的管理学家或实际工作者自身的管理经历和认识不同，会对企业战略有不同的理解。

安德鲁斯认为，“战略是目标、意图或目的，以及为达到这些目的而制定的主要方针和计划的一种模式。这种模式界定着企业正在从事的，或者应该从事的经营业务，以及界定着企业所属的或应该属于的经营类型。”这个定义属于广义的战略定义，**“战略”的概念包含着企业的目的**。

安索夫认为，企业战略是贯穿于企业经营与产品和市场之间的一条“共同经营主线”，决定着企业目前所从事的或者计划要从事的经营业务的基本性质。**这条共同经营主线由四个要素构成**（后文详细阐述）。这个定义属于狭义的战略定义，确定企业的目的过程与战略制定过程虽然有联系，但它们是两个截然不同的过程。

美国学者德鲁克则认为，管理工作中最重要的是做正确的事情（改进效能），而不是正确地做事情（改进效率）。企业战略就是企业最重要的事情，关系企业前途命运，在企业管理中处于核心地位。企业战略要回答企业变革和发展方向的重大问题，因此，理解“企业战略”就要把握好以下几个要点：

（1）企业生存和发展的重大问题。这是企业制定战略的出发点和归宿。企业不仅需要了解企业本身所处行业的过去和现在，还要关注其内外环境的动态变化，从而把握这种变化的趋势。

（2）企业变革的重大问题。战略的实质在于让企业建立和维持持久的竞争优势，这种竞争优势能给企业带来高于行业平均利润水平的超额利润，使企业获得良性的可持续发展。

（3）变革和发展的方向与目标。企业要确定一个长期一致的目标，这种目标不仅指明未来的发展方向和引导资源的配置，而且有助于协调不同部门和个人之间的活动，增强组织的凝聚力。

（4）变革和发展的途径。企业战略应在经营活动中有目的有意识地制定，能适应环境变化所带来的挑战，同时也能利用环境变化所带来的机遇。只有不断地寻求变革和创新，创造性地进行经营，企业才能适应环境变化，从而获得生存和持久的发展。

（二）企业战略的构成要素

根据狭义战略论学派的代表人物、美国著名战略管理专家安索夫的观点，企业战略由四个要素构成。

1. *产品和市场领域（经营范围）*

它是指企业所生产的产品和竞争所在的市场，即产品定位和市场定位。具体包括：企业所处行业，经营的产品或提供的服务，目标市场。这就是安索夫的产品与市场组合定位理论，简称**企业定位理论**。

经营范围的确定，应该着重考虑与企业最密切相关的环境因素，根据企业所处的宏观环境、行业环境、产品和市场等来确定经营范围。不同类型企业的产品和市场领域如表 3－2 所示。

表 3－2　不同类型企业的产品和市场领域

公司	需求导向的市场定位	产品导向的市场定位
某化妆品公司	创造魅力与希望	生产女士化妆品
某电信公司	提供信息沟通便利	生产程控交换机
某娱乐公司	组织休闲娱乐活动	提供娱乐场所

产品和市场的定位，对企业战略来讲非常重要，资源配置对企业战略发挥着相当重要的作用。企业通过确定经营范围和资源配置形成在市场上与竞争对手不同的竞争地位。

2. *增长向量（成长方向）*

它是指企业计划对其产品和市场范围进行变动的方向，即在企业已选定的产品和市场领域中，企业经营活动朝着什么方向发展。当企业正在从事的经营领域进入成熟期，甚至进入衰退期，现有产品的市场需求已接近饱和或已开始下降，企业就需考虑研究进入新的经营领域和新的市场。

企业要实现可持续成长，首先要确定自己的战略成长空间，决定自己做什么或不做什么，如有的公司给自己规定“永不进入某行业”“永不从事分散公司资源和高层管理精力的非相关多元化经营”等。企业成长方向的选择可能是最重要也是最难的战略决策。

根据安索夫的观点，企业依据现有产品、新产品、现有市场、新市场四项要素，有四种基本成长方向（四种战略），即产品-市场组合战略（见表 3－3、图 3－1）。

表 3－3　产品-市场组合战略 2×2 矩阵

	现有产品	新产品
现有市场	市场渗透	新产品开发
新市场	市场开拓	多元化经营

（1）市场渗透，即在现有市场深耕，扩大市场占有率和市场覆盖率。

（2）市场开拓，即在现有产品领域不变的前提下，采取全省化、全国化、全球化战略拓展市场。

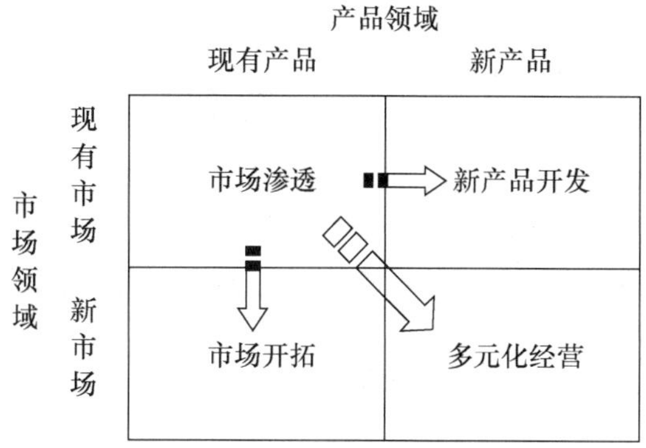

图 3-1 企业成长向量图

(3) 新产品开发，即依托现有市场平台，导入各种有市场关联性的新产品。

(4) 多元化经营，即同时进入新的市场和新的产品领域。

在企业可以选择的成长方向中，最有争议的是多元化经营方向。大企业要实现可持续成长最终必然走向多元化经营，这在国内外企业的实践中已经得到证实。问题是多元化经营的方向、途径的选择。

随着企业发展与市场竞争的加剧，安索夫的分析模型也有扩展，即将 2×2 矩阵发展为 3×3 矩阵，从而将企业的成长方向由四种扩展为九种。

表 3-4 产品-市场组合战略 3×3 矩阵

	现有产品	相关产品	全新产品
现有市场	市场渗透	产品发展	产品革新
相关市场	市场发展	多元化	产品发明
新兴市场	市场转移	市场创造	全方位创新

表 3-4 中的相关市场是指本企业进入其他企业的目标市场；相关产品，是指本企业生产其他企业正在生产经营的产品。该表中可供企业选择的 9 个发展方向，其中越偏向右下方，难度和风险越大，但是，其发展速度可能更快。

激烈的市场竞争使大多数企业不能独善其身，经常会有别的企业来觊觎你的“一亩三分地”。回顾很多世界级的大企业，如 IBM、摩托罗拉等，在其发展过程都曾经大幅度地调整过自己的经营方向。

3. 竞争优势

它是指那些可以使企业处于强有力竞争地位的产品和市场的特性。竞争优势既可以来自产品市场的定位，也可以来自企业对特殊资源的运用。

4. 协同作用

它是指企业内部各个产品和市场领域之间联合协作可以达到整体效果大于各自单独进行时的效果之和，即“2+2=5”或“1+1>2”的现象或效果。

协同作用，是一种联合作用的效应，可以分为：

(1) 销售协同，企业各种产品使用共同的销售渠道、仓库等；

(2) 运营协同，企业内分担间接费用，分享共同的经验曲线；

(3) 管理协同，在一个经营单位里，运用另一个单位的管理经验与专门技能。

总之，企业战略的构成要素对企业的生产经营有重要影响。企业的经营范围、资源配置和竞争优势一般决定着企业效能发挥的程度。协同作用则是决定企业效率的首要因素，并在企业各种特殊能力与产品和市场之间形成与发展。正的协同作用会大幅度地提高企业的效率，反之则会使企业效率下降。在企业战略的构成要素中，它们存在于企业各个层次的战略之中。企业战略的层次不同，构成要素的相对重要程度也不同。

(三) 企业战略的特征

根据企业战略的内涵，它具有以下特征：

1. 全局性

企业战略作为指导企业全局的总方针，它规定企业的总体行动，是协调企业内部各职能部门之间以及各管理层次之间的依据；它通过对企业各种经营资源的优化配置，促进企业各方面的均衡发展，发挥出企业的整体功能和总体优势，因而具有全局性。

2. 长远性

企业战略是对企业未来一定时期生存和发展的统筹谋划，规定着企业的奋斗目标，实现这些目标需要较长时间，少则 3～5 年，多则 10 年以上。实现企业的大发展，必须制定长远规划，并分阶段实施。

3. 竞合性

竞合性分为竞争性和合作性。

企业战略的竞争性又叫抗争性，是指企业在竞争中与对手相抗衡的行动方略，即针对来自国内外各方面的冲击、压力、威胁和困难，所制定的迎接挑战的行动方案。通过企业战略的实施，扬长避短，取得优势地位，战胜竞争对手，保证自己的生存和发展。

企业战略的合作性，是指在竞争的基础上，在一定条件下实现与竞争对手的合作。市场上的抗争性与军事上即战场上的对抗性不同，市场上参与竞争的各方不一定拼个你死我活。例如，面对更强大的对手，弱者各方可以联合起来，对付强大对手；即使实力强的企业有时也需要实力弱的中小企业协作配套，共谋发展。

企业战略可以是竞争性的，也可以是合作性的，或者二者兼而有之。通过竞争走向合作也是一个重要趋势。

4. 纲领性

企业战略规定的是企业总体的战略目标、发展方向、经营重点、前进道路，以及基本的行动方针、重大措施和基本步骤。这些原则性的规定具有行动纲领的意义，其中战略目标更是企业各管理部门、各个生产经营环节和全体职工的奋斗纲领。战略目标是否正确，能否实现，关系着企业的命运。战略目标、战略方针必须通过展开、分解和落实等过程，才能变为具体的行动计划。

5. 相对稳定性

企业的战略目标、战略方针、战略重点、战略步骤等具有长远性和纲领性，应保持相对稳定。战略一旦确定，就要坚持实施多年。只要企业战略实施的环境未发生重大变化，就不能朝令夕改。如果每年对企业战略进行修订，既不现实，也没有必要。然而，由于企业所处环境是不断变化的，指导企业生产经营的战略也应该是动态的，因此，企业战略的稳定是相对的、有弹性的。

6. 现实性

企业战略不是空中楼阁，而是建立在现有的主观因素和客观条件基础上的行动准则和实施方案。

7. 风险性

企业战略是对未来发展的规划，而环境又总是处于不确定的变化之中，因此，任何企业战略都有风险。

8. 创新性

面对企业内外环境的发展变化，因循守旧的企业战略是无法适应时代发展的。制定企业战略，要用创新的战略思维确保所制定战略的创新性、先进性和预见性；战略实施，应适应环境变化、机动灵活，适时调整和修改原有的战略方案，使之符合变化了的新环境，以充分发挥战略的指导作用。

二、企业战略管理

（一）战略管理的含义与特点

战略管理是企业为了长期的生存和发展，在充分分析内外部环境的基础上，制定战略决策、实施战略方案、控制战略绩效的一个动态管理过程。可以看出，战略管理的对象包括了企业发展的全过程，其目的在于通过企业的资源能力与外部环境的动态平衡来实现企业的持续生存和不断发展。

战略管理具有以下特点：

1. 战略管理是一种高层次管理

从企业管理的角度看，战略管理是关系企业长期生存和发展的管理，而不是企业的日常管理，它需要由企业的高层管理者来推动。

2. 战略管理是一种整体性管理

从管理内容来看，战略管理是一项涉及企业所有部门、所有相关因素的管理活动，它不单纯是市场营销、研究开发、财务、生产运营等各个具体职能部门的管理，是对战略的制定过程和实施过程自始至终进行管理。

3. 战略管理是一种动态管理

从管理的过程来看，由于企业外部环境是不断发展变化的，因此企业的战略管理活动也必须不断调整，这就形成了企业战略管理的动态性特点。

（二）企业战略管理过程

企业的战略管理是对一个企业的未来发展方向制定决策和实施这些决策的动态管理过程。在一般情况下，企业的战略过程可以细分为七个步骤，即企业使命确定、目的和目标确定、战略态势分析、战略制定、战略的评估与选择、战略计划与实施以及战略控制。进行合并处理后，一个完整的战略管理过程大体可以分为三个阶段，即战略分析阶段，战略拟订、选择与评价阶段，战略实施与控制阶段。企业战略管理过程可用图 3-2 来表示。

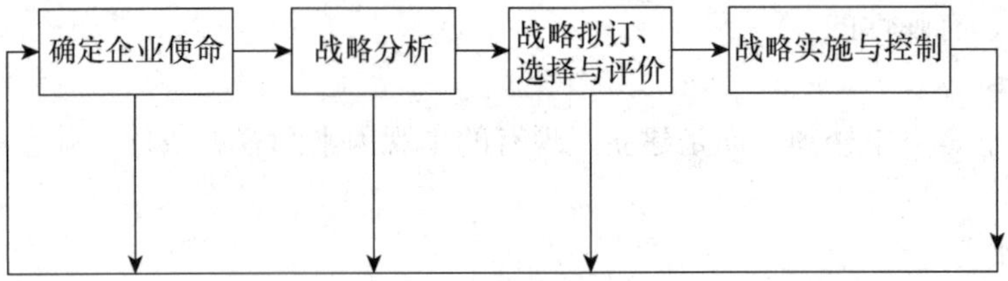

图 3-2　战略管理过程

1. 战略分析

战略分析是指对企业的战略环境进行分析评价，并预测这些环境未来发展的趋势以及这些趋势对企业造成的影响。

战略的制定和实施所面临的不仅是企业内部环境，更主要的是企业外部环境，企业所不能控制的因素较多，尤其是企业未来的环境不可控、不确定因素更多，这些都增加了企业战略管理的困难性和艰巨性。

2. 战略拟订、选择与评价

战略拟订、选择与评价过程，其实质就是战略决策过程，即在明确战略思想和对环境进行分析的基础上，拟订多个可以实现企业战略目标的方案，并按照某些评价标准从中选择最优或最满意方案的过程。

日本战略学家伊丹敬之认为，优秀的战略是一种适应战略，它要求战略适应外部环境因素，包括技术、竞争者和顾客等；同时，企业战略也要适应企业的内部资源，如企业的资产、人才等；此外，战略也要适应企业的组织结构。

美国的战略学家斯坦纳和麦纳提出了评价战略的六个要素：

(1) 环境的适应性。企业所选择的战略必须和外部环境及其发展趋势相适应。

(2) 目标的一致性。企业战略必须保证其目标的实现。

(3) 竞争的优势性。企业所选择的战略必须能够充分发挥企业的优势，保证企业在竞争中获得优势地位。

(4) 预期收益性。企业要选择能够获取长期最大利润的战略方案。

(5) 资源的配套性。企业战略的实现必须有一系列战略资源作保证，这些资源不仅要具备，而且要配套。

(6) 风险性。未来具有不确定性，战略决策要考虑风险，要有敢于承担风险的勇气，但同时要有科学的态度，预测风险并制定出应变对策，避免孤注一掷的冒险。

3. 战略实施与控制

战略方案确定后，须通过具体化的实际行动才能实现企业的战略及战略目标。

为了有效实施战略，不仅需要制定相关的职能战略，也需要对组织结构进行相应的变革，还需要领导者用强有力的措施保证战略的有效执行。同时，为了使战略达到预期目的，实现既定的战略目标，还必须对战略的实施进行控制，即将通过信息反馈过来的实际成效与预定的战略目标进行比较，如有偏差，采取措施加以纠正。

战略调整也是战略控制的重要方面。由于企业外部环境不断发生变化，对原定战略方案适时地进行战略调整就十分必要。

三、企业使命与战略目标

企业在阐述自己的战略内涵时，一般需要较为详细地说明其所承担的使命和所确定的目标，以及由此而规范的企业战略。

（一）企业使命

美国著名管理学家彼得·德鲁克在《管理——任务、责任和实践》一书中提出了“企业使命和战略目标”的理论，该理论成为企业战略的重要理论基础之一。

企业使命，是指企业存在的理由，揭示本企业与其他企业在目标上的差异，界定企业的主要产品和服务范围。它是企业管理者确定的企业生产经营的总方向、总目的、总特征和总的指导思想，反映企业管理者的价值观和企业力图为自己树立的形象。企业使命和目标层次结构如图 3－3 所示。

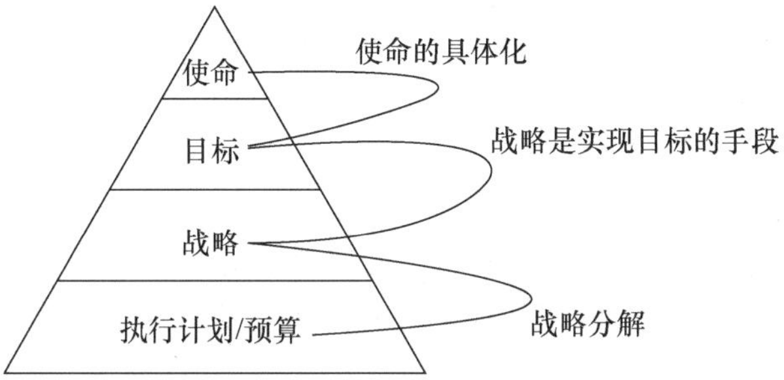

图 3－3 企业使命和目标层次结构

企业使命一般包括以下的内容：

1. 企业目的

企业使命要包括企业目的，特别是企业的经济目的。企业的生存、增长、获利三个经济目的决定着企业的战略方向。在日益激烈变化的环境中，企业只有关注其长期增长与发展，才能够真正生存。要想活好当下，必须活在未来，就是这个道理。

2. 企业定位

在竞争中企业要根据所拥有的技术、所生产的产品和所服务的市场，客观地评价自己的优劣条件，确定自己的位置，制定竞争的基准。

3. 企业理念

企业理念，或称企业信念，是企业的基本信念、价值观、抱负和哲理选择，是企业的行为准则。企业可以据此对自己的行为进行自我控制和自我约束。

4. 公众形象

为顾客提供满意的产品和优质的服务，是企业的首要社会责任；除此之外，企业还要承担保护消费者权益、保护生态环境、治理“三废”、提供就业机会、为社区公益事业作贡献等义务和责任。因此，企业应该满足社会公众的期望，借此树立良好的企业形象，有利于“百年老店”的打造。

5. 利益群体

企业利益群体包括企业内部和外部的利益群体，他们的合理要求需要企业管理者给予重视。企业内部利益群体是指企业的董事会、股东、管理人员和职工；企业外部利益群体是指企业的顾客、供应商、竞争者、政府机构和一般公众等。这些利益群体希望企业能够按照他们满意的方式进行生产经营活动。例如，职工要求在收入、社会地位和心理感觉上得到满足；股东希望获得投资回报；顾客要求购买的商品物美价廉；供应商希望与企业签订产品或服务的长期供给协议；竞争者要求公平竞争；政府要求企业守法经营；一般公众则希望企业在当地的存在能使他们的生活水平有所提高。

因此，企业战略是在符合和保证实现企业使命的条件下，在充分利用环境中存在的各种机会和创造新机会的基础上，确定企业同环境的关系，规定企业从事的经营范围、成长方向和竞争对策，合理地调动企业结构和分配企业的全部资源，从而使企业获得某种竞争优势。

在企业结构简单的情况下，企业的所有者与经营者将各种职能集于一身，其信念、愿望、抱负决定着企业的使命，决定着整个企业的生产经营方向和运作。当企业有了发展，或者在竞争压力下，主动改变或被迫改变自己的产品、市场和技术时，就必须重新确定自己的使命。

（二）企业战略目标

企业战略明确了企业领导者和广大职工的战略指导思想和长远的战略目标，指明了企业的发展方向和道路。企业战略决策正确与否，决定着企业基本经营行为的正确与否。

战略目标，是指企业在其战略管理活动中或战略管理过程中预期取得主要成果的期望值，如要达到的市场竞争地位和管理绩效目标。

制定战略目标，是企业使命和宗旨的具体化和数量化，构成企业战略的重要内容。企业战略目标包括在行业中的领先地位、总体规模、竞争能力、技术能力、市场份额、收入和盈利增长率、投资回收率，以及企业形象等。具体可以把战略目标划分为四类：

（1）**发展性目标**，即提高企业各方面素质，增强其发展能力的目标，如规划目标、人员素质目标、技术进步目标、产品开发目标、管理现代化目标、质量水平目标等。

（2）**效益性目标**，即产出目标、投入目标、产出与投入对比目标，如成本目标、利润目标、资金利润率目标等。

（3）**竞争性目标**，即企业提高自己的竞争地位、争取顾客、扩大市场份额的目标。

（4）**利益性目标**，即在增加对国家的贡献和满足顾客需要的前提下，增加对投资者的回报目标，增加企业收益和经营者、劳动者收入的目标。

战略目标将企业总体的努力方向变成各部门、各层次职工的行动准则，为企业和职工提供了具体方向，有明确的完成时间。战略目标不仅明确了企业的工作重点，而且提供了评价工作的绩效标准。它既是企业奋斗的纲领，也是衡量企业一切工作是否实现企业使命的标准。正确的战略目标是评价和选择战略方案的基本依据。

（三）企业战略目标决策

企业的使命是要服务顾客，创造市场。具有较大的容量而且远景可观的市场，才可能作为企业的战略目标市场。面对战略目标市场，企业只有通过制定合理的生产经营规划，才能保证企业获得稳定的、持久的发展。

战略目标决策主要包括两个方面的内容：

（1）**战略目标水平的选择**。一般可提出高、中、低三个目标方案。企业领导者应根据企业使命的要求和企业内外环境提供的可能条件作出目标方案的选择。

（2）**重点战略目标的决策**。企业制定了多方面的战略目标，但必须突出重点目标。通过对企业的经营中心和市场地位的分析，作出决策。经营中心即企业所从事的主要经营领域，是企业的主战场，即企业的经营重点。企业领导者要从企业内外环境的实际出发，考虑需要和可能，作出重点目标的选择。

根据德鲁克的观点，企业制定企业战略，首先要确定企业使命，要清楚企业担负什么样的社会责任，是什么性质的企业，它应从事什么事业；其次要根据企业及其外部环境状况，把企业使命转化为战略目标，使企业经营有明确的方向和道路。

第二节 战略分析内容

战略分析是指对企业的战略环境进行分析评价，并预测这些环境未来发展的趋势以及这些趋势对企业造成的影响。目前，许多企业面临的困境实际上是其无法适应环境的快速变化造成的。战略分析的内容即是企业所处的战略环境，包括外部环境和内部环境。**外部环境**包括宏观环境、行业环境和市场环境，反映了企业可利用的发展机会和存在的对企业的威胁，是企业生存和发展的前提条件。**内部环境**是企业生存发展的基础，企业能否利用机会，避开威胁，需要通过对内部环境进行综合分析才能作出判断。企业的生存发展，从根本上说，取决于利用自身条件去适应所处的外部环境。

企业的战略环境可以分为四个层次，即宏观环境、行业环境、竞争环境和内部环境，如图 3－4 所示。

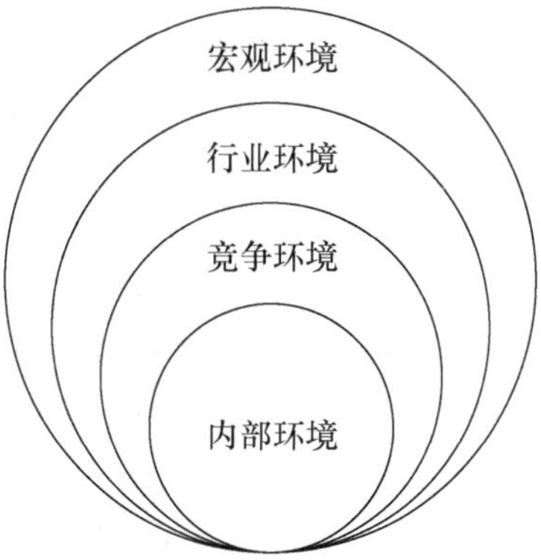

图 3－4 企业的环境结构图

一、宏观环境分析

宏观环境分析，就是要确认和评价各个宏观环境要素对企业战略目标和战略选择的影响。对企业宏观环境的分析，一般采用 PEST 分析方法：P 指政治（politics），E 指经济（economy），S 指社会（society），T 指技术（technology）。也就是说，影响企业环境的四大要素有政治和法律环境、经济环境、社会文化因素和自然环境、技术环境因素，如图 3－5 所示。

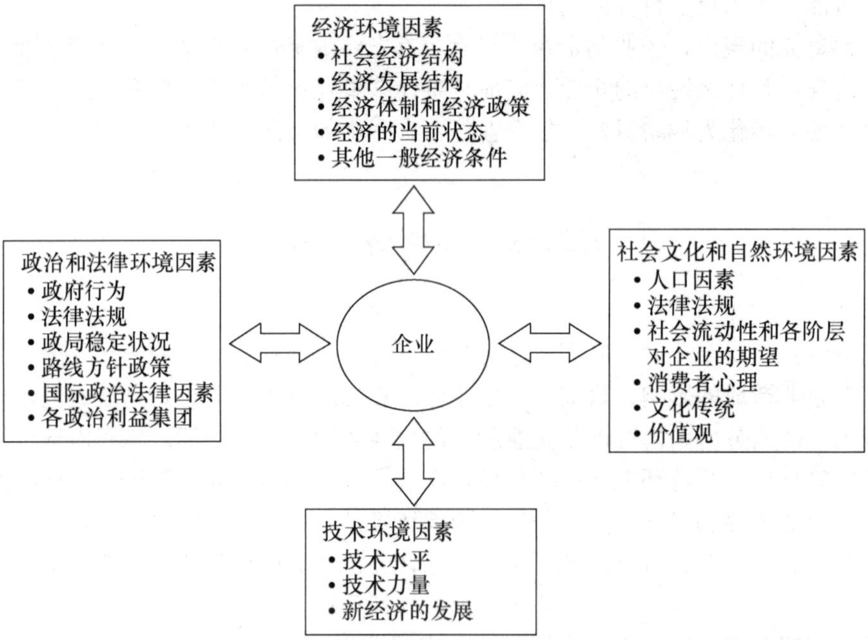

图 3－5　影响企业环境的四要素

（一）政治和法律环境分析

政治和法律环境的变化显著地影响着企业的生产经营行为和利益。对政治和法律环境的分析，有利于企业正确地确定自己的经营方向、经营目标、经营方针和企业战略。

国家的政治体制、政策和政局的稳定性、国际关系等政治因素对企业的行为有直接的影响，政府的法律法规会间接地影响企业的活动。

1. 政治局势是企业确定发展规模、发展速度的重要依据

政局安定，人民安居乐业，才能促进市场繁荣，为企业发展创造机会。同时，良好的国际和平环境，有利于我国企业走向国际市场，开展国际化经营，也有利于企业引进资金和技术。

2. 政府的法律法规，保障、限制和规范市场及市场主体的行为

近些年，我国规范市场秩序和市场行为的法律体系逐步完善，不规范的竞争行为大幅减少，但受执法不严与违法成本偏低等因素影响，市场秩序仍待进一步改善。例如，随着中国整治重工业产能过剩和污染严重问题，2017 年以来政府对钢铁生产企业进行了更严

格的监管。

3. 国家战略及发展规划等，直接影响企业的发展战略

国家中长期发展规划、“中国制造 2025”、“双创”战略等，都对企业发展有着重大影响，甚至直接影响企业的目标市场选择。那些选择进入国家产业政策支持的产业及其行业的企业，更容易有所作为，获得鼓励和发展。

（二）经济环境分析

由经济体制、经济形势、经济结构和经济政策等构成的企业经济环境，是企业选择和确定公司战略和竞争战略的重要依据。

1. 确立市场经济体制和完善各类要素市场，有利于企业自主开展生产经营活动

以市场机制作为配置社会资源基本手段的经济体制，为资源配置、生产安排、消费支出、市场信息交流等提供了平等的经济和法律地位。

2. 良好的宏观经济运行情况和发展态势，为企业的发展创造了良好的基础

在宏观经济环境比较好的条件下，就业人口增加，收入水平提高，购买力增强，需求多样化、个性化、高档化，给企业销售增长带来很多机会。

改革开放 40 年来，中国经济的快速发展极大地提升了国民的生活水平。据国家统计局数据，2016 年我国人均 GDP 达到 53 980 元，年增长 6.1%，已进入中等偏上收入国家范围，这为一大批中国企业的健康成长提供了肥沃的土壤。

3. 产业结构、消费结构等内容构成的经济结构，其发展变化的趋向，如产业结构调整、消费结构升级，预示着对企业可能的机会和威胁

中国社会经济结构正在向以服务经济为主转变。2015 年，中国服务业占 GDP 比重为 50.5%，意味着中国工业化进入了后半期，整个工业化正在加快完成。2015 年，北京市服务业产值占地区生产总值的 79.8%，对经济增长贡献率达 89.9%，尤其金融业等优势行业、新兴产业蓬勃发展，推动北京产业结构持续优化升级。

4. 财政政策、货币政策、收入分配政策、产业政策等经济政策，其作用的最终结果必然会落到企业身上，会给企业经营带来巨大的影响

（1）实行膨胀或紧缩的货币政策，会使企业经营者融资成本和经营成本发生变化。

（2）国家的产业政策，如鼓励和支持产业，维持或限制产业，对本行业本企业提出要求，或对本企业提出了制约性条件。

（3）税收政策及税率，对企业的经营成本会产生重要的影响。

（4）利率水平、汇率水平、失业率、消费者可支配的收入水平及通货膨胀率等因素，也会影响到企业的投资、产品的进出口以及人力成本等方面。

除了上述经济软环境之外，经济环境还包括一个国家或地区的经济活动所必需的各种基础设施，主要包括能源和原材料的供应状况、交通运输状况、通信状况以及互联网接入的可获得性。这些硬性的经济环境，决定着企业能否保证生产所需要的材料和产品的及时运输，也决定着企业是否能够及时获得市场信息。

（三）社会文化与自然环境分析

1. 社会文化因素

社会文化因素包括社会价值观念、风俗习惯、宗教信仰、社会道德观念、社会行为、

生活方式、消费心理等，它们都会影响人们的消费方式、消费偏好和消费行为等，影响人们的购买决策。例如：

（1）人们生活方式的改变、生活节奏的加快，要求企业提供省时省力、方便好用的产品。方便食品、节约时间的家电产品受到欢迎，这给企业带来新的市场机会。

（2）多民族国家或地区，各有自己的民族传统，呈现各具特色的多样化和个性化的需求，也要求开发各种特色的产品以适应不同市场的需要。

（3）人口特征与变化趋势，如人口数量、人口密度、年龄结构的分布及增长、地区分布、民族构成、职业构成、家庭规模、人口的受教育程度等，是社会文化环境的重要组成部分，影响许多产业的市场需求。截至2016年底，中国60岁以上人口达2.3亿人，占总人口的16.7%，2.8个就业者养1个老人。人口的老龄化，给养老产业的快速健康发展带来了机会。

2. 自然环境因素

自然因素主要包括一个国家或地区的自然资源、地理位置、地形地质以及气候等客观环境。中国人做事，向来重视天时、地利、人和，其中“地利”基本就是自然环境。

地理位置是制约企业活动的一个重要因素，比如企业是否靠近原料产地或产品销售市场，会影响到资源获取的难易和交通运输成本等。

气候条件及其变化规律，如原材料的季节性生产和供应，一年四季消费者的需求变化，也是影响企业生产经营活动的一个重要因素。

资源状况与地理位置有密切关系，特别是稀缺资源的蕴藏，为所在地区企业的发展提供了机会。

（四）技术环境分析

技术水平及其产业化程度的高低，特别是技术创新能力，是衡量一个国家和地区综合实力和发展水平的重要标志。来源于新产品、新工艺和新材料等的技术进步，广泛而深刻地影响到社会各个方面。

（1）新工艺、新的管理方法，让企业以更高的生产效率和更低的制造成本，给消费者带来更高质量、更高性价比的产品。

（2）科技成果转化为产品的间隔大大缩短，更短的产品设计周期与产品生命周期，加速了原有技术和产品的折旧速度，快速淘汰旧工艺和老产品，企业研究开发费用急剧增加。

（3）全新的技术、产品和服务，带来全新的消费理念、消费感受、新职业和商业业态，也在快速消灭老企业、老工作岗位。此外，无法预料的外来者频繁进入、现有公司的重新定位、市场边界的重新定义以及不同产业的合并等威胁着市场稳定。

（4）互联网技术，特别是移动互联网、物联网带来的冲击，丝毫不逊于工业化革命。除了信息交流更加方便和快捷之外，也使企业组织结构的扁平化和网络化成为可能，实现了B2B、B2C、C2C的交易。

国家支持科技开发的投资和支持重点，包括研究开发费用总额、技术转移和技术商品化速度、专利以及保护情况，也是科技环境分析的重要内容。根据经济合作与发展组织（OECD）发布的《2016年科学、技术与创新展望报告》，作为非OECD成员国的中国，

2015 年投入科研趋势和 OECD 国家相似。从 OECD 的数据来看，研究开发费用（R&D）占 GDP 的比例，中国呈现相同的成长趋势，2015 年中国 R&D 支出占 GDP 之比为 2.047%，比 2000 年翻了一番。

宏观环境不直接影响公司短期行为，但对企业发展战略有长期重要的影响。

综上所述，宏观环境的重要影响变量如表 3-5 所示。

表 3-5　　宏观环境的重要影响变量

政治和法律	经济	社会文化和自然	技术
反垄断法规	GDP 趋势	生活方式变化	政府开发研究费用
环境保护法	利率	职业预期	行业研究开发总费用
税法	货币供给	消费者积极	技术努力要点
特殊激励	通货膨胀率	成家率	专利保护
外贸法规	失业率	人口增长率	新产品
反不正当竞争法	工资/价格控制	人口年龄分布	从实验室向市场转移
雇佣与晋升法案	货币贬值/升值	人口地区迁移	技术的最新发展
政府稳定	能源供给与费用	平均寿命	自动化带来的效率提高
企业如果要开展国际化经营，还需要考虑的宏观环境变量			
政府构成	可支配收入	语言	自然资源
对外国投资者的法规	货币可兑换性	社会制度	交通网络
恐怖活动	气候与区域联盟	对外国人的态度	通信基础设施

二、行业环境分析

行业（产业）是社会经济活动中同类企业（产品用途相同或相似、原材料相同、工艺性质相似等）组成的集合和总体，比如说金融服务产业或无酒精饮料产业。

行业环境，也称竞争环境，是指直接影响企业活动或被企业活动所直接影响的行业要素及利益共同体。因此，行业环境分析是指对影响行业环境中的关键因素进行探究。

（一）行业性质分析

可以从行业内企业数量、规模、分布等角度，进行行业性质分析比较（见表 3-6）。这里我们以分散行业和新兴行业为例，进行行业环境分析。

表 3-6　　行业性质不同的表现

项目	规模经济优势	进入退出壁垒	原始投资	企业数量	规模	市场	行业举例
分散性	缺乏	小	小	多	小而均	完全竞争	农副产品加工、饮食
集中型	有	大	大	少	大而均	寡头垄断	石油、钢铁、航空
中间型	—	—	—	多	差别大	大企业主导	汽车、机械制造、家电

1. 分散行业的环境分析

在行业发展的初期阶段，企业都处于发展状态，没有能力扩大生产或进行兼并，因此，这时的行业处于一种分散的状态。

在分散行业中，没有企业能够对行业的运行产生影响，没有企业在产业中占据大市场份额，每个企业都在与其他企业的竞争中服务于整个市场的一部分。分散行业由大量中小型企业组成。快餐业、洗衣业、照相业等都属于这种行业。

分散行业具有进入障碍低、产品的差别化不高、企业讨价还价能力不足、市场需求多样化、价格成为消费者购买的主要考虑因素等特点。

在分散行业中，企业可采取的战略选择主要有：(1) 连锁经营，建立连锁网络，形成规模经济，减少库存成本，对商店和顾客的需求作出快速反应，大幅度地降低企业的成本，以获得成本领先的战略优势。(2) 特许经营，减轻迅速增加的财务开支，获得大规模广告、分销与管理的经济效益，以形成差别化竞争优势。(3) 纵向合并，通过并购供应商和分销商实现一体化来降低成本等，使企业规模迅速扩大。

2. 新兴行业的环境分析

新兴行业是随着技术创新、消费者新需求的出现以及促使新产品和潜在经营机会产生的经济和社会的变化而产生的行业。简单地讲，新兴行业是由先驱性企业创造出来的行业，它具有技术与战略的不确定性和行业发展的风险性的特点。

在新兴行业中，企业的生产技术还不成熟，生产规模小，生产成本高，还有待于继续创新与完善。随着生产规模的扩大，经验的积累，生产组织的趋于合理以及规模经济的形成，成本才会下降。在相当长的一段时间里，新兴行业的企业缺乏制定战略所必需的信息，不了解竞争对手的数目、分布状况、优势和劣势状态，购买者的需求规模和偏好，以及市场成长的速度和将实现的市场规模等。各企业只能在探索中寻求适当的战略与成功的机会。企业战略选择、产品或市场定位、营销、服务方式也是多种多样的。同时，在新兴行业中，许多顾客都是第一次购买。许多潜在顾客对新兴的行业持观望等待的态度，他们等待产品的成熟与技术和设计方面趋向标准化。因此，诱导初始购买成为新兴行业中企业市场营销活动的重要工作。

在新兴行业中，企业的战略选择必须与技术的不确定性和行业发展的风险性相适应。由于在该行业中不存在公认的竞争对策原则，尚未形成稳定的行业结构，竞争对手难以确定等因素，新兴阶段成为行业发展过程中战略自由度最大、战略影响程度最高的阶段。因此，企业在行业初期多变的环境中作出正确的战略选择，就会在一定程度上决定企业今后在该行业中的经营状况和地位。

行业是企业竞争的重要环境。与宏观环境相比，行业环境对企业竞争优势和利润的影响更加直接。不同的行业有着不同的行业集中程度、不同的成熟状况以及不同的国际竞争状况。因此，企业在选择了基本竞争战略以后，还要根据自己行业的特色，考虑如何面对行业中的竞争对手，扩大自己的竞争优势。

(二) 行业生命周期分析

波特认为，产品有生命周期决定着行业也随之演变，行业也有其生命周期，处于不同生命周期阶段的行业，其企业的投资战略也是不同的。

一般而言，行业生命周期分为引入期、成长期、成熟期和衰退期，体现了行业自身发展的整个过程。当企业选择目标市场时，要注意研究产业或行业的生命周期阶段。行业生命周期各阶段的特点如表 3－7 所示。

表 3－7　　行业生命周期各阶段的特点

项目	引入期	成长期	成熟期	衰退期
产品设计	未定型	逐步定型	缺乏变化	落后
用户反应	了解少	购买踊跃	重复购买	放弃购买
企业规模	小	扩大	大	萎缩
企业数量	少	多	减少	很少
销售增长	缓慢	快	饱和	下降
生产能力	过剩	不足	过剩	过剩
利润	低、亏损	增长快	稳定、回落	大幅降落
竞争	较少	形成	激烈	缓和
风险	很大	小	较大	大
重要职能	研究开发	营销、生产	营销、成本	转移资本

随时间演变，许多产业都会经过从成长到成熟直至最终衰落的阶段。

当行业从迅速成长转变为增长缓慢的成熟阶段，行业内部企业之间的竞争加剧，企业面对的是更为激烈的市场竞争、更为成熟的技术、更为复杂的购买者。价格竞争激烈是成熟行业的基本特征。为了避免行业内的价格战，企业会选择产品或服务的差异化战略，或裁减一定的设备和人力来压缩过剩的生产能力。企业通过从供应商处获得更优惠的价格、使用更低廉的零部件、采用更经济的产品设计、提高生产和销售的效率以及削减管理费用等方法，可以获得低成本优势，从而在竞争中发挥价格优势。在成本竞争的压力下，企业会购买更加先进的设备。企业利用自己的优势进行兼并与收购，产生行业集团。同时，这种行业也迫使一些企业退出该经营领域。

许多行业迟早会进入衰退阶段。技术替代、需求转移和人口变化等因素，会导致行业的总体市场需求低于经济增长，行业开始衰退，行业内企业产品的需求也开始减少，利润开始下滑。当然，衰退行业的退出障碍，会迫使企业继续留在行业中从事生产经营活动。

案例

保健品行业分析

经过多年的快速增长，保健品业已经进入行业成熟期或衰退期。由于缺乏品牌、产品、技术等资源和能力的支持，现在保健品业可能是中国竞争最激烈的一个行业，几乎所有的企业都采用相似的竞争模式，将竞争重点放在营销环节，整个行业积累了与其规模相比畸大的营销资源和能力，企业推广费用越来越高，但边际收益越来越小，最终导致全行业的低效。有些企业迫于竞争压力选择退出行业，有些企业则步入歧途，采取传销、过度宣传、虚假广告等方式欺骗消费者。

（三）行业需求分析

行业内所有企业的用户或消费者的需求，构成行业的总体市场需求，可以从以下三个方面来研究。

1. 现实与潜在需求

现实需求构成行业的现实市场和市场容量。通过掌握某行业（如通信行业）目标市场顾客数量、收入水平、分布密度、年龄结构等特点，确定行业目标市场的需求潜力，即市场规模、购买力水平等。

潜在需求构成行业的潜在市场或未来的市场和市场容量。潜在需要往往会促进新产品的诞生。行业内某企业一旦开发和生产出新产品，就能把潜在需求转变为现实需求，为行业内企业开辟一个新的市场。

2. 需求结构分析

需求结构分析包括：需求的类别和构成情况；用户属于何种类型，团体还是个人；主要分布的地区，各地区的比重。行业目标市场的需求层次和消费者行为的特点与产品要素的组合和促销要素的组合紧密相关。

3. 需求的趋势分析

消费者购买力水平的变化，必然引起需求变化；需求变化，技术进步，资源短缺，竞争激烈等，必然会引起外部环境、产业结构的变化。

需求层次由低层次向中高层次转化，由生存型向享受型和发展型转变，由趋同化需求向个性化和多样化需求转变。

（四）行业内竞争对手分析

竞争对手，是指那些生产与本企业相同、相似或可替代产品的企业，它是企业经营行为最直接的影响者和被影响者。研究竞争对手以及它们可能采取的战略，对于确立企业战略具有重要意义。

对竞争者的分析，包括四个方面的内容：

1. 未来目标

对竞争对手未来目标进行分析，以推断其改变现行战略的可能性，以及对其他企业战略行为的敏感性。具体包括竞争对手的财务目标、追求的市场地位、组织结构等。

2. 现实状况

对竞争对手现实情况的分析具体内容包括市场占有率、产品分布、促销策略、研究开发能力、竞争能力等不同的方面。

（1）竞争对手的数量、分布、所属部门和行业。

（2）竞争对手的能力，包括设计生产能力、实际生产能力、技术装备能力等。

（3）竞争对手新产品开发的方向、特点、进程、先进程度、满足用户新需求的程度；新产品开发设计、试制和投产情况，批量生产能力；新产品进入市场后的竞争形势，对原有老产品的威胁程度，即替代程度。

（4）竞争对手可供产品的总数量，满足市场需要的总程度。

（5）竞争对手的产品在市场总容量中所占的比重，这是其竞争能力和经营实力的反映。

3. 竞争对手的自我评价

竞争对手的自我评价，是指竞争对手对自身的评价和对所属行业及其他企业的评价，它往往是企业各种行为取向的最根本动因。

4. 潜在能力

潜在能力将决定竞争对手对其他企业经营行为作出反应的可能性、时间选择、性质、强度等内容。具体可以从竞争对手的核心能力、增长能力、快速反应能力、适应能力等不同方面进行考察。

三、竞争环境分析

美国著名战略管理学者迈克尔·波特教授认为，企业的获利能力很大程度上取决于企业所在行业的竞争强度和行业利润潜力，而竞争强度则取决于竞争结构，即潜在进入者、替代品、购买者、供应商以及行业中现有竞争者五种基本竞争力量的对比（**五力分析**），其中必有一个或几个力量处于主导地位，起关键作用，影响着企业战略的选择（见图3-6）。

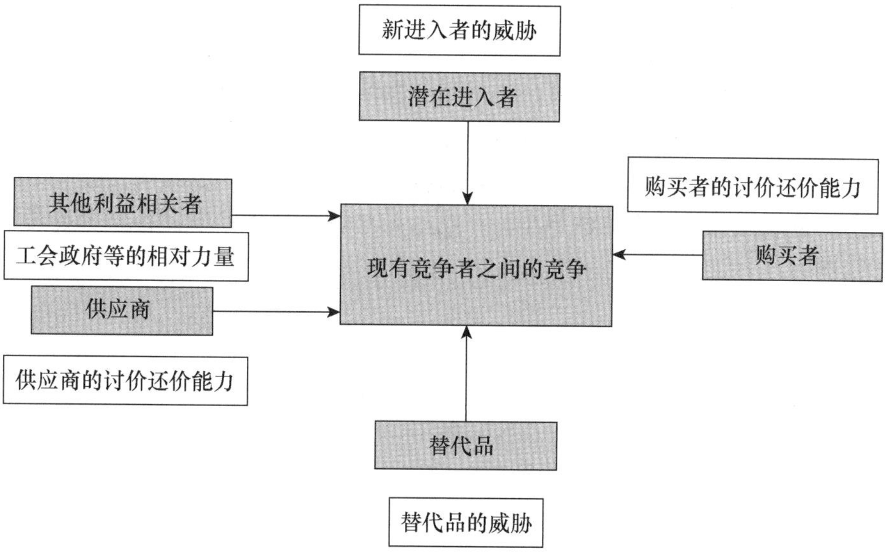

图3-6 竞争的驱动力量

1. 新进入者的威胁

新进入者是指新近进入现有产业的公司，它们通常会给行业内的原有企业带来很大的威胁。它们会增加行业总产出，引起行业内产品价格下跌或企业内在成本增加，从而导致整个行业的收入和回报降低；同时，新进入者都有获取更大市场份额以及大量资源的欲望，会迫使行业内原有企业提高效率。

需要说明的是，多元化经营的企业进入其他行业后，常会凭借已有资源优势对新进入的行业给予强有力的冲击。但新进入者往往必须面对进入障碍，也要考虑可能的退出障碍。

进入障碍是指阻碍潜在的进入者或新进入者进入某个行业的因素。进入障碍决定了潜在进入者或新加入者是否能够进入某行业，并对该行业构成威胁。进入障碍主要来源于以下几个方面：

（1）规模经济；

（2）产品差异化（特色）；

（3）资金需求；

（4）转换成本；

（5）分销网络的可获性；

（6）与规模无关的成本劣势，如原材料与技术优势；

（7）政府政策。

退出障碍是指那些迫使投资收益低甚至是亏损的企业仍然留在行业中从事生产经营活动的因素。这些因素主要有：

（1）固定资产高度专业化；

（2）退出成本过高；

（3）协同关系密切程度；

（4）感情障碍；

（5）政府和社会的限制。

2. 现有竞争者之间的竞争

在许多行业中，企业为了追求竞争力和超额利润，都积极投身于竞争。企业一般采取的竞争手段有价格战、广告战、产品开发与创新等。

不同行业的竞争力量的综合强度不同，行业利润的最终潜力也不同。在竞争激烈的行业中，企业获得超额收益的可能性很小；在竞争相对缓和的行业中，各个企业普遍可以获得较高的收益。

竞争强度与下列因素有关：

（1）竞争者数量；

（2）产业增长速度；

（3）产品或服务的特征；

（4）固定成本的多寡；

（5）生产能力；

（6）退出壁垒高度；

（7）竞争者的多样性。

行业内企业竞争的加剧，会导致投资收益率下降，直至趋近于竞争的最低收益率。竞争的最低收益率与经过资本亏损风险调整的长期公债的收益率接近。企业的收益率如果长期低于长期公债的收益率，最终会停止经营，将资本投入其他行业。

总之，行业中竞争力量的综合强度决定着资本流入的程度，驱使资本流向竞争强度低、收益水平高的领域，最终决定企业保持高收益的能力。

3. 替代品的威胁

替代品是指那些与本行业的产品有相同或相似功能的其他产品。

如果替代品的价格比较低，它投入市场后就会拉低行业内产品的价格水平，降低本行业的利润水平。替代品的价格越是具有吸引力，对本行业构成的压力就越大。一般来说，如果顾客面临转换成本很低，或当替代品价格更低、质量更好、性能相似甚至超过竞争产品时，替代品的威胁就会很强。

4. 购买者的讨价还价能力

购买者通过压低价格，要求高质量产品或更多的优质服务，使行业内竞争者相互竞争残杀，平均利润下降。

增强购买者或分销商讨价还价能力的条件有：

(1) 购买者收购出售者的大部分产品或服务；

(2) 购买者具有后向一体化，自己生产产品的潜力；

(3) 产品标准化或差异很小，可选的供应商非常多；

(4) 更换供应商几乎没有成本；

(5) 要购买的产品占购买者成本的比例很大，购买者有动力四处寻找低价产品；

(6) 购买者仅赢得微利，对成本和服务差异非常敏感；

(7) 产品对购买者的最终产品或服务的质量或价格不重要，很容易实现替代品。

5. 供应商的讨价还价能力

供应商可以通过提高价格或降低产品和服务质量显示自己的实力。

供应商和供应商群体具备讨价还价能力的条件有：

(1) 供应商由产业内少数公司主导，但向许多公司销售；

(2) 产品或服务非常独特，或者建立起转换成本；

(3) 替代品不容易获得；

(4) 供应商很容易前向一体化，与现在的顾客形成直接竞争；

(5) 购买者所在行业只购买供应商群体的小部分产品和服务，对供应商不重要。

6. 其他利益相关者的相对力量

在波特的框架基础上，引入了第六种力量，即其他利益相关者，如政府、当地社区、债权人、贸易协会、特殊利益群体与股东，以及任务环境中其他会影响产业活动的团体的力量。这些利益相关者的重要性因产业而异。

综上所述，影响行业竞争强度的五种主要力量的含义、影响、分析与对策如表 3-8 所示。

表 3-8　影响行业竞争强度的五种力量

	含义	影响	分析与对策
潜在进入者	产业外随时可能进入某产业，成为现实竞争者的企业	形成进入威胁：形成新的生产能力，抢夺部分重要资源，侵占部分市场份额	一般资金、技术、知识密集型产业进入威胁较小，应提高进入壁垒

续前表

	含义	影响	分析与对策
替代品	与本行业产品有相同或相似的功能，一定程度上可相互替代的产品	形成替代品威胁：影响本行业现有产品的销售和利润	可能造成严重后果，应提高进入壁垒，或是本企业自己积极引进与发展
供应商	企业从事生产经营活动所需要的各种资源、配件等产品的供应者	形成讨价还价威胁：成本升高，利润降低	选择供应商，多渠道供应，进行后向一体化
购买者	自用或转售本企业所生产产品的购买者	形成讨价还价威胁：影响销售额，使利润降低	选择用户，多用户供应，进行前向一体化
现有竞争者	行业内现在生产与经营相同产品的竞争者	导致企业间竞争加剧，最终可能导致所有企业蒙受损失	对企业造成现实威胁，可采取差异化或其他方式来提高竞争优势

四、企业内部环境分析

企业内部环境也叫企业内部条件，主要是指企业所拥有的客观物质条件和工作情况，它是企业进行经营决策和战略规划的重要依据。

（一）企业资源分析

企业资源，是指企业从事生产经营活动或提供服务所需的人、资本、设备、专利技术或专有技术、组织管理等方面的能力与条件。它是制约企业经营活动的客观因素。相对于竞争对手而言，企业资源优势和劣势一般表现在企业的资金、技术设备、职工素质、产品、市场、管理技能等方面。

企业资源可以是有形的，也可以是无形的。

1. 有形资源

有形资源是指那些可见的、可量化的资产，是企业生产经营活动的基本保证。具体包括：

（1）实物资源，包括厂房、设备以及企业获取原材料的能力。

（2）财务资源，是指企业的借款能力以及企业产生内部资金的能力。可以从企业资产结构、负债和所有者权益结构、销售收入成本与盈利状况、现金流量、融资能力、投资风险、预算水平、盈利率、流动资产周转率等不同方面进行分析。

（3）组织资源，是指企业的报告系统以及它正式的计划、控制和协调系统。

2. 无形资源

无形资源是指那些根植于企业的历史、长期积累下来的知识、员工之间的信任、创新能力、管理能力、诀窍、专利和专有技术、版权、商标、品牌、声誉等。它们的存在方式独特，很难被竞争对手了解、购买、替代和模仿，许多企业常把无形资源作为核心竞争力的基础，并进行更深的挖掘。如全球市值最高的苹果公司几乎不拥有任何实物资产，创造价值的是它把设计和软件融入一个品牌的无形资产。

无形资产的特点有：可扩展性、沉没性、溢出性和协同性。

很多研究结果表明，潜在的、无形的资源往往比有形物质资源更重要。

企业可以根据现有的资源能力，探索其经营领域的范围，选择经营方向、产品战略和营销组合策略，强化在市场上的竞争能力，提高获利能力和经济效益，形成企业自身特有的竞争优势。

有形资源与无形资源的比较如表 3-9 所示。

表 3-9　　有形资源与无形资源的比较

资源	类型	说明与举例
有形资源	实物资源	厂房、设备等固定资产
	财务资源	现有资金和可融资资源
	组织资源	企业内部组织结构与采购、销售网络
无形资源	人力资源	企业管理者与员工的培训、经验、知识、洞察力、适应性、共识、忠诚等
	技术资源	技术储备、专利、商标、版权、商业秘密、成功所必需的知识；技术创新所需资源；研究条件
	企业形象	在顾客、社会公众等利益相关者中的形象
	企业文化	宗旨、理念、价值观

案例

亚马逊拥有的资源

亚马逊网络书店，其总部几十部高速电脑，每日快速分析数百万人次的上网者习惯与爱好，并且迅速地为上网者提供个性化网页服务；亚马逊拥有最先进的软件开发团队，许多亚马逊公司专用的网络商务软件系统，迄今为止尚未普及到其他商务网络企业。电脑群组是构成亚马逊公司资源的有形资产，软件开发团队的卓越技术能力是公司的无形资产。这两项资源基础组合提供给顾客体贴的个性化网页服务，而且快速回应顾客的点选内容，它们构成了亚马逊公司的组织能力。

（二）企业能力分析

企业能力来源于资源的整合。企业通过有形资源和无形资源的不断融合，形成企业能力，使其能够利用洞察力和智慧，并利用外部的机会，建立持久性的优势。企业能力通常是在某个职能领域，如生产、研发、市场营销，或某职能领域的部分领域中得到发展。研究表明，企业在某个领域建立起来的竞争力与企业的经营状况有关。

1. 财务能力分析

评估一个企业的财务能力，就必须对企业的财务状况进行客观公正的分析。可以从收益性、成长性、安全性、流动性、生产性五个方面进行指标分析，并用雷达图直观形象地描述和展示企业财务状况的优势与劣势。

2. 营销能力分析

评判企业的营销能力，可以从产品竞争能力、销售活动能力、新产品开发能力等不同方面进行分析。

(1) 产品竞争能力分析。可以从产品的市场地位、收益性、成长性、竞争性等方面进行分析（见表 3-10）。

表 3-10　产品竞争能力分析

方面	指标
市场地位	市场占有率、市场覆盖率等
收益性	销售收入、销售利润率等
成长性	销售增长率、市场扩大率等
竞争性	产品在质量、外观、包装、交货期、商标、价格、服务等方面所具有的优越性

(2) 销售活动能力分析。可以从销售组织、销售渠道、促销活动、销售效果等方面进行分析。

(3) 新产品开发能力分析。主要从新产品开发的组织、计划、过程、效果等方面进行分析。企业对新技术、新产品开发的难易程度分析，目的在于提高新产品开发的效果，改进企业的产品组合，增强企业的市场应变能力和竞争能力。

3. 组织能力分析

评判企业的组织能力，可以分析组织体系与人员素质、岗位职责、组织的管理层次与管理幅度等。

(1) 组织体系与人员素质，考察企业管理岗位设置、人员配备的合理性；

(2) 岗位职责，考察企业职权与职责对等状况；

(3) 组织的管理层次与管理幅度，考察企业管理职能分工的有效性与合理性。

另外，对企业专业化、协作化程度进行分析，判断其生产集中化程度，即规模经济的合理程度；对企业的管理组织结构进行分析，判断其符合企业战略要求的程度、管理组织效率高低的情况。

(三) 核心竞争力分析

核心竞争力是指那些能为企业带来相对于竞争对手的竞争优势的资源和能力。培育、保持和扩大企业的核心竞争力，是企业战略的制胜关键。每一种核心竞争力都是能力，反过来，并非每一种能力都是核心竞争力。

从顾客角度出发，一种能力要想成为核心竞争力，它必须是有价值的并且是不可替代的。

核心竞争力具有以下特点：

（1）延展性。具有较强的辐射作用，是企业核心产品和最终产品的“营养源”，它把能量延展到企业开发的各种新产品上，创造出众多的新市场，它是企业赢得竞争优势的根源。

（2）增值性。即企业核心竞争力有助于实现和增加顾客看重的价值，使顾客获得的价值能够增值，使顾客购买产品或享受服务后，感到物有所值。

（3）独特性。即企业的核心竞争力与众不同，具有不易被其他企业轻易模仿和掌握的独到之处，使本企业形成对竞争对手较长时期的战略优势。

从竞争的角度出发，核心竞争力是独特的并不可模仿，也就是说要判别一种能力是否是核心竞争力，需要看其是否满足四个标准，即有价值的、稀有的、难以模仿的、不可替代的（见表 3－11）。

表 3－11　核心竞争力的四个标准

资源和能力是否有价值	资源和能力是否稀有	资源和能力是否难以模仿	资源和能力是否不可替代	竞争后果	业绩评价
×	×	×	×	竞争无优势	低于行业平均回报
√	×	×	×/√	竞争对等	平均回报
√	√	×	×/√	暂时性的竞争优势	介于平均回报和高于平均回报之间
√	√	√	√	持久性的竞争优势	高于平均回报

注：“是”打“√”，“否”打“×”。

从表 3－11 中可以看到，企业只有运用那些有价值的、稀有的、难以模仿的以及不可替代的能力，避免将竞争优势建立在竞争对手容易模仿或不能持久的资源和能力上，才能获得竞争优势，并持久地获得高于行业平均利润水平的超额利润。事实上，几乎所有企业家都明白资源和能力是企业赖以发展的基础，并不是所有的企业资源和能力都有竞争价值并带来竞争优势，然而，经常发生的错误是将能力建立在“错误”的资源和能力上。在中国，很多钢铁企业将生产规模作为自己最主要的资源和能力，保健品企业则将营销能力作为自己最核心的甚至是唯一的核心能力，这些资源和能力或者不能持久，或者容易被竞争对手模仿，不足以成为企业赖以发展的可靠支持。

小资料

京东、麦肯锡的核心竞争力

京东在物流配送领域中具有有效地利用物流技术的能力，在信息管理系统领域中具有移动定位采集数据和高效客户关系管理的能力，在库存与仓储领域具有现代化立体仓库的有效管控能力。

麦肯锡公司在市场营销领域中具有有效地推广其品牌的能力，这使其成为世界上最负盛名的管理咨询公司之一。

第三节　战略分析方法

一、SWOT 分析方法

SWOT 分析法，是美国著名学者安德鲁斯教授于 20 世纪 60 年代在《企业战略概念》一书中提出的一种战略环境综合分析方法，为企业正确地制定竞争战略提供了坚实的理论基础和分析方法的框架。具体来说，它通过对企业所处环境的分析，明确企业本身的优势和劣势、企业所面临环境的机会和威胁，并利用企业内外环境相互联系、相互制约、相互影响的原理，用**"十字图表对照分析法"**进行系统评价，以制定适合企业实际情况的战略方案。

S 是指企业内部的优势（Strengths）。

W 是指企业内部的劣势（Weaknesses）。

O 是指企业外部环境的机会（Opportunities）。

T 是指企业外部环境的威胁（Threats）。

这种方法的主要优点是简便、实用和有效。

运用 SWOT 分析法对企业所处的竞争环境进行系统分析，是企业战略制定、战略选择与评价以及战略实施与控制的基础和前提（如图 3－7 所示）。

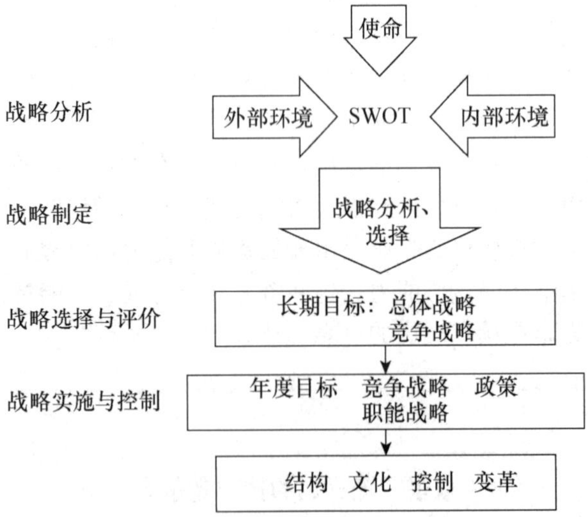

图 3－7　SWOT 分析与企业战略

通过公司内外环境对照分析，进行 SO、WT、WO、ST 组合，获得面临的外部机会和威胁与内部优势和劣势相匹配的 SWOT 矩阵，从而提出可供选择的多种组合战略方案，其组合战略方案如图 3－8 所示。

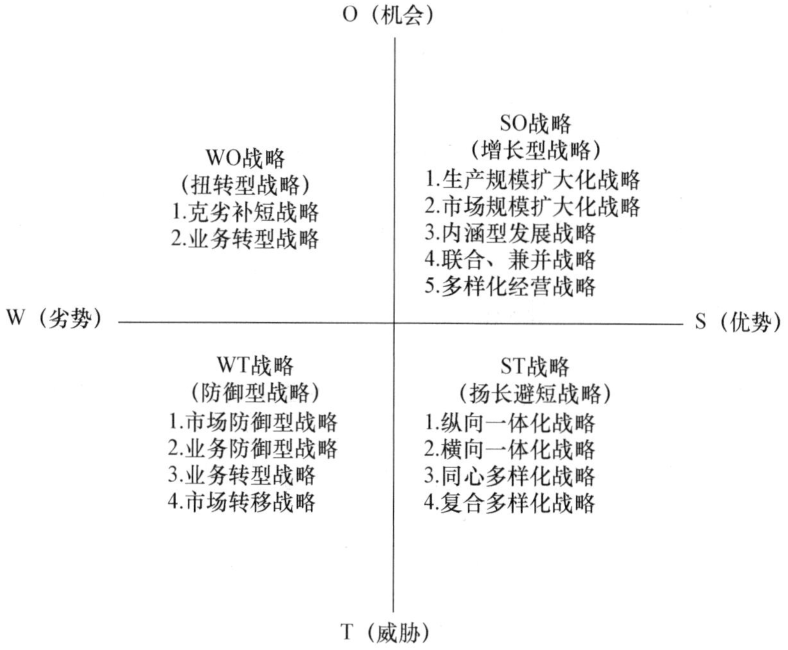

图 3-8 SWOT 矩阵

（1）SO 战略，利用公司的优势抓住机会的途径；

（2）ST 战略，利用公司优势躲避威胁的途径；

（3）WO 战略，利用机会力图克服弱点；

（4）WT 战略，基本上是防守性的，主要是为了使劣势最小化以躲避威胁。

以小米公司为例，其内外环境分析如表 3-12 所示。

表 3-12　　小米科技有限公司内外环境分析

	机会（O）	威胁（T）
外部环境	1. 国家宏观经济形势趋好，消费市场需求增加，移动互联是重点发展行业 2. 手机等智能家电行业处于高速成长期，高档产品国内外市场容量大、增长空间大 3. 手机市场竞争激烈，中低档产品比重较大 4. 国家对高新技术产品实行产业扶持政策，银行信贷支持、税负降低等支持产业技术升级 5. 除了一大批稳定的“米粉”之外，还存在新的用户群，手机等智能家电新的市场广阔	1. 竞争对手华为、OPPO、vivo 实施差异化战略，已见成效，特色优势明显 2. 苹果、三星等占据我国手机高端市场，竞争激烈 3. 客户希望提供更高性价比和更具特色的产品 4. 产品差异性小，消费者转换品牌容易，存在客户流失的危险 5. 市场增长缓慢
	优势（S）	劣势（W）
内部环境	1. 小米在行业内有很高知名度，产品种类齐全，对市场需求变化有较好的适应能力 2. 技术领先，员工水平、素质高 3. 企业管理水平较高，资本结构合理 4. 规模经济显著，成本较低 5. 形成独特的优势企业文化，企业信誉较好 6. 网络营销 7. 设备改造加强，技术进步快	1. 高质量的芯片等核心技术 2. 销售渠道单一 3. 商业模式创新的优势不突出 4. ……

二、投资组合分析法

组合分析是多元化公司制定公司战略时最受欢迎的工具之一。在组合分析中，高层管理人员把所有产品线和事业部视为一系列投资，期望获得利润回报。最流行的方法有波士顿矩阵分析法（波士顿增长-占有率矩阵）、麦肯锡矩阵分析法和通用矩阵分析方法。

（一）波士顿矩阵分析法

波士顿增长-占有率矩阵是美国波士顿咨询公司（BCG）在20世纪60年代提出的一种投资组合分析方法。

根据波士顿矩阵，利用**所在产业（市场需求）的增长率和企业竞争地位（相对市场占有率）**两个维度，把企业全部产品或业务定位在四个区域，即由竞争地位“强-弱”或“高-低”、市场增长“快-慢”或“高-低”两个指标组合形成的“战略象限”中，如图3-9所示。

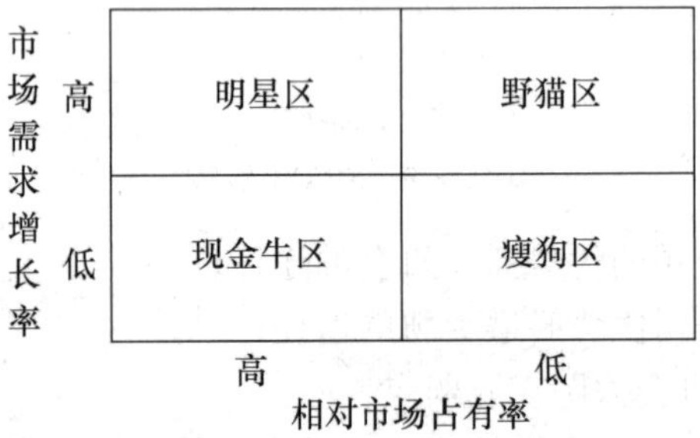

图3-9　波士顿矩阵

矩阵的横轴表示企业在行业中的相对市场份额地位，是企业某项业务的市场份额与这个市场中最大竞争对手的市场份额之比，反映了企业某种经营领域在市场中的竞争地位。相对市场份额的分界线为1.0或100%，划分出高、低两个区域。如果相对市场份额为0.2，那就意味着公司某种业务的销售量仅为最大竞争对手的20%。某项业务或产品的相对市场份额高，表示其竞争地位强，在市场中处于领先地位；反之，则表示其竞争地位弱，在市场中处于从属地位。

纵轴表示市场需求增长率，是企业所在行业某项业务前后两年市场销售额增长的百分比，反映了该项业务所在市场对企业的相对吸引力。某种产品的需求增长率高，对企业从事该生产经营活动的吸引力也大。通常用10%的平均增长率作为需求增长率高、低的界限，超过10%的为高增长业务，低于10%的为低增长业务。

“战略象限”分为明星区、瘦狗区、野猫区、现金牛区四个区域。

1. 明星区

“明星”业务处于双高位置，在增长和获利上有长期机会，同时也是企业资源的主要消耗者。明星业务一般处于产品生命周期顶峰，能够产生足够多的现金流，维持高市场占有率。为了保护或扩展“明星”业务在增长的市场中占主导地位，企业必须优先供给它们所需资源，支持它们继续发展。

2. 瘦狗区

“瘦狗”业务处于双低位置。这类业务处于饱和市场中，竞争激烈，市场占有率很低，可获利润很低，不能成为企业资金的来源，属于衰退的经营领域，应有选择地果断放弃和淘汰。如果这类经营业务还能自我维持，则应缩小经营范围，加强内部管理；如果这类业务已经彻底失败，企业应及早采取措施，清理业务或退出经营。

3. 野猫区，也叫风险区或问题区

其业务处于需求增长率高、相对市场占有率低的位置。野猫区的产品或业务有发展前途，具有成功潜力；但能够产生的现金流少，需要投入精力和资本支持，促使其转移到明星区。

4. 现金牛区，也叫厚利区

其业务处于需求增长率下降、相对市场占有率高的位置。现金牛区的产品或业务处于低速增长的成熟市场之中，市场地位有利，盈利率高，本身不需要投资，反而能为企业提供大量资金，用以支持处于明星区和野猫区业务的发展。“现金牛”业务产生的现金收入，一般高于为维持其高市场占有率需要的支出。

在其他战略没有发生变化的前提下，企业可以通过波士顿矩阵判断自己各经营业务的机会和威胁、优势和劣势，判定当前面临的主要战略问题和企业未来在竞争中的地位。比较理想的投资组合是企业有较多的“明星”和“现金牛”业务，少数的“野猫”业务和极少数的“瘦狗”业务。

需要说明的是，波士顿矩阵分析方法在实践中有一定的局限性。按照市场增长率和相对市场份额，把企业的业务划分为四种类型有些过于简单。实际上，市场占有率小的企业如果采用创新、产品差别化和市场再细分等战略，仍可能获得很高的利润。

（二）麦肯锡矩阵分析法

麦肯锡矩阵分析法，是以战略经营领域吸引力和企业竞争地位两个综合性指标的组合形成矩阵进行分析的综合性方法。

与波士顿矩阵方法一样，这种方法也形成四个区，只是衡量的指标有所变化（见图 3-10），每个指标所涵盖的内容比波士顿矩阵方法的两个指标更丰富。

战略经营领域吸引力 \ 企业竞争地位	优	劣
强	明星区 （重点投资）	野猫区 （增加投资或维持）
弱	现金牛区 （挤干榨尽多作贡献）	瘦狗区 （放弃）

图 3-10　麦肯锡矩阵

战略经营领域吸引力这一指标，除包括未来需求增长率这一具体指标外，还包括未来的盈利率指标，并考虑环境中的相关变化和偶发事件对各个经营领域的影响，确定其机会和风险，最后根据需求增长率和盈利率的估计值确定其战略经营领域的吸引力大小。这一指标可划分为强、弱两种状况。

企业竞争地位这一指标，则综合三个因素加以确定，这三项因素是：

（1）企业在某一经营领域的投资达到最佳投资水平的程度；

（2）企业当前竞争战略达到最优竞争战略的程度；

（3）企业现有能力达到该经营领域一流企业所需能力的程度。

把以上三因素结合起来分析，即可确定企业在某一经营领域中的竞争地位，可划分为优、劣两种状况。

最后，把企业所有的经营领域，根据这两个指标的水平，分别列入各区进行经营领域的分析和选择。

麦肯锡矩阵分析法一定程度上克服了波士顿矩阵方法的不足，扩大了适用范围，对企业处于不同竞争环境也适用，包括比较动荡的不稳定环境。

（三）通用矩阵分析方法

通用矩阵，又称行业吸引力矩阵、九象限评价法，或GE业务筛选模型，是美国通用电气设计的一种投资组合分析方法。

相对于波士顿矩阵分析法，通用矩阵分析方法有较大的改进，在两个坐标轴上增加了中间等级，增加了分析考虑因素。它运用加权评分方法分别对企业各种产品的行业吸引力（包括市场增长率、市场容量、市场价格、利润率、竞争强度等因素）和企业实力（包括生产能力、技术能力、管理能力、产品差异化、竞争能力等因素）进行评价，按加权平均的总分将行业吸引力和经营业务的竞争地位划分为高（强）、中、低（弱），并在通用矩阵图中形成了九个区域，说明企业的不同经营业务所处的地位和状态，使企业可以更为有效地分配其有限的资源，如图3-11所示。

行业吸引力	强	中	弱
高	① 尽量扩大投资 谋求主导地位	④ 市场细分以追求 主导地位	⑦ 专门化 采取购并政策
中	② 选择细分市场 大力投入	⑤ 选择细分市场 专门化	⑧ 专门化谋求 小块市场份额
低	③ 维持地位	⑥ 减少投资	⑨ 集中于竞争对手 盈利业务，或放弃

经营业务的竞争地位

图3-11　通用矩阵

图3-11中，横轴表示经营业务的竞争地位，分为强、中、弱三个等级；纵轴表示行业的吸引力，分为高、中、低三个级别。

行业吸引力和竞争地位的值决定着企业某项业务在矩阵上的位置。

从矩阵图9个方格的分布来看，企业中处于左上方三个方格即①、②、④的业务最适采取增长与发展战略，企业应优先分配资源；处于右下方三个方格即⑥、⑧、⑨的业务，一般应采取停止、转移、撤退战略；处于对角线三个方格即③、⑤、⑦的业务，应采取维持或有选择地发展的战略，保持原有的发展规模，同时调整其发展方向。

绘制 GE 矩阵，需要找出外部（行业吸引力）和内部（企业竞争力）因素，然后对各因素评分并加权，获得衡量内部因素和外部因素的客观评价（加权平均值）。具体做法如下：

（1）定义各因素。选择要评估业务（或产品）的企业竞争实力和行业吸引力所需的重要因素。在 GE 内部，分别称之为内部因素和外部因素。

（2）估测内部因素和外部因素的影响。首先，从外部因素开始，根据每一因素的吸引力大小对其评分。可以采取 5 级评分标准（1＝毫无吸引力，2＝没有吸引力，3＝中性影响，4＝有吸引力，5＝极有吸引力）。其次，也使用 5 级标准对内部因素进行类似的评定（1＝极度竞争劣势，2＝竞争劣势，3＝同竞争对手持平，4＝竞争优势，5＝极度竞争优势）。根据产业状况和企业状况定出行业吸引力因素和企业竞争力因素的评分级数。最后，用权重乘以评分级数得出每个因素的加权数并加总，得到某企业经营业务或产品的行业吸引力和企业竞争力的加权值（见图 3－12）。

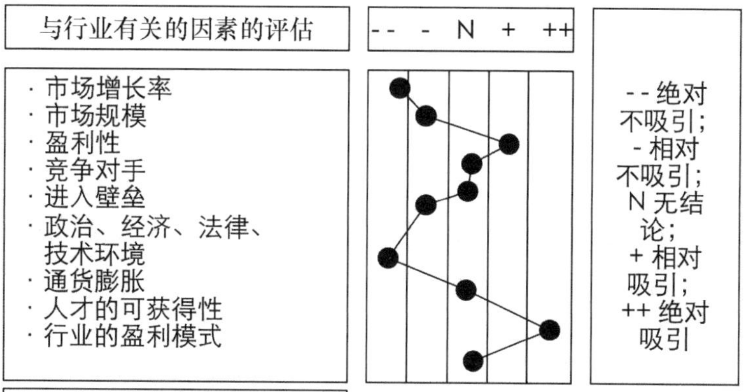

与企业竞争力有关的因素评估	评分	重要性	加权后的分数
· 营销能力	4	0.2	0.8
· 知名度	5	0.1	0.5
· 技术开发能力	4	0.2	0.8
· 产品质量	3	0.1	0.3
· 融资能力	3	0.15	0.45
· 管理水平	3	0.15	0.45
· 产品系列宽度	3	0.05	0.15
· 生产、营销能力和人员水平	5	0.05	0.25

图 3－12　行业吸引力和企业竞争力影响因素评测

三、价值链分析法

美国著名的战略管理学家迈克尔·波特认为，企业每项生产经营活动都是其创造价值的经济活动。企业所有的互不相同但又相互关联的生产经营活动，便构成了创造价值的一个动态过程，即价值链（见图 3-13）。它是企业用于分析企业能力的有效工具。

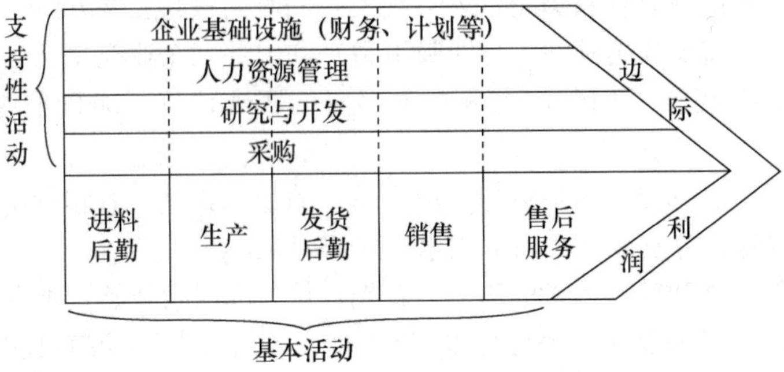

图 3-13 波特基本价值链

（一）价值活动的界定

企业价值活动包括基本（主体）活动和支持性活动。

1. 基本（主体）活动

主体活动一般可以细分为五种活动：

（1）原料供应；

（2）生产加工；

（3）成品储运；

（4）市场营销；

（5）售后服务。

每一种活动又可以根据具体的行业和企业的战略再进一步细分成若干项活动。行业不同，每项主体活动所体现的竞争优势也不同。对于分销商来说，原料供应与成品储运是最重要的活动；对于一个从事商业服务活动的企业来说，成品储运是关键的要素。总之，各类主体活动都会在不同程度上体现出企业的竞争实力。

2. 支持性活动

支持性活动一般可以分为四种活动：

（1）采购管理；

（2）研究与开发；

（3）人力资源管理；

（4）基础架构（财务、计划等）。

不同行业中的企业，其价值链明显不同。企业必须根据行业的特点和本身的条件来完成资源增值的过程。一些行业在产品设计阶段的价值增值明显，另外一些行业可能在营销和分销阶段的增值比较多。

（二）价值活动类型

在每类主体活动和支持活动中，有三种活动类型，各自在竞争实力中起着不同的作用，是诊断企业竞争实力的重要手段之一。

1. 直接活动

直接活动是指直接创造竞争价值的活动，如零部件的机加工、产品设计、装配、广告等活动。

2. 间接活动

间接活动是指作用在直接活动之上，使之继续进行的活动，如维修、销售管理、研究与开发管理等活动。在许多行业中，间接活动通过直接活动发生作用，在总成本中占有很大比重。同时，间接活动也在产品差异化上起着重要的作用。

3. 质量保证活动

质量保证活动是指确保其质量的活动，如监督、指导、测试、检验、调试等活动。质量保证活动也在企业的每项活动中发生作用，影响着其他活动的成本或效能。

（三）构造价值链

企业为了诊断自己的竞争实力，需要根据价值链的一般模型**构造具有企业自己特色的价值链**。例如，一家网络企业编制了自己的价值链（见图 3-14）。

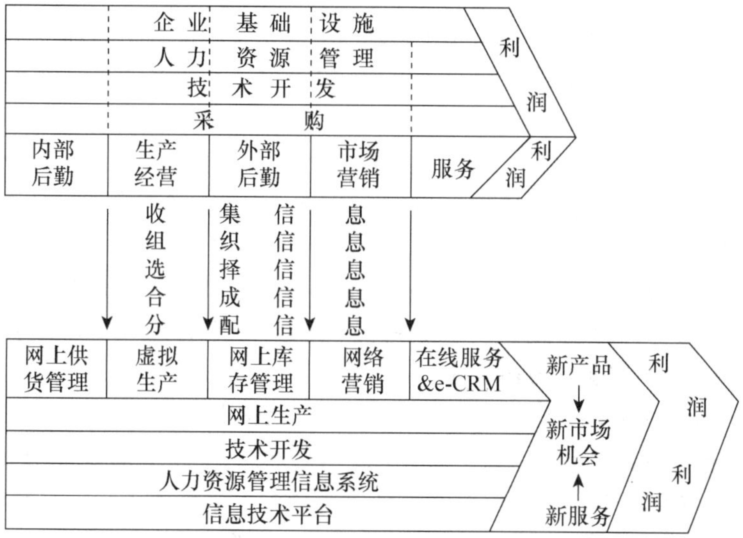

图 3-14 某网络企业的价值链

企业在构造价值链时，需要根据利用价值链分析的目的以及自己生产经营活动的经济性，将每一项活动进一步分解。分解后的每一项子活动要有自己的经济内容。活动的顺序应该按照工艺流程进行，也可以根据需要进行安排。无论怎样的顺序，企业的管理人员都应从价值链的分类中得到直观的判断。

企业的价值链构造出以后，就可以根据其构成和表现来分析企业的竞争优势和竞争实力。企业在价值活动间的内在联系中所形成的竞争优势有两种形式：最优化和协调。

1. 最优化

为了实现其总体目标，企业往往在各项价值活动间的联系上进行最优化的抉择，以获得竞争优势。例如，在考虑产品设计与服务成本时，为了获得差异化优势，企业可能会选择成本高昂的产品设计、严格的材料规格或严密的工艺检查，以减少服务成本。

2. 协调

通过协调各活动间的联系，提高产品的差异化或降低成本。例如，企业要按时发货，则需要协调企业内部的生产加工、成品储运和售后服务等活动之间的联系。

除此之外，企业与企业的价值链之间也存在价值活动的联系。最典型的是企业价值链与供应商、销售渠道价值链之间的联系，这种联系为企业增强竞争优势提供了机会。通过影响供应商价值链的结构，或者改善企业与供应商价值链之间的关系，企业与供应商会双方受益。销售渠道进行的各种促销活动可以替代或补充企业的活动，从而降低企业的成本或提高企业的差异化。

案例

诺基亚的"滑铁卢"

一提到诺基亚，人们的第一反应就是手机，不少人至今依然记得那个用手机砸核桃的段子。其实诺基亚是造纸起家，后来涉足通信、手机等业务，最后发展成为一家业务范围覆盖广、知名度高的跨国公司。

对于诺基亚的智能机我们都不陌生，名噪一时的诺基亚5230、5233，当时的销量达到了巅峰，可谓独占一方市场。2002年，作为全球第一款塞班（Symbian）系统智能手机、第一款滑盖手机的诺基亚7650面世，立刻引起了世界轰动。2005年4月，诺基亚发布N系列智能手机，凭借高像素摄像头等出众的多媒体性能，N系列引领了相当长时间内手机发展的主流。随后，诺基亚创造了一个又一个"机皇"，并以超过40%的市场份额笑傲江湖，成为当时全球最具创新能力的企业。

然而，这一切从2008年开始改变。这一年，谷歌推出了安卓（Android）系统，苹果在iPhone中内置了App Store，之后2010年，乔布斯推出了他改变世界的革命性产品——iPhone4。这期间诺基亚对于操作系统的选择却一直举棋不定，导致很多的新技术没有应用到自己产品上。当市场主流技术出现后，诺基亚才开始认识到自己的差距，诺基亚在踟蹰中丧失了与对手竞争的宝贵时间，也给了对手赶超自己的机会，最后导致2011年第二季度其全球手机销量第一的地位被苹果和三星双双超越。尽管2011年2月诺基亚选择和微软合作，诺基亚手机由开始搭载的塞班系统转换为Winphone系统，但这一战略断掉了诺基亚最后的机会，最终悲惨地被微软收购。

有人认为，导致诺基亚失败的三大原因是：(1) 该公司管理层执行不力；(2) 未能及时调整智能手机战略；(3) 未能选择安卓系统。

问题：

(1) 通过对案例材料的分析，你认为导致诺基亚失败的三大原因总结得对吗？为什么？

(2) 根据案例材料，你认为中国的制造业企业应该从诺基亚的失败中吸取哪些教训？在你熟悉的中国企业中，有隐藏着类似诺基亚危机的吗？

本章内容小结

（一）战略与战略管理
（二）企业使命及企业战略目标选择
（三）企业战略的宏观环境、行业环境、竞争环境和内部环境的分析
（四）SWOT 分析、投资组合分析、价值链分析等战略分析方法

第四章　战略选择

本章提要

改革开放以来，中国大地上不断上演着企业一夜崛起成为明星，似乎又一夜陨落的“企业流星雨”大戏。到底是什么原因导致中国企业的“流星雨”现象，使这些企业“昙花一现”，我国企业界的学者都在思考。如果把商场视为战场，那么，企业战略短视毫无疑问是这些企业快速消亡的因素之一。企业战略是“不战而屈人之兵”的谋略。从某种意义上说，现代市场竞争就是企业战略的竞争。因此，掌握企业战略的基本原理和相关理论知识，有助于我们运用战略思维去思考企业未来的发展方向，用战略眼光和视角去审视企业的过去、现在和未来，确保企业在激烈的市场竞争中立于不败之地。

重点难点

（一）企业战略层次、类型
（二）一体化、多元化、战略联盟等企业成长战略
（三）企业竞争战略及选择
（四）企业国际化战略及进入方式

引导案例

志向远大的赣锋锂业

赣锋锂业（Ganfeng Lithium）是锂化学原料的主要供应商，是全球电动汽车行业最大的锂供应商，客户包括特斯拉、沃尔沃等集团。锂是为电动汽车提供动力的电池的关键原料。

近年来，随着电动汽车市场需求的扩大，赣锋锂业开始进军电池生产领域，2017 年 8 月就开始向电动公交车供应高质量电池，2018 年开始服务于电动汽车行业；同时，计划收购海外锂项目，扩大下一代电池技术的研发，希望成为一家综合性的电池和锂业公司，为中国电动汽车市场的快速壮大做好准备。赣锋锂业是中国增长最快的公司之一，市场估值 53 亿美元，过去 5 年其股价上涨了 7 倍。

2017 年 7 月，特斯拉汽车（Tesla Motors）推出其首款面向大众市场的 Model 3。沃尔沃计划从 2019 年开始将所有车型都安装电动发动机。

（资料来源：英国《金融时报》，2017-07-07.）

案例思考：

1. 指出赣锋锂业的公司战略。
2. 指出赣锋锂业的竞争战略。

第一节　企业战略体系

一、企业战略层次

企业战略体系一般由公司战略、一般竞争战略和职能战略三个层次的战略组成，这三个层次的战略分别由相应层次的组织机构制定，最高层的公司战略由董事会制定，一般竞争战略由各业务单位制定，职能战略由各职能部门制定，如图 4-1 所示。

需要指出的是，中小企业一般没有二级经营单位。在这种情况下，公司战略与一般竞争战略合二为一，企业只有两个层次的战略，即一般竞争战略层次与职能战略层次。

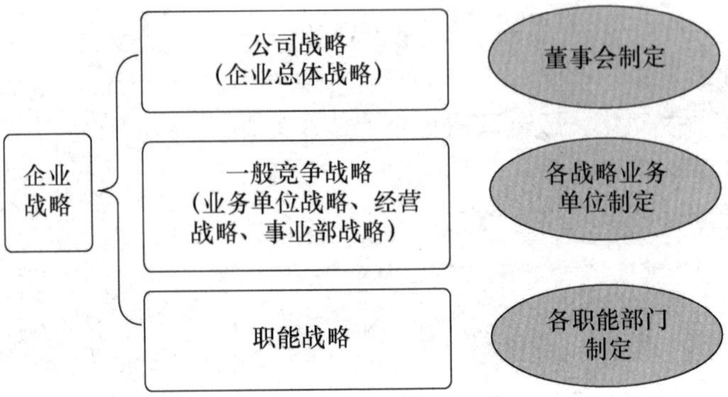

图 4－1　企业战略层次图

（一）公司战略

公司战略，又称**总体战略**，是企业第一层次的战略，是一个企业的整体战略总纲，是企业最高管理层指导、控制企业一切行为的最高行动纲领，是对企业全局的长远性谋划。它主要解决经营范围、成长方向、发展道路问题，是企业战略决策的最基本因素。因此，从公司的经营发展方向，到合理配置企业经营所必需的资源，以及公司各经营单位之间、各项经营业务之间相互支持、协调，甚至整个公司价值观念、文化环境的建立，都是公司战略的重要内容。

从战略的四种构成要素的作用来看，经营范围和资源配置是公司战略中主要的构成要素，竞争优势和协同作用两个要素则因企业的不同而需要具体分析。在企业形态简单、经营业务和目标单一的状态下，公司战略就是该项经营业务的战略，即一般竞争战略，竞争优势也是重要的战略要素；当企业的组织形态趋向复杂化，为了适应环境的需要，经营业务和目标也趋于多元化，公司战略也相应复杂化，如形成多种竞争战略等。在实施相关多元化战略的企业，协同作用也作为重要的战略要素。

（二）一般竞争战略

一般竞争战略，又称经营战略、事业部或子公司战略，是指企业为了获得竞争优势，在市场上处于有利的竞争地位，争取比竞争对手有较大的市场份额和更好的经济效益，所作出的长远性谋划与方略。一般竞争战略是企业第二层次的战略，它主要解决企业的某一项特定业务与竞争对手展开竞争的问题，是企业与其竞争对手争夺市场的基本工具。

从战略构成要素的角度来看，资源配置与竞争优势通常是一般竞争战略中最重要的组成部分。针对不断变化的外部环境，为了保证企业的竞争优势，要有效地控制资源的分配和使用，在各自的经营领域里有效地竞争。同时，一般竞争战略还要协调各职能层的战略，使之成为一个统一的整体。

一般竞争战略与公司战略的区别有：

（1）重要程度不同。公司战略是有关企业全局发展的、整体性的、长期的战略计划，对整个企业的长期发展产生深远的影响；而一般竞争战略着眼于企业中有关事业部或子公司的局部性战略问题，影响某一具体事业部或子公司具体的产品和市场，在一定程度上影响公司战略的实现。

（2）参与人员不同。公司战略形成的主要参与者是企业的高层管理者，而一般竞争战略形成的参与者主要是具体各事业部或子公司的经理。

（三）职能战略

职能战略，又称分战略或职能层战略，是企业第三层次的战略，是指企业按不同的专业职能对公司战略和一般竞争战略进行落实的具体化战略。它使企业能够更好地适应内外环境的要求，更有效地发挥研究开发、营销、生产、财务、人力资源等方面的职能，保证企业战略目标的实现。

从战略构成要素来看，协同作用和资源配置是职能战略的关键要素，而经营范围的重要性较低。

职能战略具有以下特点：

1. 从属性

职能战略是为公司战略和一般竞争战略服务的，它规定着企业在某一方向或某一领域的努力方向，并服从于企业发展的总方向。

2. 单一性或专业性

职能战略是按职能划分的，是从企业的某一职能部门的需要出发所制定的企业分战略，具有较强的专业性，如市场战略、产品战略、质量战略、技术战略、营销战略、财务战略、成本战略、生产战略、物质资源战略、人才战略和组织战略等。

3. 针对性

职能战略是根据某一生产经营环节的需要，针对企业某一优势或解决企业某一薄弱环节、某一经营问题而制定的分战略，具有较强的针对性。

企业职能战略与公司战略的区别，主要表现在：

（1）期限短。职能（部门）战略，是企业内主要职能部门的短期战略计划，用于确定和协调企业短期的经营活动，期限较短，一般在一年左右。

（2）具体性强。职能战略比公司战略更为具体。公司战略为企业指出一般性的战略方向，而职能战略则为负责完成年度目标的管理人员提供具体的指导，使他们知道如何实现年度目标。同时，具体的职能战略还可以增强职能部门管理人员实施战略的能力。

职能战略与公司战略重点紧密相关。战略重点是企业资金、劳动和技术投入的重点，是决策人员实行战略指导的重点。战略重点一般是从产品战略、市场战略、质量战略、科技战略和人才战略等职能战略中作出选择。

（3）职权与参与不同。企业高层管理人员负责制定企业的长期目标和公司战略。在公司授权下，职能部门的管理人员负责制定年度目标和部门分战略，职能战略应在研究开发、生产作业、市场营销、财务会计和人力资源管理的职能部门中制定。

综上所述，企业各层次战略的管理要素、责任主体、明确程度等有所不同，谋求目标、战略要素也各有侧重（见表 4－1），但各层次的战略相互支撑，形成体系。

表 4-1　　各层次战略的特点比较

	战略层次		
	公司战略	一般竞争战略	职能战略
管理要素	产品与市场领域 成长方向	竞争优势	协同效应
管理者	高层	中层	基层
性质	概念	中间	执行
明确程度	抽象	中间	具体
可衡量性	以判断评价为主	半定量	可定量
频率	定期或不定期	定期或不定期	定期
作用	开创性	中等	改善
与现状差距	大	中	小
承担的风险	较大	中等	较小
企业目标	谋求企业生存，获得全面增长和利润	谋求在特定产品和细分市场上获得增长和利润	谋求市场占有率、技术领先等
经营范围	企业投资组合与多种经营	产品与细分上的竞争与相关多元化	注重产品与市场开发
资源配置	企业财务、组织与技术方面的能力	随着产品和市场的生命周期阶段而变化	不同职能领域，产品发展阶段及竞争地位不同
竞争优势	与行业相比	与特定的竞争对手相比	与特定的产品或服务相比
协同作用	作用于各经营业务之间	作用于各职能领域之间	作用于各职能领域之中

二、企业战略类型

（一）公司战略类型

公司战略按发展态势的不同，一般分为成长型、稳定型和紧缩型三种战略（见表 4-2）。

表 4-2　　公司战略的三种类型比较

总体战略	战略考虑	风险	战略类型
成长型	追求企业成长壮大，资本增值，多种经营分散风险 利用政府鼓励政策提供的机遇，摆脱现有竞争的束缚	扩张使得问题增多，矛盾增多，失误增多，管理难度加大	一体化战略 多元化战略 战略联盟 并购战略
稳定型	保持绩效好的现状 变革条件不成熟，等待有利时机 暂时稳定，准备逐步紧缩	风险小	无增长战略 维持利润战略 暂停战略 谨慎实施战略
紧缩型	环境不利、前景暗淡等情况下的退却	减小风险	转向战略 放弃战略 清算战略

1. 成长型战略

成长型战略也叫增长型战略。当企业生产的产品近期和远期需求量都很大，竞争又不激烈或竞争对手少且竞争对手实力较弱的情况下，企业可考虑选择这一战略，追求企业成长壮大，资本增值，多种经营，分散风险。

成长型战略既可以通过投资于新产品开发在内部实现，也可以通过合并、并购、战略联盟等手段在外部实现。常见的成长型战略类型有：

（1）一体化战略。企业充分利用自己在产品技术市场上的优势，不断地向深度和广度发展。

（2）多元化战略。企业在不同的行业、业务领域进行投资经营，进而进入新的领域，提供与之前不同的产品或服务。

（3）战略联盟。企业与一个或更多的企业建立合作关系。

（4）并购战略。企业购买其他企业的全部或部分资产或产权，从而影响、控制被收购的企业，以增强自身的竞争优势。

2. 稳定型战略

有些企业经过一定时期的高速增长后，需要进行调整和提高，积蓄力量，以便等待有利时机，继续前进；有些企业因产品的市场需求已经饱和，市场竞争激烈，继续扩大市场可能性较小，企业可考虑选择维持现状，保持暂时稳定，准备逐步紧缩。以上两种战略行动分别为"稳中待进"和"稳中待退"的稳定型战略。常见的稳定型战略类型有：

（1）无增长战略，又称无变化战略。企业过去的经营相当成功，内外环境没有发生重大变化，不存在重大的经营问题或隐患，企业担心战略调整会给企业带来资源分配的困难，采取基本没有什么变化的战略。

（2）维持利润战略。企业在经济形势不景气时，往往会牺牲未来发展来维持目前利润，其根本意图是度过暂时性的难关，以维持过去的经济状况和效益，实现稳定发展。

（3）暂停战略。经过一段时期的快速成长之后，企业可能变得缺乏效率，或者难以管理，企业在一段时期内降低目标水平，放慢成长的步伐。

（4）谨慎实施战略。企业在外部环境中的某一重要因素难以预测或变化趋势不明显，有意识地降低实施进度。

3. 紧缩型战略

当企业所生产的产品市场需求逐年下降，产品已进入衰退期，或者资源枯竭，已不能正常供应时，企业则可果断地实施减量战略，即将该产品逐年减产直至停产的战略。常见的紧缩型战略类型有：

（1）转向战略。重新定位或调整现有的产品和服务，对原有的业务领域进行压缩投资，转移企业的主营方向。

（2）放弃战略。将企业的一个或几个主要部门转让、出卖或者停止经营，这个部门可以是一个经营单位、一条生产线或者一个事业部。

（3）清算战略。对企业资产和债权债务进行清算，转让整个企业，偿还债务，收回剩余资金。采取清算战略，终止经营状况，可以逃脱更大的债务，尽量减少股东的损失。

（二）竞争战略类型

竞争战略属于企业的经营层战略，是企业为了获得竞争优势，根据企业在行业竞争中所处的地位进行的谋划。

1. 基于竞争实力的战略

按竞争实力不同，企业有四个竞争战略方案可供选择：

（1）进攻型战略，又叫优势战略。企业凭借自己拥有的优势参与市场竞争，同竞争对手较量，以争夺市场、赢得顾客所作出的谋划与方略。

（2）赶超型战略。企业实力不如竞争强手，但由于审时度势、经营得当，经营形势处于上升势头，因而努力追赶强手所作出的谋划与方略。

（3）防御型战略。企业实力很弱，在强手进攻之下无还手之力，准备退出某些市场，以固守最后个别或少数市场、顽强抵御强手进攻所作出的谋划与方略。

（4）转移型战略。企业实力不断衰退，无法固守最后的细分市场，准备退出这一经营领域，转移到一个新的经营领域所作出的谋划与方略。

上述四种战略实施方案，我们重点研究进攻型战略。

2. 一般竞争战略

一般竞争战略，也称基本竞争战略，是由美国著名的战略管理学家迈克尔·波特提出的。他认为，尽管企业相对于其竞争对手有很多优势和劣势，企业仍然可以拥有两种基本的竞争优势：**低成本或差异性**。竞争优势的两种基本形式和企业寻求获取这种竞争优势的活动范围相结合，就可以制定出三种一般竞争战略：成本领先战略、差异化战略和集中化战略，从而让企业获得高于产业平均经营业绩水平的收益。成本领先和差异化战略在多个产业细分的广泛范围内寻求优势，而集中化战略则在狭窄的细分市场中寻求成本优势或差异化优势。

综上所述，企业的战略类型有清晰的层次关系（见图4-2）。从企业整体来看，企业

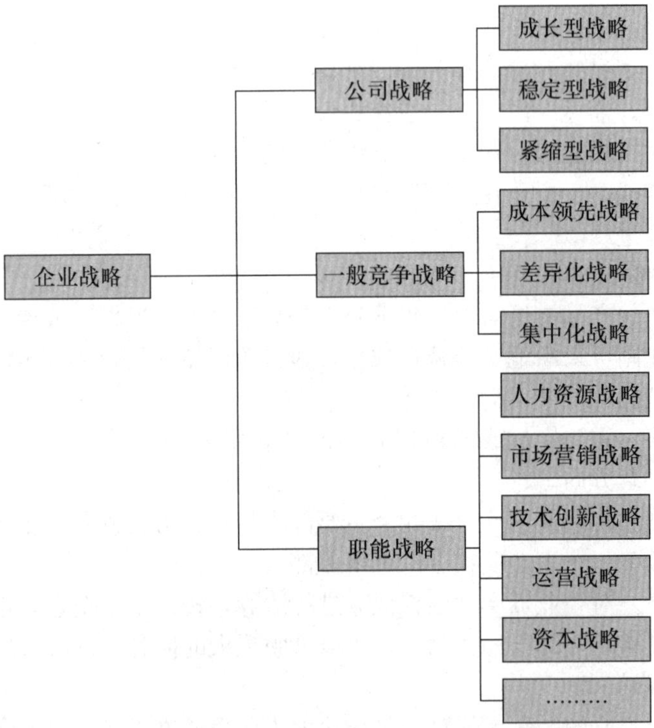

图4-2 企业战略类型

战略分为公司战略、一般竞争战略、职能战略三类；在公司层面，按公司发展态势的不同，公司战略一般分为成长型、稳定型和紧缩型三种战略；在业务经营层面，按产品竞争优势和竞争范围，一般竞争战略可分为成本领先战略、差异化战略和集中化战略；在职能层面，按职能领域划分，职能战略一般分为人力资源战略、市场营销战略、技术创新战略等。

第二节 企业成长战略

企业制定战略的主要目标是实现可持续成长，因此，围绕企业成长的一体化战略、多元化战略和战略联盟等就成为研究战略问题的重点内容。

一、一体化战略

一体化战略，也称专业化战略，是指企业充分利用自己在产品技术市场上的优势，使企业不断地向深度和广度发展的一种战略。从纵向和横向两个角度，一体化战略可以分为两种具体战略。

（一）纵向一体化战略

1. 纵向一体化战略的类型

纵向一体化，是指生产或经营过程中相互衔接、紧密联系的业务之间实现一体化，它又可以分为前向一体化和后向一体化两种方式。

（1）前向一体化。

它是指生产原材料或半成品的企业，充分利用自己在原材料、半成品方面的优势和潜力，由企业自己制造成品或与成品企业合并组成经济联合体，以实现产品的深加工。

（2）后向一体化。

它是指企业为了确保产品或劳务所需的全部或部分原材料的供应，由企业自己制造半成品或生产经营原材料或兼并供应商或与供应商合资兴办企业，以维持其产品或服务上的优势。

后向一体化通常比前向一体化更可能盈利，但它可能降低公司的战略灵活性。

2. 纵向一体化战略的优缺点

纵向一体化战略的优点主要有：

（1）稳定经济关系，确保供给与需求。上下游企业建立的有效合作关系，稳定了它们之间的采购和销售关系，确保了双方企业的整体利益。

（2）节约交易成本。通过纵向一体化，企业可以节约市场活动的信息收集、销售、谈判和交易成本。

（3）促进技术的更新与发展。上下游企业业务的整合，有利于推动相关技术的更新。

（4）提高了进入壁垒。纵向一体化会产生很大的规模经济效益或资本需求壁垒，或者占用许多供应资源，或者拥有许多顾客和销售机会，从而提高了整个产业的进入壁垒。

纵向一体化战略的缺点主要有：

（1）降低转换与变化的灵活性。上下游企业经营业务的捆绑，加大了企业及时改变投资或转换的难度。

（2）弱化激励。上下游企业通过固定关系进行购买或销售，将减弱竞争激励。

（3）加大管理难度。

（4）提高退出壁垒。纵向一体化的企业，会不断增加资产的专业化程度；上下游企业之间的协同关系，或者对相关企业的情感联络，都会提高企业的整体退出壁垒。

（二）横向一体化战略

横向一体化，也称水平一体化，是指企业与处于相同行业、生产同类产品或工艺相近的企业实现联合。

通过横向一体化，公司把产品扩展到其他地方，或者向当前市场提供更多更广泛的产品和服务，从而实现增长。其实质是资本在同一产业内和部门内的集中，其目的在于企业实现更高程度的规模经济和迅速发展壮大。

横向一体化战略的优点主要有：

（1）实现规模经济。通过收购同类企业达到规模扩张，可以使规模经济明显的企业大幅降低成本，同时获取被收购企业的技术专利、品牌等无形资产，取得竞争优势。

（2）减少竞争对手。

（3）实现能力扩张。相对于企业自身滚雪球式的发展方式，通过横向一体化的扩张方式，企业能够更加简单、快速地扩大生产能力，占领市场。

横向一体化战略的缺点主要有：

（1）加大了管理协调的难度。不同公司在历史发展、人员组成、业务风格、企业文化、管理体制等方面都存在较大的差异，收购后母子公司各方面的协调都非常困难，这是横向一体化的企业的最大成本。许多企业在横向一体化中都出现了类似的问题。

（2）受政府法规限制。横向一体化容易造成行业内的垄断，因此，世界各国法律都对此作出了限制。

案例

海航的海外兼并

2015 年 9 月，中国海航集团（HNA Group）通过子公司渤海租赁（Bohai Leasing）斥资 25 亿美元收购 Avolon Holdings，使成立于 2010 年的 Avolon Holdings 在飞机租赁行业的排名上升到全球第三，该行业的前两名分别是 AerCap Holdings 和 GE Capital Aviation Services。该收购完成后，海航拥有中国最大的飞机租赁业务。

2016 年 10 月，海航宣布旗下的 Avolon Holdings 以 100 亿美元的代价收购美国竞争对手 CIT Group 的飞机租赁业务。交易后，Avolon 的规模扩大一倍，其飞机数量从 432 架扩充到 910 架，总价值达 430 亿美元。收购交易公布后，CIT 在纽约市场的股票上涨了

9.9%，至每股40美元。

据Dealogic的数据，截止到2017年4月，海航已进行了价值至少400亿美元的并购交易。这些交易包括收购航空公司、酒店、软件分销商和数字电视业务，其中，收购CIT旗下业务是其最大的一笔跨境并购交易。

二、多元化战略

（一）多元化战略的类型

多元化战略，也叫多样化战略，是指企业在不同的行业、业务领域进行投资经营，进而进入新的领域，提供与之前不同的产品或服务的发展战略。根据多元化业务之间的相互关联的程度，可以把多元化战略再细分为相关多元化战略和不相关多元化战略。

1. 相关多元化战略

相关（同心）多元化，是指公司准备进入的业务领域与现有业务之间有着明显的关联性，如相似的技术、共同的市场、类似的生产流程、共同的采购环节等，这些相关业务之间的生产经营活动能够实现有效共享。

在生产相关产品的多元化企业里，竞争优势和协同作用很重要。它们主要是解决企业内部各产品的相关性和在市场上进行竞争的问题。因为企业中各经营业务之间存在一定的协调性，可以共同形成整体优势。即使某个经营业务略有不善，其他的经营业务也还可以支持整个企业保持优势。

2. 不相关多元化战略

不相关（离心）多元化，是指企业准备进入的业务领域与公司现有业务完全不同，即企业通过收购、兼并其他行业的业务，或者在其他行业投资，把业务领域扩展到其他行业，新产品、新业务与企业现有的业务、技术、市场毫无关系。

采用这种战略主要是从财务上考虑现金流或降低风险。

2017年11月20日腾讯（Tencent）市值突破5 000亿美元，逼近脸书（Facebook）的市值。腾讯在游戏和微信两个关键引擎的基础上，建立一个技术生态系统，其服务渗入聊天、吃饭、支付、游戏和音乐等方方面面。尽管腾讯移动支付比阿里巴巴（Alibaba）旗下的支付宝（Alipay）晚了10年，但仍占据了37%的市场份额。另外，腾讯还增加了其他金融服务，包括理财、保险以及面向消费者和中小企业的贷款。

（二）多元化战略的优缺点

一般来说，企业出于分散经营风险、逃避业务萎缩、提高资源配置效率等方面的考虑，会采取多元化战略。企业实施多元化战略，表明企业已准备进入一个或多个新的行业，进行全新的生产经营活动。

多元化战略的优点主要有：

（1）增加公司收入，扩大利润来源；

（2）发挥相关业务的协同效应；

（3）降低公司的整体风险。

多元化战略的缺点主要有：

（1）产生管理冲突；

（2）新业务领域存在进入壁垒；

（3）分散企业资源。

多元化战略有利有弊，企业实施多元化战略，取决于公司现有业务经营状况、资源能力、市场形势、竞争激烈程度等多方面的因素。

（三）多元化战略进入途径

进入新的经营领域，企业一般可以采用三种形式，即企业并购、内部创业与合资经营。我们重点讲解企业并购。

企业并购，是指一个企业购买另一个企业的全部或部分资产或产权，从而影响、控制被收购的企业，实现企业自身经营目标的行为。并购是企业取得外部经营资源、谋求对外发展的战略。经营资源支配权的转移是并购本质性的特征。通过并购其他企业，企业可以迅速获得新的经营资源、扩大经营规模、开拓新的市场。

1. 企业并购的动机

企业采用并购战略的动机很多，快速发展、合理避税、促进企业的跨国发展等都可能成为企业采用并购战略的原因或动机。除了有并购的动机之外，企业在并购某目标企业时，需要对该企业的发展前途、经营风险、获利能力、资产负债等项内容进行正确评估，然后再作出抉择。

2. 并购的原则

美国著名管理学者彼得·德鲁克在其《管理的前沿》一书中论述到，企业进行成功的并购，需要把握五项原则：

（1）并购企业能够为被并购的企业作贡献。

（2）并购与被并购的企业之间应有共同的文化。

（3）并购必须是双方自愿。

（4）并购企业必须帮助被并购的企业改善管理。

（5）在并购的第一年内，要让双方企业的管理人员相信，并购为他们提供了个人发展的机会。

3. 企业并购失败的原因

许多企业通过并购实现了快速发展，但是，企业并购失败的案例也不少见。企业并购失败的主要原因有四个方面：

（1）难以整合各自的企业文化。

（2）过于高估并购的潜在经济效益。

（3）支付过高的并购费用。

（4）决策不当的并购。

4. 并购战略的类型

企业并购战略有不同的分类，比较常见的有按并购双方所处的行业、并购的方式、并购的动机、并购的支付方式等来分类，如表 4－3 所示。

表 4-3　企业并购战略的分类

行业	方式	动机
横向	直接	善意
纵向	间接	恶意

（1）横向并购，是指在处于同行业、生产同类产品或生产工艺相似的企业之间的并购，其实质是资本在同一产业和部门内的集中。通过并购可以迅速扩大生产规模，提高市场份额，增强企业的竞争能力和盈利能力。

（2）纵向并购，是指在产业链上生产经营过程相互衔接、紧密联系的相邻企业之间的合并。通过并购，企业除了可以扩大生产规模、节约共同费用之外，还可以促进生产过程中各个环节的紧密配合，加速生产流程，缩短生产周期，节约运输和仓储等物流成本。

（3）直接收购，是指公司直接向目标企业提出并购要求，经过磋商达成协议后完成所有权的转移而形成的收购。直接收购的双方通过沟通协调，使并购成本相对较低，成功的可能性也较大。

（4）间接收购，是指公司在证券市场上收购目标企业股票，从而实现控制目标企业的收购方式。间接收购往往导致目标公司股票价格的剧烈上涨，收购成本剧增；同时，引起目标公司的激烈反应，增加收购难度。

（5）善意并购，是指目标公司接受了企业提出的收购条件，并购双方都有合并的愿望，收购的条件、价格、方式由双方管理者进行善意协商，这种方式成功率较高。

（6）恶意并购，是指目标公司不接受企业提出的收购条件，收购方企业在证券市场上强行收购目标企业的方式。恶意收购发生时，目标企业会采取各种措施对收购行为进行抵制，目标企业的股票价格也会陡涨，因此，在恶意收购中，除非收购方公司有雄厚的实力，否则收购很难成功。

三、战略联盟

（一）战略联盟及特点

战略联盟，就是两个或两个以上企业，为了达到某种战略目的而建立的一种合作关系。战略联盟可以发生在两个或两个以上企业的各个活动领域，也可以局限于某一个具体的活动领域，例如研究开发、生产、营销、采购等。

战略联盟理论主张，企业之间不仅存在竞争关系，竞争到一定程度会走向合作，企业之间的竞争不是一定要出现你死我活的格局不可，而是形成既竞争又合作的关系，以参与更大范围内的竞争。在某种条件下，企业之间往往会强烈要求形成一种同盟关系，共同适应外部环境的变化，求得共同的发展。例如，企业之间成立企业集团或建立合资企业，相互持股控股，就是企业战略同盟的行为。合并或兼并就意味着战略联盟的结束。

战略联盟是现代企业组织制度的一种创新，它具有以下一些特点：

（1）边界模糊。战略联盟者是具有共同利益的主体，往往是按照一定的契约或协议连接起来的战略共同体。它们可能是供应者、生产者，甚至也可能是竞争者。与传统企业具有明确的边界不同，它们在人员、资金、组织等方面的融合可能很密切，也可能很松散，彼此间各有不同而边界模糊。

(2) 关系松散。战略联盟主要是按照契约形式连接起来的，合作各方主要通过协商来解决各种问题。战略联盟存在的期限一般较短，在规定的时期或规定的任务完成之后，战略联盟即解散。

(3) 机动灵活。战略联盟主要以契约方式组成，不需要考虑很多像并购、投资这样的问题，也不需要大量投资，组建过程快捷、简单。当外部出现发展机会时，战略联盟就可以迅速组成并发挥作用；当外界条件发生不利的变化时，就可以迅速将其解散。

(4) 运作高效。组建战略联盟时，合作各方的资源配置合理，企业高层重视程度高，可以高效运作来完成单个企业难以完成的任务。例如，供应链企业之间建立长期的战略合作伙伴关系，稳定参与企业的数量和相互之间的经济、技术及作业联系，这样有利于提高众多企业之间的合作质量，使整个供应链的协同运作更加顺畅，对市场的快速反应能力和竞争能力更强。

(二) 战略联盟的优点与动机

建立战略联盟，其优点与动机在于以下几点：

1. 增强竞争实力

通过建立战略联盟，企业之间可以加强合作，发挥整体优势，进而增强各自的实力，共同对付其他竞争者或潜在的竞争者。通过合作，企业能够在技术研究开发、技能、产品、市场占有、生产能力等方面实现互补，减少新产品/新技术开发和进入市场的时间，从而增强各方的竞争力。

2015年2月，快的、滴滴合并，估值达200亿美元；2015年10月，中国两大领先旅行网站携程（Ctrip.com）和去哪儿（Qunar）宣布结成战略合作伙伴关系。根据协议条款，携程拥有去哪儿大约45%股份，而去哪儿的后台——百度（Baidu）持有携程25%股份。两大网站的联盟创建了全国最大的在线旅行服务，并将充分利用中国快速增长的旅游市场。

2. 扩大市场份额

通过联盟方式，联盟企业可以利用彼此的营销网络，进入新的市场来加强产品的销售，或者共同举行促销活动来扩大影响。

3. 迅速获取新技术

通过建立战略联盟来进行协作，企业可以具备进行技术创新所需的高水平的各种专业特长。现在，很少有企业能够在技术上占据长期的、全面的领先地位，在大多数行业里，新技术一旦出现，很快就成为竞争企业的模仿目标，技术领先已经很难成为持续的竞争优势。国内家电行业的这一特征尤其明显，不仅大型家电制造企业之间的技术差距很小，甚至一些中小型企业通过技术协作和联盟的方式参与竞争，在很多产品上，与大企业的差距似乎也仅仅局限于规模效应上。

4. 进入国外市场

与国外市场所在地的企业建立战略联盟，借助合资、合作、特许经营等方式，规避仅靠出口产品、国外生产、国外销售等方式占领国外市场的局限性和制约，可以更顺利地进入国外市场。

5. 降低投资风险

企业在技术创新研究与开发中投入大量资金，往往风险大、成功率低；通过组建战略联盟，多个企业共同投资开发，不仅可以提高成功的可能性，分摊研发费用，还分散和降低了风险。

案例

滴滴是什么?

滴滴出行的主要业务是：一是滴滴出租，主要是和地方上出租车公司的合作，供给方是职业出租车司机。二是滴滴专车/快车，专车价格较高，快车较为便宜，两者的差别主要在车型。三是滴滴顺风车，是滴滴出行重要的业务板块，是标准的分享经济。其他的探索性业务，如滴滴巴士属于枝节，不是滴滴的核心业务。

与传统出租车公司相比，滴滴出行是一种新型出租车公司，它的生产关系、经营模式都有很大的区别。联盟性质的公司组织，规模更容易快速发展，服务体系也更优化。除去需要一支员工队伍完成后台运营外，它大部分的劳动力（司机）属于“联盟”性质，而不是“雇佣”性质。在与司机合作的过程中，它并没有背上沉重的资产折旧负担。它的最大优势就是“轻资产”。

滴滴的整套服务，从叫车开始，到送达目的地，包括车行路径，都是数字化的；滴滴所提供的租车服务，其舒适性与私家车更为接近，乘客省心省力，服务的可追踪、可回溯也为相对可靠安全提供保障；投诉司机绕路，有很详细的证据可供验看；而且滴滴还事先给了乘客一个参考价格。

第三节 企业竞争战略

企业在具体业务层面能否获得市场竞争优势，在市场上获得有利的竞争地位，直接关系到企业产品的市场份额和经济效益，因此，竞争战略是企业与其竞争对手争夺市场的基本工具。本节主要内容聚焦在一般竞争战略上。

一、成本领先战略

成本领先战略，也称为低成本战略，是指企业通过有效途径降低成本或实施成本控制，在研究开发、生产、销售、服务和广告等环节最大限度地降低成本，使企业的全部成本低于竞争对手的成本，甚至是在同行业中最低的成本，从而获取竞争优势。

成本领先战略的核心是使企业的产品成本比竞争对手的低，也就是在追求产量规模经济效益的基础上降低成本，在所有的生产环节都实现彻底的合理化。除成本控制外，最重要的就是讲求产品的合适批量，以充分利用大机器生产标准的产品，实现规模效益。

福特汽车公司在早期的发展中，创造性地开发出流水线生产方式。流水线的发明使汽车成本大大降低，因此，福特公司当时生产的汽车成为“大量生产、大量销售”时代的代表。企业凭借成本低的优势，使公司或事业部能比竞争对手更有效率地设计、生产和营销同类产品，从而在激烈的市场竞争中占据有利的竞争优势。

（一）实施成本领先战略的优势

实施成本领先战略可以给企业带来以下好处：

1. 形成进入障碍

企业的生产经营成本低，为行业的潜在的进入者设置了进入障碍。企业实行成本领先战略，可以在本行业中筑起较高的进入壁垒，并使企业进入一种“成本-规模”的良性循环。

2. 增强讨价还价能力

企业成本低，可以应付投入费用的增长，提高自己与供应商和购买者的讨价还价能力。

3. 降低替代品的威胁

在与替代品竞争时，企业可以凭借其低成本的产品和服务吸引大量的顾客，降低或缓解替代品的威胁，使自己处于有利的竞争地位。

4. 保持领先的竞争地位

与行业内的竞争对手进行价格竞争时，由于企业的成本低，可以在其对手毫无利润的低价格的水平上保持盈利，从而扩大市场份额，保持绝对的竞争优势。

总之，企业采用成本领先战略可以使企业有效地面对行业中的五种竞争力量，以其低成本的优势，获得高于其行业平均水平的利润。

（二）实施成本领先战略的劣势

实施成本领先战略，也有其弱点和风险：

1. 竞争对手获得更低的成本优势

技术的快速发展，可能使过去用于扩大生产规模的投资或大型设备失效。竞争对手运用新技术，或更低的人工成本，形成新的低成本优势，使得企业原有的优势成为劣势。

2. 竞争对手采取模仿的方法

当企业的产品或服务具有竞争优势时，竞争对手往往会模仿，形成与企业相似的产品和成本，给企业造成困境。

3. 顾客需求的改变

实施成本领先战略，企业可能将注意力过多地集中在成本控制上，以致忽略了消费者需求的变化。如果企业过分地追求低成本，降低了产品和服务的质量，会影响顾客的需求，结果会适得其反，非但没有获得竞争优势，企业反而会处于劣势。

4. 产品或服务缺乏足够的柔性和适应能力

为降低成本而采取的大规模生产技术和设备可能过于标准化，会使产品生产缺乏足够的柔性和适应能力。

二、差异化战略

差异化战略，是指企业为使其产品与竞争对手产品有明显的区别，采用独特技术，提供与众不同的产品，或提供特色化、个性化的优质服务，或采用与对手不同的营销手段，满足顾客特殊的需求，形成竞争优势的战略。

这种战略的核心是取得某种对顾客有价值的独特性，企业要突出自己产品与竞争对手之间的差异性。当同类产品的生产厂家在产品质量、品种趋同，价格也接近的情况下，竞争的重点转向满足顾客多样化、个性化的需求上。企业取得差异化优势的关键在于，形成与竞争对手不同的差异，实现“人无我有，以特取胜”，为购买者提供独特的或超级价值。

实施差异化战略，企业需要具有从总体上提高产品的质量、树立产品形象、保持先进技术和建立完善分销渠道的能力。为了使顾客了解本企业的“差异”，或者在消费者心目中建立起“差异”的形象，企业还要在营销上组织耗资巨大的广告宣传和产品推销活动等。企业运用差异化战略主要是依靠产品和服务的特色，而不是成本。但应该注意的是，差异化战略并不是说企业可以忽略成本，只是战略重点强调的不是成本。这一切都决定了产品差异化竞争战略必然与低成本竞争战略发生矛盾与冲突，同时实施这两种竞争战略的企业往往会在市场竞争中失败，世界上最大的叉车制造商克拉克公司就是同时追求这两个目标而失败的典型代表。

（一）实施差异化战略的优势

企业实施差异化战略，可以很好地防御行业中的五种竞争力量。具体来讲，主要表现在以下几方面：

1. 形成进入障碍

由于产品或服务具有特色，顾客对企业具有很高的忠诚度，从而使该产品和服务具有强有力的进入障碍。运用产品差异战略，企业可以在竞争中形成一个行业隔离地带，避免遭受到竞争的侵害。潜在的进入者要与企业竞争，则需要克服这种独特性。

2. 降低顾客价格敏感程度

产品和服务的差异化，可以使顾客对企业产生品牌忠诚，并降低对价格的敏感性，从而削弱顾客的讨价还价能力。

3. 增强讨价还价能力

产品差异化战略可以为企业产生较高的边际收益，降低企业的总成本，增强企业对供应商讨价还价的能力。产品或服务的差异化程度越大，顾客越愿意为这种差异化支付较高的费用，企业获得差异化的优势也就越大。

4. 防止替代品威胁

产品与服务特色可以让企业赢得顾客的信任，企业在与替代品的较量中，比同类企业处于更有利的地位。

（二）实施差异化战略的风险

企业实施差异化战略，在保持差异化上，存在着四种风险：

1. 产品差异化的成本过高

顾客选择差异化产品和服务，不仅取决于产品和服务的差异化程度，也取决于顾客的相对购买水平，并非所有的顾客都愿意或能够支付产品差异化后所形成的较高价格。

2. 竞争对手生产出类似的产品

竞争对手的模仿会减少产品的差异化程度，降低产品的竞争优势。企业的技术水平越高，形成产品差异化时所需要的资源和能力越具有综合性，竞争对手模仿的可能性就越小。

3. 竞争对手生产出更有差异化的产品

竞争对手生产出更有差异化的产品，使得企业原有的购买者转为购买竞争对手的产品。

4. 形成产品差异化的因素发生变化

随着市场的变化，形成企业产品差异化的因素也会变化。例如，随着电脑、手机等产品质量普遍提高，顾客对这类产品的价格越来越敏感，这些产品原先形成差异化的因素的重要性便降低了。

差异化与高市场份额有时是矛盾的。为了形成产品差异化，有时企业需要放弃获得较高市场份额的目标，企业需要进行研究开发、设计产品形象、选择高质量原材料和争取顾客等工作，代价是高昂的。

三、集中化战略

集中化战略，又称聚焦战略，目标集聚战略，是指企业把战略重点放在一个特定目标市场上，企业的经营活动集中瞄准某个特定的用户群体、某种细分的产品线或某个细分市场，寻求成本优势或差异化优势。

与成本领先战略、差异化战略不同，集中化战略不是面向全行业，在整个行业的范围内进行活动。集中化战略是围绕特定的地区市场，或为特定的行业市场，或为特定的用户群，或为特定的消费者群，如少年儿童、妇女，提供比竞争对手更为特殊的产品或更加有效的服务。例如，针对职业装的需求，服装厂专门开发和生产各种类型的职业服装（也叫工作服）。

一般来讲，采用集中化战略的企业，基本上是特殊的差异化企业或特殊的成本领先企业。这类企业的规模较小，采用集中化战略时需要在产品获利能力和销售量之间进行权衡和取舍，在产品差异化与成本状况间进行权衡，往往不能同时进行差异化和成本领先的方法。一旦选定了目标市场，企业便可以通过产品差异化或成本领先，形成集中化战略，使竞争对手很难在目标市场上与之抗衡。如德国的许多小企业，聚焦于某几个有限的产品，即企业选择在有限的几个方面集中发展，从而为实现公司的总体目标作出最大贡献。

（一）实施集中化战略的优势

与前两个战略一样，集中化战略也可以防御行业中各种竞争力量，使企业获得超过行业平均水平的收益。主要表现在：

（1）集中使用整个企业的力量和资源，更好地服务于某一特定的目标。

（2）目标集中于特定的部分市场，企业可以更好地分析、研究与产品有关的技术、市场、顾客以及竞争对手等各方面的情况，做到“知彼”。

（3）战略目标集中明确，经济成本易于评价，战略管理过程也易于控制，从而带来管理上的简便。

根据中小企业在规模、资源等方面所固有的某些特点以及集中化战略的特性，可以说，集中化战略对于中小企业来说，可能是最适宜的战略。企业实施集中化战略的关键是选好战略目标，例如竞争对手最薄弱的目标和最不易受替代产品冲击的目标。

企业实施集中化战略，尽管能在其目标细分市场上保持一定的竞争优势，获得较高的市场份额，但由于其目标市场相对狭小，该企业的市场份额总体水平是较低的。

（二）实施集中化战略的风险

在实施集中化战略时，企业可能会面临以下的风险：

1. 竞争对手采取同样的战略

竞争对手采取同样的集中化战略，或者竞争对手在相同的目标市场中找到了可以再细分的市场，采取了优于企业的更集中化的战略，使原来实施集中化战略的企业失去了优势。

2. 战略的基础失掉效用

当技术创新、新的替代产品、消费偏好变化等因素发生，就会发现目标市场对产品或服务的需求下降，原来形成企业集中化战略的基础失掉了，企业会受到很大的冲击。

3. 企业竞争优势削弱

产品销量减少、产品和服务的要求不断提高，造成生产经营成本增加，抵销了企业在目标市场上采取集中化战略而取得的成本优势，或抵销了通过集中化战略而取得的产品差异化，导致了企业集中化战略的失效。

四、一般竞争战略的选择

一般竞争战略决定着企业的管理方式、产品的研究开发、企业的经营结构以及市场理念。

波特认为，公司在产业中的竞争优势由其竞争范围决定，即公司或事业部目标市场的宽度。在采用任一种竞争战略之前，公司或事业部必须选择要生产的产品种类范围、要采用的分销渠道、要服务的消费者类型、产品销售的地理区域以及参与竞争的相关产业的部署。公司或事业部可以选择定位较宽（瞄准大规模市场）或定位较窄（瞄准市场空隙）。一般竞争战略选择如图 4－3 所示。

		竞争优势：低成本	竞争优势：差异化
竞争范围	定位宽	成本领先	差异化
竞争范围	定位窄	成本集中	集中一点

图 4－3　一般竞争战略选择

这些战略是根据产品、市场以及特殊竞争力的不同组合而形成的（见表 4－4）。企业可以根据自己生产经营的情况，选择所要采用的一般竞争战略。

表 4－4　　一般竞争战略的组合

	成本领先战略	差异化战略	集中化战略
产品差异化	低（主要来自价格）	高（主要来自特殊性）	由低到高（价格或特殊性）
市场细分化	低（大市场）	高（众多的细分市场）	低（一个或一些细分市场）
特殊竞争力	制造及物料管理	研究开发、销售等	任何的特殊竞争力

大量研究结果表明，许多成功的企业有一个共同的特点，就是在确定企业一般竞争战略时，都是根据企业内外环境条件在差异化和成本领先竞争战略中选择了一个，从而确定具体目标，并采取相应措施而取得成功的。一般企业为了在竞争中取胜，并不是同时追求两个目标，而是选定一种战略，重点突破，以取得竞争中的绝对优势。

对企业最危险的是，企业做不出明确的战略选择，在成本领先、差异化和集中化战略之间徘徊，使企业丧失了竞争优势。波特认为：一个公司未能沿三个基本战略方向中的任何一个方向制定自己的竞争战略，即被夹在中间，夹在中间的公司几乎注定是低利润的。除非产业结构非常理想，并且其竞争对手也都处在夹在中间的境地。然而，产业的成熟会加大采取基本战略的企业和夹在中间的企业之间的差距，夹在中间的企业面对具有成本优势的竞争对手，会失去大量的低价格偏好客户，而对于高利润业务，又无法战胜那些做到了全面产品差异化的企业，最终只能寻找市场空隙，在夹缝中生存。

第四节　企业国际化战略

追求尽可能大经济效益的动力促进企业寻求各种成长的途径。企业在国内完成了生产经营规模扩大化、多样化成长、集团化经营成长之后，必然把企业生产经营的空间拓展到国外甚至全球，实施国际化经营成长，谋求更大的生存和发展的空间，这是企业成长规律的客观要求。技术成熟、产品标准化以及寻求低成本战略等需求使企业竞相投资于具有经营资源优势的国家和地区，从事全球性的生产和经营活动。同时，在成熟行业中，企业所面临的国内需求增长缓慢而且趋于饱和。在竞争的压力下，企业转向经济发展不平衡、行业演变尚未进入成熟期的国家。在这种情况下，竞争的国际化便不可避免。作为世界市场经济的一个重要组成部分，已有一批中国企业率先实施“走出去”的战略，而且有些已迅速成长为有国际影响力的跨国公司，更多的中小企业在参与国际化经营中经受了脱胎换骨式的考验。

一、企业国际化经营的战略选择

企业进行跨国经营，可以使企业充分地整合利用国内外两种资源，延长产品或服务的生命周期，拓展企业生存和发展的空间。从战略的角度讲，跨国经营可以达到以下目的。

（一）转移特殊竞争力

特殊竞争力是由企业的创新、效率、质量以及顾客的忠实度所组成的，它们构成企业竞争优势的基础。企业将其在国内拥有的特殊竞争力以及自己的产品推广到国外市场，以获得更大的利润。

（二）获得区位经济效益

在交易成本与贸易壁垒允许的情况下，企业将价值创造活动放在最适合的地点，至少可以有两个效果：一是降低价值创造成本，有利于企业达到成本领先的地位；二是使企业形成差异化，获得超平均水平的利润。

（三）形成最佳经验曲线

企业开拓国际市场后，顾客对其产品的需求和其累积生产量都会大幅度增加，这会使企业产生规模经济效益，在此作用下产品经验曲线迅速下滑，企业从而获得成本优势。

二、国际化经营的战略类型

企业拓展国际市场会面临降低成本和满足市场需求两种相反的力量，因此，开展国际化经营企业有三种基本战略可以选择，每种战略各有优势和局限性，具体选择哪一种战略，取决于两种力量的对比。

（一）全球化战略

全球化战略，是指公司在所有国家市场实行几乎相同的竞争战略。有时为了满足东道国市场的具体要求，企业战略上会作一些改变，但公司的基本战略在全球范围内仍然是一样的。

在成本压力大而当地特殊要求小的情况下，企业采取全球化战略是合理的。由于全球化战略在各个国家之间的统一协调性更强，能够集中资源获取相对于国际和国内竞争对手的持久低成本或差异化的优势。但是，在要求提供当地特色产品的市场上，这种战略是不合适的。

在实施全球化战略的企业中，资源和能力都集中在组织的中心，权力高度集中。这种集中化意味着企业要在不同国家的事业部或子公司之间实现强有力的协作和整合，使企业在全球范围内努力提供标准化产品和服务，让企业具有规模经济效益；让创新更容易地从一个地区辐射到另一个地区，减少在不同国家市场的重复投资；借助更有效的物流和分销网络也可以大幅节约成本；另外，全球化的标准化质量，有利于公司在全球开展商业活动。

特别适合采用全球化战略的是汽车、电视、轮胎、通信设备、复印机、手表以及商用飞机等行业中的企业。

（二）多国本土化战略

为了满足不同国家市场的需求特征，企业强调产品和服务差异化，而实行多国本土化战略。在全球化战略中，决策者是公司的高层管理者，而多国本土化战略是由企业在各国的分支机构或事业部根据所在国的市场需求而制定的。

多国本土化战略的优势是可以将公司的竞争策略同东道国的市场环境匹配起来。由于资源分散在多个国家，企业在多个国家从事商业活动，企业的子公司可以更有效地应对当地市场变化。下列情况适合实施多国本土化战略：

（1）顾客的需求和购买者习惯在国家之间存在重大的差异；

（2）某些国家的购买者要求特别订单或定制产品；

（3）当地政府管理条例要求在当地销售的产品必须满足严格的制造规格或性能标准；

（4）贸易限制复杂，以至于公司不可能采取统一的、协调的全球化市场战略。

然而，实施多国本土化战略的企业在不同国家的子公司相对独立，不可避免地要受到效率的惩罚。因此，多国本土化战略有两大缺陷：第一，很难跨越国家的边境，实现公司的知识、能力和资源的统一利用和转移流动；第二，很难建立一致的竞争优势。

特别适合采用多国本土化战略的是啤酒、人寿保险、服装、金属制造、部分食品类（咖啡、谷类食品、罐装食品、冷冻食品）以及多种类型零售等行业中的企业。

（三）跨国战略

跨国战略是要在全球激烈竞争的情况下，把多国作为目标市场，在东道国进行生产并销售其产品，或在东道国周边地区开展范围较大的营销、融资、投资、生产、科技开发等活动，把生存和发展空间由国内拓展到国外。

实行跨国战略的公司，通过把所有事业部的独特贡献整合到全球经营中去，使总部和某一事业部共同创新，开发出相对标准又适合于多国市场的产品和服务。因此，公司就能够运用经验曲线的效应，形成区位效益，满足当地市场需求，转移和创造企业的核心竞争力，达到全球学习的效果，实现成本领先战略或产品差异化战略。

跨国战略上介于前两种战略之间，更具有优势。

三、国际市场的进入方式

从介入目标国际市场的程度来说，有几种常见的进入国际市场方式（见图 4－4）。这些方式自左至右，介入的程度越来越深，相应地，承担的投资和风险程度也就越来越大，同样，企业对国际业务的控制能力也越来越强。

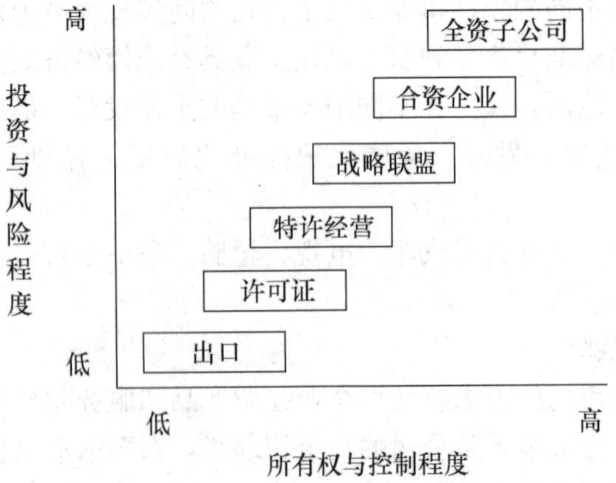

图 4－4　国际市场的进入方式

（资料来源：胡宗良，臧维．集团公司战略：分析、制定、实施与评价．北京：清华大学出版社，2005．）

（一）出口

出口指在一个国家生产出产品，到另一个国家进行销售。这是典型的贸易式进入战略，也是进入外国市场的一种比较廉价的途径。

当企业进入国际市场时，发现很多外国市场受国家管制，或由当地销售网络控制，企业需要同当地分销商合作，否则就无法接近潜在的消费群体。因此，采取出口进入模式的关键是与进入国的经销商发展协作性双赢关系。与其他进入模式相比，出口进入战略为当地提供的就业机会较少。

除了商品出口之外，出口还包括技术出口、劳务出口。近年来，伴随着商品出口，越来越多的国外客户希望购买我国企业开发和运用的先进技术，特别是高新技术，或者购买技术授权。中国企业的家电生产技术，对很多发展中国家来说是先进和适用的。

伴随技术输出的往往是工程建设，即输出人才和劳动力。我国企业以输出人才和劳动力、承担工程建设为主要内容的劳务出口，主要有两类：

（1）与出口产品相关的劳务出口。在向国外客户出口技术和生产设备后，企业会承担设备安装、调制、试生产运行及培训员工的劳务，派出技术人员承担这些劳务，派出管理人员协助试生产、培训当地管理人员。通过劳务活动，获取收益。

（2）纯劳务出口。承担国外工程项目，工程企业派出施工人员，赚取劳务费而获得经济收益。

（二）许可证与特许经营

许可证作为一种进入国际市场的模式，能使公司用自己的商标、专利、商业秘密或其他有价值的智力资产的使用权作交换，获得特许权使用费。这种方法的优势是，发放许可证的企业只承担非常小的风险，它无须投入任何重要资源。反过来，被许可的企业获得了商标、专利等，能够潜在地创造竞争优势，该国也从本地制造出的产品中获得了收益。

这类进入方式也存在一些明显缺陷：

（1）许可证发放者放弃了对产品的控制和潜在的收入与利润。

（2）被许可企业可能最终非常熟悉专利和商业秘密，以至于成为企业的竞争对手。也就是说，被许可企业可以对产品和制造作出部分修改，再脱离许可证发放者独立销售，而不用付许可使用费。在知识产权保护法律相对欠缺的国家，这种情况更为严重。

（3）如果授予许可的企业被证明是一家劣等企业，企业产品的品牌形象会受到损害。

特许协议是许可证协议的一种，是企业凭借自己的品牌、专利、专有技术等无形资产，通过与联盟中其他企业签订特许协议，允许其他公司在另一个国家或者地区市场使用特许方企业的品牌、专利、专有技术等，或生产销售特许授权产品，并以此特许权获得收益。

特许经营相当于为特殊的专有技术建立了一个全球标准，扩大了特定产品的接受程度和使用范围。特许经营是服务业的主要进入模式。特许的方式是企业卖给被特许经营企业有限的权力，如商标、品牌、专利等资产，收取一次性付清的费用和特许经营企业的一部分利润。被特许经营的企业要严格遵守许可方的经营规定。特许经营的优势与技术授权类似，特许者不需要承担开发的成本和面临打开国外市场的风险，扩展了母公司的收入基础，但要下大气力抓好质量控制。不利的是，企业只能以特许费的形式得到部分国际化收入。

（三）合资企业

合资企业通过合资经营的形式进入彼此的经营领域，共同经营，共担风险，从而使双方在生产经营上具有紧密联系，实现双方资源和能力互补，达到共同发展的目的。

近几年，合资企业越来越成为企业进入外国市场并取得成功的流行模式。这种战略能够有效地帮助企业增加收入、降低成本以及增强技术扩散；使企业分散风险、分享潜在的收入和利润；通过接触新的知识、技术来源，帮助企业发展出核心能力，从而产生市场竞争优势。

与技术授权等介入国际市场程度较低的方式相比，合资企业的潜在利润更高，对生产和经营的控制更严，能更多更快地获得当地市场的信息，如当地市场偏好、竞争条件、法律状况和细微的文化差异。其缺点主要是需要更多的资金和管理资源，而且风险也较大。

合资企业的主要方式有：合作生产原材料和零配件、合作科研和营销合资。在三种方式中，组建营销性的合资企业是企业国际化经营过程中最常用的市场进入模式之一，其中一方出生产技术或资金，另一方出市场营销经验和渠道网络。很多跨国公司与中国企业组建的合资企业，主要目的就是将产品进入中国市场销售。

案例

雷诺与华晨联手

法国雷诺公司（Renault）是欧洲轻型商用车市场的领军企业。2016 年，雷诺在该市场占有率将近 16%，在全球销售超过 43 万辆轻型商用车。根据 LMC Automotive 的数据，近几年中国轻型商用车销售一直旺盛，2017 年前 3 个月同比增长 16%。

以销量计，中国是全球最大的汽车市场。雷诺为了巩固在中国市场的地位，与华晨中国（Brilliance China）合资经营一家公司，进军中国蓬勃发展的商用车市场。通过该协议，雷诺计划成为中国轻型商用车市场的“主要参与者”。雷诺和华晨分别持有该合资公司 49%和 51%的股权，两家公司向该合资公司增资 15 亿元人民币（合约 2 亿欧元）。这是雷诺在中国的第二家合资公司，也是雷诺增强在华角色的举措的一部分。2016 年雷诺在华汽车销量仅为 3 万辆。之前，雷诺曾通过与东风合资，拥有了首个在华汽车生产基地。

雷诺任务艰巨，因为华晨的商用车部门的亏损一直是该公司的“长期巨大拖累”，而该部门将成为合资公司的核心。然而，雷诺拥有让公司扭亏为盈的经验。1999 年，雷诺拯救了日产（Nissan）并重整了业务。雷诺在日产的 43.3%股权如今是当年购入价格的 3 倍。2016 年，雷诺用 22 亿美元购入三菱（Mitsubishi）的控股股份。

（资料来源：英国《金融时报》，2017-07-06.）

（四）全资子公司

全资子公司，又称独资经营，是公司事业部拥有 100%股份，全部利润归自己所有的进入国际市场的模式。企业可以通过两种途径建立一个全资子公司，即收购当地一个现成的公司或建立一个全新的公司。

全资子公司可以摆脱合资经营在利益、目标等方面的冲突问题，从而使国外子公司的营销战略与企业的总体战略融为一体，使公司对制造、市场营销、分销和技术开发等所有活动拥有最高程度的控制，可以更直接、更全面地积累国际市场经验。

在进入国际市场的方式中，**全资子公司一般是费用和风险最高的方式**。对于特许经营、合资企业或战略联盟而言，它们的风险是与合作者共同承担的；而对于全资子公司，全部风险都由母公司承担。

（五）其他进入模式

1. 合同方式

20 世纪 70 年代以来，进入企业通过签订经营合同、国际分包合同、工程承包合同等为东道国提供各种服务，与东道国的企业建立起密切联系，从中获得各种利益，成为被广泛采用的国际市场进入方式。

（1）经营合同，在拉美国家又称风险合同，是指某国企业由于缺乏技术专门人才和管理经验，以合同形式交由其他国家某企业经营管理。这种经营管理权只限于企业日常的经营管理，而企业的重要问题，如决定新的投资、所有权安排以及基本的政策等仍由董事会决定。签订经营合同不用投资就可以取得对外国企业的控制权，可以为进入企业的总体战略服务，风险较小。但这种形式直接收益也较小，而且占用稀缺的管理人才。

（2）国际分包合同，是指某个国家的总承包商向其他国家分包商订货，后者负责生产部件或组装成品，由总承包商负责出售。这种方式基本类似于来料加工、来样加工、来件组装等加工贸易形式，东道国的企业不承担风险，而总承包商可以在一个较长的时期内以较低价格购买所生产的一定份额的产品。

（3）工程承包合同，是指企业按照合同要求在东道国从事水利、交通、通信等设施建设或为东道国政府和企业提供成套设备、大型主机设备及其设计、安装、调试和管理。工程完成后由东道国政府或企业验收接管。

工程承包合同分单项合同和整体项目合同（又称交钥匙合同）两种。前者在国际承包中比较普遍；而后者对资金、技术、施工管理等方面要求较高，承包商必须具备较强的实力才能获得这种合同。交钥匙合同项目利润丰厚，而且有利于带动成套设备出口；其主要缺陷是在合同执行过程中，遇到东道国的干涉较多。

2. “建设-运作-转让”（BOT）的境外投资方式

BOT 是“Build-Operate-Transfer”的英文缩写，即“建设-运作-转让”，BOT 境外投资方式，一般是指企业与当地政府签订特许权协议，在一定期限内，按合同要求对东道国的某一基础设施项目进行建设和经营，所得收益用于偿还项目债务及投资回报，合同期满后，将该设施无偿移交给当地政府。

（1）BOT 投资项目的选择标准。

当项目投资者决定选择 BOT 方式在东道国进入基础设施建设与经营领域时，应充分考虑以下几个问题：

1）建设项目投资的预期收益是否可靠、令人满意。

2）投资规模是否与自身能力相符。项目投资规模越大，管理的复杂程度和风险程度越高，筹资难度也会增加。从小型项目开始，一直是 BOT 的基本原则。

3）建设项目的经济生命周期是否较长。一般应在 30 年以上。新技术的应用、客户分布的变化、文化等因素都可能影响项目的经济生命周期。建设项目应得到当地政府的有力支持，并获得法律保障和各种优惠措施。

（2）BOT 对投资建设方的主要约束。

1）业主必须在规定的时间内按质按量完工并按时投入运营。

2）项目建设的总成本不能过高，不能大大突破预算，以免对未来的产品价格或服务收费水平形成较大的压力，影响经营收入、抵偿投资和获得一定的利润。

3）政府对项目建成后运营期内的价格和收费水平可能会进行适当的宏观调控，价格过高，会损害消费者的利益；价格过低，项目业主不能按期收回投资。

4）对双方的违约事项及损失赔偿等条款要有明确的规定。

（3）BOT 项目实施的基本条件和主要风险。

BOT 有两个特点：一是初始投资大；二是经营周期长，不确定性投资风险较大。因此，在作出投资决策时，必须对项目的基本条件和风险进行详细的评估，必须对项目的经济可行性进行评估，并进行成本-收益分析。此外，BOT 项目能否成功还受项目发起人自身的经营能力、当地政府项目管理人的行政能力、社会各阶层能否按商业化原则经营基础设施达成共识，以及是否具有一个相对发达的资本市场作为项目建设的支撑等诸多因素的制约。

BOT 项目的风险包括项目实施风险、市场需求风险、汇率风险、环境风险、经营风险和不可抗力的风险等。如何有效地分担这些风险是项目成功的关键。风险分担主要是通过制定一份详细的合同来体现。如由于汇率浮动而导致的风险可以由政府或可能的金融机构提供保险来分担，市场风险需要项目的投资者和管理者来承担，对于政府政策或某些特别协议以及不可抗力因素而引起的收益难以弥补投资费用的风险则应由政府提供收费担保等。

案例

新浪微博超越 Twitter

2016 年 10 月 18 日，新浪微博市值达到 113 亿美元，首次超越美国 Twitter 的 112 亿美元。

社交媒体，天然带有热衷时政话题的色彩。时政话题事关人人，人人都能评论，活跃度极高。Twitter 一直把自己定位成以新闻为核心的社交媒体，新浪微博刚开始也是如此。当时，时政话题和各界人马“公知”充斥新浪微博，口水战盛行。毋庸置疑，微博也为此付出了代价。2013 年 5 月阿里巴巴入股新浪微博，新浪微博开始了去时政化历程。截至 2016 年 10 月，新浪微博让意识形态渐渐淡出核心，转向了更丰富的多层次内容、更友好的商业生态。明星、段子手取代了“公知”成了最火的“大 V”。“公知”们吸引眼球，商业价值却很低。

相比 Twitter，新浪微博牢牢把握住了几次多媒体融合的技术变革，即文字、图片、短视频、直播的深度融合。9158、秒拍、小咖秀、一直播等都是新浪微博投资的企业，不仅保证了用户无缝的良好体验，也给新浪微博建立了牢不可破的“护城河”。就像百度通过百科、知道、贴吧给核心业务搜索建立了“护城河”一样。

从2G、3G，一直到现在的4G时代，网络越来越高速、完善，用户快速制作、分享短视频的门槛被大大降低，引发了多媒体与社交网络的深度融合，新物种“短视频”（含直播）华丽登场。从传播学上来讲，视频承载的信息量比文字、图片、音频更大，这意味着对企业有更高的营销价值。依托于Twitter、Facebook两大社交平台的短视频应用Vine、Instagram，用户数都已经达到千万甚至破亿。短视频分享是社交网络适应移动互联网发展的大趋势。

互联网，拼的是战略、执行和创新。过去中国互联网企业一直被代表着资本和媒体的华尔街、代表着技术和创新的硅谷视为“野心勃勃的模仿者”。以新浪微博为代表的中国互联网企业，抓住融合技术的发展机会，建立了从文字到图片、短视频、直播甚至网红、经纪公司的“生态链＋生态圈”完整生态系统。相比之下，Twitter业务点比较单薄，只有一个社交媒体，缺乏生态的战略纵深和潜力，与此同时，遭到Facebook、Instgram甚至Snapshot的严重冲击。这就不难解释为什么Twitter最近几年举步维艰。

问题：

（1）根据案例材料，分别对Twitter和新浪微博进行公司战略分析。

（2）比较Twitter和新浪微博在差异化竞争战略上的得失。

本章内容小结

（一）企业战略的层次和类型

（二）一体化战略、多元化战略和战略联盟等企业成长战略的选择

（三）一般竞争战略的选择

（四）企业国际化战略的类型，国际市场的进入方式

第五章　企业文化

本章提要

面对日趋激烈的竞争，许多企业家经常面临的问题是：企业持续发展的重要动力究竟是什么？20 世纪 80 年代初，日本经济持续多年的高速增长引起了全世界的瞩目；几乎同时，日本产品大量进入美国市场，抢走了美国企业在本土的市场份额。美国学者通过对日本企业管理方式和管理经验的研究，认为日本企业获得成功的法宝就是独特的企业文化，并由此奠定了企业文化在管理学的重要地位，自此，企业文化越来越受到企业界和学术界的广泛关注和重视。大家意识到企业文化是企业生存与发展的最重要的“资源”，是构成企业核心竞争力的最重要因素。本章主要探讨企业文化的概念、内容、特点、功能等基本问题，研究企业文化形成的机制，为建设适应社会经济发展要求、独具特色的企业文化提供参考。

重点难点

（一）企业文化的内涵、特征
（二）企业文化的结构与功能
（三）企业文化的形成与建设

引导案例

源远流长的古井文化

建于1959年的安徽亳县古井酒厂，创业之初只有32名职工、12间简陋厂房。1992年，酒厂改制组建古井集团。经过近60年的发展，原来的地方小酒厂已发展成为以名优白酒生产为龙头，拥有员工8 000余人、十几家直接投资或控股的子公司，集酒业、酒店业、房地产业、类金融业等产业为一体，跨地区、跨行业、多元化发展的国有大型企业。

古井集团在从一个传统的手工酿酒作坊向多元化经营的企业集团发展过程中，凭借“四子”立业学说，讲求“业绩报国，双向效忠”的企业道德，培育了独具特色的“以人为本、天人合一”的古井文化；通过“两场效应”管理法，走出了一条“名牌、名企、名人”的发展道路，取得了骄人的业绩。2016年，古井集团实现营业收入70.07亿元，利润11.04亿元，上缴税收23亿元，集团资产达到170亿元，古井贡酒品牌价值达到492.59亿元。古井连续十年取得了两位数的增长，居安徽酒企第一。

古井的“四子”立业学说讲的是“抓班子、立柱子、上路子、创牌子”。具体来说：首先，抓好领导班子建设。其次，高度重视培育企业的支柱性产品，形成支柱产品群。再次，管理“上路子”，不断强化制度建设，先后制定了《生产工艺法规》《产品质量法规》《现场管理法规》等15种企业内部规章制度。实施古井的“两场效应”管理法，即“抓市场、促现场，抓现场、保市场”。与此同时，坚持“以人为本”，讲求以情动人、以理服人、以德信人的“情、理、德”相结合的柔性管理。最后，实现创民牌与名牌的统一，铸消费者心目中的金牌，创属于人民大众的名牌。

古井人在厂容、厂貌、产品包装、建筑风格、厂旗、厂服、厂标、纪念物、纪念性建筑物等方面大作“文化”文章，创建了“花园式工厂”。借“古井亭”“古井”“古槐”“古井酒文化博物馆”，向人们展示了千年古井酒文化的历史渊源。

（资料来源：代凯军．管理案例博士评点．北京：中华工商联合出版社，2000．有改编。）

案例思考：

1．古井集团在企业文化建设方面做了哪些工作？
2．“古井”企业文化的层次结构是什么？包含的具体内容有哪些？

第一节 企业文化的内涵与特征

一、企业文化的内涵

对于企业文化的内涵，国内外学者见仁见智，提出了许多不同的观点，其主要差别在于企业文化含义的范围界定上。

企业文化就是企业成员有关企业的价值观总和，包括理想信念、价值观念、工作态度、责任心和行为准则，是外显于厂风厂貌、内隐于人们心灵、以价值观为核心的一种意识形态。从本质上讲，**企业文化归根结底是一种意识形态**，是企业全体员工在从事生产和经营过程中形成的意识形态。**它是观念形态文化、制度形态文化和物质形态文化的统一体，其核心是观念文化。**从企业文化的构成看，它既包括内隐部分，也包括外显部分，后者是前者的载体和具体表现，是从企业的物质形态中折射出来的企业的生产经营特色、管理特色。

企业文化概念最早出现于美国，而其作为一种主流的管理思想则最早出现于日本。1980 年秋，美国商业周刊首先使用了“Corporate Culture”的概念。最早提出企业文化概念的人是美国管理学家威廉·大内，1981 年研究日本企业的专著《Z 理论——美国企业如何迎接日本的挑战》出版，他提出“日本企业成功的关键因素是它们独特的企业文化”。这一观点引起了管理学界的广泛重视，吸引了更多的人从事企业文化的研究。在随后的两年时间里，美国又连续出版了三本有关企业文化的专著，连同威廉·大内的著作一并构成“企业文化新潮四重奏”。帕斯卡尔和阿索斯合著的《日本的管理艺术》出版于 1981 年，更深入地阐述了日本企业所特有的企业文化。同年，特伦斯·迪尔与阿伦·肯尼迪合著的《企业文化》也出版了，构建起了以日本经验为基础的企业文化理论框架。而托马斯·彼得斯和罗伯特·沃特曼于 1982 年出版的《追求卓越》则开始运用企业文化的理论框架研究美国企业的成功经验。

在美国对企业文化理论研究的基础上，日本企业界和管理学界对日本企业的管理实践也进行了系统的研究，认为企业文化是“静悄悄的企业革命”和“现代管理的成功之道”。

我国理论界和企业界对企业文化的研究始于改革开放之后，是在引进国外的管理理论和管理思想的基础上开展和进行的。

归为管理哲学的企业文化，是管理实践的结晶，又是管理科学的发展，其基点是以人为本。它强调管理以人为中心，充分尊重员工的价值，重视人的需求的多样性，运用共同的价值观、信念、和谐的人际关系、积极进取的企业精神等文化观念，来营造整体的企业人生，使管理从技术上升为艺术。

如果说，从传统的经验管理到 20 世纪初的以等级森严的金字塔形体系和行政命令为主要特征的科学管理是企业管理的第一次飞跃，那么，从科学管理到文化管理是企业管理顺应生产力发展而产生的第二次飞跃，是现代企业管理发展的必然趋势。特别是，随着世界经济全球化发展，企业经营的地域范围和规模空前扩大，要想把不同国籍、不同地区、不同民族、不同语言和不同文化背景的员工凝聚起来，只能依靠共同价值观、共同的企业目标、共同的行为方式、共同的企业形象，即企业文化。另外，随着知识经济时代的到来，脑力劳动将成为社会劳动的主要形式。而脑力劳动的重要特点是“无形”，其效率的高低主要取决于员工的自觉性和责任感，而这种自觉性和责任感则主要来源于共同的价值观和使命感。由此可见，企业文化作为企业组织运行的精神动力，是非常重要的。

二、企业文化的特征

了解企业文化的特征，对于更好地指导企业文化建设的实践具有十分重要的意义。企业文化主要有以下几个特征。

（一）隐形性

尽管企业文化从构成上看包括产品的特色、造型、包装、品牌设计，以及厂服、厂歌、厂徽、厂旗等有形的物质部分，但企业文化更主要是一种意识形态，它以价值观为内核，隐形于企业员工的心灵之中。

（二）潜移性

作为一种意识形态、一种精神，企业文化不能直接作用于物质对象。企业文化的作用对象只有一个，那就是人。企业文化对人的影响往往不是立竿见影，而是潜移默化的。当一种正确的价值观逐渐被员工所理解、接受，员工就会将其逐渐内化为自觉的行为，并悄然渗透到企业经营管理的各项活动中去。

（三）可塑性

企业文化不是“天然”的，而是“人造”的，并且不会自动生成。企业文化是企业领导者大力倡导、身体力行，并由企业各级管理者和各部门共同努力、积极推进，逐步塑造而成的全体成员的价值观和行为准则。

在企业长期经营实践中，领导和员工会自发形成一些共识，然而这些共识往往是零散的、不全面的，它们可以是企业文化的雏形，但还需企业领导者加以整合、提炼和丰富，最终形成系统的企业文化。企业文化的可塑性就体现在企业文化塑造的过程中。

（四）继承性

企业文化的继承性可以从两个角度去理解。

从纵向看，文化是前人留给我们的重要遗产，任何人都不可能割断历史。在企业文化塑造实践中，必须对传统文化加以甄别，吸收借鉴有益成分，古为今用。

从横向看，优秀文化是人类共同的财富，它具有强大的渗透性和扩散性。在企业文化建设实践中，必须采用“拿来主义”做法，吸收别国、别家企业文化的优点，为我所用，形成具有自身特色的企业文化。

企业的可持续成长，关键在于它追求“百年老店”的核心价值观要被接班人认可，接班人又具有自我批判的能力。这样企业的核心价值就能得以继承。

（五）稳定性和发展性

企业文化一旦被企业全体成员所接受，成为全体职工共同的追求和行为准则，就会在相当长的时期内发挥作用，因此，企业文化具有相对的稳定性。但是，稳定性并不意味着企业文化是一成不变的，或不可改变的。事实上，随着企业内外条件的变化，企业文化应该做出适应性的调整和创新，只是这种调整不会一蹴而就，需要下相当大的功夫。因而，企业在进行文化建设的实践中，除了要了解企业当时的内外条件，决策者还应具备超前的眼光，使企业文化既符合客观条件，又具有一定的前瞻性、战略性和适应性。

（六）普遍性与差异性

作为以盈利为目的的法人组织，企业在经营思想、经营目标、组织形式和管理制度等方面必须符合国家相关的法律法规和政策；同时，面对相似的经营大环境和企业管理发展的大趋势，它们还必须遵循企业经营的基本理念，如创新观念、效率观念、顾客利益观念等，这是企业生存的基本条件。这些内容融入企业的文化建设中，形成企业文化一定的“共性”或普遍性。

然而，对具体的企业来说，每一个企业都有自己独特的环境、条件、发展目标、经营管理方式、发展历程和文化传统，这些因素造成了企业文化千差万别的“个性”或差异性。因此，企业文化建设并没有固定的模式，企业文化也不具有通用性。

第二节　企业文化的结构与功能

美国哈佛大学教授特雷斯·迪尔和阿伦·肯尼迪认为，企业文化由价值观、神话、英雄和象征凝聚而成，其对公司的员工具有重大的意义。他们把企业文化整个理论系统概括为企业环境、价值观、英雄人物、文化仪式和文化网络五个要素。

（1）企业环境，是指企业的性质、企业的经营方向、外部环境、企业的社会形象、与外界的联系等方面。它往往决定企业的行为。

（2）价值观，是指企业内成员对某个事件或某种行为好与坏、善与恶、正确与错误、是否值得仿效的一致认识。价值观是企业文化的核心，统一的价值观使企业内成员在判断自己行为时具有统一的标准，并以此来选择自己的行为。

（3）英雄人物，是指企业文化的核心人物或企业文化的人格化，其作用在于作为一种活的样板，给企业中其他员工提供可供仿效的榜样，对企业文化的形成和强化起着极为重要的作用。

（4）文化仪式，是指企业内的各种表彰、奖励活动、聚会以及文娱活动等，它可以把企业中发生的某些事情戏剧化和形象化，来生动地宣传和体现本企业的价值观，使人们通过这些生动活泼的活动来领会企业文化的内涵，使员工在“寓教于乐”之中接受企业文化。

（5）文化网络，是指非正式的信息传递渠道，主要是传播文化信息。

一、企业文化的结构

目前，公认的企业文化结构是由以精神文化为核心的三个层次构成，如图 5-1 所示。

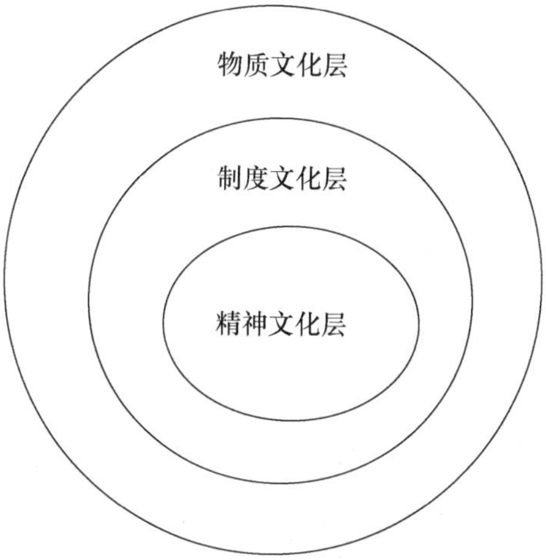

图 5－1　企业文化结构图

（一）物质文化层

物质文化层属于表层的企业文化，也叫企业文化的物质层或物质文化。这是企业文化的外显部分，指的是那些可以通过感觉器官直接体察到的视之有形、闻之有声、触之有觉的文化形象。

表层文化的内容，主要包括：

（1）企业标志、标准色、标准字。

（2）厂容厂貌，包括企业的自然环境、建筑风格、车间与办公室的布置、厂区绿化美化情况。

（3）产品的特色、造型、包装、品牌设计。

（4）厂服、厂歌、厂徽、厂旗。

（5）企业的文化、体育、生活设施。

（6）企业的公关礼品和纪念品。

（7）企业的宣传媒体和沟通方式，如网络、广播电台、闭路电视、报纸、杂志、广告牌、宣传栏，等等。

在表层文化中，企业标志、标准色、标准字、产品品牌设计，以及厂服、厂歌、厂徽、厂旗等内容比较稳定，它们是一个企业形象的重要识别标志，如苹果公司缺口的苹果、可口可乐独特的红白两色标志、麦当劳醒目的黄色大“M”，以及代表着科技、理性的“IBM”，都历经几十年甚至上百年，基本上没有变过。而企业表层文化的其他部分，如厂风厂貌、文体设施、宣传媒体等则随企业的发展和技术的进步，表现出较大的灵活性。

（二）制度文化层

制度层或制度文化层，属于中层的企业文化。它主要指企业文化中对企业职工和企业组织行为产生规范性、约束性影响的部分，具体体现为企业的组织结构、规章制度、处理企业内外人际关系的行为准则和道德规范等。

中层文化的特点是，它介于深层文化和表层文化之间，既不像深层文化那样隐藏于职工思想和心灵深处，也不像表层文化那样通过直观形象表现出来。

制度文化层的内容，一般包括三方面：

1. 一般制度

一般制度是指企业带有普遍性的规章制度，如经理负责制、岗位责任制、职代会制、法人治理结构等。企业的规章制度是对各项管理工作和生产作业的要求所作的规定，是全体职工行动的规范和准则。

在现代企业中，拥有成百上千甚至上万名职工，要想把他们的积极性调动起来并且协调一致，正确处理生产过程中人们相互之间的关系，把复杂的、连续性很强的生产经营活动组织得有秩序、有节奏，就必须有一套行之有效的规章制度。

（1）制定规章制度的原则。

要让企业规章制度发挥作用，在制定和贯彻过程中，要遵循以下六项原则：

1）合法性原则。企业规章制度应与国家有关法律、政策衔接，不得有背离。

2）协调配套原则。企业内各项规章制度要相互配套协调，不能互相冲突。

3）群众性原则。制定规章制度应广泛听取各方面意见，从本企业实际出发，保证制度的科学性与可行性。

4）教育推动原则。管理者应坚持思想教育领先，推动人们自觉执行制度。

5）严肃性原则。应保证制度的严肃性，做到有章必循，有违必究。在规章制度面前，人人平等，不能动不动就照顾特殊，“下不为例”就意味着“以此为例”。

6）相对稳定性原则。规章制度既不能朝令夕改，又不能僵硬不变，一旦客观情况发生较大变化，原有制度已不适应时，就要及时组织修订，但应坚持先“立”后“破”，防止出现“制度空白”。

（2）企业规章制度的类型。

企业规章制度，大体可划分为三类：

1）基本制度。基本制度是规定企业基本结构和性质的根本性制度，其中，企业法人治理结构、厂长（经理）负责制、职工民主管理制度等是最重要的基本制度。

2）工作制度。工作制度是针对企业计划、生产、技术、物资、销售、人事、财务等各个环节、各项工作制定的具体规章制度，为企业运行中各环节的衔接和各项工作有序地完成提供制度上的保障。

3）责任制度。责任制度是对企业内部各级组织和各类人员的责任、工作范围、权限、利益作出的基本规定。它是根据社会化大生产对劳动分工和协作的要求制定的，规定了企业每个成员在自己的岗位上所应承担的任务、责任以及相应的权利。

在企业规章制度当中，岗位责任制是基础。只有“人人都有确定的岗位，人人都有明确的责任，事事都有人负责”，才能建立良好的生产秩序，企业各项技术经济指标的实现才有保证。

企业的岗位责任制的内容一般包括岗位的职责、为完成专责必须进行的工作和基本方法，以及应达到的基本要求。具体可以分为一线操作人员岗位责任制和管理人员岗位责任制。

在执行岗位责任制度时，还要注意以下两点：

第一，建立健全专业责任制度。

专业责任制度包括经济责任制度、质量责任制度、安全生产责任制度等。特别是安全生产，事关员工身心健康、生命安全和家庭幸福，对于企业发展和社会安定都会产生很大影响，因而安全生产责任制度是企业的一项重要制度。任何时候企业都要高度重视安全生产，狠抓安全生产责任制的落实，坚持安全第一，不能有丝毫懈怠。

第二，处理好严格管理和以人为本的关系。

在建立健全企业规章制度的过程中，以人为本和严格管理是一致的，不能把它们对立起来、割裂开来。要处理好两者的关系，领导者是关键。首先，领导者的带头作用是一面旗帜，“一级做给一级看”，领导以身作则，群众才会打心眼里服气。其次，领导者率先垂范，“一级带着一级干”，能增强广大员工斗志、鼓舞士气，激发员工中蕴藏着的极大创造力，切实体现以人为本。

2. 特殊制度

特殊制度是指企业所特有的、区别于其他企业的规章制度，如有的企业制定的职工民主评议干部的制度、庆功会制度、企业高层干部定期走访重要客户的制度等，一个企业的特殊制度更能反映企业的管理风格和文化特色。

3. 企业风俗

企业风俗是指企业长期沿用、约定俗成的典礼、仪式、行为习惯、节日活动等，如企业的书画比赛、体育比赛、集体婚礼、升旗仪式、厂庆活动等。

（三）精神文化层

精神文化层属于深层的企业文化，也叫企业文化的精神层，它不是人们能直接体察到的，而是渗透于企业全体成员思想和心灵中的意识形态。

一般说来，企业深层文化的内容，包括以下几方面。

1. 企业最高目标

企业最高目标反映了企业全体成员的最高理想和追求，也是企业文化建设的出发点和归宿。崇高而又符合客观条件的目标，可以为企业的发展指明方向，一旦为广大员工理解和接受，就会产生巨大的精神力量，激发职工的积极性和创造性，鼓舞和鞭策员工为实现崇高、美好的追求而努力奋斗。

例如，某纺织企业将自己的最高目标表述为：“我们在献身一种事业——做强民族工业；我们在编织一个梦想——创建世界一流企业；我们在弘扬一种精神——超越自我、追求完美。”这是该企业向世人的庄重宣言，它指明了该企业未来发展的总体目标，深刻体现了该企业全体员工的崇高精神境界。

2. 企业精神

企业精神是企业全体成员所共同信守的基本信念和思想境界。企业精神不是凭空产生的，而是对企业原有的观念意识、行为方式中的积极因素加以提炼、整合、提升形成的。

例如，20 世纪 60 年代大庆油田“宁可少活 20 年，也要拿下大油田”的“铁人精神”，就是以王进喜等一批劳动模范为代表的大庆人，在艰苦创业、建设一流大油田的实践中，经过千锤百炼而升华的企业精神，最终成为大庆油田全体员工所追求的思想境界和共同坚守的基本信念，推动大庆油田不断谋求新发展。

3. 经营管理风格

经营管理风格是企业为实现目标在整个经营管理活动中坚持的基本信念，是企业领导者对企业经营方针、管理风格的哲学思考和抽象概括。企业经营管理风格的形成离不开企业客观的内外条件，与最高领导者的价值观、知识水平、工作作风和经验有着密切关系。

例如，“真诚到永远”就是海尔集团独具特色的经营管理风格的高度概括，它体现着海尔的领导者对于如何才能办好企业的深层思考与经验总结。

上述企业文化的三个层级在企业文化体系结构中处于不同的地位。物质文化层处于企业文化体系结构的表层，制度文化层处于企业文化体系结构的中层，精神文化层处于企业文化体系结构的核心层。精神文化层决定了整个企业文化的方向、本质、形式；制度文化层是则把深层文化转换成一种成文或不成文的规则，对组织成员的言行起引导和制约作用；物质文化层体现着企业文化的风格和形式，以一种特有的氛围对组织成员起影响、感染、教化和引导作用。三者密不可分，相互影响，相互作用，共同构成组织文化的完整体系。

除以上三个方面之外，企业的深层文化还包括企业风气和企业道德。

企业风气，是指企业职工在长期的生产经营活动中和共同的工作生活中，所形成的一种精神状态和精神风貌。而**企业道德**则是调整企业内部人与人之间、各部门之间、个人与企业之间，以及企业与社会之间关系的准则和规范。

企业风气和道德包括两层含义：

（1）企业都必须提倡符合社会道德规范的良好风气；

（2）企业还必须形成有别于其他企业、独具特色的风气和道德。

案例

500强企业的没落

东西方企业管理界的学者通过对20世纪70年代末80年代初世界500强企业进行研究，发现这些企业已经有近三分之一破产或衰落了，著名大企业的平均寿命不足40年，大大低于人的平均寿命。这些企业早亡的重要原因之一是没有培育和形成适合自身发展特点的企业文化。美国管理学者汤姆·彼得斯和南希·奥斯汀在《寻求优势》中说：“一个伟大组织能够长久生存下来，最主要的条件并非结构形式或管理技能，而是我们称之为信念的那种精神力量，以及这种信念对于组织全体成员所具有的感召力。”因此，企业文化之所以成为企业竞争力的重要来源，被国内外越来越多的企业所重视，就是因为它在企业管理中具有特殊功能，发挥着特殊的作用。

二、企业文化的功能

从企业文化建设的实践来看，企业文化的功能如下：

（一）导向功能

企业文化的导向功能，是指企业文化可以通过企业的整体系统，以“人”为中心，为企业指引方向，对企业行为作出规范。在企业的经营实践中，企业文化的导向功能是通过规定企业行为的价值取向、给出企业的行为目标、确定企业的规章制度等内容表现出来的。

企业由众多的乃至成千上万的员工组成，他们有不同的背景，甚至是不同的国籍，他们具有不同的思维方式和行为方式，不同的追求和目标，因此需要统一思想和行动，把员工的思想和行为统一到企业发展的目标上来。实践证明，仅靠行政命令和规章制度的强制约束力往往是难以奏效的。

如果建立一种合适的企业文化，员工就会在潜移默化中理解和接受企业共同的价值观，就会自觉地把个人的目标融入企业的大目标中去。

（二）约束功能

企业文化的约束功能，是指企业成员的言行要受到企业员工行为规范、企业规章制度等约束，使其在一定规范内活动。

企业员工行为规范和企业规章制度促使企业成员的行为趋向合理化、科学化，最大限度地发挥其聪明才智，提高企业系统的运转效率。企业文化的约束功能要求企业根据自身的实际情况，科学、合理地制定出适合企业自身情况的企业员工行为规范，建立健全企业规章制度。

企业各种规章制度和厂风厂纪，也称制度文化，无疑对员工的行为起到重要的约束作用，可以称之为“硬”约束。然而，企业深层文化对员工行为的约束作用虽然是无形的“软”约束，但比制度文化的约束作用更长久、更深刻。企业的价值观可以在更高层次上统一员工的思想和行为，内化为员工的自觉行为，使之自觉自愿地约束和规范自己的行为。

（三）激励功能

企业文化建设的本身就是其发挥激励功能的过程，不仅要重视物质对人的激励作用，而且要更强调精神激励对人的推动和促进作用，如授予称号、颁发奖状、开会表扬、宣传事迹等。

企业文化发挥激励作用主要运用目标激励、支持激励、关怀激励、榜样激励和集体荣誉激励等形式。

（四）凝聚功能

企业文化的凝聚功能，是通过企业文化的培育和发挥，将企业成员紧密地联系在一起，形成一种同心协作、奋斗拼搏、开拓前进的观念、行为和文化气氛。体现凝聚功能的企业文化是企业目标，主要表现在团队意识和作为核心的价值取向上。企业目标为企业确立了凝聚点，团队意识的不断强化为企业提供了凝聚力，共同的价值取向是企业的凝聚剂。

企业通过各种形式的企业文化活动，把友爱、团结、协作、上进的价值观念逐步渗透到广大员工的工作和交往之中，逐步形成一种企业的整体优势和良好的集体感受，并促使全体员工围绕企业既定的目标做“向心运动”。企业文化将企业全体成员在目标一致、利益一致的基础上紧密地结合为一个整体，自觉地调节局部利益与整体利益、目前利益与长远利益的相互关系，从而保持员工思想的正确方向和企业发展的健康协调。

然而，在一些企业中，“身居高位不胜孤独”的说法很流行，高级别的雇员很容易产生孤独感，因为他们往往独自承担着一些责任，比如裁员、在预算重组过程中减少资源，还有“以可能损害环境或社会为代价来增加本组织的利润”。另外，2015年的一篇期刊论文《组织行为与人类决策过程》指出，自主与权力级别较低的员工会感到孤独。来自经理的每一句冷嘲热讽，都会在瞬间让年轻人觉得自己“很渺小”，自尊心严重受挫，他开始把自己孤立起来。员工在工作中产生的孤独感会导致其在情感上疏远自己的组织。同事们可以分辨出这种孤独感，看到它在妨碍团队成员的有效性。虚拟工作是引发孤独感的一个较明显原因。人们也许认为通过智能手机和电子邮件经常联系会使我们感觉没那么孤独，但事实正相反，大家利用互联网增强已有的关系和打造新的社会联系，但也可能借互联网来逃避“社交世界”，从而加剧孤独感。

（五）辐射功能

企业文化的辐射功能，是指企业文化可以通过企业员工和企业本身不断地影响整个社会，对社会进步产生积极作用。优秀的企业文化一旦被社会公众认可，还可以对公众产生很好的示范导向作用。

企业文化追求与社会环境的和谐。当企业文化的价值观与社会环境相适应时，就会充分发挥其作用，企业成员就会自觉地、积极地按企业的精神、价值目标去努力完成自己的工作。同时，具有优秀企业文化的企业，通过其优质的产品、良好的服务、强烈的社会责任感等，带动和优化整个社会风尚，对社会进步产生积极作用。

凝聚作用是企业文化对企业内部员工的影响，而辐射作用则是企业文化对社会的影响。其实，现在许多企业开展的文化营销就是很好地利用了企业文化的辐射作用。

企业作为社会经济大系统的一个子系统，必然会通过各种渠道对这个大系统的其他部分产生辐射作用。把顾客利益放于首位的企业文化一定会赢得顾客的青睐和好感，而这种好感最终就转化为自觉的购买行为。例如，海尔集团凭借“真诚到永远”的经营服务理念，不断赢得顾客的忠诚。

小资料

文化营销，是指企业以提高顾客满意度为追求，以员工共识的价值观为基础，以确立品牌文化寻求顾客所接受的价值信念为立业之本，所做出的长远性的谋划与方略。

实施这一谋略，企业首先要有意识地发现、培育和创造企业全体员工共识的核心价值观，把企业优秀的价值观凝结在品牌之中，并通过为顾客提供的产品和服务传递给顾客。企业通过产品设计，在造型、色彩、包装、装潢等方面，使产品美观大方，实用品艺术化、工艺品实用化，既提升产品的文化内涵，又使顾客使用方便。让顾客在使用产品和享受服务的过程中，提升其文化品位，潜移默化地感受品牌文化的熏陶。

企业通过把顾客中积极向上的价值取向和文化追求，吸收和体现在企业的技术开发、产品设计之中，使顾客在购买产品后再次享受品牌文化，既满足顾客审美的心理需求，也能实现企业的以文促销。

第三节 企业文化的形成与建设

一、企业文化的形成

企业文化建设对于提高企业管理水平具有重要意义，而了解企业文化的形成机制，研究企业文化形成的规律，是搞好企业文化建设的前提条件。

不同企业的企业文化塑造的方法和思路各具特色，但科学、系统、定型的企业文化形成的过程是大致相同的，即在一定的生产经营条件下，为适应企业的生存和发展，首先由少数人倡导和实践，经过较长时间的传播和规范管理而逐步形成的。其过程如图 5－2 所示。

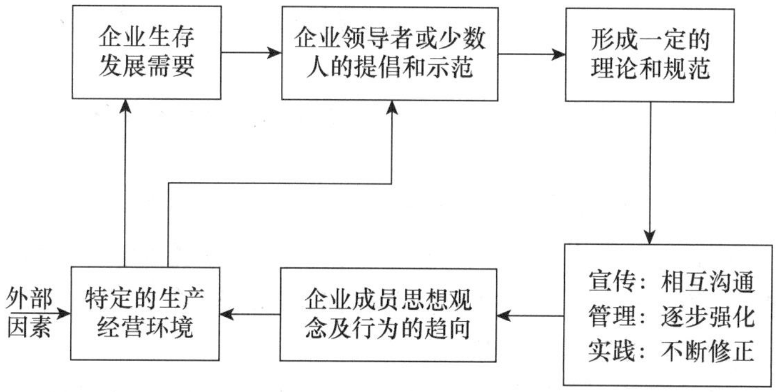

图 5－2 企业文化形成过程示意图

（一）企业文化建设是企业生存发展的需要

塑造企业文化本身不是目的而是手段，其根本目的是为企业发展服务。越来越多的企业实践证明，企业文化是在一定条件下实现企业发展目标的有效手段。因此，企业文化一定是在特定环境和条件下产生的，反映企业适应环境不断发展的需要。同时，也只有适应环境，体现企业发展要求的企业文化才是有生命力的，也才能被广大员工所接受和认同。

（二）企业文化发端于少数领袖人物和先进分子的倡导示范

在企业文化的形成过程中，少数领袖人物和先进分子起着十分重要的作用。虽然企业文化最终应成为企业全体职工的价值观和行为规范，但一开始往往总是少数人首先主张，并由他们身先士卒、积极示范，感召和启发企业的其他人，从而逐渐为大多数人所理解和接受。这些人多是企业的创始者或优秀的领导者，或是员工中的出类拔萃者。

（三）最终形成的企业文化是系统化和科学化的

如上所述，企业文化发端于少数人的倡导与示范，但企业领导者和少数先进分子的最初的思想往往是零散的、不全面的或表述不规范的，因而还需要进一步的整合、提炼，使之系统化、科学化。这是一个复杂的创造性脑力劳动过程。有时，企业文化的提炼过程还需要外部专家的参与。

（四）企业文化是坚持宣传、不断实践和规范管理的结果

企业文化的建设绝不可能一蹴而就。企业文化建设是在一个已经存在某种思想观念及行为习惯的群体中进行的，实际上它是一个以新的思想观念及行为方式战胜旧的思想观念及行为方式的过程，这必然是一个充满矛盾、冲突，甚至痛苦的较长过程。在这一过程中，要坚持不懈地进行广泛的宣传。传统观念及行为习惯的改变是困难的，新的思想观念必须经广泛宣传、反复灌输才能逐步为员工所接受。与此同时，还要坚持不断实践，强化规范管理，这样企业文化才能逐步内化为员工价值观的组成部分，成为员工的行为习惯。

二、企业文化的建设

（一）企业文化建设的原则

美国管理学家托马斯·彼得斯和罗伯特·沃特曼指出，所谓公司文化，包含为数不多的几个基本原则，这些原则必须严肃对待，它们代表了公司存在的意义。

1. 目标原则

企业文化建设是手段，而不是目标，它是为企业的最终目标服务的。在企业文化建设中，坚持目标原则的直接目的在于：

（1）有效地引导企业员工的认识与行为。

要避免出现因强调个人价值、个人目标和眼前利益而忽视企业整体价值、整体目标和长期利益的倾向，有效地把员工的认识与行为引向正确的轨道。

（2）激励员工的工作热情和创新精神。

企业文化目标直接反映着全体员工的理想信念和价值追求，展示着企业美好的发展前景，对员工会产生巨大的激励作用。

（3）为考核与评价企业员工的工作业绩和行为提供依据。

通过企业文化建设，使考核与评价成为企业总结经验、杜绝“第二次失误”、推进工作良性循环和文化进步的过程。

2. 共识原则

创造“共同的价值判断”是企业文化建设的本质。企业文化建设强调共识原则，是由以下三点所决定的：

（1）由企业文化的特性所决定。

企业文化不是企业中哪个人的“文化”，而是全体成员的文化。因此，只有从多样性的群体及个人价值观中抽象出一些具有“共同的价值判断”的基本信念，然后在全体成员中强化这种信念，才能使企业产生凝聚力。

（2）由现代企业发展的内外环境所决定。

企业作为一个开放系统，其经营活动的成效受企业内外多种复杂因素的影响与制约，尤其是在信息爆炸时代，企业所面临的科技环境、市场环境和管理环境都异常复杂且瞬息多变。只有强调共识，全员参与，集思广益，使决策与管理都建立在全员智慧与经验上，才能实现科学的决策与管理。

案例

苹果公园

2017年9月12日，iPhone Ⅹ的发布会在位于库比蒂诺的苹果公司新总部——苹果公园（Apple Park）的新潮礼堂史蒂夫·乔布斯剧院（Steve Jobs Theater）举行。首席执行官蒂姆·库克（Tim Cook）发布了这款设备。

苹果公园工作园区造价50亿美元，可容纳1.2万名员工，拥有一座巨大的环形建筑，中间是一座公园，里面种满了橡树和各种果树，它标志着美国科技行业的最新潮流。从车库里走出来的苹果，想要重新设计员工活动，鼓励工程师们从办公桌前站起来，与同事交流想法，在合作推进项目时可以聚在一起集思广益。创新源于协同合作。苹果并不是唯一这么折腾的企业，亚马逊（Amazon）计划斥资50亿美元建立第二个总部。

（资料来源：英国《金融时报》，2017-09-21.）

（3）由人的心理规律所决定。

在现代企业中，员工受教育的程度越来越高，脑力劳动者在全体劳动者所占的比例越来越大，人们的主动精神和参与意识也越来越强。只有把握员工的这种心理需求特点，创造更多的使员工参与管理的机会和条件，才能激发人们把实现自我价值与奉献企业结合起来，促使全员共同理念的形成。

3. 一体化原则

一体化原则，即坚持企业管理人员和一线员工之间的关系一体化，最终实现企业精神的一体化。

传统的“金字塔”管理模式，从上到下实行严格的等级管理，人为地把管理人员与一线员工分割开来。这种管理模式不但未能解决管理效率的最大化问题，而且造成了管理主体和管理客体的对立。尤其是在信息社会，随着科技进步以及生产自动化和现代化程度的提高，脑力劳动越来越占主导地位，脑力劳动与体力劳动之间、管理者和被管理者之间的界限越来越模糊。

在企业文化建设中，坚持一体化原则，有助于打破管理人员和一线员工之间的人为“文化界限”，有效地建立起组织内部人与人之间相互信赖的关系，建立具有共同目标和相互支持、相互信赖的关系，为实现价值体系的“一体化”创造条件。

4. 卓越原则

追求卓越是一个优秀的人、一个优秀的企业之所以优秀的生命与灵魂。大凡优秀的企业文化，肯定是一种卓越的状态。

坚持卓越原则是建设企业文化的内在要求，任何企业在竞争的环境里都不甘于做平庸者，构建企业文化的目的都是创造卓越的精神，营造卓越的氛围。

企业文化建设的任务之一就在于创造一种机制、一种氛围，强化企业每个人追求卓越的内在动力，并把他们引导到一个正确的方向。有无强烈的卓越意识和卓越精神，是区别企业文化良莠的标志之一。

5. 绩效原则

企业文化建设坚持绩效原则，除了要善于根据员工工作绩效进行奖励，以鼓励他们以更好的心理状态、更大的努力投入下轮工作当中，还在于促使员工重视“结果”，避免形式主义。

一些采用传统管理的企业，往往更多地把精力放在过程的标准化和规范化上，过度强调工作程序和方法，造成“只要过程正确”的误区。需要说明的是，对于生产流水线，过程的标准与规范化是非常重要的。

企业文化建设确立绩效原则的最终目的不是不强调过程，而是要改变员工在管理中的被动性，增强其主动性及创造精神，追求过程与结果的统一。

6. 亲密原则

企业文化建设过程中坚持亲密原则，是由企业的人性化本质所决定的。企业内部人与人之间保持亲密性，能够带来和谐的人际关系与高效率，能够使员工得到最大限度的精神满足；企业与社会之间保持亲密性，能够相互推动，共同繁荣。倡导亲密性，是一切成功企业或者说是一切优秀企业文化所具备的共同特性。

随着人工智能（AI）侵入工作场所，由软件机器人执行人类员工曾在其个人电脑上完成的任务，使其容易被人格化。这些机器人每天24小时工作，不犯错误，它们能承担两三个人的工作量。人们开始适应与机器人共享办公室，学习与新的机器人同事共处，企业员工开始赋予软件程序人格，给它们取女性名字，与它们交谈，甚至给它们一个靠窗的座位。澳新银行（ANZ Bank）在印度班加罗尔后台部门的员工给他们的新同事取了比较柔和的女性名字，例如拉克希米（Lakshmi）；而日本生命保险公司（Nippon Life Insurance）的员工把它们称为“美丽的小机器人”（robomi-chan）；在伦敦，保险处理公司Xchanging的员工把他们的机器人之一命名为波普伊（Poppy）；还有亚马逊的Alexa和微软的“小娜”（Cortana）等新款“智能”软件助手。

（二）企业文化建设实务

1. 启动时机的选择

总结国内外成功企业的经验，可以发现，以下几种情况出现时，是企业文化建设的最佳启动时机。

（1）企业进入快速成长期。

当企业发展进入快速增长期，文化建设往往滞后，已开始孕育着一定的文化危机；企业发展越迅速，潜伏的文化危机就越大。当二者的差距拉大到一定程度，企业经营没有相应的文化支撑，发展速度就会降低，甚至急剧下滑。只有抓住时机，变革文化，推进文化创新与发展，才能保证企业经营稳定持续地发展下去。

（2）企业经营业绩平平或陷入困境。

当企业经营效益低下或陷入困境而找不到直接原因或明显原因时，应该检查一下企业文化建设是否滞后，是否阻碍了企业的发展。如果时机抓得准，及时变革文化是改善企业经营的“利器”。

（3）企业管理掣肘增多，效率低下。

企业发展到一定阶段，出现了机构臃肿、职责不清、政令不畅、内部矛盾明显增多、人际关系异常复杂、管理效率下降等现象。这意味着企业文化变革的时机到了。

（4）企业面临的科学技术环境迅猛发展。

一般来讲，科学技术的发展，必然带来企业产品的更新、技术设备的换代。这种影响不仅表现在生产、经营的方式上，而且会影响人们的思维方式和伦理道德、传统习惯，甚至给企业的价值观带来冲击。

（5）企业面对的市场环境发生巨大变化。

市场瞬息万变，会对企业文化的建设带来影响；市场发生巨大变化，往往会导致企业文化的重大变革。

（6）企业领导层调整。

一任领导班子，尤其是一任主要决策人（如董事长、总经理、CEO 等）在任时，很难改变其倡导和信守的文化以及由这种文化决定的制度、行为方式和工作作风，不管这些文化是好的还是不好的。当企业领导人更迭，新的领导人上任时，正是总结、传承前任的经验，创新和变革企业文化的极好时机。

2. 切入点的选择

多数企业的文化建设自身都是在原有“文化”的基础上进行的，即“非零起点”。所以，选择企业文化建设的切入点，必须从企业现有文化状况出发。

（1）解决企业面临的主要矛盾。

企业应从解决企业面临的主要矛盾入手，倡导正确的价值观，建立良好的企业行为方式，培养良好的企业风气，纠正偏离企业文化发展模式的思想和行为，这样容易引起全员的共鸣和反响。

（2）总结和继承企业的优良传统。

企业的经营管理经验、习惯、风俗、优良传统和领导人的特殊工作作风及模范人物的先进事迹等，都是企业历史上形成的文化精华和闪光点。

（3）企业资产重组和制度的重大创新。

在竞争中生存下来并得到发展的企业，其规模和内部结构发生了很大变化。企业面临重组和改革时，特别是企业改制或二次创业时，如 1992 年古井改制之时，是植入一种新文化或发展某种特色文化的极好切入点。

企业二次创业的主要特点是要淡化企业家的个人色彩，强化职业化管理。把企业家的人格魅力、个人推动力变成一种文化氛围，形成一个“场”，以推动和引导企业的正确发展。

3. 企业文化建设规划的制定

企业文化建设规划是企业对企业文化建设进行的整体谋划战略设计，是企业文化建设的纲领性文件，也可以“企业文化建设纲要”“企业文化发展纲要”“企业文化发展战略”等名称发布。

作为企业发展战略的重要组成部分，企业文化建设规划具有长期性、战略性和综合性的特征。其期限一般为 3～5 年，可与企业发展战略在期限上保持一致。

企业文化建设规划的主要内容有：

（1）企业文化建设的环境；

（2）企业文化建设的指导思想；

（3）企业文化建设的目标；

（4）企业文化建设的实施；

（5）企业文化建设的组织领导与保证体系。

4. 企业文化的灌输、传播与巩固

要使企业已定格的企业文化理念能够在较短的时间内得到员工的认同，并付诸实践，有效的传播、巩固是必不可少的。具体措施有以下几点：

（1）企业文化手册。

企业文化理念定格完成后，一般要通过编制企业文化手册的形式固定下来。

企业文化手册是企业全体员工的精神指南，也是企业文化传播的载体和培训的教材，具有较强的稳定性。

（2）企业文化启动仪式。

在企业文化启动仪式上颁发企业文化手册，并进行首次企业文化理念内容的发布，启动新文化传播和建设工程。

（3）精神灌输与文化训导。

企业主要领导人应联系实际，通过理念报告会等形式向全体管理人员和一线员工阐释企业文化理念的内在含义；企业宣传或培训应以企业文化手册为蓝本编写培训教材，对新员工和在职员工进行培训；同时，企业要举办各种文化讲座，向员工介绍企业文化的知识。

（4）文化演讲与传播。

在企业文化理念发布以后，企业应适时举办员工文化活动，让员工结合工作实际和切身体会，现身说法，畅谈对企业理念的理解和感受；介绍文化楷模的经验与事迹，营造感人和催人向上的氛围。同时，企业应利用内部刊物、网络、广播、电视、会议、宣传栏、简报以及各种社会媒体组织文化传播，通过新闻、广告、理论文章等形式，广泛持续地传播企业文化理念。

（5）重大事件。

企业应积极利用企业发展或对外交往中出现的重大事件来传播、巩固企业文化，如重大技术发明，生产、经营、管理成功事件（或责任事故），质量评比获奖事件（或消费者投诉事件），新闻报道中的表彰事件（或批评事件）。

（6）文化网络。

利用企业有形与无形的文化网络，定期向全员报告生产经营的基本情况和公司的重大事件，高级主管应定期深入一线与员工进行恳谈，建立总经理和高级管理人员接待日制度，以此增加企业管理的透明度，形成上下畅通的沟通渠道。

（7）文化故事。

故事是文化的特殊载体。好的故事具体、感人、容易传播，是传承和传播企业文化的有效形式。企业应以自身创业或变革过程中发生的特殊事件或感人事例为基础，编写或演绎文化故事，形成像“海尔砸电冰箱”的故事。

（8）领导者率先示范。

在企业文化建设中，企业领导者既要积极倡导，更要身体力行，当好表率，让员工看到企业提倡什么，反对什么，以及应以什么样的规范和作风从事工作。

成功的企业往往通过制定诸如“企业领导者行为准则和形象准则”等形式，规范领导者的文化行为。

（9）塑造企业楷模。

企业文化快速推展，离不开企业楷模的模范带头作用。

企业楷模是企业文化的集中体现者，他们的言行对周围的员工有着很大的影响。塑造企业楷模有利于形成企业文化的模仿效应。

5. 企业文化的完善与创新

企业在推进企业文化建设过程中，要及时吸收社会文化和外来文化中的精华，剔除本企业文化沉淀中的消极成分，不断对现有文化进行提炼、升华和提高，从而更好地适应企业变革与发展的需要。

企业文化在实践中得到推展和巩固以后，尽管其核心和有特色的内容不易改变，但随着企业的发展、内外环境的变化，企业文化还是需要不断充实、完善和创新。

本章内容小结

（一）企业文化的内涵、特征

（二）企业文化的三层结构

（三）企业文化的功能

（四）企业文化的形成规律

（五）企业文化建设的原则

（六）企业文化建设的时机把握和切入点的选择

第六章　人力资源管理

本章提要

现代管理理论认为，按职能分工，企业最主要的职能是财务会计、技术研发、生产运营、市场营销和人力资源管理，这五项基本职能既独立又相互依赖。人力资源管理作为五项基本职能之一，通过人力资源的合理配置和开发，充分发挥人力资源的主体作用，调动人力资源的潜力，促进人力资源与非人力资源的有机结合，来实现企业的战略经营目标。本章将对人力资源管理的内容、特点和过程作简要概述，并围绕企业获取、开发和维护人力资源的任务，对企业人力资源规划、职务分析、员工招聘、培训、绩效评估、薪酬管理和职业生涯管理等人力资源管理内容进行具体介绍。

重点难点

（一）人力资源管理过程
（二）人力资源规划与职务分析
（三）培训需求分析
（四）绩效评估的内容、作用和方法
（五）薪酬制度设计
（六）职业生涯管理的内容与方法

引导案例

S公司的管理困境

S公司是一家民营高科技企业，由几位志同道合的伙伴于1994年合作创办。公司成立之初，资金不宽裕，几位合伙人主动提出不领取工资直至公司盈利为止。在他们不计报酬、努力工作的精神感召下，公司的员工也时常义务加班。公司内部关系融洽、士气高涨。经过公司上下的共同努力，1996年该公司已发展为一家集开发、生产、经销于一体的中型高科技企业，在省内IT业界树立了一定的知名度。

1996—1999年，公司处于高速发展阶段。企业经济效益连年大幅增长，员工待遇也随之不断改善，加之公司所处行业属于朝阳产业，员工普遍感觉在这样的公司有希望，同时大批年轻人也被吸引加入公司。

然而，自2000年公司进入稳定期以来，随着经济效益增幅的减小，公司内部出现了安于现状、不思进取的氛围，人心涣散的现象十分严重，尤其是中层管理者流动频繁，员工士气大受影响，企业生产率明显下降。员工中甚至开始流传一种说法：凡是从本公司跳槽的人都能做得不错，待遇比在公司时好，工作强度也比本公司小。

针对企业面临的以上问题，公司总经理感到非常棘手。

案例思考：

1. 如果你是该公司的人力资源部经理，你会如何看待企业存在的问题？
2. 你会给总经理提什么建议？

第一节 人力资源管理概述

一、人性假设与人本原理

人性假设是企业管理理论展开的基本出发点，任何一种管理理论都暗含着某种人性假设前提。对管理理论的人性假设前提进行分析，可以发现管理理论发展的某种趋势。

管理的人本原理，就是指组织的各项管理活动，都应以调动和激发人的积极性、主动性和创造性为根本，追求人的全面发展。人本原理特别强调人在管理中的主体地位，管理的核心和动力都来自人的作用。管理活动的目标、组织任务的制定和完成主要取决于人的作用，人是财、物、时间、信息等其他要素的主宰。没有人在组织中起作用，组织将不成为组织，各种资本、物质也会因没有人去组织和使用而成为一堆无用之物。因此，管理主要是人的管理和对人的管理。管理工作的中心任务就在于调动人的积极性，发挥人的主动性，激发人的创造性。因此，人本原理讲求和解决的核心问题是积极性问题。

人本原理主要包括以下观点：

（1）员工是企业的主体；

（2）员工参与是有效管理的关键；

（3）使人性得到最完美的发展是现代管理的核心；

（4）服务于人是管理的根本目的。

因此，尊重人、依靠人、发展人、为了人是人本原理的基本内容和特点。

追溯管理理论的发展历史，关于人性的假设经历了“工具人”“经济人”“社会人”的发展过程。从“工具人”到“社会人”体现了企业管理理论人本化的思想。“社会人”的相关理论及其发展，成为人本管理的立论基础。

从环境变化和管理实践的需要出发，一些新兴的管理理论对“社会人”假设进行了延伸，产生了“文化人”“网络人”“知识人”的概念，进一步丰富发展了人本管理的思想。因此，我们说人本化是管理理论发展的趋势之一。

“文化人”人性假设源于企业文化等理论的发展。

“网络人”是伴随网络社会发展而出现的一种人性假设。网络深刻地影响了人们的学习、生活和工作方式，使“社会人”的本质得到了一次升华。网络促进了人与人之间的沟通，打破了时间和空间的限制，拉近了人与人之间的距离。网络的发展打破了社会组织等级结构，平等观念深入每一个“网络人”的心中。

“学习人”是知识经济时代的产物。在以知识及其产品的生产、流通和消费为主导的经济时代，知识成为创造财富、提高附加价值的重要资源。获取知识和应用知识的能力，成为企业赢得竞争优势的关键，而这种能力要依靠持续不断的学习来保证。因此，企业应当成为学习型组织，员工应当成为乐于学习、善于学习的“学习人”。学习一方面是为了使企业组织具备持续改善的能力，以适应环境的不断变化，提高企业组织的竞争力；另一方面也是为了实现个人与工作的真正融合，使人们在工作中实现生命的价值。“学习人”是人性的充分发挥和体现。学习型组织、知识管理和创新理论都是建立在“学习人”的前提之上的。

“社会人”“文化人”“网络人”“学习人”充分反映了人的社会性本质得到了普遍实现。

二、人力资源的含义与特点

从广义的角度来理解，人力资源是指一个国家具有智力劳动能力和体力劳动能力的人的总和。而企业的人力资源是指能够推动整个企业发展的劳动者的能力的总称。

与物质、技术、资本等资源相比，人力资源具有以下特点：

第一，能动性。这是人力资源区别于非人力资源最重要的特征。在与非人力资源结合的过程中，人力资源处于主动地位，非人力资源的开发和利用要依靠人力资源的主观能动性。另外，人力资源本身也具有自我开发和自我利用的能力。

第二，可激励性。从员工的需求出发，通过合理的激励机制，可以充分调动员工的工作积极性，激发其工作潜能；可以让员工在追求个人目标的同时，实现企业的目标。

第三，时效性。在生命周期的各个阶段，劳动者的体能和智能是不相同的，其开发和利用的价值也是有差异的。这种时效性与劳动者的个体差异、职业选择以及社会发展有关。

第四，再生性。人力资源属于可再生资源，可以进行自我补偿、自我更新、自我丰富和持续开发。进入知识经济时代，知识更新速度加快。在某些行业中，人力资源贬值速度加快，人们必须不断地学习和掌握最新的知识，才能持续保持和提升自身价值。

第五，差异性。人力资源的差异性表现为人与人之间在素质、能力、态度、绩效、社会文化背景等各方面的千差万别。只有充分考虑到这种差异性，才能够实施有效的、有针对性的管理。

第六，社会性。无论是在企业内部，还是在企业外部，企业的劳动者都处于广泛的社会联系之中。在人力资源管理过程中，不仅要考虑人的个性，还要考虑人与人之间、人与社会之间的关系。

琳达·格拉顿和安德鲁·斯科特在其著作《百岁人生》中说，即便自动化可以部分弥补将要来临的技能缺口，但企业如果不知道吸引和管理年纪较大的员工，让一大群有价值、经验丰富的劳动者为自己效力，就会吃亏。除少数企业之外，多数企业都没有采取多少行动来解决这个问题，都在延续创建于多年前的招聘传统。员工发展的标准化，支撑了20世纪大企业增长的大规模生产方法，并在数十年时间里较好地满足了大企业的需求。要获益于年纪50岁以上员工的智慧和经验，并照顾他们的需求，企业人力资源管理需要有灵活性和处理复杂性的意愿。目前在职的员工，以及很多愿意也能够归队的年纪较大的劳动者，日益期待的是一种多阶段人生。企业“将日益把提供更加多元化的雇佣政策视为一项重大战略优势，特别是在人力资本发挥关键作用的高附加值行业”。

三、人力资源管理的含义与特点

人力资源管理（human resource management，HRM）就是根据企业发展战略的要求，有计划地对人力资源进行合理配置，通过对企业中员工的招聘、培训、考核、激励等一系列过程，调动员工的积极性，发挥员工的潜能，为企业创造价值，确保企业战略目标的实现。

与传统的人事管理相比，人力资源管理有如下特点。

（一）人力资源管理把人视作资源

传统的人事管理把人视为成本。从成本管理的角度考虑，管理活动追求的是人员减少、节约人力成本；而从资源的角度考虑，管理活动就会重视对人力资源的开发和利用。

(二) 人力资源管理工作范畴更宽

人事工作属于行政管理的范畴，主要是一些事务性的工作。人事部门负责执行领导的决策。

人力资源管理则包含战略性的工作和事务性的工作。吸纳和开发人力资源成为人力资源管理工作的重中之重。人力资源管理部门既是人事行政管理的办事机构，又是领导层制定、实施人才战略的参谋部。

(三) 人力资源管理以人为中心

人事管理以事为核心，强调的是“因事设人、因事评人”。工作任务是否完成，是一切管理活动的出发点。

人力资源管理则是以人为中心，注重人事相宜。某些企业为了留住人才，充分发挥其才能，会“因人设事”。

(四) 人力资源管理对工作人员的要求更高

承担人事管理工作的人，通常是人事方面的专门人才。

人力资源管理则要求其工作人员是通才，他不仅要懂人事工作，还要了解企业各方面的经营管理状况。

四、人力资源管理过程

为确保人力资源状况与企业发展战略需求相匹配，企业人力资源管理过程一般包括三大任务、八项活动（见图 6-1）。企业人力资源管理的三大任务是：

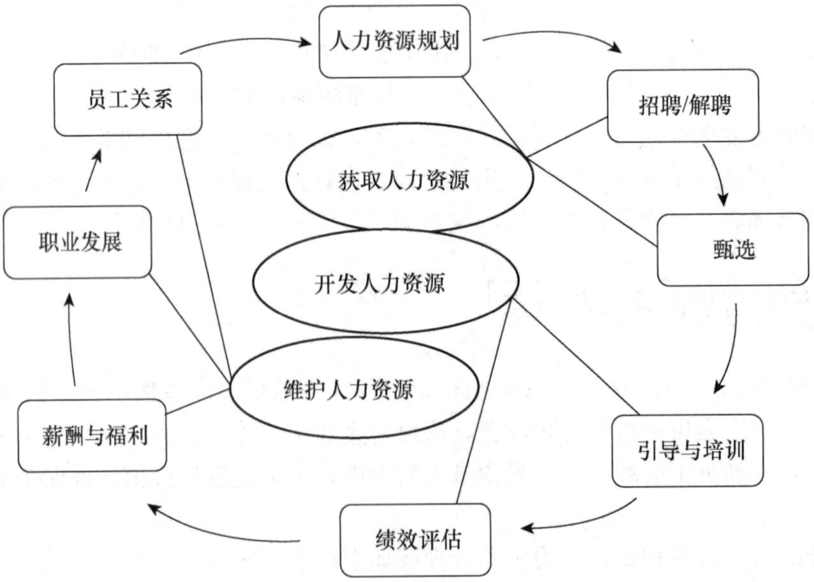

图 6-1　人力资源管理任务与活动

（1）确定并挑选能胜任工作的员工，即获取人力资源。

（2）确保员工能适应企业发展的需要，及时更新技能和知识，即开发人力资源。

（3）激励员工保持较高的绩效水平，保持员工队伍稳定，即维护人力资源。

围绕上述三项任务，企业通常要开展八项活动：人力资源规划、招聘/解聘、甄选、引导与培训、绩效评估、薪酬与福利、职业发展和员工关系。

企业依据发展战略制订出人力资源规划，通过招聘增员或解聘减员、甄选，确定并挑选出胜任工作的员工。通过引导，帮助新员工适应企业；通过培训，确保员工的工作技能和知识不会过时；同时，以绩效评估帮助员工发现其工作能力的不足，确保企业人力资源能紧跟企业发展的步伐。通过薪酬与福利、职业发展和员工关系这几方面的工作，激励员工努力保持较高的绩效水平，留住优秀员工，保持员工队伍稳定，确保企业发展有稳定的人力资源支持。

在大多数组织里，这些工作由人力资源管理专业人员来完成。在有的企业，部分工作可能外包给专业的人力资源服务公司。但是，不管企业是否有专业人力资源管理的支持，每个管理者都会涉及以上人力资源管理的内容。

第二节 人力资源的获取

为获取企业发展需要的人力资源，企业要进行人力资源规划，预测出企业所需的人力资源数量和类型；然后进行职务分析，确定各项工作对胜任者的能力素质要求。在这两项工作的基础上，企业便可开展招聘和选拔工作，获取所需要的人力资源。

一、人力资源规划

人力资源规划是根据企业的战略目标，对企业在未来环境变化中人力资源的供给与需求状况进行科学预测，制定必要的人力资源获取、利用、保持和开发策略，确保企业对人力资源在数量上和质量上的需求。企业根据人力资源的供需计划来决定招聘与解雇员工的数量。

人力资源规划的程序可归纳为三个阶段：评价现有人力资源；预测将来所需要的人力资源；制定满足未来人力资源需要的行动方案。

（一）评价阶段

这一阶段的任务是对人力资源供需现状进行调查分析，调查分为外在供需和内在供需两方面。外在人力资源供需调查分析主要包括劳动力市场的结构、市场供需现状、教育培训政策与教育工作、劳动力择业心理等与整个外在劳动力市场有关的因素；内在的人力资源供需调查分析主要包括企业现有的人力资源结构（如年龄、性别等）、知识与经验、能力与潜力、兴趣与爱好、目标与需求、绩效与成果、人力资源流动情况等。这些信息是人力资源计划的基础，许多组织往往将它们纳入一个系统化的人力资源信息系统中，以便随时更新修正。

（二）预测阶段

本阶段是人力资源规划中较具技术性的关键部分。在所搜集的人力资源信息的基础上，采用主观经验判断、各种统计方法及预测模型进行预测。预测工作可以依靠计算机技术的帮助，以便比较分析不同的人力资源政策的影响结果。预测的目的是得出计划期内各类人力资源的余缺情况，即得到“净需求”的数据。

（三）制定方案阶段

本阶段的任务是制定人力资源开发与管理的总规划，根据总规划制订各项具体的业务计划以及相应的人力资源政策。例如，如果评估和预测发现企业已存在或即将存在职位空缺，企业将着手制定招聘方案；如果发现企业中有人员过剩现象，企业将制定解聘方案。

案例

CEO离职与他们所用措辞的关联性

东伦敦大学法商学院的黄庆安博士查阅了富时全类股指数600多家公司中的大部分公司在2002—2008年的6年时间里发表的致股东信，借助于得克萨斯大学开发的一款名为“语言探索与字词计数”（LIWC）的软件，并使用Stata统计软件包对LIWC生成的心理语言学变量进行分析，将CEO离职类型（被解雇或者自愿离职）与对未来的关注和负面词语相匹配。通过这种数据分析发现，268名CEO离职与他们所用措辞的关联存在73%的准确率。研究显示，CEO通常在发出有问题的致股东信的一年内离职。

情绪在CEO的决策中扮演着重要角色。从两个关键指标中有可能发现CEO即将离职的端倪：一个是字里行间缺少对未来的关注，另一个是过多的负面情绪，或者两者兼而有之。即便考虑到信中的反语、嘲讽和异常的句子结构，LIWC也是评估写信者情绪表达和认知的可靠方法。该软件的负面情绪词典包含345个词语，比如“憎恨”“毫无价值”“敌人”“担心”“不公平”“愤怒”“难过”，这些词语反映出CEO消极情绪和心态的程度。它通过寻找包括“将要”“可能”“将会”在内的48个词语来搜寻积极情绪（着眼于未来的心态）。尽管黄博士的研究规模相对较小，但符合日渐兴起的潮流，即利用科学方法评估、利用、管理情绪，从而为商业利益服务。

二、职务分析

职务分析，又称为工作分析，它对企业中的每个职务的各项工作内容进行清楚准确的描述，对职务的职责、权力、隶属关系、工作条件进行具体说明，并对承担该职务所需要的行为、条件、人员提出具体的要求。职务分析为人员招聘和甄选确立了基本标准。

通俗地讲，职务分析要回答以下六个方面的问题：

（1）员工需要完成哪些工作；

（2）员工何时需要完成这些工作；

（3）员工在哪里完成这些工作；

（4）员工怎样完成这些工作；

（5）员工为什么要完成这些工作；

（6）员工完成这些工作需要什么条件。

对上述问题的回答体现在“职务说明书”中，其内容分为职务说明和任职资格说明两部分。

（一）职务说明

职务说明的具体内容包括：

（1）职务名称。

（2）工作内容和程序，包括所要完成的工作任务、工作职责、工作流程、完成工作所需要的资料、机器设备与材料、工作中与其他工作人员的正式联系以及上下级关系。

（3）工作条件和物理环境，包括正常的温度、适当的光照度、通风设备、安全措施、建筑条件，甚至工作的地理位置。

（4）社会环境，包括工作团体的情况、工作氛围、同事的特征及相互关系、各部门之间的关系。

（5）职业条件，包括工资报酬、奖金制度、工作时间、工作季节性、晋级机会、进修和提高的机会、该工作在企业中的地位以及与其他工作的关系等。

（二）任职资格说明

任职资格说明明确职位所要求的技能和其他条件。它指明任职者有效承担职务工作所必须具备的条件。主要内容包括：有关工作程序和技术的要求、工作技能、独立判断与思考能力、记忆力、注意力、知觉能力、警觉性、操作能力、工作态度和各种特殊能力要求。此外，还包括文化程度、工作经验、生活经历和健康状况等。

三、员工招聘

当出现空缺职位时，企业就要进行员工招聘。招聘是企业根据人力资源规划，从企业内部和外部寻找、吸引、吸收人力资源的过程，具体包括招募、选拔和录用三个阶段。

（1）招募：这是企业确定、发现和吸引有能力的应聘者的过程。首先制订招聘计划，确定招聘岗位、招聘人数、任职资格、招聘时间、招聘途径、招聘方式和招聘预算等，其中，招聘岗位、招聘人数和任职资格根据人力资源规划和职务说明书来确定。在确定计划后，开始发布招聘信息，接收职位申请表。

（2）选拔：这是企业从求职申请者中挑选出合适人选的过程。人力资源管理部门以及各业务部门共同对申请人的资格进行初步筛选，确定参加测试的申请人。选拔测试一般分为面试、知识考试、心理测试、操作技术考核、资历证明审核和身体检查等。

（3）录用：这是企业根据选拔测试的结果，确定最终人选的过程。确定人选后，要向被录取的申请人发出录用通知。

企业招聘员工可以通过内部招聘也可以通过外部招聘，两种途径各有优劣（见表6-1）。对于内外部环境相对稳定的企业来说，选择内部招聘更为有利；对于处于迅速成长期的企业，则需要从外部招聘大量的员工。

表 6-1　内部招聘和外部招聘的比较

	内部招聘	外部招聘
优	信息了解全面，准确性高 可以调动员工积极性，激励员工 员工可以更快适应工作 使组织培训投资得到回报，费用低	人才来源广，选择范围大 可以为企业输入新鲜的血液 可避免内部出现权术斗争 人才现成，节省培训投资
劣	来源有局限，水平有限 会导致“近亲繁殖” 可能造成内部矛盾，影响士气	进入角色慢，适应时间长 对员工的了解少 可能影响内部员工的积极性

内部招聘的方式相对简单，可以通过会议、文件、公告栏或电子公告的方式在企业内部发布招聘信息。

外部招聘有许多具体方式可以选择，表 6-2 对一些招聘方式进行了对比。

表 6-2　各类招聘方式比较

招聘方式	特点	效果
报纸/期刊/广告	阅读对象稳定；媒介覆盖面广；影响力大但不长久	需花费较大精力筛选，效果一般，不适合招聘高级职位
招聘会	直接面对，效率较高	时效性强，但质量难保证 持续时间短
猎头公司	针对性强，质量高	质量可保证，但费用太高
网上招聘	覆盖面广，无地域限制，针对性强，宣传沟通快捷方便	费用低，选择余地大

案例

招聘中的智能筛选

随着人工智能（AI）的进步和大数据的使用，近几年，大流量筛选过程中自动化筛选方式大幅增加，正在改变许多大公司招聘入门级和初级管理职位员工的方式。求职者可能不得不打动某个“算法”，而不是一位人力资源高管。HireVue 公司开发出一套自动化的视频面试分析系统，包括联合利华（Unilever）、电信运营商沃达丰（Vodafone）和零售商 Urban Outfitters 在内的很多公司已采用了该系统。每年有大约 30 万名候选人申请联合利华的 800 个工作岗位，从 2016 年开始联合利华跟 Amberjack，HireVue 以及另一家大流量招聘公司 Pymetrics 合作。Pymetrics 开发了一种基于游戏的测试，通过测试对候选人在承担风险和从错误中学习的能力以及情商打分。这种方法提高了入围候选人名单的民族多样性，在遴选最终将被聘用的候选人方面更为成功。但是，一套高效率的人工智能机器学习系统将很快能够复制现有员工的特点。如果某组织喜欢知名大学的男性毕业生，算法将学会选出更多这一类别的人。对此企业要有所警惕。远离人员招聘的质素指标，如毕业学校等，更大程度上依靠应聘者的能力和水平“证据”，才可能让招聘为企业的工作岗位找到合适人选。

第三节　人力资源的开发

录用到优秀人员之后，还需要充分发挥其才能，开发其潜能。企业通过培训，使员工获得胜任工作的知识和技能；通过绩效评估，为他们不断提升和规划未来职业发展提供依据。

一、员工培训

员工培训，是指对企业各类人员所进行的文化素质、专业技术水平和岗位操作技能的教育工作。员工培训也是企业的基础性工作之一。

通过员工培训，企业可以达到以下目的：

（1）使员工进一步认识本岗位职责；

（2）提升员工从事岗位工作所必需的业务知识和技能，提高工作效率；

（3）帮助员工实现自身的职业发展计划，提高员工人力资本的价值，从而有助于员工在工作岗位上发挥主观能动性。

（一）培训的类型

1. 按培训提供方划分

按培训提供方划分，员工培训主要有委托培训、企业内部培训和自我培训。

（1）委托培训：指企业将需要培训的员工送到大专院校、其他企业、培训机构或国外进行的培训。利用企业外部的培训力量对本企业员工进行培训，是很多企业普遍采取的培训方式。

（2）企业内部培训：指在企业内部进行的培训，如技术培训、业务培训等。

（3）自我培训：指通过一系列措施，鼓励员工通过自学形式进行的培训。

2. 按培训目的划分

按培训目的划分，企业中的员工培训分为一般性培训和开发性培训。

（1）一般性培训：培训的主要目的是使员工具备承担现有职务所需要的知识和技能。

（2）开发性培训：与一般培训不同，开发性培训着眼于企业未来对人力资源的要求，重点在于使企业获得持续保持竞争优势的人力资源，同时使员工获得未来职业生涯所需要的知识和技能。

3. 按培训对象划分

按培训对象划分，企业中的员工培训分为新员工培训和在职员工培训。

（1）新员工培训：其目的是帮助新员工更深入地了解企业，了解他们所处的工作环境，使他们的工作表现尽快地达到所要求的标准。培训内容侧重于介绍企业情况和岗位要求。企业情况培训一般由企业人力资源部门组织，包括企业历史文化、企业现状与地位、规章制度等，这些知识通常被编辑成《员工手册》，作为新员工培训的基本教材之一。岗位要求培训一般由新员工就职的相关部门组织。

（2）在职员工培训：其内容侧重于能力和专业知识的培训。能力培训通常由人力资源部门组织实施，专业知识培训由员工所属部门与人力资源部门共同组织实施。当《员工手册》内容发生变更时，也要组织在职员工进行培训。

（二）培训的组织过程

培训的组织过程包括确定培训需求和目标、编制培训计划、实施培训计划、实施效果评价四个环节。

确定培训的需求和目标是展开培训工作的出发点，也是考察培训效果的依据。培训需求分析包括企业分析、任务分析和人员分析三个方面。

1. 企业分析

主要分析企业在哪些方面需要培训。企业分析的方法包括：通过考察企业的长期目标、短期目标、经营计划来判定知识和技术需求；将实际结果与目标进行比较；制订人力资源计划；评价企业的环境。

2. 任务分析

主要分析培训内容应该是什么。分析个人工作的业绩评价标准，要完成的任务，成功完成任务所需的知识、技术、行为和态度。

3. 人员分析

主要分析谁应该接受培训以及他们需要哪些方面的培训。分析的方法包括：通过绩效评价分析产生差距的原因；收集和分析关键事件；进行培训需求调查。

培训目标要在培训需求确定的基础上来制定，其内容包括工作效率的提高、工作质量的提高、工作及时性的改善、成本的降低、员工满意度的提高等方面。

确定了培训目标就可着手编制培训计划。培训计划的主要内容包括培训项目、培训对象、培训负责人、培训内容、培训进度、培训费用预算。

企业在实施培训计划的过程中或实施后，应及时对培训效果进行评价。培训效果可以通过考试、问卷调查以及工作绩效考核等方式来进行评价。根据评价结果的反馈，要对培训工作进行调整、完善和改进。

案例

培训正在成为吸引人才的因素

成立于1948年的万宝盛华，作为全球开创性的人力资源解决方案的领导者，年度总收益超过220亿美元，为雇主提供涵盖整个雇佣生命周期和商业周期的一系列服务，包括人才推荐服务、临时和合同派遣服务、员工测评和筛选服务、培训服务、转职推荐服务、外包和咨询服务等。万宝盛华的一项调查发现，全球59%的求职者把薪酬作为影响其职业决定的主要考虑因素，工作类型（53%）、灵活性（38%）和公司品牌（20%）变得越来越重要。人们现在很看重学习和掌握新技能，未来贫富将由是否具备技能来划分。科技创新迫使很多员工掌握新技能，以站在所在行业的前沿。在英国、澳大利亚和斯堪的纳维亚等国家，工作类型已超过薪资成为择业时最重要的考量因素。在该公司开展的另一项调查中，在千禧一代（指1984—1995年出生的人）中，有80%的人表示，如果一份工作薪资一样高但有更好的培训机会，他们愿意换工作。

二、绩效评估

(一) 绩效评估的含义和作用

1. 绩效评估的含义

绩效评估就是企业对员工绩效进行考评的过程。绩效通常包括两方面的含义：一方面是指员工的工作结果，也就是员工所完成工作或履行职务的结果；另一方面则是指影响员工工作结果的行为、表现及素质等。依据这两方面含义，绩效评估内容可分为以下三方面：

（1）工作业绩评估。

工作业绩评估指对员工行为的结果进行评价和认定，也就是评估员工在一定期间对企业的贡献和价值。员工的工作业绩评估重视的是员工对企业的贡献和价值，而非员工所负责的工作任务的完成情况。例如，有些员工承担的工作本身就“无足轻重”，即使该工作任务完成很出色，但其工作业绩评估在整个组织中的排名也未必很高。

（2）工作能力评估。

由于员工的工作能力是“内在的”，很难量化，因此，通常要通过对员工的业绩这一外显的标准来间接地考察员工的能力。在工作分配合理、员工本人的职务与其能力相适应的情况下，工作业绩大体能够反映员工的实际业务能力，但是在实际工作过程中，员工能力的发挥常常会受到外在因素的影响，从而影响对员工能力的客观评定。

（3）工作态度评估。

工作态度评估指企业依据员工的工作表现，对其工作积极性、工作热情、协调性、责任感等工作态度进行考评。从理论上说，员工的工作能力越强，其工作业绩就越好，对企业的贡献就越大。但在实际工作中，工作能力强的员工对企业的贡献可能远远不如那些能力一般但工作兢兢业业的人。所以，员工的绩效考评还要包括对工作态度的考评。

2. 绩效评估的作用

绩效评估作为企业重要的管理手段之一，在企业的人力资源管理活动中发挥着重要的作用。它主要有以下四方面的作用：

（1）为员工培训与开发提供依据。通过绩效评估，企业可以了解员工的工作业绩和工作能力与其所在岗位的岗位规范、组织发展要求等方面的差距，并以此确定培训计划。

（2）为薪酬管理与奖惩提供依据。把绩效评估的结果作为员工报酬的依据，可以使工资、奖金等物质报酬与员工对企业的贡献相联系，多作贡献的员工能得到物质或精神上的奖励，业绩低劣的员工会得到相应的惩戒，从而使员工感到公平合理。

（3）为员工的晋升、调动或辞退提供依据。在企业中，具备晋升要求的人数往往多于可能得到晋升的人数，较为公平合理的做法就是依据客观的绩效考评结果择优晋升。同样，企业在做出员工工作调动（包括平级调动或降级调动）或辞退决策时，往往也要以绩效评估的结果作为依据。

（4）为员工的自我发展明确方向。绩效评估可以使员工清楚地认识到自己在工作中有哪些卓越能力和存在哪些不足，从而明确其未来的努力方向。绩效评估将鞭策员工不断地自我完善。

（二）绩效评估的过程与方法

绩效评估过程通常包括四个阶段：制订考评计划、设定考评标准、实施考核评价、考核结果反馈。将考评结果反馈给员工，可以促使员工进行自我改造与提高。

对员工的绩效实施考核评价的方法有很多，在此介绍几种常用方法。

1. 评级量表法

评级量表法借助事先设计的等级量表来对员工进行考评，是被普遍采用的一种考评方法。其具体做法是：根据考评目的和需要来设计等级量表（见表6-3），表中列出有关绩效考评的项目，并说明每一项目的具体含义，然后将每一考评项目分成若干等级并给出每一等级相应的分数，由考评者对员工每一考评项目做出恰当的评价和记分，最后计算出总分，得出考评结果。

表6-3　　评级量表示例

<table>
<tr><th>考核项目</th><th>考核要素</th><th>说明</th><th colspan="5">评定</th></tr>
<tr><td rowspan="2">基本能力</td><td rowspan="2">知识</td><td rowspan="2">是否具备现任职务所要求的基础知识和实际业务知识</td><td>A</td><td>B</td><td>C</td><td>D</td><td>E</td></tr>
<tr><td>10</td><td>8</td><td>6</td><td>4</td><td>2</td></tr>
<tr><td rowspan="8">业务能力</td><td rowspan="2">理解力</td><td rowspan="2">是否能充分理解上级指示，独立完成本职工作任务，不需要上级作具体的指示和指导</td><td>A</td><td>B</td><td>C</td><td>D</td><td>E</td></tr>
<tr><td>10</td><td>8</td><td>6</td><td>4</td><td>2</td></tr>
<tr><td rowspan="2">判断力</td><td rowspan="2">是否能充分理解上级指示，正确地把握现状，随机应变，恰当处理</td><td>A</td><td>B</td><td>C</td><td>D</td><td>E</td></tr>
<tr><td>10</td><td>8</td><td>6</td><td>4</td><td>2</td></tr>
<tr><td rowspan="2">表达力</td><td rowspan="2">是否具有现任职务所要求的口头表达能力</td><td>A</td><td>B</td><td>C</td><td>D</td><td>E</td></tr>
<tr><td>10</td><td>8</td><td>6</td><td>4</td><td>2</td></tr>
<tr><td rowspan="2">交涉力</td><td rowspan="2">在与企业内外的对手交涉时，是否具有使双方信服、接受、同意或达成协商的交涉力</td><td>A</td><td>B</td><td>C</td><td>D</td><td>E</td></tr>
<tr><td>10</td><td>8</td><td>6</td><td>4</td><td>2</td></tr>
<tr><td rowspan="6">工作态度</td><td rowspan="2">纪律性</td><td rowspan="2">是否严格遵守工作纪律和规定，有无早退、缺勤等。是否严格遵守工作汇报制和报告制</td><td>A</td><td>B</td><td>C</td><td>D</td><td>E</td></tr>
<tr><td>10</td><td>8</td><td>6</td><td>4</td><td>2</td></tr>
<tr><td rowspan="2">协调性</td><td rowspan="2">在工作中，是否充分考虑到别人的处境，是否主动协调上级、同级和企业外人员</td><td>A</td><td>B</td><td>C</td><td>D</td><td>E</td></tr>
<tr><td>10</td><td>8</td><td>6</td><td>4</td><td>2</td></tr>
<tr><td rowspan="2">责任感</td><td rowspan="2">对分配的任务是否主动积极，尽量多做工作，能否向困难挑战，主动进行改良、改进</td><td>A</td><td>B</td><td>C</td><td>D</td><td>E</td></tr>
<tr><td>10</td><td>8</td><td>6</td><td>4</td><td>2</td></tr>
</table>

2. 排序考评法

排序考评法是依据某一考评维度，如工作质量、工作态度，或者依据员工的总体绩效，对被考评者进行排序。常见的排序方法有简单排序和交替排序两种：简单排序是由最好到最差依次对被考评者进行排序；交替排序则是先将最好的和最差的列出，再挑出次好的和次差的，以此类推，直至排完。

排序考评法最大的优点是简便易行，但不足之处也很突出：首先，考评主要依靠主观判断进行排序，不同考评者的倾向性不同，会造成排序中的偏差；其次，没有具体的考评标准，在两个人业绩相近时，很难确定其先后顺序；最后，被考评者仅仅知道自己的排序情况，不能明确自身优点和不足。因此，排序考评法通常适用于小型企业的员工考评，而且被考评对象最好从事同一性质的工作。

3. 强制分布法

强制分布法也称为强制正态分布法。在进行绩效考评时，要求考评人员依据“中间大、两头小”的正态分布规律，预先确定评价等级以及各等级在总数中所占的百分比，具体的比例可以有所不同，但无论采用何种比例，其分布都要符合正态分布的规律，然后按照被考评者绩效的优劣程度将其列入其中某一等级（见表 6-4）。

表 6-4　　强制正态分布表

等级	优秀 10%	良好 20%	中等 40%	较差 20%	最差 10%
姓名	李明 ……	王刚 ……	张勤 ……	杨荣 ……	赵许 ……

强制分布法适用于被考评人员数量较多的情况，操作起来也比较简便。该方法有利于管理控制，能明确筛选出被淘汰对象，适用于引入员工淘汰机制的企业。

4. 关键事件法

关键事件是指员工在工作过程中做出的对其所在部门或企业有重大积极影响或消极影响的事件。关键事件法就是以记录直接影响绩效优劣的关键行为为基础的考评方法。使用关键事件法对员工进行考评，要求管理者将员工日常工作中的好的行为或不良行为认真记录下来，根据所做的记录来讨论员工的工作绩效。

关键事件法突出的优点是：

（1）对关键事件的记录为考评者向被考评者解释绩效考评结果提供了一些确切的事实依据；

（2）它可以确保在对员工进行考评时，所依据的是员工在整个考察周期内的工作表现，而不是员工在近期内的表现，减小近因效应所带来的考评偏差。

关键事件法最明显的不足是管理人员可能漏记关键事件。很多情况下，管理人员都是一开始认真地记录每一个关键事件，到后来因失去兴趣或工作繁忙等原因而没有及时记录，等到考评期限快结束时再去补充记录，这样，有可能会夸大近因效应的偏差。

5. 360 度绩效考核法

360 度绩效考核法，又称“360 度绩效反馈”或“全方位评估”，指从与被考核者发生工作关系的多方主体那里获得被考核者的信息，依据这些信息对被考核者进行全方位、多维度的绩效评估的过程。这些信息的来源包括：上级监督者自上而下的反馈；下属自下而上的反馈；平级同事的反馈；被考评者本人的自我评价；企业外部的客户和供应商的反馈（见图 6-2）。

这种方法与其他方法相比，最突出的优点是不把上级的评价作为员工绩效信息的唯一来源，而是将在组织内部和外部与员工有关的多方主体作为提供反馈的信息来源，从多个角度来反映受评者的工作，使评估结果更加全面；此外，为员工提供了来自多层面的人员对自己的评估意见，可使员工较全面地了解自己的优缺点，制订出更加合理的个人工作绩效改善计划和职业发展计划。

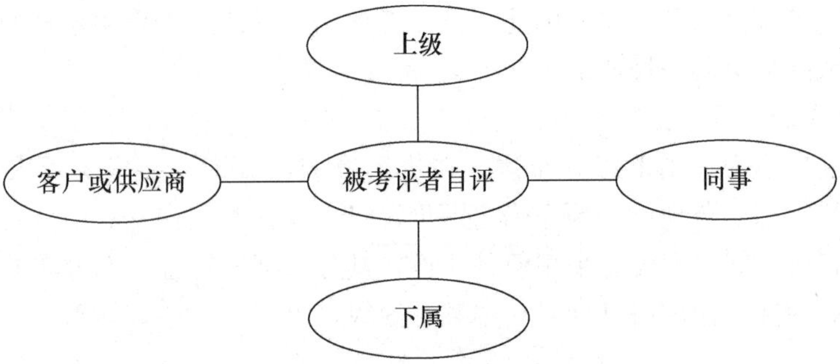

图 6－2　360 度绩效反馈体系

当然，360 度绩效评估法也有明显的不足，主要有：绩效反馈涉及的信息渠道比较多，导致信息收集和处理的成本较高，因此，必须有高层管理者的重视才能实施；信息反馈者易受到主观心理因素干扰，导致评价缺乏公正性，例如，上级可能会担心员工利用 360 度绩效反馈体系发泄对其的不满，而下属则担心如实反映情况可能会被上级报复，来自同事的信息也可能会由于彼此间利益关系的冲突而产生偏差。因此，只有使员工建立起对上下级的信任和对反馈中组织所承诺的程序公平的信任，这种评估法才能有效实施。

第四节　人力资源的维护

企业吸引和开发了有效的员工队伍，还必须努力保持和维护这支队伍。薪酬和职业是员工生存发展的物质源泉，也是其自我价值的表现形式，因此，科学的薪酬管理和员工职业发展管理能够充分调动员工的积极性和创造力，保持员工队伍稳定。

一、薪酬管理

（一）薪酬的含义与构成

1．薪酬的含义

薪酬是企业向员工提供的全部劳动报酬，用以吸引、保留和激励员工。广义的薪酬分为经济类报酬和非经济类报酬两种，而狭义上的薪酬仅指经济类报酬。

经济类报酬分为直接报酬和间接报酬。直接报酬包含基础工资、绩效工资、奖金、股权、红利和各种津贴等；间接报酬指组织向员工提供的各种福利，如保险、补助、服务、带薪休假等。

非经济类报酬是企业为员工提供的成就感、满足感或舒适感等心理效用。这些心理效用来源于工作本身、工作环境和组织特征三方面。

（1）工作本身的心理效用：工作的趣味性，工作的挑战性，工作的责任，工作的成就感。

（2）工作环境的心理效用：友好的同事关系，领导的个人品质与风格，舒适的工作条件等。

(3) 组织特征的心理效用：组织在业界的声望与品牌，组织在产业中的领先地位，组织高速成长带来的机会与前景等。

案例

初创企业的股票期权

初创企业一般没有太多资金用于提供高薪，但可以找到创造性的方法吸引人才。在一定程度上，一家灵活、有创造性、具有使命感和颠覆感的公司对员工有很大吸引力。很多人希望以股票期权的形式获得风险报酬：员工放弃高薪，换成所在公司的股权，它让持有股票期权的员工在改变世界的同时变得富有。专注科技的风投公司 Index Ventures 的研究显示，硅谷员工获得的风险报酬是欧洲同行的两倍。在欧洲，这种福利经常只有最高层管理人员才能享受。在美国，员工平均持有处在后期发展阶段的初创企业的 20%股权，而欧洲为 10%。在美国，员工股票期权帮助吸引全球最优秀的人才加盟早期初创企业。

2. 企业薪酬结构

企业薪酬一般指狭义上的报酬，即经济类报酬。企业中普遍采用的薪酬结构包括工资、津贴、奖金和福利四个部分。

(1) 工资。

工资是企业付给被雇佣员工合法的货币报酬。1995 年，我国劳动部在《关于贯彻执行〈中华人民共和国劳动法〉若干问题的意见》中把工资定义为："工资"是指用人单位依据国家有关规定或劳动合同的约定，以货币的形式直接支付给本单位劳动者的劳动报酬。工资一般分为基础工资和绩效工资两部分。

基础工资：按一定的时间周期定期向员工发放的固定报酬。主要反映员工所承担的职位的价值或员工所具备的技能的价值，即可分为以职位为基础的基础工资和以技能为基础的基础工资。

绩效工资：又称绩效提薪，是根据员工的年度绩效评价的结果而确定的对基础工资的增加部分，是对员工优良工作绩效的一种奖励。与奖金的区别在于，它是永久性的增加部分，而奖金只是一次性的奖励。

(2) 津贴。

津贴也称附加工资或者补助，是员工在艰苦或特殊条件下进行工作，企业对员工额外的劳动量和额外的生活费用付出进行的补偿。津贴的特点是它只将艰苦或特殊的环境作为衡量的唯一标准，而与员工的工作能力和工作业绩无关。津贴具有很强的针对性，当艰苦或特殊的环境消失时，津贴也随即终止。根据津贴不同的实施目的，津贴可以分为以下三类。

生活性津贴：企业为了保障员工的实际生活水平而给予的补偿。例如：为了弥补物价上涨造成的员工生活水平下降，会有肉食补贴、副食补贴等津贴；由于工作而造成员工生活费用增加，也应有相应的津贴，如出差补贴等。

地域性津贴：企业由于员工在艰苦的环境中花费了更多的生活费用而给予的补偿。比如林区津贴、边疆地区生活津贴、高寒地区津贴等。

劳动性津贴：企业对员工从事特殊性工作而给予的补偿。如夜班工作的夜班津贴、高温环境工作的高温津贴等。

（3）奖金。

奖金也称奖励工资，是为员工超额完成了任务或取得优秀工作成绩而支付的额外薪酬，是可变工资或激励工资，其目的在于对员工进行激励，促使其继续保持良好的工作势头。奖金比起其他薪酬形式具有更强的灵活性和针对性，也具有更加明显的差异性。

奖金的发放可以根据个人的工作业绩评定，也可以根据部门和企业的效益来评定，分别称为个人奖、团队奖和组织奖。

（4）福利。

福利是指在支付工资、奖金之外企业员工的所有待遇，分为法定福利和补充福利两大类。

法定福利亦称基本福利，是指按照国家法律、法规和政策规定必须发生的福利项目。这是政府为了保障员工的合法权利，由政府统一管理的福利措施。只要企业建立并存在，就有义务、有责任且必须按照国家统一规定的福利项目和支付标准支付。这些法定福利包括：

1）社会保险。包括养老保险、医疗保险、失业保险、工伤保险、生育保险以及疾病、伤残、遗属三种津贴。

2）法定带薪假日。依照国务院颁布的《全国年节及纪念日放假办法》规定的假日为企业法定带薪假日。

3）特殊情况下的工资支付。是指除属于社会保险、病假工资或疾病救济费（疾病津贴)、产假工资（生育津贴）之外的特殊情况下的工资支付。如婚丧假工资、探亲假工资。

4）工资总额外补贴项目。如计划生育独生子女补贴、冬季取暖补贴。

补充福利是指在国家法定的基本福利之外，由企业自定的福利项目。这是企业为了吸引人才或稳定员工而自行采取的福利措施，福利项目的多少和标准的高低由企业根据自身需要和支付能力来确定。补充福利的项目五花八门，常见的有房租补助、免费住房、工作午餐、女工卫生费、通信补助、员工生活困难补助、财产保险、人寿保险、法律顾问、心理咨询、贷款担保、内部优惠商品、搬家补助、子女医疗费补助、探亲假以及健身房、图书馆、托儿所等企业公共福利设施。

案例

风险报酬计划

总部位于伦敦的时尚零售平台 Farfetch，2016 年启动了一项名为“Farfetch for All”的计划，为全员提供风险报酬，该公司在全球 11 个办事处拥有 2 000 名员工，员工来自 57 个国家。根据交易商品总额计算，在截至 2016 年底的 12 个月里，Farfetch 实现了逾 70%的超高速规模增长，该计划增强了公司的凝聚力。公司努力在各个不同市场之间营造一种团体感，伦敦作为总部的地位并不高于位于葡萄牙的分部。

（二）薪酬管理的含义与重点

薪酬管理是指企业对员工薪酬的支付标准、发放水平、要素结构进行确定、分配和调整的过程。薪酬管理的目标就是通过设计一个具有成本效益的薪酬方案，吸引和留住能干的人才，并激励他们努力工作，同时，还要保证所有员工都认为是公正的。因此，企业薪酬管理的重点是要处理好薪酬的外部均衡和内部均衡问题。

1. 薪酬的外部均衡问题

外部均衡是指企业员工的薪酬水平与同地域同行业的薪酬水平保持一致，或略高于平均水平。外部均衡失调有两种情况：

（1）高于外部平均水平。企业的薪酬水平高于外部平均水平，将会对员工产生激励作用，促使员工更好地工作，提高工作效率；可以稳定员工，降低企业员工流失率；可以吸引更多的优秀人才加入。但是，如果企业的薪酬水平过高，无疑会加大企业的人力资源成本。

（2）低于外部平均水平。企业的薪酬水平低于外部平均水平时，降低了企业的人力资源成本。但是，它会使员工失去工作的热情和主动性，降低了工作效率；会增加企业员工流失率。

企业必须非常敏感地掌握薪酬管理中的外部均衡情况，并利用外部均衡数据对企业薪酬水平进行调节，以达到企业的管理目的。比如，如果企业急需大量的人才，可以调高企业的薪酬水平，吸引人才；如果企业已经稳定，并且有很高的知名度，可以将薪酬水平调整至与外部水平持平。

2. 薪酬的内部均衡问题

内部均衡的目的是满足员工对薪酬公平性的要求。内部均衡失调有两种情况：

（1）差距过大。差距过大是指优秀员工与普通员工之间的薪酬差异大于工作本身的差异，也有可能是干同等工作的员工之间存在较大的差异。前者的差异过大有助于稳定优秀员工，后者的差异过大会造成员工的不满。

（2）差距过小。差异过小是指优秀员工与普通员工之间的薪酬差异小于工作本身的差异。它会引起优秀员工的不满。

企业必须关注和正视薪酬的内部均衡问题，对员工薪酬差异的有效调节可以稳定员工的情绪，提高工作效率。薪酬内部均衡的激励作用属于保健型激励，也就是说，当内部均衡适当时，员工可以达到正常的工作效率；当内部均衡不适当时，员工的工作效率会降低。

（三）薪酬制度设计

1. 薪酬制度设计的程序

企业建立和修改薪酬制度之前，首先要对薪酬的外部均衡和内部均衡进行分析，分析的方法是进行薪酬调查和岗位评估；其次要设计恰当的薪酬结构；再次要确定薪酬的等级和范围；最后制定薪酬的调整政策。具体分为六个步骤：

（1）薪酬调查。通过各种正常的手段来获取相关企业各职务的薪酬水平及相关信息，对薪酬调查的结果进行统计和分析，为企业管理薪酬的外部均衡提供依据。

（2）岗位评估。通过一些方法来确定企业内部工作之间的相对价值。通过岗位评估确定各岗位的价值，为企业管理薪酬的内部均衡提供依据。

（3）现状调查。对企业薪酬管理中存在的问题进行调查分析。

（4）确定企业薪酬总额。

（5）设计奖金模式、津贴模式和长期激励模式。

（6）形成工资制度、奖金制度、福利制度和长期激励政策文件。

2. 工资制度的类型

企业普遍采用的工资制度有以下三种类型：

（1）技术等级工资制。

主要根据劳动的复杂程度、繁重程度、精确程度和工作责任大小等要素划分技术等级，按等级规定工资标准。它一般由工资等级表、技术等级标准和工资标准三方面内容组成。

（2）职务等级工资制。

职务等级工资制的侧重点是职务的性质、责任大小、工作环境等，只对事不对人。实施职务工资制的条件是：企业经营范围与经营领域明确；职务内容相对稳定；职务本身标准化，如行政人员 30 级，技术人员 18 级。

（3）结构工资制。

结构工资制又称分解工资制、组合工资制，它根据劳动的多种形式和工资的多种职能将工资分解为若干个既相互联系又相互独立的部分，如基本工资、工龄工资、津贴等。

案例

技术专才为什么能拿高薪?

Fraedom 是一家私人所有的中等规模的跨国公司，创建于 1999 年，总部位于伦敦。该公司专门提供支付和报销系统，聘用了 200 名开发人员。Fraedom 并非一家现金充裕的硅谷大公司，也不是一家结构精简的初创企业。首席信息官西蒙·雷默天天都在忙于招揽技术人才，试图填补 50～100 个空缺职位。为了创新和发展，该公司必须聘用专业人才，它需要懂技术、有着解决问题经验的员工，包括开发人员、系统架构师以及具备编程技能的人员。然而，全球很多其他公司也在物色同样的专业人才。鉴于全球最大的一些公司押注于自动驾驶汽车、人工智能和虚拟现实等技术，对科技人才的需求越来越大，那些能够开发并管理这类技术的人才所要求的薪资和福利也在节节高升。根据美国招聘机构万宝盛华（ManpowerGroup）的数据，科技行业被认为是招聘难度第二大的行业，美国和欧洲的情况稍好。这种专业人才是全球稀缺的，特别是具备丰富经验的金融科技人才，供给量稀少。科技行业薪资丰厚，而薪资因专业领域而不同。传统的张贴广告等招聘方法在这个市场上并不奏效。公司有 3 位全职的专门负责招聘的员工，他们会浏览 LinkedIn，出去招人并传播招聘消息。他们必须设法说服最优秀的技术人才选择去公司工作。

按照“市场行情”，Fraedom 新加入者的年薪在 4 万～20 万英镑之间，博士和其他专业人士要求的薪资“高得吓人”。对于进入科技行业工作的哈佛大学商学院 MBA 毕业生而言，短短 5 年内，他们的年薪中值就从 11.5 万美元升至 13 万美元。

Fraedom既不是一家初创企业，也不是四大科技巨擘（脸书、亚马逊、Netflix和谷歌）之一，但它确实具备一些传统的优势。如果你为一家初创企业工作，你永远不会确定你是否会拿到薪资；如果你为一家大公司工作，表面光鲜且福利优厚，但要拼命工作。该公司把自己定位为一家友好的雇主，有着有限的等级结构，科技团队拥有解决问题的自主权。

二、职业生涯管理

（一）职业生涯及其影响因素

1. 职业生涯的含义

职业生涯，也叫职业发展，它有广义与狭义之分。

广义的职业生涯，是从职业兴趣的培养、选择职业、就职，直至最后完全退出职业这样一个完整的人生过程，因此，其上限从零岁人生起始，其下限到劳动力能力终止。

狭义的职业生涯，仅指直接从事职业工作的这段时间，即从就业到退职这段时间，就是一个人从接受职业教育培训开始到寻找职业、就业、重新选择职业，直至完全脱离职业工作的整个人生职业工作历程。企业人力资源管理中的职业生涯指的是狭义的职业生涯。

2. 职业生涯的影响因素

员工的职业发展与诸多因素有关，因此，要有效地进行职业生涯管理，必须对各有关因素加以分析，帮助员工确定适宜的职业生涯发展目标，并根据各种因素的变化，对员工的职业生涯发展做出适当的调整。主要因素如下：

（1）个人因素，包括心理特质、生理特质、教育经历和家庭背景。不同个性的人适合从事的工作不同，所以企业应努力将员工的个性与其工作加以匹配，以更好地激发员工的工作热情，降低员工的不满情绪和离职率。

（2）环境的因素，包括内部组织环境和外部社会环境两方面。内部组织环境包括企业的特色、发展战略和现有人力资源状况等因素，对员工的职业发展有着直接的影响。外部社会环境包括社会各行业对人才需求的状况、社会中各种人才的供给状况、社会政策、社会价值观的变化等因素，也会对员工的职业发展产生有利或不利的影响。

人工智能的新突破更有可能影响服务行业，如零售、物流、会计和法律。一部分法律和金融专业人士的工作已经被技术取代。自动货车的开发不仅会威胁到卡车司机的工作，还会影响沿着主要公路提供配套服务的家庭作坊式的小企业。

简言之，不同特质的人、不同的社会环境和组织环境、不同的机会都会影响员工的职业发展，因此，企业必须充分考虑各种影响因素，规划员工的职业生涯路径，以求个人与企业的双赢和共同发展。

（二）职业发展路径

职业发展路径是企业为员工设计的自我认知、成长和晋升的管理方案。员工的职业发展路径因人而异，但一般有以下几种途径：

1. 横向发展路径

横向发展路径是指员工在企业中进行跨职能边界的工作变换。这种发展路径对员工来说，有助于扩大个人的知识技能面，积累阅历；对企业来说，有助于激发员工的工作热情。因为，企业内部并没有足够多的高层职位为每个员工提供升迁的机会，而长期从事同一项工作会使人感觉枯燥无味，影响员工的工作效率。因此，可采取横向调动来使工作具有多样性，使员工焕发新的活力，迎接新的挑战。

案例

英国劳动力市场换工作倾向下降

2015 年，保罗·格雷格和劳拉·加德纳为英国智库“决议基金会”（Resolution Foundation）进行了一项英国劳动力市场研究，两人在研究中发现人们换工作的倾向出现显著下降。在 20 世纪 90 年代和 21 世纪初，每季度约有 3%～3.5%的就业人员为了新工作辞职。金融危机期间，这一比例下降到 2%以下，此后有所反弹，但仍远低于历史标准。在 30 岁以下人群中，这一下降尤为明显。经济学家麦克·康恰尔和马歇尔·斯坦鲍姆在 2016 年发表的文章中认为，人们不愿意为找到好工作辞职或搬迁的主要原因是好的就业机会越来越少。换工作往往意味着升职和大幅加薪，然而绝大多数行业薪水并没有涨。因为有互联网，现在的经济比过去更同质化。人们可以在理想的地方找到理想的工作，不用再搬来搬去。

---

2. 纵向发展路径

纵向发展路径是指员工在变换工作的同时提升在组织中的层级，表现为职务的晋升。在企业中一般有三种类型的纵向发展路径。

（1）专业技术型发展。指沿着技术开发、维修、财会、人事、计算机等专业方向发展，比如从助理工程师到工程师再到高级工程师。

（2）行政管理型发展。一般是先下基层锻炼，表现出才能和政绩后获得提升，先担任基层主管，然后担任中层领导乃至高层领导。

（3）专业技术-行政管理型发展。先从事技术工作，然后担任技术部门的基层主管，再到技术部门负责人，最后成为公司分管技术工作的副职乃至公司高级领导。

3. 横纵向型发展路径

横纵向型发展路径指员工的职业发展既有跨职能边界的横向变换工作，也有纵向晋升。例如：从工程技术工作转到人力资源工作属于横向发展，再从普通人力资源管理人员晋升为人力资源主管乃至公司分管人力资源工作的副职或高级领导属于纵向发展。

（三）职业生涯管理的内容与方法

职业生涯管理是指企业帮助员工制定职业生涯规划及实现职业生涯发展的一系列活动，是现代企业人力资源管理的重要内容之一。企业职业生涯管理主要有两大职责：一是帮助员工设计职业发展计划；二是帮助员工实现职业发展计划。这也是企业职业生涯管理的主要内容。

1. 帮助员工设计职业发展计划

企业可通过以下三方面工作为员工设计职业计划提供帮助。

(1) 与员工沟通企业需求和员工职业发展愿望。

企业管理者应主动了解员工个人的职业发展愿望，同时让员工了解企业发展需要，通过沟通使员工了解企业目标，看到企业目标给自己带来的利益，指导员工将个人的职业愿望与企业战略目标的需求联系在一起，协调企业目标与个人目标，形成利益共同体（见图 6-3）。

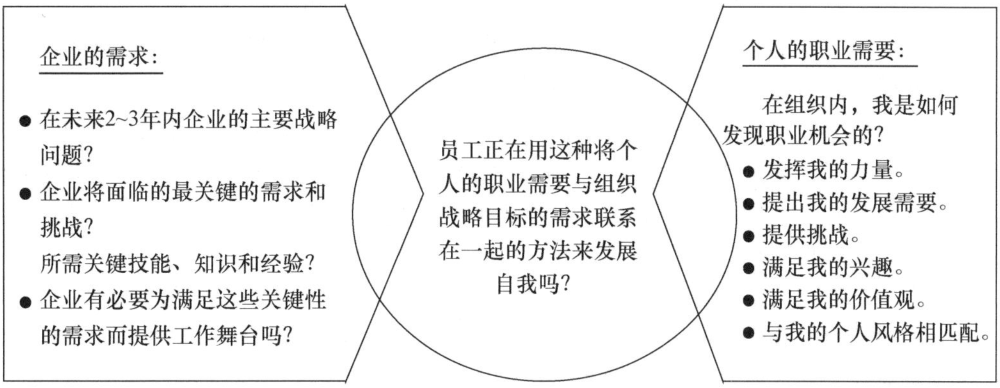

图 6-3 职业发展需求沟通示意图

(2) 为员工提供职业发展信息。

首先，企业应向员工提供职业发展表，即将企业中的各项工作进行分门别类的排列，向员工描述企业内可能的职业发展路径（见图 6-4），使员工可以借助此路径，确定并瞄准自己的职业目标，在主管经理的指导下正确选择自己的职业道路。其次，企业应及时公开职业发展信息，为员工参与公平的竞争打下基础。

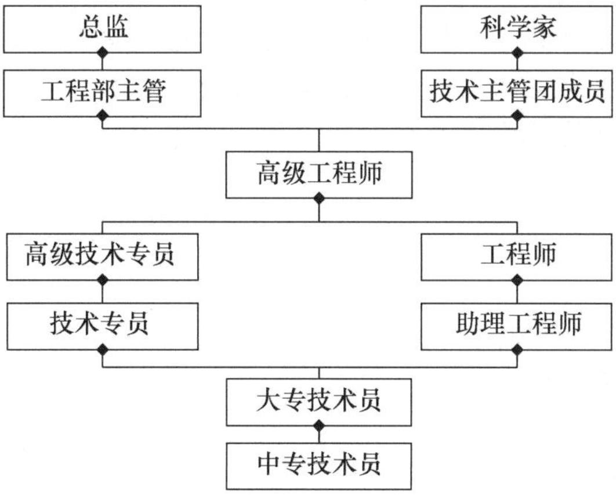

图 6-4 员工职业发展路径示意图

(3) 为员工提供职业指导。

企业为员工提供职业指导一般有三种形式：

1）通过管理者进行指导。管理者长期与下属共事，了解其能力和专长，在下属适合从事什么工作方面能提供有价值的建议，帮助下属分析晋升与调动的可能性。

2）外请专家为员工做职业发展咨询。

3）向员工提供有关的自测工具。如为员工提供能力和个人特质方面的测试软件。

2. 帮助员工实现职业发展计划

企业帮助员工实现职业发展计划贯穿于企业人力资源管理工作的各个环节中。

（1）招聘时重视应聘者的职业兴趣，提供较为现实的发展机会。招聘时既要强调职位的要求，又要重视应聘者的愿望，特别要着重了解其职业兴趣和职业计划，实现员工个人职业计划与组织计划的最佳结合。招聘时也应注意要向应聘者介绍企业的真实情况及未来可能的发展机会，避免录用后因误解导致辞职。

（2）对新雇员严格要求。新员工通常有较高的工作期望，企业应为新员工提供富有挑战性的工作。新员工与上级间存在“皮格马利翁效应”，即上级对其期望越高、越信任、越支持，他干得越好。因此，企业应尽可能为新员工找到一位具有较高的工作绩效，能为新员工提供必要支持和帮助的上司。

（3）为员工提供阶段性的工作轮换。一般情况下，阶段性的工作轮换能够使员工在新尝试中更准确地评价自己的长处和短处，使员工经受多方面的锻炼，拓宽视野，培养多方面的技能，从而为将来承担更重要的工作打下基础。

（4）为员工提供多样化、多层次的培训。职业发展的基本条件是员工素质的提高，这种素质提高不一定与目前的工作相关。素质提高有赖于持续不断的学习和培训，企业应建立完善的培训体系和培训机构，支持和鼓励员工参加企业内外的各种培训。

（5）开展以职业发展为导向的考核。考核不能满足于为过去做一个结论，更要使员工了解怎样在将来做得更好。考核应着眼于帮助员工发现问题和不足，明确努力方向和改进方法，促进员工的成长与进步。

（6）建立合理的晋升与调动制度和激励制度。这是员工职业发展的直接表现和主要途径，保证员工得到公平竞争机会，保证员工有顺畅的发展路径。为员工创造职业成功的机会，企业应重视为员工提供多种工作晋升路径，当晋升机会有限时，还应通过薪酬激励制度为员工提供职位层级不变而薪资水平提升的发展机会。

本章内容小结

（一）人性假设与人本原理

（二）人力资源管理过程

（三）人力资源规划与职务分析

（四）培训需求分析

（五）绩效评估的内容、作用和方法

（六）薪酬制度设计

（七）职业生涯管理的内容与方法

第七章　市场营销

本章提要

市场营销是企业经营活动中十分重要的一个环节，已成为企业管理的重要组成部分。作为联系企业和用户的桥梁和纽带，营销人员站在市场竞争的最前沿，把自己企业的产品或服务信息传送给消费者，同时把消费者的意见和新的需求反馈给企业。通过营销活动，企业发现和开拓新的市场。因此，营销既是企业开拓市场的先锋，也是企业的“耳目”。市场营销战略更是企业战略体系中的重要组成部分，它是企业进入、占领和扩大市场的关键。本章着重对市场营销观念、市场细分、目标市场选择、市场定位、市场营销组合战略、品牌战略与名牌战略和新形势下市场营销新谋略等内容进行论述。

重点难点

（一）市场营销观念
（二）市场细分与目标市场选择
（三）市场定位与市场营销组合战略
（四）名牌战略
（五）新形势下的市场营销新谋略

引导案例

携程营销的第一目标是增长

1999年携程创立之初，只是一家在线票务服务公司。经过近20年的发展，已成为中国领先的酒店预订服务中心，拥有国内外60余万家会员酒店可供预订。携程在北京、天津、广州、深圳、成都、杭州、厦门、青岛、沈阳、南京、武汉、南通、三亚等17个城市设立了分公司，员工超过25 000人。2017年8月3日，携程在2017年“中国互联网企业100强”榜单上排名第九。但是，近年来线上流量成本上升等问题困扰着携程，携程正在探索新的路径。

在2016年走马上任的副总裁的主持下，近期携程的营销工作重点出现了调整，营销战略重点开始下沉到二三线城市：针对增量空间巨大的二三线市场，瞄准年轻人群，采用差异化战略，主打“去哪儿”品牌；启用了形象和人气都非常不错的一线女星Z，在她参与的湖南台真人秀《七十二层奇楼》上做了推广，在电视剧《楚乔传》做了重度的捆绑投放，传播效果极佳；加大出境游的推广和促销力度，包括机票、酒店、团队游等。同时，携程开始尝试寻找和动漫、电竞结合的匹配点，投入了一个三四个人的小团队，希望以很低的投入、很高的产出，开拓“娱乐化营销”的价值洼地。看重投入产出比和投资回报率，是携程一直坚持的一个原则。尽管在一些竞争激烈的市场，在资源投入和扩大市场的平衡中，携程更看重用户增长，携程市场营销的目标是“增长”，钱上不会卡得非常死，但是，携程也不会投资那种上亿元的项目，而更多地投几百万元的项目，以小博大。

针对美团在一些城市的酒店价格上有明显的优势，携程以“去哪儿”为主，与美团展开针锋相对的价格竞争。

（资料来源：乔芊．36氪．2017-07.）

案例思考：

1．携程营销战略调整的依据是什么？选择的市场细分变量是什么？采用的营销组合策略是什么？

2．根据市场营销的观点，如何理解携程“钱上不会卡得非常死”这句话？

第一节 市场营销观念

一、市场营销的定义

随着社会经济的发展，企业市场营销的实践活动持续深入，专家学者对市场营销（marketing）的定义不断进行修订。其中，比较有影响力的定义有：

1960年，美国市场营销协会将市场营销定义为“引导有形产品和服务从生产者流转到消费者或用户所进行的一切企业活动”。这个定义将市场营销的活动范围局限于产品或服务的流通过程，是产品在生产出来以后，为了实现产品销售或服务传递所做的各种努力。

1984年，被誉为“现代营销学之父”的美国西北大学教授菲利普·科特勒（Philip Kotler）指出：市场营销是一种组织机构的业务活动，包括识别目前尚未满足的需要和欲望，估计和确定需要量大小，选择和决定目标市场，并且决定适当的产品、服务和计划，以便为目标市场服务。

1990年，芬兰市场营销学家格罗鲁斯（Gronroos）指出：市场营销是在一种利益之下，通过相互交换和承诺，建立、维持、巩固与消费者及其他参与者的关系，实现各方的目的。其后，菲利普·科特勒又对市场营销的定义进行了完善，指出：市场营销是个人或群体通过创造、提供并同他人交换有价值的产品或服务，以满足各自的需要和欲望的一种社会活动和管理过程。

2004年，美国市场营销协会将市场营销的定义修订为：市场营销既是一种组织职能，也是为了组织自身及利益相关者的利益而创造、沟通、传递客户价值、管理客户关系的一系列过程。

以上关于市场营销定义的论述表明：市场营销内容已经由单纯的销售活动发展到社会和管理的过程，进而发展为建立、维持和巩固与消费者及其他参与者的关系。

上述关于市场营销的定义包含了以下几个核心概念：

（1）需要和欲望。市场交换活动的基本动因是满足人们的需要和欲望，营销者必须努力理解目标市场的需要和欲望。

（2）产品。任何需要的满足必须依靠适当的产品，产品不仅仅指物质产品，也包括服务，甚至是信息。好的产品能使消费者的需求得到较大程度的满足，在市场上具有较强的竞争力，实现交换的可能性也更大。

（3）价值和满意。顾客会在不同的产品中选择他们认为可以带来最大价值的产品。价值可以看作是质量、服务和价格的组合，价值随着质量和服务的提高而上升，随着价格的上升而下降。产品如果能够给购买者带来价值和满意，它就会畅销。

（4）交换和交易。市场营销的核心，是以一定的利益让渡从对方获得相当价值的产品或满足。

（5）市场。在市场营销学中，“市场”往往特指企业的顾客群体。

（6）关系和网络。企业为了实现稳定的销售业绩，就不能仅仅关注一次交易的实现，而应当同供应商、经销商和顾客之间建立起紧密、互惠的关系，并且将这种关系不断持续下去。与其经营活动有关的重要群体所形成的一系列交易关系，会逐步构成企业的营销网络。建立规模庞大、稳定性强的营销网络是企业市场营销的重要目标，也会增强企业市场竞争力。

二、营销观念的演变

纵观西方营销思想的演变历程，自第二次世界大战以来，在半个多世纪的发展中，当代营销观念历经了生产观念、产品观念、推销观念、市场营销观念和社会营销观念五个阶段。

1. 生产观念

19 世纪后期至第二次世界大战前，世界处于短缺经济时代，是典型的卖方市场，相应产生的市场营销观念是生产观念。企业此时的宗旨是“卖能生产的东西”。这种观念是以企业增加生产为中心，生产什么产品就销售什么产品；企业销售什么产品顾客就购买什么产品，消费者几乎没有选择余地；企业只生产和提供产品，通常是坐等消费者前来购买，忽视顾客的多样化、个性化的需要。在这种状况下，企业只要加大现有热销产品的生产批量，提高效率，降低成本，就能获得丰厚的盈利。人们更关心的是产品的生产和价格。

2. 产品观念

进入 20 世纪 50 年代（被称为“金色的 50 年代”），世界经济全面复苏，由短缺经济时代开始过渡到过剩经济时代，由卖方市场转向买方市场。在这种市场态势下，营销观念由生产观念转向产品观念。

随着同类产品生产厂家的增加，产品供给饱和，顾客可以货比多家择优选购。那些质量高、性能好、有特色、价格又公道的产品，自然成为顾客争相购买的对象，如美国福特 T 型车的上市，宣布了汽车的大众消费时代的到来，拉开了消费造就市场的历史序幕。同类产品生产厂家之间的竞争开始激烈起来，竞争的重心转向质量。与生产观念相比，产品观念中开始有了竞争，也有了“以优取胜”的质量。企业一旦确立了产品观念，即重视产品质量的观念，企业生产管理的重心就由重“量”转向重“质”。然而，产品观念的缺陷是企业仍在现有产品上下功夫，不重视顾客的新需求，忽视了新产品开发。

3. 推销观念

在市场出现产品供求平衡或供过于求的情景，同类产品厂家之间的竞争会日趋白热化；等客上门的风光不再，企业产品库存积压严重。走出企业，到客户中、到消费者中推销产品，成为企业销售人员的首要工作。与此同时，企业采用广告宣传、营业推广等促销措施，以刺激顾客产生购买愿望。在此背景下，推销观念应运而生。推销观点推动企业了解市场，接近顾客，提高企业的市场竞争力。然而，推销观念本质上仍然是以产定销，企业生产什么就销售什么，顾客就购买什么，围着生产厂家转。一旦顾客需求发生变化，购买对象发生偏移，厂家的产品推销策略将无的放矢。

4. 市场营销观念

针对许多企业过于偏重制造与销售产品，强调卖方需求，忽视顾客需求，1960 年，美国哈佛大学教授西奥多·列维特（Theodore Levitt）提出了一个里程碑式的观点：企业管理者必须把自己视为创造顾客、提供超值满意的人，而不只是产品的制造者。列维特强调的“以顾客为导向”，将营销引入一个顾客导向的时代，“为顾客着想”成为这一时代的流行口号，“顾客满意”（customer satisfaction，CS）日益成为企业能否赢得市场的关键。谁能够对顾客的变化做出最恰当的反应，谁就是胜利者。没有贫瘠的市场，只有贫瘠的想象力。在这样的时代风潮下，一种新的企业营销理念——“市场营销观念”产生了。

市场营销观念是以市场需求为导向，顾客需要什么产品，企业就开发和生产什么产品，销售什么产品；把顾客的需求作为出发点，按顾客的需求组织产品开发、安排生产和销售；企业以达到顾客满意作为开展市场营销活动的主要目标，而不是简单地追求短期销售量的增长，更看重长期地占领市场和不断地提高市场占有率。在处理企业与顾客的关系上，强调尊重顾客，用户至上，为顾客创造价值，努力做到“想顾客之所想，急顾客之所急”。

在顾客满意中扩大市场，使顾客感到获得了满意的价值，即顾客获得的让渡价值（企业提供的总价值扣除顾客购买付出的总成本）物有所值，从而提升了顾客满意度，进而也提升了顾客对企业的忠诚度，有利于企业提高市场占有率，最终使企业获得满意的利润，实现理想的经济效益。

顾客价值是企业价值的基础，企业之所以能够创造利润，根本原因是企业能够创造顾客价值，除顾客价值以外的其他目标，如股价、利润等，都是暂时的目标，不应该成为战略选择的决定因素。波士顿顾问团的 W. 钱·金（W. Chan Kim）教授和欧洲工商管理学院的莫博涅（Renee Mauborgne）教授曾经用 5 年的时间对 30 多家公司进行深入的研究，发现能够持续成长的公司最大的特点是重视发展顾客价值，而不是把眼光放在竞争对手身上；美国 3M 公司执着于开发能够给顾客带来更高价值的新产品，很少关注竞争对手在做什么。大量事实表明，顾客价值是比竞争对手更值得企业关注的事情。

在市场营销观念的指导下，企业会主动地进行市场调查，预测顾客需求变化趋势，掌握顾客的多样化和个性化的需求，积极地开发和生产顾客所需要的新产品，争取顾客满意度最大化。

5. 社会营销观念

“顾客至上”的市场营销观念已然成为当下大多数企业的基本原则，然而，企业“取悦”顾客的手段总是有限的，一个重要原因就是“收益递减法则”。不仅如此，单纯的顾客导向，并不能消解消费需求与社会、人类的长远利益之间可能存在的冲突。比如，空调降低了房间中的温度，却加剧了地球的温室效应；一次性筷子的使用，给商家带来利润，给消费者带来方便，却让森林总量趋于减少。因此，一切由顾客的需要、愿望甚至怪异的癖好来决定的话，显然是十分有害的。在某种意义上，生产者必须超越顾客至上和消费者个人的偏好。正是基于上述认识，科特勒创造性地提出了社会营销观念。

科特勒认为，营销是一个增进社会福利的过程，而不是简单的为企业牟利的商业功能，营销行为应顾及消费者及社会的整体与长远利益；为此，企业应抱着对顾客或用户负责的态度，有选择地开发、生产、销售确实能增进消费者或用户利益的产品，要顾及人类普遍的福利和社会发展的可持续性。可见，社会营销实际上就是一种道德营销，即企业要顾及消费者的切身利益以及社会长远利益。

当今流行的**“绿色营销”**实际上就是社会营销的一种具体体现。它是指企业为实现可持续发展，从产品设计、生产、营销、废弃物处理，直到产品消费各环节，确立有利于环境保护、生态平衡的意识，所制定的长远性的谋划与方略。

实施绿色营销战略，需要具备以下条件：首先要求企业所有员工确立绿色生产观念和绿色营销观念，也就是确立企业的社会责任观念和可持续发展观念；其次，开发有利于生态环境保护的绿色技术，生产经营绿色产品，提供有利于人们身体健康的产品，减少或消除对环境带来的污染；再次，依法依规地进行绿色产品设计，推行绿色包装、绿色标志，满足顾客对绿色产品的需求，塑造企业良好形象；最后，实施产品、价格、渠道和促销的绿色组合，实现企业、顾客和社会三者之间利益的统一与和谐，以营造企业的绿色优势，以绿色和环保在竞争中取胜。

总体来看，生产观念、产品观念和推销观念属于传统营销观念，是“向外推动型”营销观念，其共同点就是：企业以自己的产品为出发点，以卖方的要求为中心，以产品销售出去获取利润为目的，是一种“以生产者为导向”的经营观念。而市场营销观念和社会营销观念属于现代营销观念，是“向内拉动型”营销观念，其共同的特点都要以市场需要、社会需要为导向，以产品适销对路为核心，开展整体的市场营销活动，目的是实现企业和顾客的双赢，或实现企业、顾客和社会的“多赢”。

在不同营销观念下，企业各类人员，特别是营销人员，会采取与之相适应的经营行为或营销行为。例如，在产品供不应求的情况下，企业必然产生生产观念；而在生产观念的指导下，企业必然产生坐商行为，不会主动去了解顾客的多种要求。相反，在市场供过于求的情况下，企业不得不采取与市场需求为导向的观念相适应的经营行为和营销行为，企业会主动进行市场调查，按顾客的需要来安排生产。适应市场需求变化，企业则兴；不适应市场需求变化，企业则亡。

第二节　市场细分、目标市场选择和市场定位

一、市场细分

市场细分是现代营销的起点和根基。自从美国市场营销学教授温德尔·史密斯（Wendell Smith）于1956年提出市场细分理论以来，这一理论已被广泛地用来指导企业

的市场营销活动，在加强企业市场竞争力方面起到了重要作用。此后，菲利浦·科特勒进一步发展和完善了温德尔·史密斯的理论并最终形成了成熟的 STP 理论——市场细分（segmentation）、目标市场选择（targeting）和市场定位（positioning）。它是战略营销的核心内容。

（一）市场细分的含义

市场细分（又叫市场分割），是指企业根据顾客对产品不同的现实或潜在需求，不同的购买行为与购买习惯，把某一产品的整体市场分割为需求特征不同的若干子市场（也称为细分市场）的过程；其中，任何一个子市场都有需求特征相似的顾客群体，而不同子市场的顾客对同一产品的需求存在显著差异。市场细分的本质在于关注和分析顾客的需求。如今许多企业下功夫研究如何多层次、多维度地细分产品或服务。

（二）市场细分的标准

市场细分标准，是指一系列用来标识相似顾客群的特征的变量。目前，理论界所研究的细分变量已有数百种，在众多细分变量中，选择最有效的细分变量一直是学术界和企业经营实践中关注的问题。随着市场竞争的日益加剧，客户需求越来越多样化，表现出更多购买行为的个性特征，因此，企业想在激烈的市场竞争中获得优势，从单一维度（变量）分析顾客已经不能满足市场分析的需要，必须依靠多维度（变量）的分析。

主要的市场细分标准有：

1. 地理细分

地理细分，是指企业根据顾客需求特征在不同国家、地区、城市规模、人口密度等方面的显著差异，将市场细分为不同的子市场。另外，在不同的地理环境下，消费者对企业营销策略的反应也会有所差异。按照地理因素将产品市场进行细分比较容易操作。

按地区划分，可细分为国内市场与国际市场。国内市场再细分为不同地区（如东北、华北、西北、华东、中南、西南等地区）以及各省、市、自治区市场；国际市场再细分为各大洲、各地区（如亚洲细分为东北亚、东南亚、南亚、西亚等地区）、各国或地区市场。

按地域气候条件划分，可细分为寒带市场、温带市场、热带市场。

按城乡划分，可细分为城镇市场和农村市场。

然而，即使处于相同地理因素下，顾客需求仍会有较大的差异。比如在“北上广深”这样的特大城市，流动人口很多，构成了一个巨大的消费市场，其需求特点与常住人口有很大差异。所以，企业在选择目标市场时，不能简单地以某一地理特征区分市场，还需要结合其他细分变量进行综合考虑。

2. 人口细分

人口细分，是指企业根据顾客需求特征在消费者年龄、性别、家庭规模、家庭生命周期、收入、职业、教育程度等变量上表现出来的显著差异，将市场分成不同子市场。对于消费品市场而言，人口因素在很大程度上决定了顾客的消费需求及偏好。例如，收入水平会显著影响顾客对于珠宝、名表、高档服装等奢侈品的购买能力。因此，人口因素是最重要的市场细分变量，而且人口变量的相关数据容易获取，做市场细分也较为方便。

（1）按人口的年龄划分，可细分为中老年市场、青年市场、少年儿童市场和婴幼儿市场；

（2）按性别划分，可细分为男性市场和女性市场；

（3）按收入划分，可细分为高收入市场、中等收入市场和低收入市场等。

通用汽车向不同的市场提供不同品牌的汽车，如向富豪供应“凯迪拉克”，向中产阶级供应“奥尔兹莫比尔”，向普通大众供应“雪佛兰”。自1928年起，通用汽车销售量超过了福特公司，成为当时世界汽车厂家的第一名。1923年，通用汽车公司的美国国内汽车市场占有率仅为12%，1956年达到了53%。

3. 心理细分

心理细分，是指企业根据不同社会阶层、不同生活方式、不同个性的消费者在需求特征上表现出的显著差异性，将市场分成不同子市场。

处在相同人口、地理因素群体中的消费者，也可能具有不同的消费心理。其中，处于同一社会阶层的成员，或持有相同生活方式的人，或个性相似的群体，往往具有相似的价值观、兴趣爱好，消费需求特征具有较大的相似性。比如，不同社会阶层的消费者，其对消费类电子产品会有不同的偏好；部分追求新潮时髦的消费群体，会对新款苹果手机有较大需求；成功人士，如白金卡会员，会有贵宾室服务、走贵宾通道等需求。

滴滴专车服务的出现，很大程度上满足了消费者出行“舒适”的心理需求。相当长时间使用出租车与私家车的消费者之间存在一个需求缝隙，特别是在中国，这个缝隙尤其明显。中国的公交车、地铁与“舒适”距离遥远，甚至出租车也不能提供“舒适”服务。人们热衷于购买私家车的重要原因之一是追求“舒适性”。但随之而来的交通拥堵，私家车也不“舒适”了。滴滴专车就满足了出行“舒适”的需求。除了专车本身硬件（车型）之外，“舒适”更重要的是表现在车的状态和司机的服务态度。而确保“舒适”是服务的立场和评价机制。

4. 行为细分

行为细分，是指根据消费者对于产品了解程度、态度、使用情况等方面的差异，将市场总体分成不同的细分市场。企业市场营销活动的实践证明，行为变量能够较好地反映出消费者的需求特点，是市场细分的最佳起点。

按消费者进入某种产品市场的程度不同，可细分为经常购买使用者群体、初次购买者群体、潜在购买者群体等不同的子市场。

按消费者对“品牌偏好”的不同购买行为，可划分为单一品牌忠诚者群体、多种品牌忠诚者群体、无品牌偏好者群体三个细分市场。

（三）市场细分的作用

市场细分是从消费者角度，根据消费者的需求、动机和购买行为的差异性来划分的，而不是根据产品品种、产品系列来划分的。市场细分对企业的生产经营具有极其重要的作用。

1. 有利于选择目标市场和制定市场营销策略

细分后的子市场更贴近消费者的需求。企业可以选择自己的目标市场，并针对目标市场制定相应的营销策略。同时，在细分市场上，企业更容易了解消费者需求的变化，从而迅速调整营销策略。

2. 有利于发掘市场机会，开拓新市场

通过市场细分，企业可以对细分市场的购买潜力、满足程度、竞争情况等进行分析，发现有利于企业的市场机会，及时做出生产、销售决策；或编制新产品开发计划，为开拓新市场做必要的技术储备，掌握产品更新换代的主动权。

3. 有利于集中人力、物力投入目标市场

企业通过细分市场，选择合适的目标市场，集中人、财、物及资源，获取局部市场上的优势，占领目标市场。

（四）有效市场细分的特征

众所周知，产品差异化导致生产成本和销售费用的增长，所以，企业必须在市场细分所得收益与所增成本之间做出权衡，对市场细分的有效性做出判断。

有效的细分市场具备以下特征：

1. 可衡量性

可衡量性是指细分的市场是可以识别和衡量的，即细分的子市场不仅范围明确，而且其容量也较易做出大致判断。有些细分变量，如“具有依赖心理的青年人”，在实际工作中很难测量，以此为依据细分市场就没有什么意义。

按性别和年龄来细分服装市场，这两个标志是可衡量的。男性服装和女性服装的区别明显；同时，年龄段不同，所需服装的规格、尺寸差别也是很大的。

按性别来细分食品市场，这个标志就不好衡量。男女食品有多大差别，不好划分，区分也没有实际意义。但是，不同地区、不同民族、不同宗教信仰、不同风俗习惯的消费群体，对食品的需求差别较大，这些可以衡量的特性就成为有效划分不同市场的根据。

2. 可赢利性

可赢利性是指细分后的市场，其容量或规模要大到足以使企业获利。进行市场细分时，企业必须考虑细分市场上顾客的数量、购买能力和购买产品的频率。

在大多数情况下，一个细分市场必须有很多潜在消费者才具有细分的商业意义。反之，如果市场划分过粗，即细分市场的规模过大，虽然有利于企业批量生产，但可能会使企业忽略消费者的某些差异性需求，不利于发现市场缝隙，从而使企业丢掉一部分未来的潜在市场。所以，市场细分的规模不仅要有利于实现企业近期的经营目标，而且要有利于实现长远的经营目标。

3. 可进入性

可进入性是指细分后的子市场应该是企业通过营销活动能够进入的，即企业通过努力能够使产品进入并对顾客施加影响的市场。在一定时期内，企业的产品信息能够通过媒体顺利传递给该市场的大多数消费者；另外，企业有可能将产品通过一定的分销渠道进入该市场。

4. 对营销策略反应的差异性

对营销策略反应的差异性是指不同细分市场上的消费者对相同的市场营销组合方案会有差异性反应，或者说对某营销组合方案的变动，不同细分市场会有不同的反应。

只有对企业营销策略的反应有所不同的消费群体，才能够作为一个细分市场，否则就没有必要将他们分为不同的细分市场。

如果不同细分市场的顾客对产品需求差异不大，消费行为上的同质性远大于其异质性，那么，这样的市场细分就是无效的。另外，对于细分后的子市场，企业应当分别制定独立的营销方案。如果无法制定出这样的方案，也就不必进行市场细分。

二、目标市场选择

在市场经济条件下，任何产品的市场都存在许多顾客群，他们有着不同的需求，并且分散在不同地区。事实上，不管是小公司还是大企业都不可能满足所有顾客群的需要。企业必须在细分市场的基础上，根据目标、资源和特长等，选择进入哪个或哪些子市场，选择为哪个或哪些子市场服务。企业目标市场的选择，直接决定其营销组合，它是一个影响重大的企业决策。

（一）目标市场及选择标准

目标市场，就是企业决定要进入的那个市场部分，也就是企业拟投其所好、为之服务的那个顾客群。事实上，这个顾客群的需求与企业提供的产品相匹配。

企业进行目标市场选择，主要依据以下两个标准：

1. 有一定规模和发展潜力

如果目标市场规模狭小或者趋于萎缩，进入后企业难以获得发展机会或无利可图，此时不应轻易进入。当然，企业也应力求避免“多数谬误”，与竞争者遵循同一思维逻辑，将规模最大、吸引力最大的市场作为目标市场，否则，其结果必定是过度竞争和社会资源无端浪费，同时，遭受冷落和忽视的目标市场正常的消费需求也无法满足。

2. 与企业目标和能力相匹配

某些细分市场虽然有较大吸引力，但不能推动企业实现主要发展目标，甚至分散企业精力，这样的市场就应放弃。另外，还应考虑企业的资源条件是否适合在某细分市场上经营。只有选择那些企业有条件进入，并能充分发挥其资源优势的市场作为目标市场，企业的营销策略才能有效实施。

（二）目标市场选择模式

菲利普·科特勒认为，一个公司在对不同细分市场评估后，可考虑五种目标市场选择模式：集中化的目标市场、产品专门化的目标市场、市场专门化的目标市场、选择专门化的目标市场和全面化的目标市场（见图 7－1）。

目标市场选择的二维因子是子市场（M）和产品（P），侧重点在于企业对目标市场的产品布局。

图 a 是集中化的目标市场选择，即将某种产品集中投放到某个市场中。

图 b 是产品专门化的目标市场选择，即将某种产品投放到所有市场上。

图 c 是市场专门化的目标市场选择，即将所有产品投放到某个具体市场上。

图 d 是选择专门化的目标市场选择，即选择不同的市场投放不同的产品。

图 e 是全面化的目标市场选择，即在所有的市场上投放所有的产品。

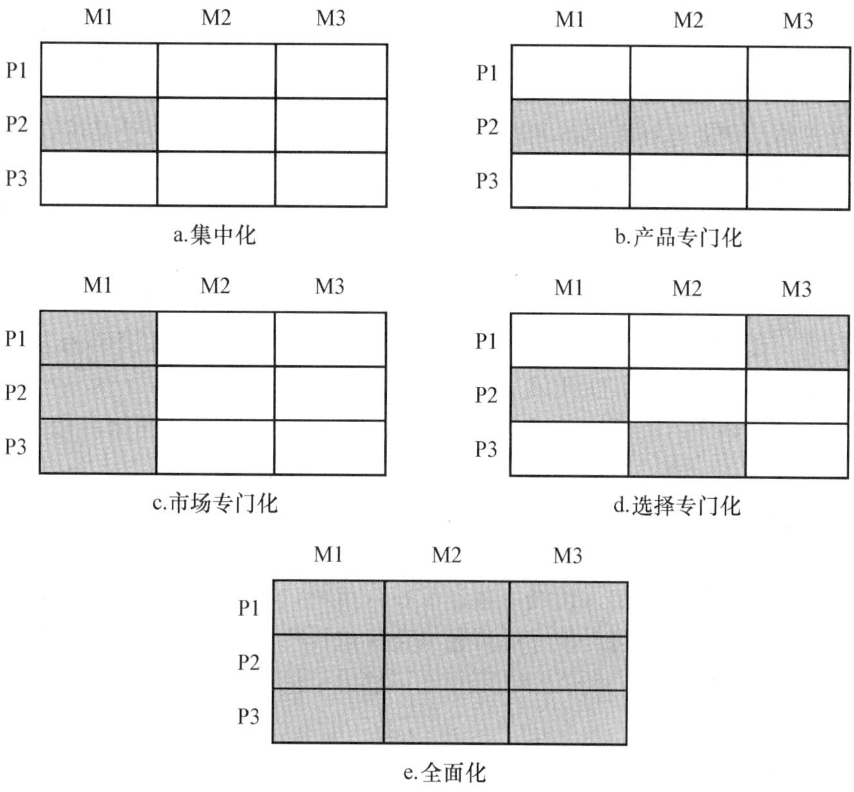

图 7－1　目标市场选择五模式

企业市场营销战略任务和目标不同，其营销组合方案的选择也不同。

如果市场营销战略的目标在于扩大市场覆盖面并提高在每个目标市场上的市场占有率，那么，营销组合重点应放在不同顾客群的共同需求上，努力增大企业产品的选择性和适应性，选择适用市场范围较大的营销组合方案。

如果企业营销战略的任务和目标主要是集中在某一细分市场上，争取在该市场上的领先地位，那么必须采取独具特色的、极富针对性的营销组合方案。

如果企业营销战略的任务在于扩大销售额，争取在不同的细分市场上有自己的市场份额，那么就要采用各具特色的差异性营销组合方案，去适应不同细分市场的要求。

三、市场定位

1969 年美国著名广告营销专家艾尔·里斯（Al Ries）与杰克·特劳特（Jack Trout）首次提出市场定位这个重要的营销学概念，其含义是企业根据竞争者现有产品在市场上所处的位置，针对顾客对该类产品某些特征或属性的重视程度，为本企业产品塑造与众不同的、给人印象鲜明的形象，并将这种形象生动地传递给顾客，从而使该产品在市场上确定适当的位置。他们强调广告宣传的作用，希望通过强有力的信息传播让产品占领消费者心目中的空隙。

菲利普·科特勒批判地继承了里斯和特劳特的定位理论，认为市场定位还应该包括对产品的定位，认为“定位就是对公司的产品进行设计，从而能在目标顾客心目中占有一个独特的、有价值的位置的行动”。他又进一步指出，“定位是企业确定自身品牌的特定形象与个性并传递给消费者选择该品牌的理由，使消费者趋向于偏爱该企业品牌，最终占据有效的细分市场空间的一种战略思路和活动”。

1980 年，迈克尔·波特将定位理论引入到企业战略，从战略定位视角研究了市场定位，并开创了竞争战略理论。

综上可以看出，市场定位的研究视角主要是传播、产品与战略的角度。

简而言之，市场定位，也被称为产品定位或竞争性定位，就是在消费者心目中塑造企业产品在目标市场的位置，其实质就是差异化。

在所有营销策略中，市场定位尤为重要，任何试图凭借同质竞争来打败对手的企业，最后都会自食苦果。

对具体企业而言，主要的市场定位有以下几种：

（一）初次定位

初次定位是指在新企业初入市场，新产品投入市场，或产品进入新市场时，企业必须从零开始，运用所有营销组合，使产品特色符合所选择的目标市场。比如，Airbnb（爱彼迎）在初次进入中国市场时，便将自己定位于“致力于让每位用户在旅行中都能像当地人一样生活”。

（二）重新定位

重新定位是指企业通过变更产品特色，改变目标顾客对其原有印象，并对其有重新认识。比如，如家酒店集团作为目前国内规模最大的连锁酒店，发布了全新中高端酒店品牌“如家精选酒店”和“和颐酒店”，意味着如家品牌的整体升级和重新定位。

（三）对峙定位

对峙定位是指企业选择靠近现有竞争者或与现有竞争者重合的市场位置。例如，百事可乐在与可口可乐的竞争中，选择的就是这种市场定位战略。

在小型干电池领域，劲量电池极力想夺走金霸王电池“耐用”的概念，甚至连金霸王广告中的粉红色小兔子也“照葫芦画瓢”地抄袭下来。然而，无论该公司投入了多少精力进行宣传，却始终无法撼动金霸王的地位。

（四）避强定位

避强定位是指企业避开目标市场上强有力的竞争对手，开拓新的市场领域。在无法与竞争对手共享定位概念时，就必须另辟蹊径，找出产品的独特属性，避免面面俱到。比如，新北冰洋汽水在北京市场上的定位就是突出自己的“情怀”。2016 年北冰洋汽水的广告词：“北冰洋是什么，对我来说，它是童年的渴望，是自由凉爽的风，是青春的汗水和心跳，是街头的肆意和迷茫，是奋不顾身的勇气，是不计后果的疯狂。没错，你喝的只是汽水，我喝的是北冰洋。”

第三节　市场营销组合

一、市场营销组合的概念

市场营销组合，是指企业根据目标市场的需求特点，综合运用各种可能的营销因素和营销手段，组合成为一个有特色的、系统化的整体营销战略和策略。它是企业制定营销战略的基础，是企业满足消费者需求和应对市场竞争强有力的手段，也是实现企业经营目标的一种决策思想和方法。市场营销组合在企业经营过程中的重要性在国内外得到广泛认同。

最早提出“营销组合”概念的是美国哈佛大学教授博登（Borden）。他把企业各种可控的营销手段整理和归类为“十二个因素”，并将这些因素的组合正式命名为“营销组合”。值得注意的是，虽然博登将营销因素划分为十二个，但并不意味着穷尽了所有营销因素。他强调，营销决策者要根据企业所处的实际环境灵活地进行营销组合，将各种可使用的营销因素组合成一个完整的市场营销计划。由此可见，最初的营销组合的概念弹性很大，它强调的不是营销组合中应该包含哪些因素，而是企业对可控因素的综合运用。只要某一营销因素能被企业所控制并能带来利润，那么它就应该包含在企业的营销组合策略中。

之后的学者们又不断地对营销组合的内容进行了充实，形成了4P、4C、4R等诸多营销组合理论构成的营销组合体系，即统称为4X营销组合理论。

二、市场营销组合理论

（一）4P市场营销组合理论

20世纪60年代，美国营销学者麦卡锡（McCarthy）将博登列出的营销组合“十二个因素”进一步归纳为四类因素，即产品（product）、价格（price）、促销（promotion）、渠道（place），每一类中还可以分为更具体的营销因素，这就是著名的**4P**（又称4Ps）营销组合。

产品，是指企业开发出满足目标市场需求的产品，选择产品线、品牌和包装等。

价格，是指企业根据不同的市场情况制定不同的价格。

促销，是指企业通过由广告宣传、人员推销、公共关系、营业推广等要素组成的活动刺激销售的增长。

渠道，是指企业通过分销商的培育和销售网络的建立，将产品送达目标市场中的消费者。

之后，科特勒在4P营销因素的基础上，加入了政治（politics）和公共关系（public

relations）两个因素，发展为6P营销组合，并称之为**战术性营销组合**；随后，又提出新的4P**战略性营销组合**，即探查（probing）、细分（partitioning）、优先（prioritizing）、定位（positioning）。4P战略性营销组合与6P战术性营销组合共同构成了10P市场营销组合。再后来，科特勒认识到营销活动中“人”（主要是指企业的员工）的重要性，又加入了一个P（people），至此，原来的4P发展为11P营销组合。

然而，在企业的营销实践中，营销组合可以千变万化，但是万变不离其“宗”。“宗”就是4P。最初的**4P奠定了营销组合理论的基础框架，是主流营销组合理论的精髓**。它认为一次成功和完整的市场营销活动，意味着以适当的产品、适当的价格、适当的销售渠道和适当的促销手段，将企业的产品与服务投放到特定市场上。事实上，4P就是营销的基因。4P的神奇之处在于，围绕产品、价格、渠道（或称分销）、促销，无论你从哪个因素入手，最后都会形成四个要素的某种状态的组合。4P就像橡皮泥，似乎从事营销的人谁都会捏，而且无师自通。

（二）4C市场营销组合理论

随着顾客导向时代的来临，与之相适应的各种新的营销组合理论纷纷涌现。

20世纪90年代初，美国营销学者劳特邦（Lauterborn）提出了与传统4P营销组合理论相对应的4C营销组合理论。劳特邦认为，消费者选择产品的标准是以一定购买成本为限制条件，实现消费者价值的最大化。他提出了以消费者需求为导向的四个营销组合新因素：顾客（customer）、成本（cost）、便利（convenience）、沟通（communication），即4C营销组合。

4C营销组合与4P营销组合是互补而非替代关系。

“顾客”与4P营销组合中的“产品”相对应。企业首先应该了解消费者，根据消费者需求来研发和提供产品；企业提供的不仅仅是产品，更重要的是由此产生的消费者价值。

“成本”与营销组合中的“价格”相对应。它是指消费者的购买成本，也就是消费者为了得到某个产品而愿意付出的代价，包括消费者的货币支出，购买过程中付出的时间、精力，购买风险等。

“便利”与营销组合中的“渠道”相对应。它强调企业在制定分销策略时，应当更多地重视消费者的便利，而不是企业自身的方便。

“沟通”与营销组合中的“促销”相对应。它认为企业的促销过程不是单向地劝导消费者，而应该与消费者进行有效的双向沟通，建立基于共同利益的新型客户关系；企业不仅要向消费者传播自身的理念和推销自己的产品，还要更多地倾听消费者的声音。

总的来说，4C营销组合是4P营销组合的转化和发展。4C营销组合在追求消费者满意度方面取得了很大的进展，但是，它具有被动适应消费者需求的倾向。在市场竞争日益激烈的今天，企业需要从更高层次、以更有效的方式与消费者建立新型的关系。此外，企业不仅应当关注消费者的需求变化，还应当更多地关注竞争企业、供应商等其他多种市场因素，冷静分析自身优劣并采取相应的策略，在竞争中求得发展。

（三）4R市场营销组合理论

关系营销，是指建立、维系和发展顾客关系的营销过程，旨在与企业的重要伙伴建立长期互信、互惠、互利的关系，最终实现双赢。通过信息网络，建立与顾客（或消费者）的双向信息沟通与交流，是关系营销的本质特征。关系营销强调“人”的概念，特别注意对顾客、员工、商务伙伴诉求的考量。相较于传统营销，关系营销主要是通过为顾客增加经济的、社会的或者技术性的支持和帮助来维系关系，并把顾客变成企业长期的朋友和合作伙伴，巩固了企业现有的市场，也培育了企业长期的市场。

20 世纪 90 年代，美国学者舒尔兹（Schultz）在关系营销的基础上，提出 4R 营销组合理论，包括关联（relativity）、反应（reaction）、关系（relation）和回报（retribution）四要素。

关联。关联是企业建立与消费者关系的第一步。企业通过分析和选择消费者，了解并满足他们的需求和偏好。

反应。消费者的需求和偏好是动态变化的，企业需要站在消费者的立场上，主动与消费者展开互动和交流，倾听消费者的需求，并建立快速反应机制，回应消费需求变化。

关系。企业应当与消费者建立长期的、稳定的友好关系，与消费者形成一个命运共同体，将着眼点从实现销售转变为实现对消费者的责任和承诺。

回报。企业营销活动的最终落脚点在于回报。无论何时，企业的最终目标都是追求利润的最大化，将关系营销看做一种投资，从长期利润最大化的角度来看待和管理它。

4R 营销组合理论站在一个全新的层面描述了市场营销的构架。然而，依据 4R 理论的要求，同消费者建立关联需要实力或某些特殊条件，并非所有的企业都可以做到。尽管如此，针对 4P 营销组合理论和 4C 营销组合理论的不足，4R 营销组合理论还是为企业提供了很好的营销思路。

（四）4P、4C 与 4R 市场营销组合理论的比较

从 4P、4C、4R 营销组合理论产生的时代背景来看，营销组合理论的发展是顺应时代的产物。

4P 营销组合产生于短缺经济的环境，反映的是推动型营销观念，即生产观念、产品观念和推销观念；

4C 营销组合产生于过剩经济的环境，反映的是拉动型营销观念（市场营销观念、社会营销观念）；

4R 营销组合产生于竞争经济时代，反映的是基于供应链的营销观念。

通过比较分析发现，4P 营销组合理论是站在企业的角度来思考问题的，是营销的一个基础框架；4C 营销组合理论是站在消费者的角度来思考问题的，但它没有从企业整体运作的角度看待问题，更没有从营销的核心目的去分析问题；4R 营销组合则是二者综合提炼的结果，它考虑了营销的核心目的，而且将营销看做一个动态的过程。

从 4P 到 4C，再到 4R，营销组合理论在发展过程中的战略性逐渐增强，但可操作性却逐渐减弱。在营销组合对企业发展越来越重要时，企业实施营销组合所受到的约束条件却越来越多，这正是企业对于营销组合的管理越来越复杂、越来越具有战略性的原因。4P 是企业能够直接和完全控制的因素，而 4C、4R 是企业在实施具体的营销组合时必须考虑的因素和所受到的约束条件，并不是企业能够直接和完全控制的因素。

总之，4P、4C、4R 这三种营销组合理论都具有适用性和借鉴性，4C 和 4R 不能取代

4P，是在新的市场形势下对4P的完善和发展。4P仍是基础框架，是任何企业的营销活动都无法回避的。迄今为止，4P营销组合理论仍然是营销决策实践中一个非常有效的指导理论。

三、基于4P的市场营销组合策略

在4P的基本营销因素中，每一个因素在一定情况下都可能成为对企业发展和市场开拓起决定作用的因素，因此，围绕每个要素子系统为重点进行组合，则可形成四种营销组合策略。

（一）产品策略

产品策略，是指以产品要素为主、其他要素相配合的营销组合策略。其中，关键的因素是产品、产品子系统各要素的优化组合，尤其是品种和质量的优化组合。

如果产品质量低劣、品种单调、技术落后、性能陈旧，不符合消费者或用户的需要，其他组合要素运用得再高明，也无济于事。做再多的广告，也吸引不了顾客，打不开营销渠道，自己销不动，中间商也不愿经销或代销；价格再低也会无人问津。相反，企业以高品质、多品种，或新产品作为强大的后盾，辅之以其他手段（如吸引眼球的包装设计、反应快捷的物流管理等），就能够打开市场，站稳脚跟，赢得顾客，求得发展。

新产品开发策略选择，主要有以下四种：

（1）抢先开发策略。是指抢先开发、抢先投入市场，在市场上获得领先地位。采取这种策略，要求企业具有较强的研发能力，足够的人力、物力和资金的支持。

（2）紧跟策略。是指一旦发现市场上有竞争力强的产品，就立刻进行仿制并投入市场。采取这种策略，要求企业具有较强的市场信息网络和快速的市场应变能力，并有一定的研制能力。

（3）产品线广度策略。企业拥有的产品系列的数目，称为产品系列广度。宽产品系列策略是指企业生产多个产品系列，每个产品系列又有多种产品。这是一种多样化经营，不仅可以分散市场风险，也避免了单一化产品生产的风险。窄产品系列策略是指产品系列只有1～2个产品系列，每个产品系列也只有1～2种产品，它往往被小企业采用。

（4）产品线深度策略。每个产品系列内品种规格数量称为产品线深度。在不同的产品生命周期阶段，新产品开发的这一策略有不同的特点。

开发新产品、采用新技术，不要过分担心新产品会淘汰老产品，尽管产品更新可能在短期内会削弱企业赢利能力，但长期来看利大于弊；况且竞争对手不会等你在老产品充分赢利后才推出他的新产品，与其让竞争对手淘汰，不如自己来做更能掌握主动。英特尔公司的做法是：**在产品遭到竞争对手封杀前，自己用更好的产品替代，廉价出售现有产品，保持行业中的领先地位。**

（二）价格策略

价格策略，就是以价格要素为主、其他要素相配合的营销组合策略。

在产品质量过硬、品种适销对路且与对手不相上下的条件下，运用价格手段“价格引路”打开市场，扩大销路或提高效益，就成为重要的策略问题。

（1）低价或降价策略，即优质低价、薄利多销的策略。实施低价策略，使顾客得到实惠，吸引他们购买企业的产品。该策略短期有效，对价格敏感人群效果显著，但容易被竞争对手效仿。实施过程中，视竞争激烈的情况，具体可采用优质中价、优质低价两种对策。采用该策略的总原则是最大限度地减少因降价给企业造成的损失。

（2）提价策略，即优质优价的策略。提价的前提是企业产品质量比同类产品高一个数量级以上，或产品品种新颖。实行优质优价、新品优价的营销策略，其市场范围有限，适用于高收入群体、生活方式时髦的人群、“只买贵的不买对的”的“成功人士”，或需要产品升级换代的用户。

（三）渠道策略

渠道策略，就是以营销渠道为主、其他要素为辅的营销组合策略。

一些后起之秀的企业，产品优质、品种新颖、价格合理，就是营销渠道不通或不畅，制约了它们的快速发展。在当前“渠道为王”的时代，除了要打通线下销售渠道，更要善于利用移动互联技术，打通线上的销售渠道。

从4P的排序可以看出，产品和价格的位置相对确定，而渠道和促销的位置却是不确定的，人们要么把渠道放在促销前，要么把促销放在渠道前，这实际上表明了人们对二者重要性的不同看法。

从营销组合上看，可口可乐早已完成了4P组合，但是，其4P组合的核心是产品、价格和渠道三个P的组合，这也是可口可乐实现“病毒式增长”的行之有效的营销手段。“可口可乐的战略意图是让世界范围内每一位消费者都能‘伸手可及’地喝到可乐”强调的就是渠道建设。

（四）促销策略

促销策略，是指以促销要素为主、其他要素配合的营销组合策略。

促销要素运用得好，加上其他要素的配合，同样是关系企业产品销售的重要策略。促销手段很多，大致可以分为人员促销和非人员促销两类。

1. 人员促销

人员促销是指企业组建营销队伍，派出专业推销人员到市场、到用户那里推销。

2. 非人员促销

（1）广告促销，利用广告为企业产品鸣锣开道。

（2）公关促销，通过建立企业与社会各方面良好的公共关系，为企业营造良好的营销环境。

（3）营业推广（或称销售促进），通过参加各种展销会、博览会、交易会，展示企业的产品，让公众了解企业及产品，达到促销的目的；或实施打折、抽奖、赠品等促销手段，以刺激消费者购买。

与领先者可口可乐一样，挑战者百事可乐也完成了4P组合，但与可口可乐不同，百事可乐的核心组合是产品、价格和促销三个P。百事可乐在媒体广告等促销比可口可乐更生动、出彩，而在渠道上则屡遭可口可乐的重创。

第四节　名牌战略

一、品牌与名牌

“品牌要先行，生意是断后”，讲的是品牌像轰炸机一样很快轰炸，而生意像收割机一样是慢慢收割。尤其是在互联网时代，品牌更要冲到前头，越是品牌大爆发，越是会有长尾效应显现。随之而来的是马太效应，强者愈强。

（一）品牌

美国市场营销协会对品牌的定义是：品牌是一种名称、术语、标记、符号或设计，或是它们的组合运用，其目的是借以辨认某个销售者或某群销售者的产品或服务，并使之同竞争对手的产品和服务区别开来。

品牌表达的是企业的产品或服务与消费者之间的关系，承载着企业和客户之间的信任关系，背后是消费者和品牌之间的情感关系。一般认为，品牌的内涵应包括品牌知名度、品牌认知度、品牌联想和品牌忠诚度四个方面。

品牌之所以能成为品牌，它有四个特质：

（1）品牌是主观意识的产物，所以研究品牌时一定要研究人性。

（2）品牌是一个对应关系。比如，大家不说吃了三个肉夹馍，而是说吃了三个“西少爷”，这里“西少爷”成了肉夹馍的代名词；更厉害的是品牌成为动词，比如“百度一下”“滴滴一下”“淘宝一个好东西”等。

（3）品牌背后一定要有优秀的产品体系去支持。

（4）品牌要有更新能力。

随着社会进步和经济发展，品牌一词有了越来越丰富的内涵和外延。品牌更加具有象征性、感性、体验性。在科技高度发达、信息快速传播的今天，新产品、新技术及管理诀窍等容易被对手模仿，难以成为核心专长；而品牌是一种消费者认知，是一种心理感觉。品牌一旦建立，这种认知和感觉不但有价值并且不能被轻易模仿。

（二）名牌

“名牌”，顾名思义就是有名的品牌。

名牌是知名度和美好形象的统一体，是优异品质、美好联想和企业信用的组合体，名牌往往在市场上有上佳表现。因此，名牌既表现出明显的外在特征，也表现出明显的内在特征。

与同种产品比较，如果一种产品品牌具有高质量、高知名度、高美誉度、高信任度和高附加值等特征，那么这个品牌就成为通常所说的名牌。

案例

迪士尼的品牌

迪士尼公司的卡通片历史悠久，声誉卓著，无论是《小美人鱼》《风中奇缘》《美女与野兽》《花木兰》《阿拉丁》等，均创出了全球发行的惊人业绩。除此之外，迪士尼影片、迪士尼互动式光盘、迪士尼玩具等衍生产品也都有非常优异的销售业绩，这些无疑与迪士尼的品牌形象有关。

需要说明的是，品牌不等于名牌，但创出名牌必须建立在品牌经营的基础上，名牌是品牌经营的结果。名牌开始都是普通品牌，它们经过市场竞争的优胜劣汰而成为名牌；相反，已有的名牌如果不思进取、墨守成规、无视创新，终将走向衰落，甚至是消亡。

名牌是消费者用货币"投票"选出来的，也是靠企业自己的竞争优势取得的；不是靠政府的"赏赐"或民间组织评选出来的，也不是花钱买来的，更不是企业自封的。因此，企业必须把精力放在实力的积累上，靠满足顾客的需要、靠竞争创名牌，使商品优势转化为品牌优势。

企业需要关注反映名牌特征的几个关键指标，如市场覆盖面目标、市场占有率目标、商品和企业的知名度目标、信誉度目标（或顾客的满意度目标）、经济效益目标等，并制定一个较高而又合理的水平。只有这些指标或目标在行业中名列前茅时，才有可能创出名牌。

二、名牌战略及类型

所谓名牌战略，是指企业以创建和运用商标和商号，使产品或服务在相关市场上获得相关顾客所公认的，达到高市场覆盖面、高市场占有率、高美誉度、高经济效益，实现企业持续发展而做出的长远性的谋划与方略。

由于企业所处的行业和产品（或服务）特点不同，企业所选的名牌战略类型也不同。名牌战略可以从四个角度进行分类。

（一）根据名牌涵盖对象的不同来划分

按名牌涵盖的对象不同，可以提出四种名牌战略：

1. 名牌商标战略

名牌商标战略，就是企业为实现其经营目标，使产品或服务的商标成为著名商标或驰名商标，所做出的长远性的谋划与方略。这是以企业的产品商标或服务商标为对象所实施的名牌战略，就是把企业的产品或提供的服务打造成名牌。

企业的产品或服务受到顾客的欢迎和信任，产品或服务的商标也随之出名。大多数企业都在实施这种战略。

2. 名牌商号战略

名牌商号战略，是指以企业作为创牌对象，创出著名商号，实现企业经营目标所做出的长远性的谋划与方略。该战略的重点是放在打造知名企业上。

有些产品，特别是初级产品或某些中间产品，很难打造名牌产品；然而一旦企业出了名，就更容易推动产品或服务出名。因此，许多经营大宗商品的企业、服务型企业更多地选择实施名牌商号战略。比如，旅行社在实施名牌战略时，多采用这种战略方案。

3. 商标、商号统一的名牌战略

商标、商号统一的名牌战略，是指企业产品（或服务）在一定范围内出名后，随之以产品的商标作为企业名称（商号），是为了实现企业更大的经营目标，成为更大范围、更高等级的名牌商标和名牌企业，所做出的长远性的谋划与方略。如海尔电冰箱出名后，青岛电冰箱总厂的商号也改为青岛海尔电器集团公司。

4. 商标和商号共创名牌战略

商标和商号共创名牌的战略，是指企业产品（或服务）商标名称与企业商号名称不统一，商标是商标，商号是商号，是为了同时打造名牌企业、名牌产品（或服务），所做出的长远性的谋划与方略。

比如，“容声冰箱”和“科龙电器”，“容声”是电冰箱的产品商标，“科龙”是该企业的商号。企业在创名牌产品、名牌商标的同时，也在创名牌企业或著名商号。

一般来说，消费类产品，最终产品或整机、主机或整车产品的企业，应首先把重点放在创立和实施名牌商标战略上，待产品出了名后，再选择商标、商号统一的名牌战略，或实施商标、商号共创的战略。而初级产品、部分中间产品的生产经营企业，服务型企业，则应当把重点放在创立名牌商号战略上。

（二）根据名牌覆盖范围来划分

根据名牌出名的范围不同，有以下五个等级的战略方案：

1. 地方名牌战略

地方名牌战略是指企业及其产品（或服务）在某一个地方范围，如**某省级以下城市**，或几个城市，或地、县范围内，创出名牌的谋划与方略。实施地方名牌战略，实现从无名到有名，在地方小范围有名气，在省内一些城市、县创出企业自己的名品、名店，这是企业名牌战略的起点。

2. 地区名牌战略

地区名牌战略是指企业及其产品（或服务）在**省、市、自治区范围内**或几个省、区范围内创出名牌的谋划与方略。这是实施地方名牌战略的企业向省、区或省际等较大范围扬名的升级创牌战略，借此企业可以把产品或服务辐射到全省、区范围和省际范围中。

3. 国家名牌战略

国家名牌战略是指企业及其产品（或服务）努力在全国市场范围内扬名升级，创出名牌的谋划与方略。作为国家级名牌，其市场范围不能仅局限于国内市场，还必须具有开拓国际市场的潜力。

4. 国际区域名牌战略

国际区域名牌战略是指企业及其产品（或服务）在本国市场范围内出名后，向国际市场较大范围内扬名升级，创出名牌的谋划与方略。

企业在国际较大市场范围内开展营销活动，开拓市场，使产品或服务赢得国际消费者群或用户群的了解、信任和赞誉，成为受欢迎的国际名牌。从本国名牌成为国际区域级名牌，是企业品牌战略的一次大飞跃。

5. 世界名牌战略

世界名牌战略是指企业及其产品（或服务）在成为国际区域名牌的基础上，在世界大多数国家或地区的市场扬名升级，创出名牌的谋划与方略。

作为世界级名牌，必须在世界一半以上的国家或地区享有较高的声誉，至少在 100 个国家或地区开展市场营销或投资办实业，使企业及其产品（或服务）扬名全世界。

实力雄厚的跨国公司，在实施全球化经营的条件下，往往会选择世界名牌战略。创世界名牌，这是企业创牌的最高等级目标，可能需要企业几代人的艰苦努力，经过几十年甚至上百年的顽强奋斗才能实现。

在企业及其产品（或服务）已具备由地方名牌升级为地区名牌的条件下，或已具备由地区名牌升级为国家名牌的条件时，企业应果断决策，实施名牌升级战略。目前，我国已有一批企业及其产品成为国家名牌，或国际区域名牌，按生产经营规模来说，在国际同行业中已进入了前十名或前五名，甚至处于首位。未来的国际市场需求前景也十分可观。因此，加强企业核心能力的培育，掌握核心技术，开发和生产更符合国际市场标准的产品，就成为这些企业及产品升级为国际区域名牌或世界名牌的关键。

经过几十年的努力，华为已成为世界通信领域的著名企业，华为的程控交换机、智能手机等产品也已成为世界名牌。受此激励，我国更多的企业把名牌战略的目标定位在世界名牌上。

（三）根据名牌的价位来划分

名牌的价位战略，是指根据名牌产品（或服务）面对不同层次的消费者，采取不同的质量和价格组合，所做出的谋划与方略。

根据消费者购买力层次的不同，有以下名牌价位战略方案可供选择：

1. 高价位战略

面对高收入的消费者群，实行高质量和高价格的名牌组合战略，也叫高档化名牌战略。例如德国的奔驰轿车、宝马轿车，法国的人头马、轩尼诗酒，中国的茅台酒、五粮液等，都实施高价位战略，满足高收入群体中某些人追求豪华、显示身份的高档消费欲。

2. 中价位战略

面对中等收入的消费者群，实行中等质量与中等价格的组合战略，也叫中档化名牌战略。选择的是中等收入的消费者群，市场十分广阔。

3. 低价位战略

面对较低收入的消费者群，实行不同等级的质量与低价格的组合战略，也叫低档化名牌战略。这种战略具体实施，可以选择以下几种方案：

（1）实行优质与低价的组合，如美国的可口可乐、麦当劳快餐，北京的红星二锅头酒等，价格低，但质量不低。

（2）实行中等质量与低价的组合。

（3）实行低等质量与低等价格的组合。某些地方生产的低价低度白酒成为名牌产品，很受欢迎，说明低档化产品也可成为名牌。

需要说明的是，我们这里说的低等质量，不是指不合格的劣质产品，而是质量符合使用要求的大众化产品。

在以上几种低价位组合中，实行中等质量、高等质量与低价格的组合战略，应是最佳的选择，更有利于抢占市场。如小米手机产品打入国际市场，采用的就是“茅台酒的质量，二锅头的价格”的“优质低价”组合战略，创出了中国手机的名牌。

第五节 市场营销新谋略

从20世纪初算起，市场营销理论至今已有百余年历史。在这期间，市场营销的内涵经历了从产品到顾客再到“人”的转变。进入21世纪，以移动互联、物联网、人工智能等新技术为主导的社会力量，正引导或迫使企业更新营销观念，变革营销方式。

一、整合营销

整合营销，是指企业在综合现代市场营销成功的经营理念的基础上，以企业、顾客和社会三方的共同利益为目标，针对整个行业经营进入综合价值阶段，协调好企业内、外系统的关系和活动，优势互补，更加重视顾客的特点，用心地去发现潜在市场，把各种营销技巧、营销手段相互结合，创造新市场，所做出的长远性的谋划与方略。

实施整合营销战略，要注意做好以下几点：

(1) 整合营销理念，改变旧的营销理念，确立新的营销理念。“整合”是综合、结合为一体的意思。把企业、顾客、社会三方的利益，整合为以共同利益为中心，协调好企业内、外各系统的关系和活动。

(2) 以顾客为导向，整合各种营销技巧、营销手段，使其作用力方向统一，形成合力，共同为实现企业的营销目标服务。

(3) 通过整合企业各部门的力量，使之协同作战，更好地满足顾客需求，给顾客创造实实在在的价值和利益，培养顾客对品牌的忠诚，用整合留住顾客。

(4) 强调产品的整体开发。要求在产品的核心利益、基础产品、期望产品、附加产品和潜在产品这五个层次上进行整体开发，给顾客带来更多的实惠和附加价值；要求在产品服务上进行整体开发，给顾客带来更大的方便。

二、网络营销

网络营销，是指企业以互联网和移动互联技术为核心，进行市场环境分析、营销信息检索、物流流程管理、辅助营销决策、电子商务活动，以实现企业的营销目标。

互联网发展到了“互”的阶段，使得企业直接面向消费者销售产品，直接面对消费者塑造品牌具备了可能性。互联网媒体的特点就是“渠道为亡”。当渠道被取消，或者扁平化，企业跳过了媒体，直接面对消费者，与消费者发生关系的媒介就只有产品。消费者通过产品来认识企业，判断制造产品的企业家；通过吐槽产品的使用体验，来观察企业对待消费者的态度，并决定以后面对产品和企业的态度。用户对于产品的体验成了最重要的一个要素，远超过产品的价格。小米的雷军曾经说过，小米售卖的是参与感。参与感成为互联网产品的一大特点。

案例

戴尔公司

美国戴尔计算机公司成立于1988年，十年后在美国《财富》周刊的全球明星企业排行榜上冲入前十名。它的成功是基于互联网的在线直销模式的威力。这种模式就是运用了计算机、通信和网络技术，直接面对每一个客户，按订单生产。通过互联网，戴尔无须在全球设置庞大的分支机构，即可以轻松抵达全球的每一角落而不仅仅是重要的中心城市，更重要的是改变了传统的分销方式，也改变了企业全球化的发展模式。戴尔的员工数量是与其营业规模相同的传统企业的1/10，这使其人工成本大为降低。

网络营销有以下功能：

（1）通过网络市场细分，确定网上的目标顾客，建立基于网络的顾客群。

（2）顾客在线购物，在线订货、交易，实现了企业与顾客"一对一"的营销服务，真正做到"服务到家"，充分满足顾客个性化的需求。

（3）通过企业网站和移动终端的广告，快速传递企业的产品和服务信息，展示自己的特色产品。

（4）通过网络4P等要素的组合，形成具有自身特色的网络营销策略，吸引顾客，留住顾客，扩大市场。

以微博营销、微信营销、病毒营销为代表的网络经济时代新的企业营销模式，日益成为现代市场营销的新宠。

（一）微博营销

微博，指微型博客，最早起源于国外Twitter。微博是一个基于用户关系的信息分享、传播以及获取的平台。用户可以通过WEB、WAP（无线应用协议，wireless application protocol）等各种客户端组建个人社区，以140字（包括标点符号）的文字更新信息，并实现即时分享。由于微博能让使用者跨平台实现即时互动，所以，微博填补了博客和即时讯息之间的空缺，使人们能够在网络上随意发布最新的简短信息，并使用多种不同的通信方式，比如移动手机短信、E-mail等和网络实现连接。尤其是众多知名人士加盟微博成为网络"大V"，更使微博的影响力和传播速度成几何级增加。

微博营销，就是企业借助微博这一平台进行的品牌推广、活动策划、个人形象包装、产品宣传等一系列的营销活动，也是商家或个人通过微博平台发现并满足用户的各类需求的商业行为方式。

微博营销具有传播广泛性、即时性、互动性等特点。

（二）微信营销

微信是腾讯集团2011年初推出的一款主要基于智能手机终端的即时通信软件，是一个类似Facebook的网络社交平台或社交工具。通过微信，朋友之间可以互发文字、图片、语音、视频等，实现跨通信运营商、跨操作系统平台的信息交流与沟通。

微信提供朋友圈、信息推送、公众平台等功能，通过"附近的人"、"摇一摇"、扫二维码等方式，用户可以添加好友，关注微信公众平台，订阅信息服务，并将精彩的内容分享给朋友或者发朋友圈。

微信营销，是指企业利用微信这一网络社交平台开展的营销活动模式。最常用的微信营销方式有以下七类：

（1）信息互动推送；

（2）“查看附近的人”；

（3）品牌式“漂流瓶”；

（4）O2O 模式“二维码扫描”；

（5）摇一摇；

（6）社交分享式“开放平台＋朋友圈”；

（7）互动营销式“微信公众平台”。

案例

微信上的“星巴克中国”

一旦顾客的微信添加了“星巴克中国”为好友，即可与之展开一场内容丰富的互动对话。星巴克的微信营销首先从门店开始，让经常光顾星巴克的顾客先成为星巴克微信公众平台的粉丝，然后再利用活动等方式，让粉丝自主推荐给自己的朋友，使得星巴克微信公众平台的粉丝数量短时间内暴增，活跃的目标人群（粉丝）让星巴克的微信公众平台持续释放威力。

在这个案例中，星巴克将微信营销的及时性、个性化、互动性的优势充分挖掘出来。星巴克针对目标人群的特点进行了细致入微的分析，同时对微信公共平台功能也进行了充分开发，不仅破除了传统商业经营模式辐射面积小、用户参与度不高、受时间地点等制约的弊端，还具有轻松时尚、趣味性强、商家与用户互动性强等优势，不仅将所有老客户牢牢地抓在自己手中，也让游荡于各种咖啡厅的客户更加信赖它。

微信营销与微博营销相比，主要优势表现在以下几个方面：

（1）营销模式更丰富。

如前所述，微信营销主要是通过朋友圈、公众平台、“LBS”查找附近的人、“漂流瓶”、二维码等，推广自己的产品。而微博是通过认证，发布 140 个字的文案和图片，吸引粉丝，进行推广，如利用草根达人、知名微博主、明星等的转发来实现产品曝光和市场推广的目的。相对于微信的多种营销模式，微博营销模式显得相对单一，更像是在玩文字游戏，很难长期吸引用户的关注。事实证明，微信推出以后，确实抢占了很大的市场，微博毫无招架之力。

（2）私密性强。

微博是完全开放的平台，微博主只要发布一条信息，所有人都可看见，甚至都不需要关注。但这种传播方式的效率并不高，且不说很多僵尸粉的存在，就算经常刷微博的用户，也不可能时时对着手机或电脑看微博。所以说微博的发布是开放、一对多且到达率低的。而微信则不一样，企业通过微信平台发送一条群消息，所有的关注用户都会收到，而其他人却看不到，信息流动仅限于好友之间，留言、评论也只有互相关注才能看到，因此，微信营销保护了用户的隐私，是一对一、点对点的营销。

（3）互动性更强。

微信营销、微博营销都离不开用户的互动。

微博上存在大量的僵尸粉，很多用户很少转发或者评论，慢慢地可能不再看你微博上的内容，甚至选择离开。目前，微博互动的主要方式为“转发＋评论＋活动＋奖品＋微话题”等，其实更多的人关心的是奖品，对企业的宣传活动并不感兴趣。

微信公众号则不同，用户发送的信息将被分组归类在公众平台的后台上，账号维护人员查看信息一目了然，也便于根据用户组推送合适内容的消息，实现更精准的营销。而且微信公众号还可以设置关键词自动回复，解答用户的疑惑，甚至实现后台一对一的人工服务。相比于微博众多的评论而博主基本很少回复而言，微信营销的互动性更强，更显人文关怀。

（4）发布的消息少而精。

微博信息发布是没有次数限制的，企业如果不注重信息发布频率，刷屏过度频繁，就可能引起粉丝取消关注。相比之下，微信在内容发送管理上更加科学。服务号和订阅号可以发送消息的条数是有限制的，只有企业号发送的消息数量几乎不受限制，但企业号是只供内部少数范围人使用的。

当然，微博营销也有自身无可替代的优势，它的社会化信息网络更强，因为无论是好友还是陌生人都能看到发布的信息，因此，微博营销比较适合做品牌曝光，维护公共关系、媒体关系等，而微信营销更适合信息的推送，维护客户关系以及开展打折促销活动等。

（三）病毒营销

乍看“病毒”这个词，大家更多想到的可能是其危害性，因为它们不仅具有很大的破坏性，而且传播速度也快得惊人。正是因为人们希望营销具有病毒快速传播的特征，所以才把“病毒”一词运用于营销领域。正式提出病毒营销这一概念，可以追溯到1997年贾维逊（Steve Jurvetson）及德雷伯（Tim Draper）的《病毒营销》一书。他们将病毒营销定义为“基于网络的口口传递”。也有人把病毒营销解释为：一种将信息快速传播的策略，通过公众这一廉价的传播介质复制、传递信息，从而扩大自己的影响力。如此看来，病毒营销与传统口碑营销并无本质差异。伦敦经济学院的马斯登（Paul Marsden）博士认为：“口碑营销和病毒营销形式上其实是一样的，如果一定要对它们做出区分，那么病毒营销更倾向于在线网络的运用，而口碑营销则更注重对传统人际关系网络的运用。”

传统的营销策略在传播的内容上形式单一，而且互动性很差。病毒营销就不同了，它所体现出的是渠道多样化、方法灵活化与互动高频化的特点和优势，信息传播的范围更大，信息反馈速度更快。病毒营销的出现为创造新的营销环境带来了契机，使营销实践者们重新审视社交媒体与人际关系在营销中的重要性。

三、精准营销

精准营销是由美国莱斯特·伟门（Lester Wunderman）于1999年提出的营销理论。所谓精准营销，就是在合理、准确的市场细分与定位的基础上，针对消费者的个性化需求，依托现代营销手段与方法，尤其强调信息技术的作用，把合适的产品销售给合适的消费者的过程。

企业实施精准营销，其主要内容包括以下几点：

（1）明确目标顾客。要选择一个细分市场，找到自己的目标顾客，确定目标顾客的需求。

（2）吸引顾客。企业要有一个明确清晰的市场定位，并且通过有效的信息工具找到目标顾客，与顾客保持高效率的沟通，激发顾客的购买意愿。

（3）精细化销售。企业要通过多方位的渠道给顾客提供个性化的产品，提高顾客的认知价值，并通过建立长期联系提升顾客黏性，实现精准营销的长远目标。

精准营销理论是建立在市场细分理论和4C理论基础上的一种高效营销理论，更加强调与顾客的“面对面”（包括基于网络社区和社会媒体的互动）营销，它能提高企业的营销效率，在如今数据信息技术发达的时代，精准营销理论更加能发挥它的作用。

许多互联网产品迭代就是通过不断提升产品功能、修订错误来进行服务的提升。每一次升级产品，可以为已经购买产品或服务的用户提供更多服务体验。例如苹果公司在最新的iOS11版本中依然对几年前的产品iPhone 5S提供升级支持，延长产品的生命周期，提高了顾客的黏度。

本章内容小结

（一）市场营销观念

（二）市场细分与目标市场选择

（三）市场定位与市场营销组合战略

（四）名牌战略

（五）新形势下的市场营销新谋略

第八章　生产运营与供应链管理

本章提要

在当今社会，不断发展的社会生产力使得生产要素大量转移到商业、交通运输、房地产、通信、公共事业、保险、金融及其他服务性行业和领域，生产的概念进一步扩展，不仅包括了有形产品的制造，而且包括了无形服务的提供。生产运营作为企业管理的五项基本职能之一，对于最大限度地提高企业的产品质量和服务质量、提高生产率十分重要。另外，供应链、商业物流已经渗透到我们日常生活中。午餐已经不再局限于写字楼配套的餐饮供应，通过外卖送餐电话也可以预约到 5 千米甚至更远的美食；每天新鲜的蔬果可以通过 App 来进行预订，商家会提供送货上门的服务。供应链与物流已成为当下企业生产运营过程中重要的核心竞争力。快递服务也成为电子商务须臾不可离开的“供应链”，每一单商品都要依赖快递业务的投送来完成“门对门”的服务。因此，在“互联网+”时代，研究企业的运营管理，特别是供应链管理中的现实问题，对提高生产运营系统效率，从而提升企业效益具有重要意义。

重点难点

（一）生产运营管理的内容、问题及特点
（二）生产运营过程的组织、类型
（三）综合生产计划、主生产计划与物料需求计划
（四）MRPⅡ、ERP 和 JIT 等先进生产方式
（五）供应链的特点及供应链管理
（六）物流、物流活动及库存管理
（七）第三方物流、第四方物流

引导案例

机器人加入生产运营之中

在新加坡，从饭店到医院，越来越多地出现了机器人的身影。

新加坡伊丽莎白诺维娜医院，是百汇班台集团旗下的私立医疗服务机构。该医院借助机器人“护士”来监护重症病房中的病人的关键体征；依靠 IBM 的“沃森”人工智能技术的“护士”，结合血压、心率等指标信息，并使用预测性算法来估计患者病情恶化的风险。这些过去需要医生加以解读和判断的信息，交给了使用数据分析学的“护士”来帮助解读。病人更加安全了。但这并不意味着护士无事可干了，它仅意味着她们又有了一个助手，提高了她们照顾病患的效率和安全性。

位于新加坡国立大学附近的辣椒香娘惹餐厅提供马来菜和中国菜。机器人侍者穿梭于桌子间收拾着脏碟子，但它自己无法拿起杯子和碟子。顾客需要将他们用过的餐具放到托盘上，然后由机器人拿回厨房。它用清脆的声音问道：“你能帮我收拾一下桌子吗?”一些顾客因喜欢看到机器人而成为回头客。但这种创新并未受到普遍欢迎。新加坡另一家试用机器人收拾盘子的餐馆里，一位员工将机器人打得粉身碎骨。迄今为止，只有少数几家餐馆在试用机器人。成本也是一个障碍，尽管新加坡政府为试用机器人的餐馆提供近 70%的成本补贴。

国际机器人联合会的调查显示，2015 年工业机器人销量为 24.8 万台，但服务业机器人的销量要少得多，2014 年，服务业机器人的销量仅为 2.4 万台。可以预计，随着科技进步，机器人能够执行更加复杂的任务，全球范围内服务行业机器人的使用量会不断增加。

（资料来源：英国《金融时报》，2016-09-22.）

案例思考：

1. 为什么在企业的生产运营领域越来越多地引入机器人？可能的原因有哪些？
2. 为什么服务行业引入机器人的进度远远低于工业行业？

第一节　生产运营管理的内容、问题与特点

美国通用电气公司前首席执行官杰克·韦尔奇有一句名言，**“收入增长靠创新，利润增长靠效率”**。每个企业、每个组织都承担着向顾客及时交付质量好、成本低、令顾客满意的产品和服务的任务，它们必须不断提高效率、降低成本、缩短交付周期，这样才能生存下去。提高生产率不仅是企业管理，而且是社会生产的永恒主题。真正理解了这句话，生产运营管理的重要性就显而易见了。

一、生产运营管理概述

生产运营管理是指设计、运行和不断改进生产系统、作业系统及供应链，以创造出具有竞争优势的产品和服务的管理过程。生产运营管理在企业组织体系中的地位决定着企业将投入转换为产出的效率（efficiency）和效果（effective），是企业竞争力的重要决定因素。

生产运营活动是一个“投入—转换—产出”的过程，即将一定的生产要素（投入）转换为有形产品和无形服务（产出）的过程，如图 8－1 所示。

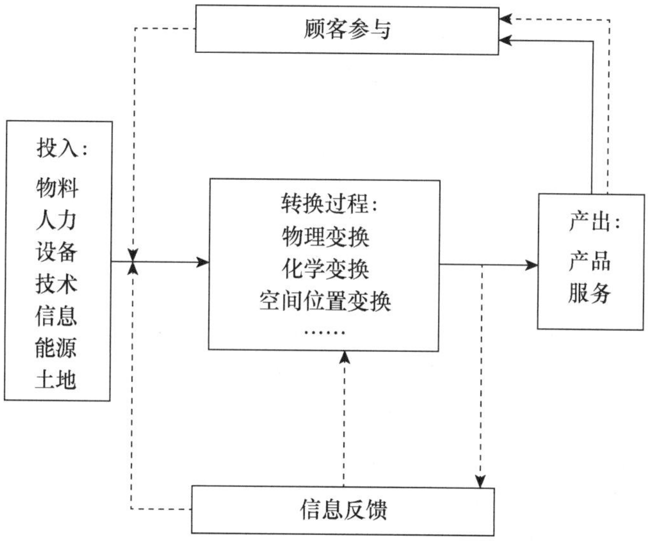

图 8－1　生产运营活动

简单地说，生产运营管理就是把投入的资源（生产要素）按照特定要求转换为产出（产品和服务）的过程，是一切组织的最基本职能之一。

生产运营管理的投入，包括人力、设备、物料、信息、技术、能源、土地等多种资源要素。

生产运营管理的产出包括两大类：有形产品，如汽车、电视、机床、食品等各种物质

产品；无形产品，如银行提供的金融服务，快递公司提供的快递服务，咨询公司提供的设计方案等。有形产品的转换过程，称为**生产过程**；无形产品的转换过程，称为**服务过程**。对于很多企业来说，其生产运营过程的产出，往往既包括有形产品，也包括无形服务。生产运营过程的产出，无论是有形产品还是无形产品，都具有以下三个特征：

（1）能够满足人们的某种需要，即具有一定的使用价值；

（2）需要投入一定的资源，经过一定的转换过程，才能得到其使用价值；

（3）在转换过程中，需要投入一定的劳动来实现价值增值。

生产运营管理的中间转换过程，既包括物质转化过程（物理转换或化学转换或位置转换等），使投入的各种物质资源进行转变，又包括管理过程，通过计划、组织、实施、控制等一系列活动使上述物质转化过程得以实现。

典型组织的投入—转换—产出示例如表 8－1 所示。

表 8－1　　典型组织的投入—转换—产出

组织	主要投入	转换过程	主要产出
工厂	原材料	加工制造	产品
运输公司	产地的物资	位移	销往各地的物资
修理站	损坏的机器	修理	修复的机器
医院	病人	诊断与治疗	恢复健康的病人
大学	高中毕业生	教学	高级专门人才
咨询公司	情况、问题	咨询	建议、办法、方案

生产运营管理是为了实现企业经营目标，提高企业经济效益，对生产运营活动进行计划、组织和控制等一系列管理工作，主要包括：

（1）生产运营系统的设计管理，具体包括产品和服务的选择和设计、生产运营设施的地点选择、生产运营设施的布置、服务交付系统的设计等。

（2）生产运营系统的运行管理，主要涉及生产运营的计划、组织与控制三个方面的内容。

从本质上讲，生产运营管理的根本目标就是“在恰当的时候，以适宜的价格向顾客提供符合质量要求的、有价值的产品或服务”。具体来说，就是高效、灵活、准时地生产合格产品和提供满意服务。

二、生产运营管理的基本问题

从管理的价值与功能角度看，生产运营管理的基本问题包括产出要素管理、资源要素管理和环境要素管理三个方面的问题。

由于资源要素管理涉及设施设备管理、物料管理、人员管理、信息管理等内容，而环境要素管理涉及产品设计、生产过程的环境保护等企业社会责任问题，均超出了本章研究的内容。在这里我们所说的生产运营管理基本问题，仅仅是产出要素管理面临的基本问题。

生产运营管理的基本问题，主要有五个方面：

(1) 质量和可靠性（product quality and reliability)。稳定地生产出无缺陷的质量，或提供顾客满意的服务质量；工序质量对产品质量起着决定作用。

(2) 成本（cost)。不断降低生产或服务成本，确保产品或服务的价格既能被顾客接受，又能为企业带来利润；不仅产品形成过程中的成本要低，而且用户使用过程中的成本也要低。

(3) 交货时间（delivery time)。适时适量地组织生产或提供服务，如及时交货、缩短交货周期等；一般说来，生产周期小于订货周期，对企业有利。

(4) 服务（service)。提供产品之外，为满足顾客需求而提供相关服务，如产品售前服务、售后服务等。

(5) 环保（environment protection)。产品生产和使用过程中，注重对环境的保护。

上述问题的解决，直接影响企业生产运营的竞争力，或者说，构成影响竞争力的五个关键要素。

对于制造企业来说，随着产品的技术含量、知识含量的提高，产品销售过程中和顾客使用过程中所需要的附加服务越来越多。在产品性能基本相同时，企业通过提供独具特色的附加服务就有可能赢得独特的竞争优势。

对于服务企业来说，在基本服务之外提供附加服务也会赢得更多的顾客。

三、现代企业生产运营管理的新特点

进入 21 世纪以来，企业所面临的环境发生了巨大变化：经济信息化，带来了高新技术的应用；市场需求多样化，诞生了柔性生产系统；制造资源的短缺、生态平衡及环境保护的巨大压力，则需要精细生产，等等。特别是近年来随着电子商务和移动互联技术的发展，大数据、3D 打印等信息技术对生产运营管理的影响也逐步显现出来。在全球经济一体化的时代，国与国之间的经济交往和联系更加密切，市场范围扩展至全球市场，造成激烈的国际化竞争，生产运营管理的理论和方法也有了很大发展，反映了当前社会生产力水平的最新成果，例如企业资源计划（ERP)、准时生产（JIT)、最优生产技术（OPT)、计算机集成制造系统（CIMS)、企业流程重组（BPR)、精细生产、敏捷制造、虚拟企业等。综合来看，**生产运营管理具有的新特征和发展趋势**可以归纳为：

（一）现代生产运营管理的涵盖范围越来越广

首先，现代生产运营管理突破了传统制造业的生产运作过程和生产运作系统控制，扩大到非制造业；其次，现在生产运营管理不仅应用于生产过程的计划、组织与控制，还应用于生产运营战略的制定、生产运营系统设计以及生产运营系统运行等多个层次，把生产运营战略、新产品开发、产品设计、采购供应、生产制造、产品配送直至售后服务看作一个完整的“价值链”，对其进行综合管理。

（二）多品种小批量混合生产方式成为主流

随着科学技术的进步和人们生活条件的不断改善，消费者的价值观念变化很快，消费需求多样化、个性化，从而引起产品的生命周期相应缩短。在市场需求多样化面前，单一品种大批量生产方式逐渐丧失其优越性，多品种、中小批量混合生产方式越来越成为主流。这种转化给生产运营管理带来了新的变化。企业不仅要重视新产品开发，不断提高适应市场需求变化的速度和能力，还要从生产系统的“硬件”（柔性生产设备）和“软件”（计划与控制系统、工作组织方式、工人技能多样化等）两个方面去适应这一变化。

（三）信息技术成为生产运营系统控制与管理的重要手段

随着信息技术不断发展，运营与供应链管理正在发生翻天覆地的变化。网络技术使信息分享变得实时、可靠、费用低廉；销售终端（POS）、无线射频识别标签、条形码扫描器（二维码）和自动识别系统的运用，使得信息可以直接从源头获取，这使人们更加关注信息内涵的理解和运用。信息技术带来的一系列管理模式与方法改革，已成为生产运营管理的重要研究内容。生产方式从20世纪60年代欧美的大量生产（MP）的成本竞争到80年代日本企业的精益生产（LP）的质量竞争，再从21世纪初的计算机集成制造的柔性竞争逐渐转变为云计算技术带来的智能制造（IM）的大数据竞争。

（四）全球生产运营成为现代企业的重要课题和新热点

随着全球竞争日益加剧，企业的全球生产、全球采购、产品全球流动的趋势进一步加强。

（五）跨企业边界的集成管理成为一种趋势

企业开始致力于整个供应链上的物流、信息流和资金流的合理化和优化，与供应链上的多个企业结成联盟，以应对日益激烈的市场竞争，因此，供应链管理成为企业生产运营管理的一个重要内容。

（六）“绿色生产”成为生产运营管理所面临的新课题

中共中央、国务院发布的《关于加快推进生态文明建设的意见》，是对党的十八大建设生态文明大战略的落实和部署。该《意见》明确指出，推动生产方式绿色化，就要构建科技含量高、资源消耗低、环境污染少的产业结构，形成符合生态文明要求的产业体系，这是生态文明建设的基础保障，也是建设生态文明的核心。在生产环节，开展生态设计，推行清洁生产，强化重点行业节能减排和节水技术改造，提高工业集约用地水平，推广应用节材技术。

第二节　生产运营过程的组织与分类

一、基本生产过程的组织

生产管理就是对生产过程进行计划、组织、控制等各项管理工作的总称。

生产过程一般由准备过程、基本生产过程、辅助生产过程、生产服务过程组成。这四个过程的核心是基本生产过程。**基本生产过程**，也称为产品的加工过程，是直接把劳动对象变为产品的过程，是实现产品使用价值的最基本阶段。这个过程对产品的质量、成本影响很大。

现代化大生产遵循分工原则，实行专业化生产。因此，组织生产过程的基本形式有两种：工艺专业化和对象专业化。

（一）工艺专业化

工艺专业化，又称工艺原则，是指按照生产过程各个工艺阶段的特点设置生产单位的方法和形式，也就是将同类型的生产设备和同工种的工人集中在一起，对企业生产的各种产品（零件）进行相同工艺方法的加工，每一个生产单位只完成企业产品生产过程中的部分工艺阶段或部分工艺加工工序，如热处理厂、铸造车间等。

按工艺专业化设置生产单位，具有如下优点：

（1）专业性强，能较好地适应产品品种变化的要求；

（2）生产系统的可靠性较高；

（3）便于进行专业化的技术管理和技术指导；

（4）工艺及设备管理较方便。

但是这种配置也有明显的缺点：

（1）产品在加工过程中，运输次数多，运输路线较长；

（2）在制品量大，生产周期长；

（3）协作关系复杂，协调任务重。

（二）对象专业化

对象专业化，又称对象原则，是指以产品（零件、部件）为对象设置生产单位，也就是将制造某种产品所需要的各种不同类型的生产设备和不同工种的工人集中在一起，对其所负责的产品进行不同工艺方法的加工，工艺过程封闭在一个生产单位内完成，不用跨越其他的生产单位，如汽车制造厂、发动机车间、专科医院（如肿瘤医院）等。

按对象专业化组织的生产单位，其优点主要表现在：

（1）可减少运输次数，缩短运输路线；

（2）在制品少，生产周期短；

（3）便于采用专用高效设备和工艺设备以及先进的生产组织形式；

（4）协作关系简单，简化了生产管理内容。

这种生产组织形式的缺点有：

（1）对产品品种变化的适应性差；

（2）生产系统可靠性差；

（3）工艺及设备管理比较复杂。

相比较而言，对象专业化是一种优点较多、经济效益较好的生产组织形式，代表了现代生产过程组织的大趋势。在实际工作中，一个企业经常是根据自身的生产规模和产品方向，综合运用工艺专业化和对象专业化组织原则（又称“混合原则”）来配置生产单位，满足生产经营的需要。

对基本生产过程的运营管理改进是工作重点。计算机辅助制造（CAM）、柔性制造系统（FMF）、计算机辅助质量监控（CAQC）、数控技术（NC）和准时制生产（JIT）等新型生产方式的使用，使基本生产过程走向高效和低耗。

二、生产运营的分类

（一）制造性生产

制造性生产，是通过物理和（或）化学作用，将有形输入转化为有形输出的过程。

1. 按加工或处理方式分类

（1）**处理转换过程**（conversion process），又称流程型生产、连续性生产。它是指按一定的工艺顺序，物料均匀、连续地运动，并不断改变形态和性能，最后形成产品的生产过程，如化工、炼油、啤酒、制药等生产过程。

（2）**加工装配过程**（fabrication and assembly process），又称离散性生产。它是指按一定的工艺顺序，物料离散地运动，并不断改变形态和性能，最后形成产品的生产过程，如汽车制造、成套设备。

流程型与加工装配型生产在产品、市场特征、生产设备、原材料等方面有不同的特点，从而导致运营管理的特点也不同（见表8-2）。

在加工装配式生产过程中，产品是由离散的零部件装配而成的。这种特点使得构成产品的零部件可以在不同地区，甚至不同国家制造。加工装配式生产的组织十分复杂，是生产运营管理研究的重点。

表8-2　　流程型和加工装配型生产的主要区别

主要特征	工业类型	
	流程型	加工装配型
顾客数量	少	多
产品品种数量	少	多
产品标准化程度	高	低
自动化程度	较高	较低
产品客户化程度	低	高
顾客需求变化	相对稳定	不断变化
生产要素的密集性	资本密集型	人力和材料密集型
物流的流动方式	连续	断续
原材料品种数量	较少	多
能源消耗	高	低
产量的柔性	低	高
产品结构的柔性	低	高
设备布置的柔性	较低	较高
设备布置集中度	集中	分散
生产能力的核定	准确	模糊

续前表

主要特征	工业类型	
	流程型	加工装配型
扩充产能的周期	较长	较短
设备故障的影响	大	一般
对设备预防维修的要求	极高	一般
生产过程的协作关系	简单	复杂
在制品库存	低	高
产成品库存	高	低
收集生产作业信息	较容易	较难
举例	化工、炼油、制药	汽车制造

2. 按过程的流动结构（process flow structure）或产品的专业化程度来分类

（1）加工车间（job shop），或称为单件生产过程。单件生产，品种繁多，每种仅生产一件，生产的重复程度低。

单件生产或者按项目进行作业的企业，其特点是产品品种繁多，产品的标准化程度低，生产稳定性差；一般需要多道工序，采用通用设备和工艺设备；要求工人具有较高的技术水平和多方面的生产知识。生产过程的各道工序常常交互进行作业，因此可以采用网络计划技术等方法来编制生产计划。

（2）批量流程（batch），或称为成批生产过程。介于大量生产与单件生产运作之间，即品种较多，每种都有一定的批量，生产运作有一定的重复性。现在，单纯的大量生产和单件生产运作都比较少，一般都是成批生产运作。

多品种、小批量生产企业，其产品品种很多，有一定的生产批量，各种产品在计划期内成批轮番生产；有些非标准产品，需要通过不同的工艺流程进行加工生产，生产专业化程度较低；在更换不同产品生产的间隔，需要对工作场地的设备和工具进行调整；管理的重点是确定合理的生产批量，确定合理的库存，缩短更换生产设备的调整时间。这种生产类型的生产计划最为复杂，常常采用线性规划法、优先排序法等来编制生产作业计划。提高多品种、小批量生产运作效率的途径有两条，即减少零件变化和提高系统柔性。

（3）流水线生产过程（assembly line），或称为装配线，在制造业中又叫流水作业，指劳动对象按一定的工艺路线和统一的生产速度，连续不断地、按顺序地进行加工并生产出产品的一种生产组织形式。它是对象专业化组织形式的进一步发展，是劳动分工较细、生产效率较高的一种生产组织形式。

汽车、家电等大规模流水线生产，其特点是产品的产量大、品种少，经常重复生产一种或少数几种产品；生产条件稳定，工作场地固定；专业化程度较高；具有较高的劳动生产率和较低的产品成本；其生产线在设计时就已解决生产作业顺序和生产节拍，生产计划主要是确定产品进入生产线的开始时间和时间间隔，以及生产线每天运行时间，这就可以采用反工艺顺序法来编制生产计划。

典型的流水线生产具有如下特点：

1）流水线上固定生产一种或少数几种产品（零件），其生产过程是连续的；

2）流水线上各个工作地是按照产品工艺过程的顺序排列的，每个工作地只固定完成一道或少数几道工序，专业化程度较高；

3）流水线按照统一的节拍进行生产（所谓节拍，就是流水线上前后出产两件相同产品之间的时间间隔）；

4）流水线上各工作地的生产能力是平衡的、成比例的，各道工序的单件加工时间等于节拍或节拍的倍数；

5）流水线设有专门的传送装置，产品按单向运输路线移动。

组织流水线生产需要具备以下条件：

1）产品品种稳定，是社会上长期大量需要的产品；

2）产品结构先进，设计定型，产品是标准化的，并具有良好的结构工艺性；

3）原材料、协作件是标准的、规格化的，并能按时供应；

4）机器设备能经常处于完好状态，实行计划预修制度；

5）各生产环节的工作能稳定地达到工作质量标准，产品检验能随生产在流水线上进行。

流水线生产的主要优点是：能使产品的生产过程较好地符合连续性、平行性、比例性以及均衡性的要求；生产率高，能及时地提供市场大量需求的产品；由于是专业化生产，流水线上采用专用的设备和工艺装备以及机械化的运输装置，因而可以提高劳动生产率，缩短生产周期，减少在制品占用量和运输工作量，加速资金周转，降低生产成本；可以简化生产管理工作，促进企业加强生产技术准备工作和生产服务工作。

流水线生产的主要缺点是：不够灵活，不能及时适应市场对产品产量和品种变化的要求，以及技术革新和技术进步的要求；对流水线进行调整和改组需要较大的投资和花费较多的时间；工人在流水线上工作比较单调、紧张，容易疲劳，不利于提高生产技术水平。将现代柔性生产技术和信息化管理手段应用于流水线生产，可以在很大程度上克服流水线生产存在的上述缺点，做到在一条流水线上同时生产多个品种的产品，这就是混流生产线。利用混流生产线，可以实现大规模定制生产，即按照用户订单，在同一条生产线上连续生产不同用户订购的不同品种（包括规格、花色、款式等的不同）的产品，既达到规模经济，又满足用户的个性化需求。

（4）连续流程（continuous flow），或称为连续生产过程，是指上道工序生产出的中间品立即向下转移的生产方式。简单说，就是生产装置 24 小时连续运行，不间断生产。

化工、制药等装置型生产企业，其生产过程是高度连续的，当系统停止生产一种产品时，需要清理容器，而后才能生产另一种产品。因此，连续流程型生产企业的生产计划关键是决定原料端的投入，适合采用线性规划法来确定产品组合方案，运用经济批量法来决定最优生产批量和加工时间间隔。

综上所述，大量大批生产、成批生产和单件小批生产的运营管理特点存在较大差异，具体如表 8－3 所示。另外，不同的产品类别需要匹配相应的生产过程，见图 8－2。

表 8－3　　三种不同生产类型的运营管理特点

项目	大量大批生产	成批生产	单件小批生产
产品品种	单一或很少	较多	很多
产品产量	很大	较大	很少或单件
采用设备	专用、高效和自动化	专用与通用并存	通用
工作场地专业化程度	高	不高	低
工艺规程	详细	针对重要零件编有详细的工艺规程	简单，只有工艺过程卡
设备布置	对象专业化	对象/工艺专业化	工艺专业化
劳动分工	细，基础/辅助工作分开	有一定的分工	粗，基础/辅助工作很少分开
工人技术水平要求	低	一般	较高
零件移动方式	平行或平行顺序	可能平行或平行顺序	顺序
劳动生产率	高	较高	低
生产计划安排	精确	较细致	粗略
生产过程管理	简单	较复杂	复杂
适应性	差	较差	强
品种更换	难	一般	容易
产品设计	标准化	可采用标准化、系列化和通用化	独特
单位成本	低	较高	高
设备利用率	高	较高	低
追求目标	连续性	均衡性	柔性
生产周期	短	长短不一	长
经济效益	最好	较好	最差
输入与输出	事先控制	基本控制	无法控制
举例	通用产品	机床、电机、动力机械	重型机械、船舶、汽车修理

由上述分析可见，大量大批生产类型有利于提高企业劳动生产率，但是，随着人们需求水平的日益提高，需求向多层次、多样化、个性化方向发展，相应的生产要求是多品种、小批量。

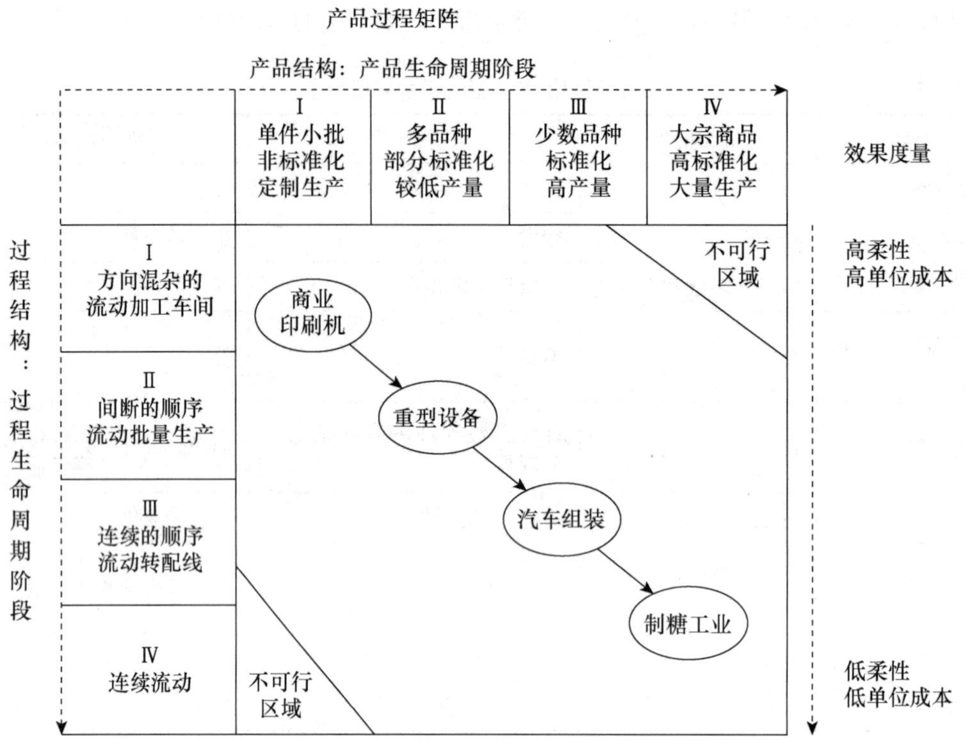

图 8-2　产品过程矩阵

在考虑选择生产类型时，还应考虑产品生命周期、产量大小、价格等因素。一般来说，引入期采用单件小批量生产，成长期采用成批生产，成熟期采用大量大批生产，然而，也有在成熟期采用单件小批生产经营成功的企业特例，如德国的奔驰汽车，至今还是单件小批生产，其原因是保证特色和质量。

3. 按满足顾客需求的方式分类

（1）**备货型生产**（make-to-stock，MTS）。

备货型生产是指根据市场需求调查和预测的结果，按已有的标准产品或产品系列，按“量”组织生产，以满足市场需求的共同性，如电视机、电冰箱、空调等。

（2）**订单型生产**（make-to-order，MTO）。

订单型生产是指根据以合同形式确认的对产品质量、数量和交货期要求的订单，来设计、制造和装配产品，按“期”组织生产，如锅炉、船舶等。

备货型生产与订单型生产的比较如表 8-4 所示。

表 8-4　备货型生产与订单型生产的比较

项目	备货型生产	订单型生产
产品	标准产品	定制产品
对产品的需求	可以预测	较难预测
价格	事先确定，随市场变化可调整	订货时确定，一般不得调整
交货期	不重要，由成品库随时供货	很重要，订货时确定
设备	采用专用高效设备	采用通用设备

（二）服务性生产

服务性生产又称作非制造性生产，是指生产者向消费者提供的劳务。它的生产可能与某种物质产品相联系，也可能毫无联系。

1. 服务性生产的基本特征

服务的基本特征是提供劳务，而非制造有形产品。对于大多数服务来说，过程就是产品。服务的特性决定服务性生产的特征，其可以概括为以下几点：

（1）无形性（intangibility）。

服务在被购买之前是看不到、摸不到的。因此，顾客购买服务必须依赖服务企业的声誉；服务创新没有专利；为了确保服务水准，政府要介入很多服务领域。

（2）异质性或易变性（variability）。

服务不具有通行的标准，一切因人、因地、因时而异，每个人可能都是服务专家，操作具有一定的随意性。服务性生产的质量标准难以建立。另外，工作质量不等于服务质量。

（3）不可分性（inseparability）。

服务的生产与消费同时发生，交互作用与顾客接触是服务的一个重要内容，也是服务管理的显著特征。服务既包含有形的属性，也包含无形的属性。

接触程度度量＝顾客在系统中接受服务的时间/全部服务时间

（4）时效性（perishability）。

也称不可储存性。服务只有在出现消费者需求的时候才会被生产，不能被储存，是易失的。纯服务性生产不能通过库存来调节。

（5）体验性（experienced）。

顾客参与服务过程，特别是高接触性服务是被体验的，而商品是被消费的。

2. 服务性生产的类型

（1）按是否提供有形产品可分为：

1）纯劳务，不提供任何有形产品，如咨询、法庭辩护、讲课等；

2）一般劳务，如批发零售、邮政、运输、图书借阅等。

（2）按顾客是否参与可分为：

1）顾客参与的服务，如客运、理发、保健等；

2）顾客不参与的服务，如洗衣、邮政、快递等。

3. 三种典型的服务系统

（1）流水作业模式（生产线方法）。

服务业流水作业运作模式，如麦当劳，受制造业中流水线生产方式的启发，将其经营的快餐店按流水作业的方式组织运营，取得了巨大的成功。

（2）顾客参与模式（自助服务方法）。

顾客参与模式是把顾客看作服务过程中的一个组成部分，通过发挥顾客在提供服务过程中的作用来提高服务效率，从而使企业获利。具体有两种系统：一种是依赖于技术装备的服务系统，如自动取款机、自动售票机等；另一种是不依赖或很少依赖于技术装备的服务系统，如自助餐、超市等。

（3）面对面的直接接触模式（个别照料方法）。

目前服务业采用最普遍的是提供服务的人员与顾客面对面的直接接触经营模式，如医院诊疗服务、饭店服务等。

三、企业运营能力与需求的匹配

（一）生产能力与需求的匹配

1. 生产能力

生产能力是指企业参与生产的全部固定资产，在计划时间内和既定组织条件下，所能生产的产品数量，或能够处理的原料数量。

生产能力是反映企业生产规模和企业生产可靠性的一个重要指标。企业的生产能力是一个动态的概念，随着科学技术的进步和生产组织的完善以及企业生产产品品种及结构的变化而变化。但生产能力主要由三个要素确定：固定资产的数量、固定资产的工作时间和固定资产的生产效率。

生产系统整体的生产能力取决于生产子系统或各工序的生产能力，即遵守**"木桶原理"**，一条供应链中的瓶颈限制了它的总能力。

维系系统平衡与应对不平衡的方法，主要有：

（1）通过加班、设备租赁、能力外包等提高瓶颈上的产能；

（2）在瓶颈过程前设置缓冲库存，确保瓶颈一直保持工作状态；

（3）将一个部门的设施复制或添加到另一个独立的部门。

需要注意的是，频繁的产能升级，会直接导致旧设备处理、新设备购入与员工培训数量的增加；产能扩张缺乏意味着需要大量购入新增生产或服务能力的设备等。上述两种情况都会导致成本的增长。

2. 生产能力柔性

所谓生产能力柔性，是指当生产量改变时，系统也能经济地运行的能力。即企业具有迅速提高或降低生产水平，或者迅速地将生产能力从一种产品（服务）转移到另一种产品（服务）的能力。

实现产能柔性，企业可以采用的主要方式有：

（1）柔性工厂，即"零时转换工厂"，在柔性工厂内可以灵活拆卸组装及移动机器设备，改变生产方式，生产不同产品。

（2）柔性生产过程，意味着柔性的生产制造系统＋易拆卸的机器设备。通过柔性生产过程，工厂可以迅速且低成本地在不同种类的产品间转换生产。这就是所说的"范围经济性"，是指多种产品在一起混合生产时耗费的成本低于单独生产这些产品时的成本。

（3）柔性操作工人，指工人需要掌握多种技能，可以随时从一个工种转换到另一个工种。

（二）服务能力与需求的匹配

1. 服务能力

服务能力是指一个服务系统在特定时间内提供服务的能力程度。

涉及服务能力的问题有两个：

（1）能力缺乏，会因服务速度慢或者竞争者的进入而失去顾客。

（2）能力过剩，则会导致通过降价来刺激需求、劳动力利用不足等。

服务能力的充分利用是服务管理的一大挑战。

2. 服务能力与生产能力计划的比较

与生产能力相比，服务能力的差别主要表现在：

（1）时间是一种服务供给，当一项服务的能力被需要时，它必须处于空闲的状态才能提供服务。

（2）服务必须通过地点等物理状态，或一些沟通媒介接近顾客，服务能力才能被提供。

（3）服务能力必须根据市场需求的波动来调节，服务需求直接受顾客行为的影响。顾客与服务系统的直接交互，因顾客需求的差异而导致服务时间、交易次数的波动。

（4）服务不能储存，即制造业库存平滑需求的作用，在服务领域失效。

3. 服务能力的利用程度与服务质量

服务能力的利用程度与服务质量直接相关，主要反映在以下几个指标：

（1）到达率，是指在给定的一段时间内，到达服务区的顾客平均数。

（2）服务率，是指服务设施以最高能力运行时，在相同时间内能服务顾客的平均数。

（3）最佳营运水平，指的是流程能力水平，是平均单位成本最低时的能力水平。

（4）产能利用率＝所有能力/最佳营运水平，反映企业产出与它的最佳营运水平的接近程度。

第三节　生产计划与方式

现代企业的生产经营活动是社会化大生产，分工精细，协作严密，同时需要大规模调配多种资源，“在需要的时候，按需要的数量，提供所需的产品和服务”，更离不开周密的计划。因此，生产计划是企业生产经营管理中的一个重要组成部分。

制订生产计划就是在企业整体的经营战略与经营计划的指导下，根据市场需求预测和用户订单对生产任务做出总体安排，主要是确定企业在计划期内生产的产品品种、产出效率、产出时间、劳动力和设备的配置、产品或零部件、半成品的库存等，并要将这些生产任务层层分解，落实到各个工厂、车间、班组，以确保总体生产任务的完成。

制造业企业的生产计划一般由综合生产计划（年度生产计划、年度生产大纲）、主生产计划（生产进度安排计划）和物料需求计划（原材料、零部件生产采购计划）这三个不同层次的计划构成。它们之间的相互关系及制约因素如图 8－3 所示。

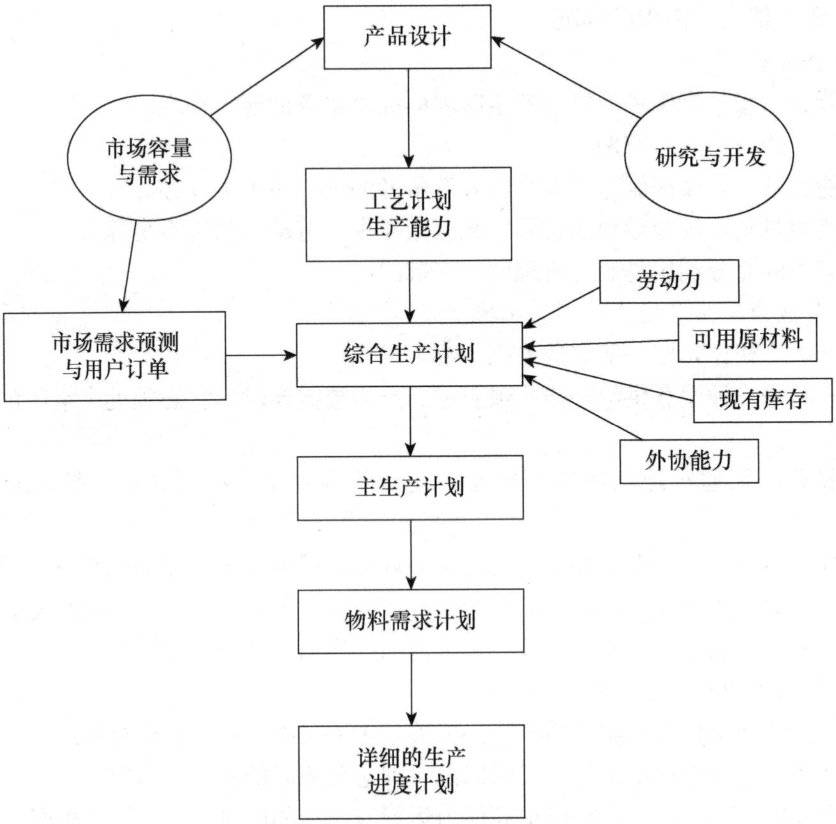

图 8-3　生产计划的构成及制约因素

一、生产计划

(一) 综合生产计划

综合生产计划（production planning），也称为年度生产计划或年度生产大纲，是根据市场需求预测、用户订单和企业生产能力，对企业在未来较长时间内（通常为一年）所要生产的产品品种、数量、库存和所需劳动力等做出的结构性决策，以平衡企业总体的生产能力、资金需求、销售任务、生产技术准备、总体物资及配套供应等，起到总体协调企业年度经营任务的作用。有些产品生产周期较长，如大型船舶、重型机床等，其计划期可能是两年或者更长。

某企业的综合生产计划见表 8-5。

表 8-5　　某公司综合生产计划

	1 季度	2 季度	3 季度	4 季度
A 系列产品（台）	15 000	15 000	20 000	30 000
B 系列产品（台）	20 000	25 000	25 000	35 000
总工时（min）	90 000	105 000	115 000	165 000

相对于主生产计划、物料需求计划等具体的执行性计划来说，综合生产计划是一种概括性的、决策性的计划，因此，它进行生产任务总量安排时，对产品、时间和人员等计划对象采取以下方式处理：

（1）产品。按照产品特点、需求特点、加工特点、所需人员和设备的近似性等，将产品综合为几个系列，以产品系列为对象来制订综合生产计划。

（2）时间。在计划期内，使用的计划时间单位是月、双月或者季度。

（3）人员。确定全年生产任务时，必须考虑人力安排。现有人员的工种、技能水平是否符合生产任务的需要，人员数量同生产任务的变动是否适应，据此确定人员安排，决定是否采取雇用临时工、招聘新人员、与外单位协作等不同办法来保证生产任务的完成。

（二）主生产计划

主生产计划（master production schedule，MPS），是将综合生产计划规定的产品系列或大类转换成特定的产品或特定部件的计划，将全年生产任务按照每一种具体的产品品种分配到周或月。简单地说，MPS 就是对综合生产计划的细化，据此可以制定物料需求计划、生产进度计划与能力需求计划。因此，MPS 在制造资源计划（MRPⅡ）系统中起交叉枢纽的作用。

MPS 的作用是协调各部门的活动，驱动其他计划，调和客户需求和工厂能力，提供可靠的订单交货期限。MPS 的计划对象一般是最终产品，即销售产品。

MPS 要明确两点：具体化后的“最终产品”；产品交货期与产出期。

表 8－6 就是根据表 8－5 综合生产计划所编制的主生产计划。

表 8－6　　某公司第一季度的 A 系列产品主生产计划

周次	1月				2月				3月			
	1	2	3	4	5	6	7	8	9	10	11	12
A_1		650		550		730		730		890		890
A_2	550	550	550	550	700	700	700	700	850	850	850	850
A_3	300		300		370		370		410		410	
月产量	4 000				5 000				6 000			

（三）物料需求计划

物料需求计划（material requirements planning，MRP），也称物料生产采购计划，它是根据总生产进度计划中规定的最终产品的交货期，编制所有构成最终产品的装配件、部件、零件的生产进度计划，确定内部各生产部门进行加工生产的数量和时间，安排外购各种零部件的数量和时间，使产品所需的原材料、零件部件及其他资源能等得到及时的补充。

编制物料需求计划，涉及数量庞大、多种多样的原材料、零部件和其他资源，需要一种以计算机为手段的生产计划与控制管理系统来处理。20 世纪 60 年代，由美国生产与库存管理协会倡导创立的 MRP 系统应运而生。到了 20 世纪 70 年代，随着 MRP 系统的推广，其内容和技术不断完善。

MRP 系统编制和运行生产计划的依据，主要包括三个组成部分：

（1）主生产计划（MPS），即产品生产计划，这是 MRP 展开的依据。

（2）物料清单（bill of material，BOM），也称为产品结构文件。它既是生产某种最终产品所需各种零部件、材料或辅助材料的目录，又说明了产品制造过程的各个工艺加工阶段。BOM 在物料分解与产品计划过程中占有重要的地位，是 MRP 的控制文件，是 MPR 系统中最为基础的数据。

（3）库存状态文件（inventory status record，ISR），也称库存记录。它记录着每一种物料的现有库存量和计划接收量的详细资料，包括现有的库存水平、在途库存、交纳周期、订货批量、安全库存、材料特性和用途、供应商资料等。

在 MRP 系统中，物料清单是相对稳定的，而库存状态文件却处于不断变动之中。

物料需求计划系统图如图 8-4 所示。

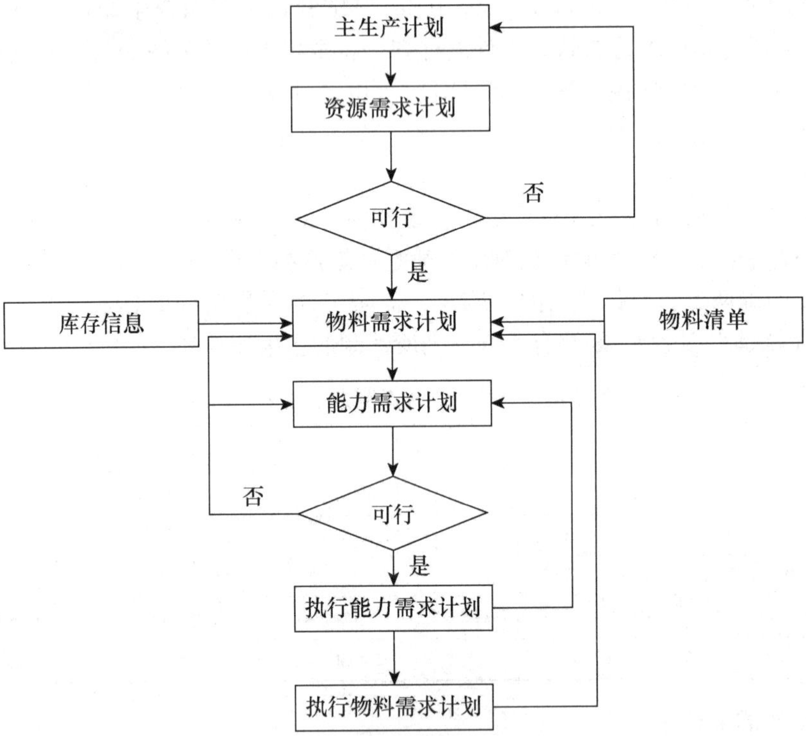

图 8-4　物料需求计划系统图

通过上述有关数据的输入，按照一定的计算程序，MRP 系统可以提供以下结果：

（1）零部件投入产出计划，规定每个车间的每个零件和部件的投入数量与投入时间、产出数量与产出时间。

（2）原材料需求计划，规定每个零件所需原材料种类、数量和需要时间，并按原材料的品种、型号、规格汇总，以便供应部门组织材料。

（3）互转零件计划，规定互转零件的种类、数量、转出车间和转出时间、转入车间和转入时间。

（4）库存状态记录，提供各种零部件、外购件和原材料的库存状态数据，可供随时查询。

（5）工艺装备需求计划，提供每种零件各道工序所需的工艺装备的编号、种类、数量和需要时间。除了这些计划外，还可输出零部件完工情况统计、生产及库存费用的预算报告、交货期报告等重要信息。

MRP 系统的应用，能够最大限度地降低在制品库存，及时反映出物料需求情况，合理安排加工时间，估算生产能力需求。它不仅适用于大批量生产，也可用于单件生产、多品种小批量生产。

MRP 系统在应用中由简单到复杂、由低级向高级不断发展，到 20 世纪 80 年代初进一步扩展为制造资源计划（manufacturing resource planning，MRP Ⅱ）系统。

二、MRP Ⅱ、ERP、JIT 等先进生产方式

随着生产运营管理理论与方法的发展变化和现代信息技术的广泛运用，相继出现了一些能有效减少库存、合理安排生产、增强企业对市场变化的反应能力、提高用户服务水平的新型生产运营管理方式，如建立在 MRP 基础上的制造资源计划（MRP Ⅱ）、企业资源计划（enterprise resource planning，ERP）、适时生产方式（just-in-time，JIT）等。这些新型生产运营管理方式正在越来越广泛地应用于企业实践，并带来整个企业管理的巨大变化。

（一）制造资源计划

制造资源计划（MRP Ⅱ），是在 MRP 的核心作用基础上，纵向联系了经营计划、销售计划，横向连接了生产进度情况、能力需求计划、现场实时反馈信息处理、成本核算与控制，以及支持资金流动计划等，构成一个由原料供应信息、产品需求信息、产品制造信息、产品销售信息和消费者反馈信息组成的封闭信息环，组成一个动态的、全面反映生产运营管理规律的集成优化系统。

因此，与 MRP 相比，MRP Ⅱ可以更快适应市场的变化，及时调整产品结构，并达到连续均衡生产，最大限度地降低各种物料的库存，消除生产过程中的无效劳动，提高企业整体经济效益水平的目的。

IBM 公司开发的 COPICS 系统是一个典型的 MRP Ⅱ系统，其联系结构如图 8－5 所示，主要包括以下几个组成部分：

（1）综合生产计划；

（2）主生产计划；

（3）物料需求计划；

（4）生产进度计划（operation schedule，OS），是零件或部件级的作业进度计划，即按照约定的交货期、数量以倒排顺序的方式，为每个零部件制定投入期、产出期。

（5）能力需求计划（capacity requirement planning，CRP），是对计划的可行性进行验证，并对生产所需能力进行合理配置，其核心是寻求企业生产能力与任务的平衡方案，进行必要的调整，使得生产进度计划得到优化。

MRP Ⅱ作为一个实时动态的生产计划和控制系统，需要动态运行，不断调整更新。

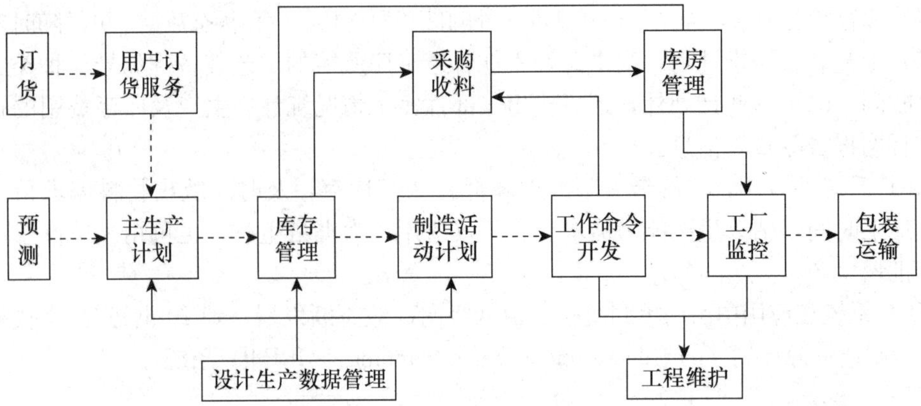

图 8-5 COPICS 系统结构图

只要有订货，就可以产生一个 MRP Ⅱ运行需求，并进行资源任务的协调、管理。对于品种多、批量小的生产系统，MRP Ⅱ的应用更有价值。但是，无论是 MRP，还是后来的 MRP Ⅱ，都只是企业管理的辅助工具。

（二）企业资源计划

20 世纪 90 年代初，美国著名的 IT 分析公司加特纳集团公司（Gartner Group Inc.），根据当时计算机信息处理技术的发展趋势和企业对供应链管理的需要，在制造业管理信息系统的基础上，提出了企业资源计划（enterprise resource planning，ERP）这个概念。

ERP 是指建立在信息技术基础上，以供应链管理为核心，运用系统化的管理思想，从供应链范围来优化企业的资源和业务流程，为企业管理层提供决策运行手段的平台管理系统。ERP 系统集信息技术与先进管理思想于一身，它扩展了 MRP 的功能，反映了时代对企业合理调配资源，最大化地创造社会财富的要求，成为现代企业在信息时代广泛采用的管理模式。

与以前的管理方式相比较，ERP 最大的变化是将管理从单个企业内部扩展延伸到企业外部的整个供应链。

ERP 的核心思想就是实现对整个供应链和企业内部业务流程的有效管理，主要体现在以下三个方面：

1. 体现对整个供应链进行管理的思想

在知识经济时代，企业不能仅仅依靠自身的有限资源来参与市场竞争，必须将企业生产经营过程中涉及的供应商、分包商、销售代理、客户等纳入一个衔接紧密的供应链中，这样才能合理有效地安排企业的产供销活动，才能利用所有可能的市场资源进行高效的生产经营，以进一步提高生产运营效率并在市场上赢得竞争优势。简单说，现代企业的竞争不是企业与企业之间的竞争，而是企业供应链与企业供应链之间的竞争。

2. 体现精益生产、同步工程和敏捷制造的思想

ERP 具有超越 MRP Ⅱ范围的集成功能，支持混合型生产方式的管理，其管理思想体现在以下方面：

（1）**“精益生产”**（lean production，LP）。

按大批量生产方式组织生产时，纳入企业生产体系的客户、销售代理商、供应商以及协作单位，与企业的关系是一种利益共享的合作关系，而非简单的业务往来。基于这种合

作关系，组成了企业的供应链。

（2）**“敏捷制造”**（agile manufacturing，AM）。

在企业面临特定的市场和产品需求，原有的合作伙伴不能满足新产品开发生产的情况下，企业通过组织一个由特定供应商和销售渠道组成的短期或一次性的供应链，形成“虚拟工厂”，把供应和协作单位视为企业组织的一部分，运用“同步工程”（simultaneous engineering，SE）组织生产，用最短的时间将产品打入市场，同时保持产品的高质量、多样化和灵活性。“敏捷制造”是基于时间竞争的典型生产方式。

3. 体现事先计划和事中控制的思想

ERP 计划体系，包括主生产计划、物料需求计划、能力计划、采购计划、销售执行计划、利润计划、财务预算和人力资源计划等，这些计划功能和价值控制功能已经完全集成到整个供应链中，从而保证了资金流与物流的同步记录和数据的一致性，改变了以往企业管理过程中资金流信息滞后于物流信息的状况，实现事务处理进程中的控制与决策。

ERP 是多种先进管理思想和管理方式的集合体。ERP 的实施，既是企业管理思想、管理手段的更新，也是管理模式和企业业务流程的重组；ERP 的实施，往往伴随着一场以业务流程重组（business processing reengineering，BPR）为主要内容的管理模式革命；ERP 的实施，可能在大企业中实现组织结构的扁平化，即从塔形结构转向 T 形或菱形结构，大大提高企业对外部环境变化的响应速度。实施 ERP 是一项复杂、艰巨、耗资巨大的工程，涉及公司组织结构、业务流程乃至管理模式的变革等。

ERP 在继续发展和完善过程之中，还有不少问题需要研究解决。比如 ERP 还要结合全面质量管理（TQM），以保证质量和顾客满意度；结合适时生产方式（JIT），以消除一切无效劳动和浪费，降低库存，缩短交货期；结合约束理论（TOC），以确定供应链上的瓶颈环节，消除制约因素，扩大供应链的产出。

图 8－6 显示了 MRP—MRP Ⅱ—ERP 的发展过程。

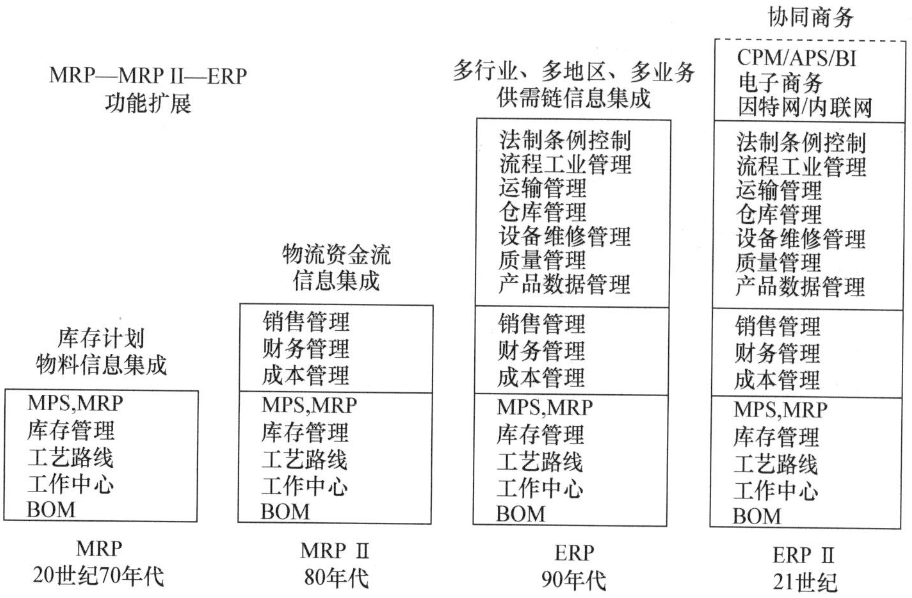

图 8－6　MRP—MRP Ⅱ—ERP 发展过程

（三）适时生产方式

适时生产方式（just in time，JIT），也称准时生产方式，是 20 世纪 70 年代初日本丰田汽车制造公司首先提出来的，目的是克服大量流水线生产的局限性，以便能够实行多品种、小批量生产，满足顾客对产品种类、型号和颜色的多种多样的需求，并保证及时交货。JIT 生产方式的采用，使丰田一举成为世界上最强大的汽车生产厂家之一，并促进了整个制造业生产方式的变革。70 年代后期，JIT 在日本企业迅速推广。80 年代以来，欧美国家以及亚洲国家的企业也纷纷采用 JIT 生产运营管理方式。JIT 的提出和普遍推行，对丰富和发展现代生产运营管理理论与方法具有重要贡献。

JIT 生产方式就是以"只在需要的时候，按照需要的数量，生产所需要的产品"为基本思想，依靠计算机管理手段，建立起来的能够灵活适应市场需求变化的生产系统。JIT 以"准时生产"为出发点，以"零库存、零缺陷、消除浪费"为追求目标。实践证明，JIT 生产方式是企业改善生产流程、降低生产成本、提高生产效率的有效管理模式。

JIT 实现的要求和条件有以下几点：

1. 看板管理，实行"拉式"生产方式

准时生产方式，以逆向"拉动式"方式控制着整个生产过程，即企业的生产要由顾客对产品的需求来启动，从生产终点的总装配线开始，依次由后道工序从前道工序"在必要的时刻领取必要数量的必要零部件"，而前道工序则"在必要的时候时刻生产必要数量的必要零部件"，以补充后道工序领走的零部件。这样，通过看板在各工序之间的周转，各相对独立的工序个体就联结为一个有机的整体。最后，整个企业以市场需要为目标，组织和实现了"准时化"生产。

实现拉动式物流的具体办法之一就是 JIT 强调的"看板管理"。"看板"具有发出生产指令的功能，是用来控制物流的一种工具。

"看板"是生产过程中使用的一种卡片，一般包括两种：

（1）取料看板，标明后一道工序应领取的物料数量等信息；

（2）生产看板，显示前一道工序应生产的物品数量等信息。

例如，上道工序按照生产看板上的规定，生产零件并放入标准容器内。运输人员看到取料看板，则将标准容器从上道工序运到下道工序；下道工序看到生产看板继续进行加工，空了的容器又传回到上道工序，如此往复就实现了拉动式物流，真正做到按需生产。

准时生产方式的优点有：

（1）库存最少，追求零库存；

（2）提供 100%准时供货服务。

通过看板管理，丰田成功地制止了过量生产，减少了在制品，使产生次品的原因和隐藏在生产过程中的种种问题及不合理成分充分暴露出来，然后通过旨在解决这些问题的改善活动，彻底消除引起成本增加的种种"浪费"，实现生产过程的合理化、高效性和灵活性，这才是丰田准时生产方式的真谛。

在各种浪费中，出于提高设备利用率、保持一定的在制品库存以避免生产因故中断等考虑而产生的过量生产，以及由此衍生出来的种种间接浪费，是传统生产方式普遍存在的。

2. 均衡化生产

生产的均衡化是用看板管理控制生产过程的最重要的前提条件。换句话说，均衡化生产是看板管理和准时生产方式的重要基础。

均衡化生产要求的是生产数量的均衡和产品品种的均衡，即总装配线向前道工序领取零部件时，要均匀地领取各种零部件，实行混流生产。这种以多品种、小批量的混流生产为特征的均衡化生产，还具有另一个重要的优点，就是各工序无须改变其生产批量，仅需用看板逐渐地调整取料的频率或生产的频率，就能顺利地适应市场需求的变化。

生产批量小量化，即每批产品的数量要尽可能减少，这样有利于减少库存，缩短生产周期，及早发现和消除质量隐患，保持均衡生产。

3. 设备的快速转换调整

为了实现以“多品种、小批量”为特征的均衡化生产，就必须缩短生产前置期，为此，必须缩短设备的换装调整时间，以便将生产批量降到最小。

设备的快速转换调整是实现以“多品种、小批量”为特征的均衡化生产最关键、最困难的问题，为此，丰田公司发明并采用了“10 分钟内调整法”或“快速换模或快速换产”（single minute exchange of die，SMED）的设备快速转换调整方法。

4. 合理布置生产设备

除了设备的快速转换调整之外，生产工序的合理设计和生产设备的合理布置，是实现“多品种、小批量”均衡化生产的另一个重要基础。

丰田公司改变了传统设备的“机群式”布置方式，采用“U”形单元式布置方法，即按照零件的加工工艺要求，把相互关联的生产作业配置在一起，组成一个加工单元。这种设备布置方式可以简化物流路线，加快物流速度，减少工序之间不必要的在制品储存，减少运送工作量，降低运输成本，为“多品种、小批量”频繁运送和单件生产传送提供了基础。

5. 作业人员多能化

采用“U”形单元式的设备布置方法，要求作业人员具备多种技能，能够胜任多种作业，因此，多技能的人员素质是 JIT 顺利实施的必要条件。企业必须对员工进行培训，提高其素质与能力，包括严格遵守各项规章制度、提高承担各种任务的灵活性和适应能力、提高生产作业活动的自主性、充分发挥创造能力等。

6. 标准化作业

标准化作业是实现均衡化生产和单件生产、单件传送的又一重要前提。

丰田的标准化作业，是指在标准周期时间内，把每一位多技能工作人员所承担的多种作业程序化或标准化。

丰田公司的标准化作业，主要包括三个内容：

（1）标准周期时间；

（2）标准作业顺序；

（3）标准在制品存量。

根据标准化作业的要求（用“标准作业组合表”来表示），所有作业人员都必须在标准周期时间内完成单位制品所需要的全部加工作业，并以此为基础，对作业人员进行训练和对工序进行改善。

7. 全面质量管理

以确保零部件和在制品的质量完美和零缺陷的全面质量管理，是适时生产方式的又一个重要支撑。

把质量视为生存的根本，是企业的共识，但仅有共识是不够的，还必须有强有力的机制，特别是生产系统或生产方式本身应该具有对产品和零部件质量的强制性约束机制，即迫使生产过程中的每一道工序必须产出质量合格的制品，从而使在质量形成过程中的“最基本单元”对质量提供可靠的保证。丰田一直信守**“优质产品不是检查出来的，而是生产制造出来的”**这一理念。丰田的适时生产方式，强行逐步减少生产系统中的零部件在制品储备，从而迫使现场改善，强迫提高零部件制品的质量。

全面质量管理，对适时生产方式所要达到的**“杜绝浪费，彻底降低成本”**的目标也具有强有力的支撑作用。**“第一次就做好”**的质量保证了，就可以免除产品检查、次品返工、废品处置、顾客索赔等成本费用支出。同样多的生产要素就可以产生更多的效益，生产效率就会大大提高。显然，质量的提高，有助于杜绝浪费和降低成本。

全面质量管理和适时生产方式之间存在一种非常特殊的“共生”关系。推行适时生产方式的结果是“人人注重质量”成为企业的一种必然。以“减少库存、发现问题、改善现场、提高质量、降低成本”为周期的往复循环，是丰田生产系统所特有的内在机制，是丰田提高效益、增加利润、实现经营战略的重要基石。

此外，JIT 生产方式还要求改进产品设计、实行预防性设备维修等；同时，改进与供应商之间的关系，使原材料、零部件供应在质量、时间、速度等诸方面适应 JIT 生产方式的要求。例如，过早的物料供应会增加库存和费用，过晚又会导致缺货损失或质量缺陷，所以，企业必须与供应商保持密切协作。为此，要择优选择供应商并同其建立长期战略合作伙伴关系，供应商应距离企业较近，以便于就近供货和降低运输成本。

JIT 与 MRP Ⅱ有以下区别与联系：

（1）MRP Ⅱ是美国人提出的适用于大批量生产的管理模式和方法，而 JIT 是由日本人发明的适用于精益生产的管理技术。

（2）JIT 追求尽善尽美，如追求零废品率、零库存，可以这样说，JIT 的目标是一种理想境界，是一种哲理。

在处理 MRP Ⅱ和 JIT 两个不同的理论体系方面，正确的态度是将两者结合起来，依靠 MRP Ⅱ奠定基础，逐步达到 JIT 水平。

第四节　供应链与物流管理

英国著名供应链专家马丁·克里斯多夫曾说过，“21 世纪的竞争不是企业和企业之间的竞争，而是供应链和供应链之间的竞争”“市场上将有供应链而没有企业”。供应链是为符合消费者的要求，为提高产品、服务和相关信息从起始点到消费点的物流和储存的效率及效益而对其进行的计划、执行和控制的商务过程一体化。

一、供应链及其管理

（一）供应链及其特点

供应链（supply chain）是指生产及流通过程中，涉及将产品或服务提供给最终用户活动的上游与下游组织所形成的网链结构。[引自2006年中华人民共和国国家标准《物流术语》（GB/T18354—2006）]

供应链的概念是从扩大生产概念发展来的，它将企业的生产活动进行了前伸和后延。日本丰田公司的精益协作方式中就将供应商的活动视为生产活动的有机组成部分而加以控制和协调。因此，供应链就是通过计划（plan）、获得（obtain）、存储（store）、分销（distribute）、服务（serve）等这样一些活动而在顾客和供应商之间形成的一种衔接（interface），从而使企业能满足内外部顾客的需求。

根据供应链的各种概念，可以得出**供应链的以下特点**：

1. 整合性

供应链本身就是一个由供应商、制造商、分销商，直到最终用户所联结起来的系统。为了一个共同的目的或目标，它围绕核心企业，像链条似的连接在一起。每个供应链成员企业都是“链”中的一个环节，它们要与整个链的行动一致，服从于全局，紧密配合，做到方向一致、协调一致。

2. 战略性

供应链成员企业，以能力互补与资源整合为基础，把上下游企业组织起来，结成长期战略合作伙伴关系。

2017年6月，阿里巴巴向东南亚领先的电商与物流公司Lazada投资10亿美元，把对该公司的持股比例提高至83%，显示出阿里巴巴对该地区物流市场的热情。Lazada在其平台上有13万个商户，还拥有14个仓库和130个规模更小的物流中心。阿里巴巴收购Lazada物流公司的举措，恰好契合了“一带一路”倡议所覆盖的地区。

3. 动态性

供应链中的企业都是在众多企业中筛选出的合作伙伴，其关系是非固定性的，也是在动态中调整的。因为供应链需要随目标的转变而转变，随服务方式的变化而变化，它随时处在一个动态调整过程中。

随着3G、4G，甚至5G移动网络不断迭代，供应链已经进入了移动时代。利用无线网络实现的移动供应链，将原有供应链系统上的客户关系管理功能迁移到手掌之中。它具有传统供应链系统无法比拟的优越性，如它使业务摆脱了时间和场所的局限，随时随地与公司进行业务平台沟通，有效提高管理效率，推动企业效益增长。

4. 需求导向的快速响应

供应链的运行是用户导向、需求拉动模式，它是以适应最终用户需求及其变化为出发点和落脚点，链条内的各个企业之间也是供应商与用户的关系，它们的运营活动不再是从生产出发到销售这样的推动式模式，而是由市场出发的拉动式模式。

通过对信息流、物流、资金流的全面控制，优化从原材料采购开始到制成中间产品以及最终产品，最后由销售网络把产品送到消费者手中的整体功能和竞争优势，实现高质量、低成本、快速响应市场需求与变化，为用户提供产品与服务。

5. 复杂性

现在许多企业的供应链实现了跨国、跨地区和跨行业。但是，各国的国情、政体、法律、人文、地理、习惯、风俗都有很大差异，经济发达程度、物流基础设施、物流管理水平和技术能力等也有很大不同；而供应链操作又必须保证其目的的准确性、行动的快速反应性和高质量服务性，由此可见供应链的复杂性特点。

6. 虚拟性

一般来说，供应链的成员企业是以协作的方式组合在一起的，并不一定是一个集团企业或托拉斯企业。这种协作组织为了共同的利益，依靠信息网络的支撑和相互信任关系，强强联合，优势互补，协调运转。为了保持高度竞争力，供应链犹如一个虚拟的强势企业群体，必须是优势企业之间的连接和优化组合，协作组织内的不断吐故纳新、优胜劣汰是必然的。

此外，供应链的存在和竞争力在于高质量管理，供应链管理的重要手段是信息网络和信息资源配置。

（二）供应链管理的内容

一旦供应链的成员企业致力于与供应商、消费者和其他利益相关合作者之间的合作活动，势必会产生额外的管理，即供应链管理。

供应链管理（supply chain management，SCM），是指对供应链涉及的全部活动进行计划、组织、协调与控制。（引自 2006 年中华人民共和国国家标准《物流术语》）

美国供应链管理专业协会（CSC-MP）对供应链管理的定义是，对包括采购、购买以及转换等所有活动的计划、管理活动及所有物流管理活动，重要的是它还包括与渠道合作伙伴的协调与配合，可能包括供应商、中间商、第三方服务提供商以及消费者，从本质上讲，供应链管理集成了企业内部和企业之间的供应和管理需求。

某核心企业和合作伙伴，在供应链中具有相似地位，处在同一层级的核心层；与它较近的传统批发商、电商以及供应商、集成商是第一层级；以此类推，供应商和集成商的上游供应商、传统批发商和电商的下游零售商或电商平台为第二层级。这种“层级”关系，有效地构建了包含核心自身在内的供应链体系，并决定和影响了相关业务，这种关系是供应链管理的核心（见图 8－7）。因此，对供应链管理关注的焦点在于供应商、消费者以及合作伙伴产生关系。

根据供应链的概念，供应链管理是以同步化、集成化的生产计划为“龙头”，依托因特网/内联网信息化平台，围绕供应、生产作业、物流和用户需求等业务活动来展开的，包含对商流、物流、资金流、信息流的管理。因此，对供应链的结构与运行进行系统设计，展开运营管理和监督控制，从而提高供应链的整体竞争力，以比单个企业更经济、更适时、更准确、更持久的模式满足用户需求，实现供应链的成员企业与用户的利益最大化。合理优化的供应链一定是价值增值链。

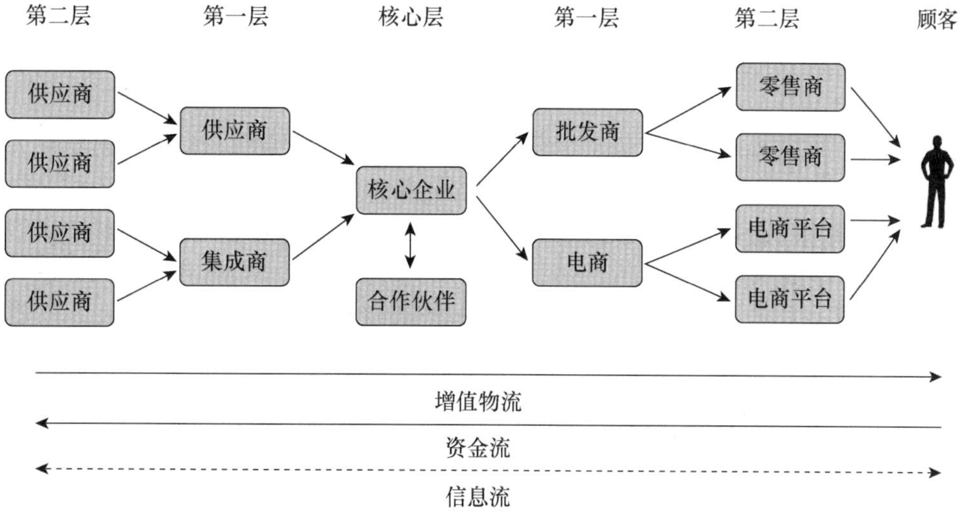

图 8-7 简单的供应链模型

综上所述，**供应链管理的主要内容**有：

(1) 供应链网络的设计与调整；

(2) 供应商和用户（供应链战略联盟伙伴）的选择与管理；

(3) 供应链的产品需求预测与计划；

(4) 依托供应链的产品设计与制造管理；

(5) 企业内部和企业之间的物流配送策略与管理；

(6) 供应链的分销策略与分销渠道管理；

(7) 供应链的用户服务和顾客价值管理；

(8) 基于因特网/内联网的供应链信息管理和决策支持。

供应链管理的上述内容也可归纳为职能领域和辅助领域两个方面的管理。

职能领域的管理，有产品工程、产品技术保证、采购、生产控制、库存控制、仓库管理和分销管理。它是生产物流系统中独立性较强的子系统，与生产系统、财务系统等生产企业各部门以及企业外部的资源市场、运输部门有密切的联系，对企业生产的正常、高效率进行发挥着保障作用。

辅助领域的管理，主要包括客户服务、制造、设计工程、会计核算、人力资源和市场营销。

二、物流管理

物流管理是当前颇具影响力的管理领域之一。它以物的静态形态以及动态流转过程为研究对象，揭示了物流活动的内在联系，使得物流活动显现化。

（一）物流概述

1. 物流、供应链与物流管理

物流，是指物品从供应地向接收地的实体流动过程，根据实际需要，将运输、储存、装卸、搬运、包装、流通加工、配送、信息处理等基本功能实施有机结合。(引自 2006 年中华人民共和国国家标准《物流术语》) 而对物流全部活动进行计划、组织、协调与控制就叫做物流管理。

学者们对供应链管理及物流的关系有三种不同的观点(见图 8-8)。目前能被大家所能接受是统一主义观点。该观点从更广阔的供应链及业务角度出发，认为物流应是供应链管理(SCM)的一部分。代表统一主义观点的美国物流管理协会，2001 年对物流的定义如下：物流是供应链管理(SCM)的一部分，在有效地计划、实施和控制正向物流与逆向物流，以及起始点和消费点之间的物品存储、服务和相关信息，最终达到满足消费者需求的目的。

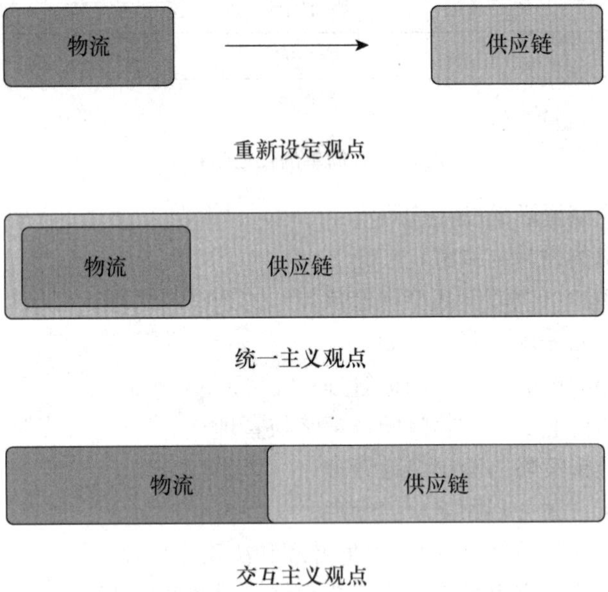

图 8-8　物流与供应链关系的不同观点

不难发现，物流包含“动”“静”两个含义。“动”即物品的移动过程，包括从供应商到生产商，从生产商到消费者的移动等，是期间或时间的概念；“静”即物品的储存，包括在物流运作过程中存储或者等待一段时间交付到消费者手中的停留，是空间或者地点的概念。

物流活动包括运输、仓储、库存、信息技术以及生产或运营管理五种活动。尽管运输环节是物流运作中显而易见的部分，是属于物流中“动”的部分，但不是本书研究的重点。

2. 企业物流

企业物流(internal logistics)，是指企业内部的物品实体流动，是在合理安排产、供、销活动，兼顾上下游客户多重复杂关系的基础上，通过从供应商到消费者的供应链的综合运作，使物流与信息流达到最优化的微观物流活动。其根本任务就是企业在物流活动中适时、适地地采用先进的物流技术与其生产和经营活动达到最优的结合，通过有效的物流管理使企业达到最高的经济效益。

对工业企业来说，企业物流是指从企业进行生产活动所需的原材料进厂（包括原材料、半成品、零部件及燃料等），经储存、加工、装配、包装、成品出厂、送达消费地或消费者这一过程，在物料与产品之间、仓库与仓库之间、仓库与车间之间、车间与车间之间、工序与工序之间各个环节的流转、移动与储存（含停滞、等待）及与此有关的活动。企业物流贯穿了整个生产、销售过程的始终，形成了一个有机整体。

按照物流的作用分类，可将企业物流分为五种不同的典型物流活动。

（1）供应物流（supply logistics），是指企业提供原材料、零部件或其他物品时，物品在提供者与需求者之间的实体流动。

（2）销售物流（distribution logistics），是指企业在出售商品过程中所发生的物流活动。

（3）生产物流（production logistics），是指企业生产过程发生的涉及原材料、在制品、半成品、产成品等所进行的物流活动。

（4）回收物流（returned logistics），是指不合格物品的返修、退货以及周转使用的包装容器从需方返回到供方所形成的物品实体流动。

（5）废弃物物流，是指企业在生产、供应、销售的活动中产生的各种边角余料和废料的回收所伴随的物流活动。

企业物流是生产物流系统中相对独立性较强的子系统，和生产系统、财务系统等生产企业各部门以及企业外部的资源市场、运输部门有密切的联系，对企业生产的正常、高效率进行发挥着保障作用。

3. 物流服务

现代物流管理的实质是向物流需求方有效、快速地提供产品，它以顾客满意为第一目标，通过顾客服务实现差异化战略管理。因此，物流的另一个关键概念就是物流服务。

物流服务是物流活动追求的结果，并与物品的移动及存储有关，保证在适合的时间将所需的物品送到正确的地点。这一目标与市场营销的类似，因此，物流服务是与市场营销、顾客服务息息相关的，而不是孤立存在的。

物流服务中包括四个要素：

（1）共享顾客的经营理念；

（2）拥有顾客期望的产品；

（3）符合顾客所期望的质量；

（4）在顾客期望内送达产品。

物流服务是企业众多服务的基础，准确及时地为用户提供产品和服务成为影响企业之间竞争力量平衡的重要因素。在生产规模、生产手段一定的条件下，有效控制企业物流活动是实现良好效益的重要方式。

（二）典型物流活动的管理

因篇幅所限，我们在五种不同的企业典型物流活动中选择两种展开研究。

在一个完全的买方市场环境下，实现销售必然伴随着物流服务活动，销售往往以送达用户并经过售后服务才算终止。因此，销售物流的空间范围很大。

1. 销售物流管理

销售物流（distribution logistics）又称企业销售物流，是企业在不断的销售过程中，通过包装、送货、配送等一系列物流活动实现销售，将产品所有权转给用户的物流活动。

企业销售物流的本质是企业在销售过程中，产品从生产地到用户的时间和空间的转移，它以实现企业销售利润为目的，是包装、运输和储存等环节的统一。因此，企业销售物流管理需要研究送货方式、包装水平、运输路线等，并采取各种诸如少批量、多批次，定时、定量配送等特殊的物流方式达到目的。

销售物流包括以下几个主要环节：

（1）产品包装。

销售包装的目的是向消费者展示、吸引顾客、方便零售。而运输包装的目的是保护商品，便于运输、装卸搬运和储存。

（2）产品储存。

储存是满足客户对商品可得性的前提，有利于稳定客源，便于与客户的长期合作。

通过仓储规划、库存管理与控制、仓储机械化等活动，提高仓储物流工作效率，降低库存水平，提高客户服务水平。

（3）货物配送。

配送是企业在局部范围内对多个用户实行单一品种或多品种的按时按量送货。

通过制定配送方案，客户可以得到更高水平的货物配送服务，企业可以降低物流成本，减少城市的环境污染。

（4）装卸搬运。

装卸是物品在局部范围内以人力或机械装入运输设备或卸下。搬运是对物品进行水平移动为主的物流作业。需要考虑改进的工作包括提高机械化水平、减少无效作业、集装单元化、提高机动性能、利用重力和减少附加重量，实现装卸搬运各环节的均衡、协调和系统效率最大化。

（5）流通过程中的加工。

根据销售的需要，对货物进行分割、计量、分拣、刷标志、拴标签、组装等作业。需要考虑的主要因素有流通加工方式、加工过程的成本和效益、与配送的结合运用、废物再生利用等。

（6）订单及信息处理。

在考虑批量折扣、订货费用和存货成本的基础上，客户会合理地分批次订货。企业若能为客户提供方便、经济的订货方式，就能引来更多的客户。

（7）销售物流网络规划与设计。

销售物流网络，是以配送中心为核心，连接从生产厂出发，经批发中心、配送中心、中转仓库等，一直到客户的各个物流网点的网络系统。需要考虑的主要因素有市场结构、需求分布、市场环境等。

组织销售物流的主要模式有：企业自己组织销售物流，第三方物流企业组织销售物流（参见本节“三、第×方物流”内容），用户自己提货。

企业自己组织销售物流，实际上把销售物流作为企业生产的延伸，物流成了企业经营的一个环节。它是我国当前许多企业在买方市场环境下销售物流的主要模式之一。一些企业甚至把销售物流视为开拓市场、进行市场竞争的一个重要手段。其优点在于：一是可以将企业的生产经营和用户直接联系起来，信息反馈速度快、准确程度高，信息对于生产经营的指导作用和目的性强；二是可以对销售物流的成本进行大幅度的调节，充分发挥它的“成本中心”的作用，同时能够从整个生产者企业的经营系统角度，合理安排和分配销售物流环节的力量。

在企业规模可以达到销售物流的规模效益前提下，采取企业自己组织销售物流的办法是可行的，但不一定是最好的选择。主要原因有三个：一是企业的核心竞争力的培育和发展问题，如果企业的核心竞争力在于产品的开发，销售物流可能占用过多的资源和管理力量，对核心竞争力造成影响；二是企业销售物流专业化程度有限，自己组织销售物流缺乏优势；三是企业的规模终归有限，即便是分销物流的规模达到经济规模，延伸到配送物流之后，就很难再达到经济规模，因此可能反过来影响市场更广泛、更深入的开拓。

案例

物流成本从设计开始

iPhone 使用的包装盒的类型属于“贴皮纸盒”，是一种利用瓦楞纸等硬纸板打底制作框架、表面粘贴一层薄装饰纸的纸盒。与只需一张厚纸和瓦楞纸即可折叠而成的“插入式纸盒”相比，这种纸盒刚性更强，精度较高，而且通过更换表面粘贴的装饰纸，质感和包装盒的印象可以自由调整。iPhone 每一款产品都在使用最小包装设计的原则。确保包装符合保护产品刚度的需求下，包装体积的最小化，有效降低产品的物流成本。富士康为苹果供货的 iPhone 一个常见的物流堆垛即可提供多达 1.26 万台。

与 iPhone 类似的是宜家家居，宜家家居在设计之初即考虑了产品的物流成本，所有的产品均设计为平板包装，便于企业运输、仓储。宜家家居除去家居展厅外，产品的提货也是完全的仓库模式，让顾客直接在仓库内提货，极大地降低了企业仓储的成本。对于顾客退货的产品，在初检没有质量问题后，直接做折扣处理，放到产品出清区，进行二次销售。

2. 逆向物流管理

回收物流和废弃物物流被统称为**逆向物流**。逆向物流管理，是为价值恢复或处置合理而对原材料、中间库存、最终产品及相关信息从消费地到起始点的有效实际流动所进行的计划、管理和控制过程。

与销售物流相比，逆向物流的内容更加服务化、多样化，从使用过的包装到经处理过的电脑设备，从未售商品的退货到机械零件等。也就是说，逆向物流包含来自客户手中的产品及其包装品、零部件、物料等物资的流动。简而言之，逆向物流就是从客户手中回收用过的、过时的或者损坏的产品和包装开始，直至最终处理环节的过程。

在生产销售过程和生活消费中，部分物料可通过收集、分类、加工、供应等环节转化成新的产品，重新投入到生产或消费中，这样就形成了逆向物流。例如，货物运输和搬运中所发生的包装容器，废旧装载工具及企业生产中产生的边角余料，废旧钢材等在回收中所发生的物流活动。

如果回收物品处理不当，往往会影响企业整个生产过程，甚至影响产品的质量，也会占用很大空间，造成浪费。值得注意的是，在汽车、医药和食品等行业的企业经营活动中，有时会由于产品质量等方面的问题，而产生突发性逆向物流。如果这种问题处理不好，会影响企业的信誉，甚至危及企业的生存。

现在被大家普遍接受的观点是，逆向物流是在整个产品生命周期中对产品完整的、有效的和高效的利用过程的协调。

狭义的逆向物流，其最终目标是减少资源使用，达到废弃物减少的目标，同时使正向及回收的物流更有效率。

（三）库存管理

1. 仓库管理

仓储，是企业物流系统的一个组成部分，它是在企业供应链的特定节点上进行的物品储存，包括原材料、零部件、在制品和产成品，并将储存物品的状态、条件以及处置等信息提供给公司。它弥补了企业生产和消费需求之间的脱节，并通过对入库、出库、库存及配送服务的高效管理来实现规模经济，提供可以接受的交货时间和货运条件等客户服务。

然而，近几十年来市场营销和物流配送领域发生了一系列变化，企业努力对客户需求做出响应，而不是将产品“推向”客户。仓库管理必须适应这些变化，并变得更加灵活。当产品位于仓库时，仓库管理必须增加产品的附加值，并对更加高效的生产计划及工作实践的变化做出响应，同时致力于在正确的时间将正确的产品送到正确的位置。因此，现今的仓库不只提供简单的储存服务，还可以提供用于产品组装、二次组装、打包和定价的设施，以实现顾客满意。例如，可以将来自多个单一生产线的产品进行装配，或将大批物资分装或打散形成小批货物，或组合小批货物装运为一个大批量的装运，这些都是当今仓库所具备的功能。上述这些在仓库中完成的活动被称为仓库作业。

现代仓库作业包括存储和物料处理两种活动。

（1）存储。

存储包含传统意义上的物品存放。在安排产品存放布局时，要根据产品的特点将其放在指定的仓位。在设计仓位的时候，通常要考虑货物周期规律、重量以及存储要求。

根据货物周期的长短存储可以分为短期存储和长期存储。大多数产品必须经过短期存储，短期存储也是满足基本库存的补给方式。

（2）物料处理。

物料处理有三种主要方式：

一是物料接收，是货品进入库房的第一个步骤。

二是库内物料处理，是指仓库内物料的搬运，其中两种典型的作业方式就是移动和分拣。通常在一个仓库内至少要进行两次甚至三次的货品移动，第一次是货品从接收地点运送至储存地点；第二次是在订单装配之前，由储存地点运送至订单分拣区域进行分拣。

三是发货，包括订单确认和运输设备装载，即从分拣区完成分拣后将货品与订单进行核对并通过运送设备送出仓库，由此仓库作业也基本上完成了。

在当今快节奏、大容量的仓库运作中，高效的仓库管理依赖于连续的产品流，这样的产品流需要一个能够对产品进行定位，并指导产品如何移动，以最大限度利用空间和劳动力资源的信息系统。因此，它不再仅仅是一个仓库储存问题，而是一个如何能比竞争对手以更快的速度、更低的成本将更好的产品送到顾客手中的问题。

无论是哪种类型的仓库，其本身的布局设计应考虑到产出量增加、产品流改善、成本降低、客户服务水平改善，以及为员工提供可接受的工作条件等方面的需求。对企业来说，仓库的最优布局和设计将会随着所储存的商品类型、公司的财务资源、供应链的要求和客户的需求而变化。任何一个仓储设备全生命周期成本都包括以下三个内容：设备购置成本、所需能源成本和维护成本及操作设备的劳动力成本。劳动力成本往往占据仓储成本的60%～70%，能源及维护成本仅为5%～15%。因此，最大限度地实现自动化、用机器替代人是降低仓储成本的主要方法。

案例

京东“亚洲一号”

位于上海嘉定区的京东“亚洲一号”是国内最大的单体物流中心，建筑面积接近10万平方米，物流仓库90%的操作实现了自动化，分拣处理能力每小时能达到1.6万件，达到目前全球最高水平。

亚洲一号的仓储高度达到24米，而用叉车装卸的普通仓库一般只有9米高。亚洲一号储物区就有七八层，每一层都是百米长的长廊，两边货架上根据标号不同，摆放着笔记本电脑、显示屏、厨房电器等各类产品。工人只需将货物放到机器托盘上，机器就会自动将货物摆放到指定位置。储物区每层楼只需要一名工作人员，当需要发货时，工人会收到作业指示，将指定货物从货架取下，扫码后放到自动传送带。自动传输带将货物高速送入打包区，经电脑精密计算，包裹会自动配送到空闲的打包工位。工人扫描包裹，机器自动打印出物流配送信息及发票，完成打包。完成打包的商品重回流水线，经高低错落的传送轨道最终交叉汇聚至自动分拣系统。系统扫描识别配送地点，然后自动将包裹传送至对应的货道，例如无锡地区的包裹就会传送至标志着“无锡”的轨道，然后由工人用自动托运车运走。无论商品在哪个环节，都会经过一次扫码，让消费者随时随地能了解商品的物流配送信息。

为了缓解工人长期站立的疲劳，京东还在每个打包点的地面贴了一层特制软垫。

问题：

（1）“亚洲一号”与传统仓库有什么区别？

（2）“亚洲一号”健康运行的基础是什么？

2. 库存及其控制

从物质形态看，企业生产过程就是对原材料进行加工、转换的过程，因此，企业必须对所需物资进行采购、供应、存储、合理使用等管理工作。这些工作的核心内容是库存控制。与此同时，现代企业的物资采购与供应，不仅仅是企业自身的事情，而是要和企业所处供应链的其他众多企业共享资源、协同作业，从而实现比单个企业更佳的经济效益。研究和运用供应链管理的理论与方法，对于改善企业库存控制、提高企业生产过程的经济性和适应性，是非常必要的。

库存，概括地说就是企业存储的各种物品和资源的总和，具体地说，企业库存包括主要原材料、辅助材料、燃料和动力、维修用备品备件等。

按照库存物资的存在状态，企业库存可分为：

(1) 原材料库存，是指已购入而尚未投入生产的原材料。

(2) 在制品库存，是指正在各生产阶段加工的那部分制品，包括正在进行工艺加工、技术检验、运输传递中的零件、部件、毛坯等制品。

(3) 零部件库存，是指已经加工完毕而尚未组装的零部件。

(4) 成品库存，是指已经出产但尚未售出的产成品。

(5) 备件库存，是指设备维修中常用的零部件。

按库存用途分类，企业库存有三种：

(1) 经常性库存，亦称周转性库存，它是在前后两批物资进厂之间的供应间隔期内，为保证生产正常进行所必需的、经济合理的物资储备。

(2) 安全库存，是用于防止物资供应因企业自身无法控制的种种外部原因而发生中断、影响生产所储备的物资，故又称保险库存。

(3) 季节性库存，指企业为避免物资供应具有季节性、影响生产而设置的储备。

对于不同的库存种类，需要采用不同的库存控制方法。这些分类，对于财务会计核算、生产成本控制也有实用价值。

一定量的库存是企业进行生产所必需的。库存控制的基本任务就是要满足企业生产需要，确保生产正常进行。如果数量过少，一旦物资供应发生意外情况，企业生产就可能由于没有原材料、零部件而中断。但是，库存也不能过多，因为这会占用大量资金，物资在长期存放中也会发生物质的和价值的损失浪费。在保证满足生产需要的前提下，压缩库存，加速物资周转，降低生产成本，有着重要意义。库存控制是企业生产运作管理的一项经常性工作。

3. 库存控制的基本方法

(1) 有关库存控制的几个概念。

为了了解库存控制方法，先要清楚同库存控制直接相关的以下四个概念：

1) 订购点，又称订货点，即提出订购时的库存量。

2) 订购批量，即每次订购的物资数量。

3) 订购周期，即相邻两次订购时间的间隔。

4) 进货周期，即相邻两次进货到厂的时间间隔。

订购周期和进货周期一般是不同步的，这是由于从提出订购到货物运送进厂都要经过一段时间，这段时间称为备运时间，亦可称为订货提前期。

以上库存控制需要确定的四个概念或参数，实际上就是库存控制需要进行的基本决策的内容，如图 8-9 所示。

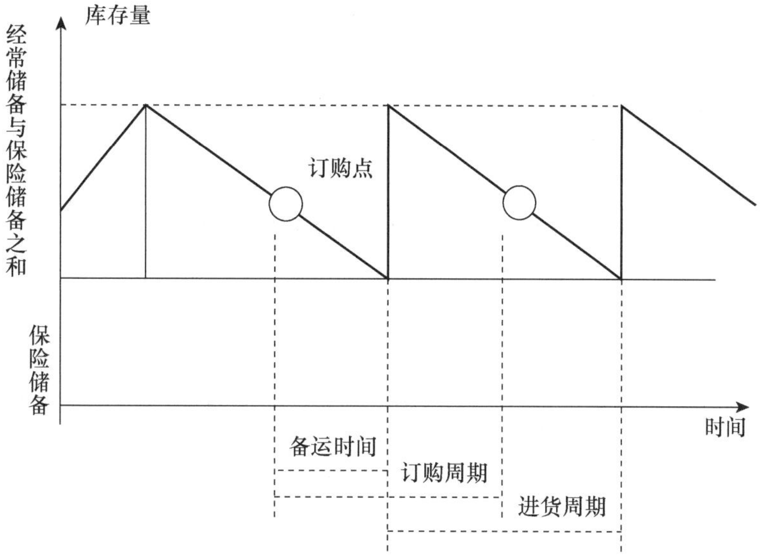

图 8－9　库存控制中的参数

（2）定量库存控制法。

这种库存控制法也叫连续检查控制法、永续盘点法，其做法就是每次物资出库时，都要盘点剩余物资，如果库存量等于或者低于事先规定的订购点，就按规定的订购批量发出订购指令。由此可以看出，定量库存控制法的特点是订购点和订购批量固定，订购周期不固定。

定量库存控制法的优点是：

1）能随时掌握库存动态，及时提出订购，不易出现缺货；

2）保险储备量较少；

3）每次订购量固定，能采用经济订购批量；

4）控制方法比较简便，尤其便于应用计算机管理。

定量库存控制法也有一些缺点，主要是：

1）订购时间不定，不易作周密的采购计划；

2）不能及时调整订货数量，难以适应需要量变化大的情况；

3）未能突出重点物资的管理。

根据定量库存控制法的上述特点，这种方法适合用于单价较低、需用量比较稳定、缺货损失较大的物资。

定量库存控制法还有一种简化操作形式，称为双堆法，或分存控制法。采用这种方法时，每次进货都将其分成两部分储备：一部分按订购点的数量单独存放；另一部分作为经常性储备供日常发料之用。当经常性储备用完时，可以动用订购点的物资储备，同时发出订购指令。双堆法简便易行，无须经常盘点，可以直观地识别订购点而及时订购。

（3）定期库存控制法。

又称周期检查控制法、定期盘点法，这种方法就是定期盘点库存，订购批量根据盘点时的实际库存量和下一个进货周期的预计需求量而定。如果目前库存储备较少，或者预计需求量增加，此时可适当增加订购批量，反之就要减少订购批量。可见，定期库存控制法的特点是订购周期固定，如果每次订购的备运时间相同，那么进货周期也固定，而订购批量是可变的。定期库存控制法的优缺点同定量库存控制法的优缺点正好相反。

定期库存控制法的优点是：

1）订购时间固定，有利于对采购计划作较为周密的安排。

2）订购批量依据实际库存和预计需求量而定，能够灵活调整订购数量，可以较好地适应需要量变化大的情况。

3）有利于区分重点与非重点物资，对重点物资加强控制。

但是，这种库存控制方法每次都要盘点库存物资，调整订购数量，相对来说比较复杂；由于定期盘点，可能对有些物资储备的变动情况掌握得不够及时，造成缺货。

定期库存控制法适用于需要量大的主要原材料以及必须严格管理的重要物资；此外，需要量变化大又可以预测的物资，发料繁杂、难以进行连续库存动态监控的物资，也适用定期库存控制法。

（4）库存重点控制方法——ABC 分析法。

ABC 分析法就是实行库存重点控制的常用方法之一。这种方法就是根据库存物资的主要经济特征，例如根据物资的供应量、资金占用额、库存损失费用等特征，进行分类排队，找出重点管理对象，从而对不同类型的物资采取不同的库存控制方法，以提高库存控制的效率与效果。

ABC 分析法的具体做法如下：

1）确定分析内容。这要根据改进库存控制的需要来确定。例如，为了压缩库存、减少资金占用，就可把物资的资金占用额作为分析内容。

2）按分析内容进行计算，绘制图表，将物资分为 A、B、C 三类。例如计算每种物资的储备资金占全部物资储备资金的百分比，再按百分比的大小顺序排列，计算累计的品种数和储备资金百分数，然后根据累计数把物资划分为 A、B、C 三类。划分的一般标准如下：

A 类物资，品种占 10%～15%，资金占 80%；

B 类物资，品种占 20%～30%，资金占 15%；

C 类物资，品种占 55%～70%，资金占 5%。

3）按照管好重点、照顾一般的原则，确定有区别的控制方式。

A 类物资，品种少，资金占用比重大，是管理重点，应严格控制，尽量缩短采购周期，减少一次采购量，以压缩储备，加速资金周转。

B 类物资，品种较多，资金占用较少，但也有一定比重，可采取适中的控制。

C 类物资，品种很多，资金占用比重很小，可适当放宽控制，增加一次订购量，减少采购次数，适当增加储备，以简化库存控制工作。

三、第×方物流

（一）第三方物流

第三方物流（third party logistics，3PL），是指物流渠道中的专业化物流中间人，以签订契约的方式，在一定期间内为其他公司提供全部或部分物流专业服务，以获取一定的利润。第三方物流是相对“第一方”发货人和“第二方”收货人而言的。也就是原来企业自己组织的销售物流，交由专门的物流服务企业承担，即企业将销售物流外包。

第三方物流企业通过与第一方或第二方的合作，承担其物流业务。它不拥有商品，不参与商品的买卖，仅为客户提供以合同为约束、以结盟为基础，系列化、个性化、专业化、信息化的物流代理服务。第三方物流公司提供的服务范围很广，它可以简单到只是帮助客户安排一批货物的运输，也可以复杂到设计、实施和运作一个公司的整个分销和物流系统。

随着信息技术的发展和经济全球化趋势，越来越多的产品在世界范围内流通、生产、销售和消费，物流活动日益庞大和复杂，而第一方、第二方物流的组织和经营方式已不能完全满足社会需要；同时，为参与世界性竞争，企业必须确立核心竞争力，加强供应链管理，降低物流成本，把不属于核心业务的物流活动外包出去。于是，第三方物流应运而生。

当今竞争日趋激化和社会分工日益细化的大背景下，**第三方物流具有明显的优越性，**具体表现在：

(1) 企业集中精力于核心业务。由于任何企业的资源都是有限的，很难成为业务上面面俱到的“专家”。为此，企业应把主要资源集中于自己擅长的主业，而把物流等辅助功能留给物流公司。很多第三方物流公司提供更多到门服务，例如，货到收款、上门安装服务等，使企业大大减少了为顾客提供更多服务的业务成本。

(2) 灵活运用新技术，实现以信息换库存，降低成本。第三方物流往往提供专业的运送方案、货单信息、送货要求等服务，企业可以减少在物流信息化的投入。

(3) 减少固定资产投资，加速资本周转。企业自建物流系统需要投入大量的资金购买物流设备，建设仓库和信息网络等专业物流设备，这对缺乏资金的中小企业是个沉重的负担。如果使用第三方物流公司，会减少设施的投资，降低仓库和车队的资金占用，加速资金周转。

(4) 提供灵活多样的顾客服务，为顾客创造更高的价值。第三方物流企业之间存在的竞争关系，使顾客可以选择性价比最高的企业，为顾客带来更高价值。第三方服务的好坏也可以由顾客来点评，增加顾客对于产品的参与度。

当然，与自营物流相比较，第三方物流在为企业提供上述便利的同时，也会给企业带来诸多的不利。其主要问题有：企业不能直接控制物流职能；不能保证供货的准确和及时；不能保证顾客服务的质量和维护与顾客的长期关系；企业将放弃对物流专业技术的开发等。比如，企业在使用第三方物流时，第三方物流公司的员工经常与你的顾客发生交往，此时，第三方物流公司会通过在运输工具上喷涂它自己的标志或让公司员工穿着统一服饰等方式来提升第三方物流公司在顾客心目中的整体形象，从而取代你的地位。

在传统物流业务中，用户看不到企业的物流业务流程，只能被动等待。然而，在互联网平台上，很多第三方物流公司都为购物平台开放了查询接口，用户可以看到每个包裹的即时流转信息，这就让用户参与到配送过程中，提升了用户的参与感。即使配送的产品有了延误，用户的体验却提升了，投诉远比不能看到配送消息的少。两种物流形式的用户体验如图 8－10、图 8－11 所示。

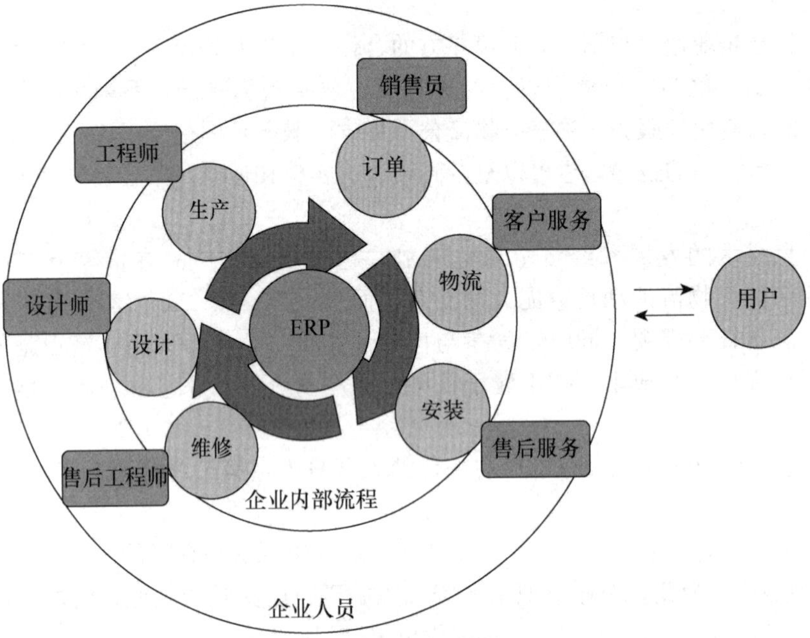

图 8－10　传统物流业务中用户的“无奈”

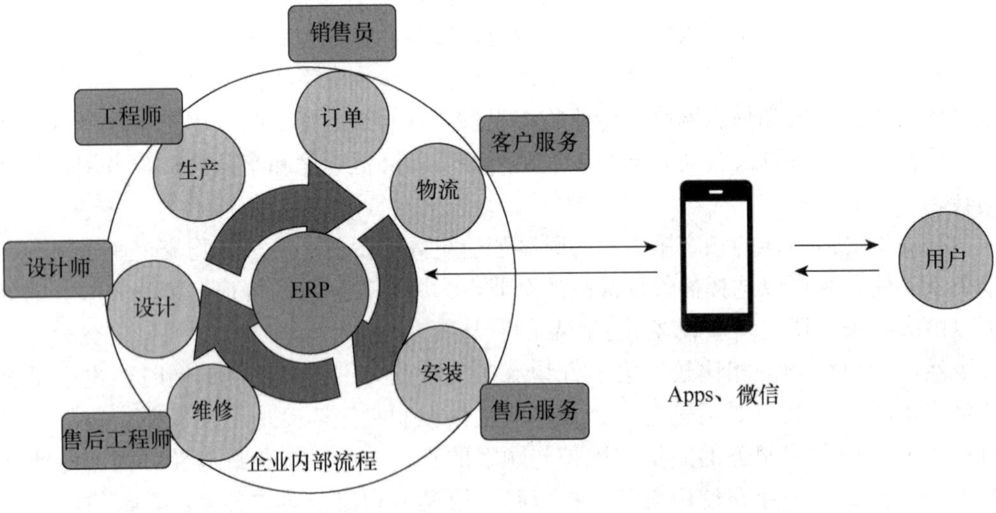

图 8－11　移动互联网背景下第三方物流业务中的用户体验

（二）第四方物流

电子商务的迅猛发展，对供应链跨度管理的组织集成提出了更高的要求，第三方物流已经不能完全满足时代的需要，在第三方物流概念的基础上，美国埃森哲公司的 Dow Bauknight 率先提出了第四方物流的概念。

第四方物流（forth party logistics，4PL），是指一个供应链的集成商，它通过拥有的信息技术、整合能力以及其他资源，提供一套完整的供应链解决方案，以此获取一定的利润。

第四方物流的主体包括集成商及其组织在一起的分包商，其中**集成商是第四方物流运作的核心**。第四方物流由集成商负责统一组织，选择满足客户需求的合作团队（包括分包商），并利用整个团队来控制和管理客户的点到点式的供应链运作。集成商不仅控制和管理特定的物流服务，而且对整体物流过程提出策划方案，并通过电子商务将这一过程集成。

第四方物流的特点在于，集成商能够协调整个供应链范围内的所有服务供应商（第三方物流、信息产业、合约物流等组织）之间的相互关系，使其满足客户和供应链合作伙伴的需求。整个供应链群体或是整个联盟把第四方物流商作为与客户的唯一接触点，通过它为客户提供多元化服务。一般情况下，政府为促进地区物流产业发展会领头搭建第四方物流平台。第四方物流商不仅是物流的利益方，而且是供需双方及第三方物流的领导力量，提供共享及发布信息服务。

第四方物流是在第三方物流的基础上发展起来的，具有很多的优势：

（1）能给客户提供最接近要求的完美的服务；

（2）能依靠优秀的第三方物流供应商、技术供应商、管理咨询以及其他增值服务商，为客户提供一个综合性的、独特的供应链解决方案；

（3）能利用第四方的信息资源、管理资源和资本规模，有效整合资源，为企业打造一个低成本的信息应用平台；

（4）能为企业提供低成本的信息技术。

第四方物流和第三方物流的显著区别在于：

（1）4PL 偏重于通过对整个供应链的优化和集成来降低企业的运行成本，而 3PL 则偏重于通过对物流运作和物流资产的外部化来降低企业的投资和成本。

（2）3PL 主要是为企业提供实质性的具体的物流运作服务，主要的不足是本身的技术水平不高，能为客户提供的技术增值服务比较少。4PL 刚好相反，它的专长是物流供应链技术，它具有丰富的物流管理经验和供应链管理技术、信息技术等，它的不足在于自身不能提供实质的物流运输和仓储服务。

（3）4PL 的思想必须依靠 3PL 的实际运作来实现并得到验证；3PL 又迫切希望得到 4PL 在优化供应链流程与方案方面的指导。

因此，只有二者结合起来，才能更好地、全面地提供完善的物流运作和服务。3PL 与 4PL 结合成为一体以后，将 3PL 与 4PL 的外部协调转化为内部协调，使得两个相对独立的业务环节能够更和谐、更一致地运作，物流运作效率会得到明显改善，进而更大幅度地降低物流成本，扩大物流服务供应商的获利空间。

本章内容小结

（一）生产运营管理的内容、问题及特点

（二）生产运营过程的组织、类型
（三）综合生产计划、主生产计划与物料需求计划
（四）MRP Ⅱ、ERP 和 JIT 等先进生产方式
（五）供应链的特点及供应链管理
（六）物流、物流活动及库存管理
（七）第三方物流、第四方物流

第九章 质量管理

本章提要

质量是企业综合素质的市场反映，是企业生存发展的根本手段。因此，拥有质量意识，重视质量管理，优化质量管理体系并进行有效质量认证，掌握有效的质量管理方法，既是企业基于市场需求生产适销对路产品、提高市场竞争能力和延续发展的关键，也是加强和提高企业管理水平的重要内容，更是企业管理者和广大员工都必须高度重视的一项管理职能。

重点难点

（一）质量和质量管理的概念

（二）全面质量管理的概念和特点

（三）质量标准

(四) 质量管理体系、文件及认证
(五) 质量控制的统计方法、PDCA 循环和六西格玛方法

引导案例

欧米茄的标准化工作

2017 年 4 月，欧米茄在瑞士比尔市的一座新工厂启用，全新的质量监测系统“主钟”（Master Chronometer）也揭开了神秘的面纱。这个质监系统可以将手表的误差控制在正负五秒内。除此之外，欧米茄还强调腕表的防磁性，发明了防磁零件来替代传统用来防磁的软铁表面，在更大程度上使手表免除了家用电器、手机、私人电器所产生产生磁场的影响，使手表的精准度更高。

起初，欧米茄希望管控时间精确度的瑞士官方天文台检测机构（COSC），能在其现有的质监系统的基础上，设计一套更全面的新检测设备，而不仅限于“保证表针转动的准确性和流畅性”，但其他制表商对此并不欢迎。于是，欧米茄决定独创新的质量标准，并创立独家认证。此举意义非凡。瑞士联邦计量研究所（METAS）支持欧米茄，METAS 在给每台腕表颁发“主钟”证书之前，都用欧米茄的质监系统进行质量测试。的确，新的“主钟”质监系统延长了腕表的出厂时间，但新认证、新标准的意义在于它是为所有品牌的腕表设计的。欧米茄相信会有更多品牌的腕表使用“主钟”质监系统进行测试，这将大幅度提升瑞士制表业的整体水准。

为了保证原产地与品质，瑞士“手工打造自动上弦的机械机芯”钟表一直以红色“日内瓦印记”作为制造水准的标杆，其时间精确度由 COSC 管控。2009 年，瑞士家族独立制表商百达翡丽宣布放弃官方的“日内瓦印记”标准，以自家公司印记取而代之。百达翡丽认为其腕表品质可以轻松超越官方标准。

案例思考：

（1）欧米茄的标准化工作有哪些具体的举措？意义是什么？

（2）结合案例材料，谈谈你对“一流的企业卖标准，二流的企业卖技术，三流的企业卖产品”这句话的理解。

第一节　质量与质量管理

一、质量的概念

质量的概念有狭义和广义两种。狭义的质量是指产品质量；广义的质量除了产品质

量，还包括服务质量和工作质量。这里我们说的是广义的质量。

（一）产品质量

所谓**产品质量**，是指产品的一组固有特性满足顾客和其他相关方要求的程度。它包含两方面的含义：

（1）产品的客观属性，指的是产品本身固有的“特性”；

（2）对产品的客观属性满足用户需要程度的主观感觉或评价，即“适用性”。

具体产品的质量或多或少存在差异，但从可描述与可度量的性质上，可归纳为六个方面的质量特性：

（1）性能，是指产品应达到使用功能的要求，反映了顾客和社会的需要对产品所规定的功能。如对电视机使用功能的要求是图像和声音清晰、稳定性好等。

（2）可信性，反映了产品可用性及其影响因素，包括可靠性、维修性和保障性等。

（3）安全性，反映了把伤害或损害的风险限制在可接受的水平上。如产品在使用过程中，保证对操作人员无伤害，不影响人身健康，不污染环境等。

（4）适应性，反映了产品适应外界环境变化的能力。

（5）经济性，反映了产品合理的使用寿命，产品的质量体现在使用价值与价格统一。

（6）时间性，反映了在规定时间内满足顾客对产品交货期和数量要求的能力，以及适应顾客的需求随时间变化的能力。

产品的质量特性，有的是可以直接定量的，如钢材的强度、硬度，机器的功率、能耗等。通过测定这些特性就可以判断产品质量的优劣。但是，在大多数情况下，产品质量特性是不能够直接测定出来的，如轮胎的使用寿命、设备的灵敏度等。这就要对产品进行综合的和分零部件的试验研究，以确定某些技术参数来间接反映产品的质量特性。这些反映产品质量特性的技术参数形成技术文件形式的产品质量标准，也称作为技术标准，它是衡量产品质量的技术依据。

中国已成为全球最大汽车生产国，此前中外汽车品牌之间的质量差距很大，2000 年每百辆国产汽车存在的问题达到 834 个，平均每辆车存在超过 8 个问题，是国际平均水平的 2 倍。然而，2017 年的调查结果显示，中国本土品牌平均每百辆车存在 112 个问题，仅比主流车型（包括全球汽车集团在华销售的汽车）多 13 个。国内外汽车制造商之间的质量差距已大幅缩小。美国汽车业咨询公司 JD Power 的一项调查显示，到 2020 年，中国本土汽车品牌在质量上可能赶上，甚至超过在华的全球知名汽车品牌。

（二）服务质量

服务质量，是指顾客的服务需求得到满足的程度，即服务满足顾客需求的能力。服务质量有以下特征：

1. 服务质量是一种主观感知质量

服务属于无形产品，服务质量与有形产品的质量有很大的差异。有形产品的质量可以采用客观的标准加以度量。但服务质量不同，不同的顾客可能对同一种服务质量产生不同的感知，即使同一顾客在不同的时间段内，由于情绪态度波动等，对服务质量的要求也会产生变化。

2. 服务质量是一种互动质量

与有形产品质量不同，服务质量具有生产与消费的不可分割性，在服务提供者与顾客消费的互动过程中形成。如果没有顾客的密切配合、响应，或者顾客无法清晰地表达服务要求，也将导致服务过程的失败，并对服务质量产生不良影响。

3. 服务过程质量在服务质量构成中有重要地位

服务过程质量是服务质量的重要组成部分，服务结果是顾客购买服务的根本目的，但是如果服务传递的过程很糟糕，即使服务结果很好，最后形成的顾客感知的服务质量也可能是非常低的。

4. 服务质量的度量方法不同于制造业所采用的方法

对于制造产品质量的度量，可以通过检验产品与事先制定的产品标准的吻合程度，来证实产品质量是否合格。但是在服务质量的度量中，不仅要考虑服务质量与服务标准的吻合程度，还要考虑衡量服务质量的外部效率，即对顾客关系质量的影响，以评价服务对服务提供者与顾客建立持久关系具有什么样的影响作用。

（三）工作质量

工作质量，是指同产品质量直接有关的各项工作的好坏，如经营管理工作、技术工作和组织工作等，是企业或部门的组织工作、技术工作和管理工作对保证产品质量做到的程度。

工作质量涉及企业各个层次、各个部门、各个岗位工作的有效性。因此，工作质量取决于企业员工的素质，包括员工的质量意识、责任意识、知识素养和业务技能水平等。企业决策层的工作质量起主导作用，管理层和执行层起到保证和落实作用。

工作质量一般难以定量，但它却客观存在于企业的生产经营活动之中，最终通过企业的管理效率、工作效率、产品的合格品率和优良品率等间接表现出来。

产品质量与工作质量是既不相同又密切联系的两个概念：产品质量取决于工作质量，是企业工作质量的综合反映；工作质量是产品质量的基础和保证。

产品质量是企业各部门、各环节工作质量的综合反映，因此，实施质量管理，既要搞好产品质量，又要搞好工作质量。而且，应该把重点放在工作质量上，通过提高工作质量来保证产品质量。

案例

张瑞敏砸冰箱

如今在海尔说起三十多年前“张瑞敏砸冰箱”的故事，已然耳熟能详。1985 年的某一天，海尔接到一位顾客的来信，反映海尔冰箱有质量问题。当时的厂长张瑞敏，立即带领所有干部对库房里的冰箱进行了全面检查，发现确有 76 台冰箱质量不合格。对于如何处理这批质量不合格的冰箱，张瑞敏做出了一个“不合常理”的决定：召开全厂职工大会，让事故责任人亲手将价值 20 多万元的 76 台冰箱全部砸毁。看起来好好的冰箱被挥舞的铁锤砸成一堆堆废铁，张瑞敏和在场职工都哭了。职工被深深地震撼了，那一幕在海尔员工心中留下了深刻的烙印。用海尔员工的话说就是“张瑞敏这一锤，不仅砸出了海尔追求优质、树立零缺陷产品和客户至上的理念，而且砸掉了干部不负责任、上推下卸的工作作风，树立了著名的80/20工作原则，更重要的是，这一砸把海尔电器砸成了世界名牌”。

从这个故事可以看出，产品质量是企业参与市场竞争的一个基本条件。高质量的产品是由高素质的员工生产出来的，只有通过员工高质量的工作才有产品的高质量。

（四）国际标准中的质量概念

随着社会经济的发展，人们对生产与服务质量的要求在不断地调整，从而对质量的认识也在不断丰富和深入。国际标准化组织（ISO）在总结、概括人们对质量认识的基础上，形成了关于质量的定义。

2000版ISO9000《质量管理体系　基础和术语》中对质量（quality）的定义是“一组固有特性满足要求的程度”。

这一定义使“质量”的概念得到了扩展、深化和高度概括。理解定义时要把握以下要点：

（1）质量具有广义性，它是以产品、体系和过程作为载体的。在这里，质量不仅是指产品、零部件、服务的质量，也可以是某项活动和过程的工作质量，还可以指涉及人的素质、设备能力、管理水平的体系运行的质量。因此，质量是一个广义的概念。

（2）质量的内涵是由一组固有特性组成的。固有特性是指某事物中本来就有的特性，也是常说的质量特性。它是通过产品设计、开发以及其后的实现过程所形成的属性。质量其实就是其固有特性满足顾客要求的程度。

（3）质量要求是动态和相对的，具有时效性。在质量的定义中，“要求”包括三个方面：

1）明示的要求，即顾客明确提出的或文件中规定的要求；

2）通常隐含的要求，即惯例或一般做法，如化妆品对顾客皮肤的保护性等；

3）必须履行的要求，即法律法规的要求及强制性标准的要求。

随着技术的发展、生活水平的提高，人们对产品、过程和体系会提出新的质量要求。因此，应定期对质量进行评审，按照各方面变化的需要和期望，相应地改进产品、体系和过程的质量，以保证满足顾客及相关方的要求。同时，质量要求还具有相对性，不同国家、不同地区因自然环境条件不同、技术发达的程度不同、消费水平和风俗习惯等的不同，会对产品提出不同的质量要求。例如，销往欧洲的彩色电视机要符合欧洲的电视制式、电压及电压波动范围等质量要求，而国内销售的彩色电视机则要符合国内统一技术标准。因而企业产品应具有对环境的适应性。

二、质量的形成

在企业的生产实践中，人们逐渐认识到质量不是检验出来的，产品质量有一个产生、形成和实现的过程，在这一个过程中的每一个环节都直接或间接地影响到产品的质量。为了表述产品质量形成的这种规律性，美国质量管理学家朱兰（J. M. Juran）提出了质量螺旋模型，这是表述影响质量的相互作用活动的概念模型，即一条呈螺旋上升的曲线把全过程中各个质量职能按逻辑顺序串联起来，用以表征产品质量形成的整个过程及其规律性。通常称之为“朱兰质量螺旋”，如图 9-1 所示。

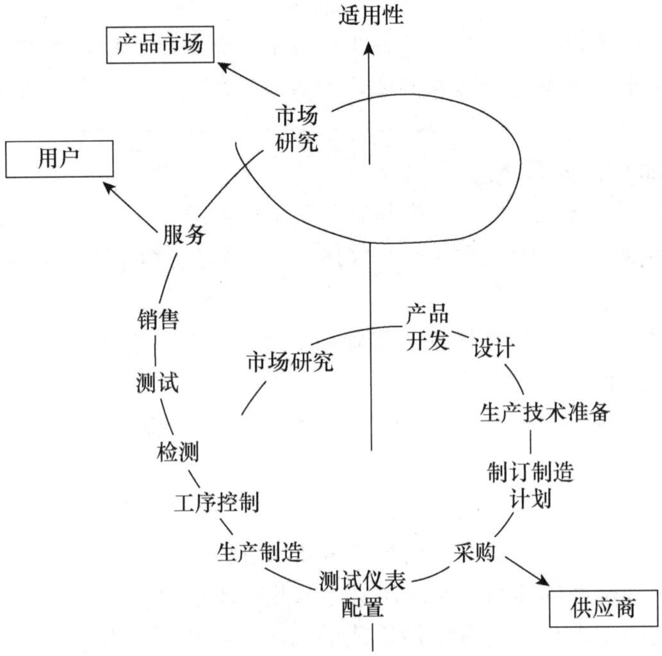

图 9-1　朱兰质量螺旋

这一规律告诉我们：

(一) 质量有一个产生、形成和发展的过程

产品质量形成的全过程包括以下环节：市场研究、产品开发、设计、生产技术准备、制订工艺、采购、仪器仪表及设备装置、生产制造、工序控制、检验、测试、销售、服务。这些环节构成了一个系统，质量就是在这个系统中经过每一个环节的作用而逐步形成的。

(二) 质量以需求的变化为中心，不断改进和提高

质量形成的若干环节以产品的适用性——需求为轴心，构成一个循环，每经过一轮循环，质量就会有所提高。这是因为人们的需求在不断发展，为满足需求，质量也在不断适应、不断改进的过程中得到上升。

(三) 质量的形成取决于每一个环节

作为一个质量系统，其目标的实现取决于每个环节的质量保证和各环节之间的协调。因此，必须将质量形成过程中的各个环节都纳入质量管理体系，实行全过程的管理。

(四) 质量形成过程是一个开放的系统

质量形成过程与社会环境有着密切的联系，朱兰质量螺旋中有三个环节与企业外部相联系：采购环节与物料供应商有联系，销售环节与顾客有联系，市场研究与产品市场有联系。所以，产品质量的形成并不只是企业内部行为的结果，质量的形成过程是一个开放的系统，质量管理也是一项系统工程。

（五）影响质量形成的最根本因素是人

在质量形成的全过程中，每一个环节都要靠人去完成。人的因素在产品质量形成过程中起着十分重要的作用，质量管理应该提倡以人为主体的管理。

三、质量管理及其发展

质量管理是企业管理的中心，是企业各项职能部门领导的职责，必须由企业高级管理者领导，且涉及企业中的所有成员。

根据 ISO 9000:2005 标准，质量管理是指在质量方面指挥和控制组织的协调的活动。它通常包括制定质量方针和质量目标，以及质量策划、质量控制、质量保证和质量改进等。

质量管理作为一门新兴的学科，其产生和发展大致经历了三个阶段，如图 9-2 所示。

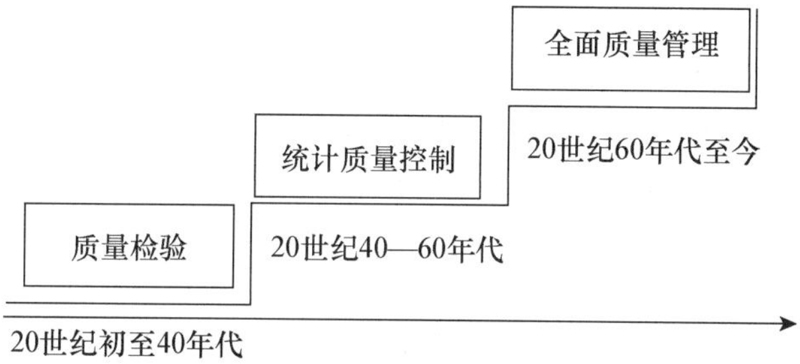

图 9-2　质量管理的发展阶段

（一）质量检验阶段（quality inspection，QI）

20 世纪以前的工业生产，没有专职的检验部门负责产品检验工作，产品由工人自行检验。后来由监工负责工作质量和产品质量。质量检验的标准与监工的技术水平和工作关系有关。

1911 年美国管理学家泰勒出版了《科学管理原理》（*The Principles of Scientific Management*）一书，创立了科学管理的理论。科学管理开始受到人们的重视，企业的管理职能逐渐与生产职能分开，检验部门开始从生产过程中分离出来，并确定检验标准，依据严格的标准检验产品，以确保出厂产品质量合格。这种方法对促进产品质量的提高，促进生产的发展起了很大的作用。

这一阶段的主要特点是把质量检验从生产工序中分离出来，成立专门的质量检验机构，负责检验产品，以保证出厂产品的质量。主要职能是剔除废品的**“事后把关”**，属于防守型的质量管理，是以检验为特征的传统的质量管理。

（二）统计质量控制阶段（statistical quality control，SQC）

为了弥补质量检验的缺陷，加强对产品生产过程的控制，预防和减少废品的产生，1924—1928 年，美国贝尔实验室的休哈特、道奇和罗米格，把数理统计方法运用到质量管理中来，用质量控制图和统计抽样检验表控制生产过程的质量，使质量管理从防守型转变为预防型。1931 年，休哈特出版了他的重要著作《产品制造质量的经济控制》（*Economic Control of Quality of Manufactured Product*），使统计质量控制趋于成熟并迅速推广。二战中，美国军品生产广泛运用数理统计方法控制产品质量，收效显著。后来这一方法被广泛运用于各类产品的生产质量控制中。

这一阶段的特点是：企业在工业产品的设计、制造、检验的协调和配合过程中，除了运用技术手段检验，还采用了数理统计方法，加强了对生产过程的控制，从预防废品发展到**“防检结合，以防为主”**的阶段。

（三）全面质量管理阶段（total quality management，TQM）

全面质量管理起源于美国，代表了质量管理发展的新阶段，是以组织全员参与为基础的质量管理形式。1961 年，美国通用电气公司质量管理部的部长菲根堡姆（A. V. Feigenbaum）出版了《全面质量管理》一书，首先提出了全面质量管理的概念，他主张用系统或者全面的方法管理质量，在质量过程中要求所有职能部门参与，强调质量计划的作用，组织管理者必须承担责任，并为组织发展做出应有的贡献。从此，全面质量管理概念逐步被世界各国所接受，但是由于国情不同，各国企业在运用时又加进了一些自己的实践成果，各有所长。目前，全面质量管理已经获得了丰硕的成果。

从 1961 年菲根堡姆提出全面质量管理的概念开始，世界各国对它进行了全面深入的研究，使全面质量管理的思想、方法、理论在实践中不断得到应用和发展。概括地讲，全面质量管理的发展经历了以下四个阶段：

1. 日本从美国引入全面质量管理

1950 年，美国质量管理专家戴明（Edwards Deming）在日本开展质量管理讲座。尽管当时全面质量管理的思路和概念还没有被完整地提出来，但是它对日本经济的发展起到了极大的促进作用。到 1970 年，质量管理已经逐步渗透到了全日本企业的基层。

2. 质量管理中广泛采用统计技术和计算机技术

从 20 世纪 70 年代开始，日本企业从质量管理中获得巨大的收益，充分认识到了全面质量管理的好处。日本人开始将质量管理当作一门科学来对待，并广泛采用统计技术和计算机技术进行推广和应用，全面质量管理在这一阶段获得了新的发展。

3. 全面质量管理的内容和要求得到标准化

随着全面质量管理理念的普及，越来越多的企业开始采用这种管理方法。1986 年，国际标准化组织（ISO）把全面质量管理的内容和要求进行了标准化，并于 1987 年 3 月正式颁布了 ISO 9000 系列标准。因此，我们通常所熟悉的 ISO 9000 系列标准实际上是对原来全面质量管理研究成果的标准化。

4. 质量管理上升到经营管理层面

随着质量管理思想和方法往更高层次发展，企业的生产管理和质量管理被提升到经营管理的层次。“质量管理是企业经营的生命线”这种观念逐渐被企业所接受。

20 世纪 80 年代后期以来，全面质量管理得到了进一步的扩展和深化，逐渐由早期的 TQC（total quality control）演化成为 TQM（total quality management），成为一种综合的、全面的质量管理理念和方法，并在世界范围内得到了广泛接受，不同国家的许多企业在实践中都结合自己的实际进行了创新。

质量管理三个阶段具有各自的特点，见表 9-1。

表 9-1　质量管理三个阶段的特点

阶段 项目	质量检验 （20 世纪初至 40 年代）	统计质量控制 （20 世纪 40—60 年代）	全面质量管理 （20 世纪 60 年代至今）
质量标准	保证检验产品符合既定标准	按既定标准控制	以用户需求为真正标准
特点	事后把关	过程控制、以防为主	全面控制、预防结合
工作重点	重在生产制造过程	扩大设计过程	设计、生产辅助使用全过程
检测手段	技术检验	加入数理统计方法	经营管理、专业技术、数理统计相结合
管理范围	产品质量	产品质量和工序质量	产品质量、工序质量和工作质量
标准化程度	无标准化要求	部分标准化	严格实行标准化管理
类型	防守型	预防型	全攻全守型
管理者	监工	专业技术人员	全员

第二节　全面质量管理

一、全面质量管理的概念

ISO9000 标准中对全面质量管理的定义为：一个组织以质量为中心，以全员参与为基础，目的在于通过让顾客满意和本组织所有成员及社会受益而达到长期成功的管理途径。具体地说，全面质量管理就是企业全体员工同心协力，综合运用管理技术、专业技术和科学的方法，开发、研制、生产和销售用户满意的产品的管理活动。

“全面”是全面质量管理的关键词。与之前的统计质量控制方法不同，主要表现在以下三个方面：

（1）质量管理的范围，从单纯对产品质量管理，拓展到整个企业的各个方面、各个部门、各项工作质量的**全企业管理**；

（2）质量管理的主体，从专职质量检验人员、技术人员、管理人员的质量管理，拓展为全体职工参加的管理，即**全员管理**；

（3）质量管理的侧重点，从对生产现场的质量管理，拓展为对生产经营**全过程的质量管理**。

由此可见，企业实施全面质量管理就是实施“三全管理”。从之前的就事论事、分散管理，转变为以系统观念为指导的全面综合管理，它不仅仅强调企业各方面工作的重要性，而且更加强调各方面工作共同发挥作用时的协同作用。因此，全面质量管理是一套能够有效地控制质量、提高质量的管理理论和技术。

二、全面质量管理的特点

(一) 顾客满意是全面质量管理的基本出发点

把用户需要放在第一位，牢固树立为用户服务、对用户负责的观点，是企业推行全面质量管理的指导思想和基本原则。与传统质量管理不同，它要求产品的质量必须符合顾客需求，始终以顾客满意为目标。而顾客需求通常会随着产品质量的提高而变得更高，顾客也从来不排斥“高性价比”，因此，全面质量管理也是动态的质量管理，具有改进的动态性，需要企业持续地提高质量标准，不断降低产品成本。

这条基本原则，不仅适用于企业处理与用户之间的关系，而且可以用于处理企业内部前后工序（或环节）之间的关系。它要求企业各道工序（或环节）都必须树立“后工序（或环节）就是用户”“努力为后工序服务”的思想。其实，这也是丰田 JIT 准时制生产的思想。因此，全面质量管理要“始于识别顾客的需要，终于满足顾客的需要”。

(二) 全面质量管理是全面的管理

全面质量管理中的质量，即管理的对象不仅包括产品质量，而且包括产品质量赖以形成的工作质量。离开工作质量的改善，提高产品质量是不可能的。通过提高工作质量，不仅可以保证和提高产品质量，而且可以做到降低成本，供货及时，服务周到，以全面质量的提高来满足用户的要求。

全面的质量管理可以从组织管理和质量职能两个角度来理解。

(1) 从组织管理的角度来看，每个企业都可以划分成上层管理、中层管理和基层管理三个层次。“全企业的质量管理”就是要求企业各管理层次都有明确的质量管理内容。当然，各层次的侧重点不同。上层管理侧重于质量决策，制定出企业的质量方针、质量目标、质量政策和质量计划，并统一组织、协调企业各部门、各环节、各类人员的质量管理活动，保证企业经营管理最终目的的实现；中层管理要贯彻落实领导层的决策，确定出本部门的目标和对策，更好地执行各自的质量管理职能，并对基层工作进行具体的管理；基层管理则要求每个职工都要严格地按标准开展质量管理小组和合理化建议活动，不断进行作业改善。

(2) 从质量职能角度看，产品质量管理职能分散在企业的有关部门中，要保证和提高产品质量，就必须将分散在企业和部门中的质量管理职能充分发挥出来。全企业的质量管理就是要“以质量为中心，领导重视、组织落实、体系完善”。

(三) 全面质量管理是全过程的管理

全面质量管理的范围涵盖产品质量产生、形成和实现的全过程。实行全过程的质量管理，要在产品生产过程的一切环节加强控制，消除产生不合格品的种种隐患及其深层的原因，形成能够稳定生产合格产品的生产系统；要加强开发设计的质量管理，提高开发设计的质量，使产品设计充分满足用户适用性要求；要保证用户的使用质量，保证技术服务工作质量。这就把质量管理从原来的生产制造过程扩大到开发设计、制造、检验、销售、用户服务等各个环节，形成“一条龙”的总体质量管理。

(四) 全面质量管理是全员参加的管理

产品和服务质量是企业各方面、各部门、各环节工作质量的综合反映，其中任何一个环节、任何一个人的工作质量都会不同程度地直接或间接地影响着产品质量或服务质量。所以，全面质量管理是一种以人为中心的质量管理，必须十分重视整个过程中所涉及的人员，充分发挥组织中每一个成员的作用。只有人人关心产品质量和服务质量，人人做好本职工作，全体参加质量管理，企业才能生产出顾客满意的产品。

要实现全员质量管理，应当做好以下三个方面的工作：

（1）必须抓好全员的质量教育和培训。

（2）要制定各部门、各级各类人员的质量责任制，明确任务和职权，各司其职、密切配合，以形成一个高效、协调、严密的质量管理工作系统。

（3）要开展多种形式的群众性质量管理活动。主要包括：质量管理小组活动、合理化建议制度和质量相关的劳动竞赛等。

（五）全面质量管理所采用的方法是多样化的

随着现代科学技术的发展，对产品质量和服务质量提出了越来越高的要求，影响产品质量和服务质量的因素也越来越复杂：既有物质的因素，又有人的因素；既有技术的因素，又有管理的因素；既有企业内部的因素，又有企业外部的因素。要把这一系列的因素系统地控制起来，全面管好，就必须根据不同情况，区别不同的影响因素，广泛、灵活地运用多种多样的现代化管理方法来解决实际质量问题。其中要特别注意运用统计方法和统计思考方法。

理解全面质量管理的上述特点，对于正确地开展全面质量管理是十分重要的。

我国从 1979 年推行全面质量管理以来，在理论和实践上都有一定的发展，并取得了不小的成效，这为在我国实施 ISO9000 国际标准奠定了基础；同时，ISO9000 国际标准的实施又为全面质量管理的深入发展创造了条件。

第三节　质量标准体系与质量认证

一、质量管理原则

2000 版 ISO9000《质量管理体系　基础和术语》中，提出了质量管理八项原则，为质量管理提供了理论基础和基本准则，也为标准的实施提出了指导思想。

质量管理八项原则的具体内容如下。

（一）以顾客为关注焦点

组织依存于顾客，因此组织应理解顾客当前和未来的需求，满足顾客要求并争取超越顾客的期望。

（二）领导作用

领导者确立组织相互统一的宗旨及方向，应当创造并保持使员工能充分参与实现组织目标的内部环境。

（三）全员参与

各级人员都是组织之本，只有全体员工的充分参与，才能使他们的才干得到充分的发展和发挥，达到个人和组织的价值最大化。

（四）过程方法

将活动和相关的资源作为过程进行管理，可以更高效地得到期望的结果。

（五）管理的系统方法

将相互关联的过程作为系统加以识别、理解和管理，有助于组织提高实现目标的有效性和效率。

（六）持续改进

持续改进总体业绩应当是组织的一个永恒目标。

（七）基于事实的决策方法

有效的决策是建立在数据和信息分析的基础上。

（八）与供方互利的关系

组织和供方是相互依存的，互利的关系可增强双方创造价值的能力。

上述质量管理原则是众多企业成功质量管理实践经验的总结和概括，是质量管理一般规律的客观反映。遵循这些原则，有利于促进企业达到提高总体业绩的目的。

二、质量标准

（一）标准

质量标准，是指通过某些技术参数或工作效率等工作成果来间接反映产品和工作的质量特性，把这些反映产品和工作质量特性的技术参数、工作效率等工作成果明确地规定下来，形成文件，成为衡量产品质量和工作质量的技术依据、考核依据。这种依据就是质量标准。质量标准有以下几种分类：

1. 国际标准

国际标准是指在世界范围内得到普遍承认和广泛接受的标准，如国际标准化组织制定的《质量、管理和质量保证》ISO 系列国际标准、世界卫生组织的《药品生产质量管理规范》、国际电工委员会标准（IEC）的电子电气系列等，都是在国际上广泛认可的标准。

2. 国家标准

国家标准是指由国务院标准化行政主管部门制定的，并通过正规渠道发布实施的标准。强制标准冠以代号“GB”，推荐标准冠以“GB/T”。

3. 企业标准

企业标准是对企业范围内需要协调和统一的技术要求、管理要求和工作要求所制定的标准。它由企业组织制定，由企业法人代表或法人代表授权的主管领导批准、发布，一般冠以代号“Q”。按照标准化对象，通常把企业标准分为技术标准、管理标准和工作标准三类。

（1）技术标准。

技术标准是企业标准的主体和核心，是对企业产品、工艺流程、操作规程、安全环保等方面应当达到的尺度和必须共同遵守的规定。具体包括：

1）基础标准，是最基本的并具有广泛指导意义的标准，包括通用技术语言（名词、术语、符号）标准、量和单位标准、数值与数据标准。它是工作标准化的基础，是制定各类标准的前提。

2）产品标准，是指对某一类产品的结构、规格、性能、质量、检验方法以及包装、储存、运输等方面所做的技术规定。

3）工艺标准，是为制造产品或零件而规定的加工路线、加工方法。

4）操作规程，是为机器、设备、工具、仪器等所规定的操作方法和注意事项。

5）安全环保标准，是为保证生产过程中的人身安全、职工健康和环境保护等方面所做的规定。

（2）管理标准。

管理标准是关于企业各项管理工作的职责、程序、方法和制度等方面的规定，是组织和管理企业生产经营活动的手段。从不同的角度看，企业有不同的管理标准体系。

1）从企业生产经营过程看，物资供应、生产、销售、服务的全过程有一套相应的管理标准。

2）从企业生产经营要素看，人力资源管理、物质设备管理、资金管理、技术管理、信息管理等也有一套管理标准。

3）从管理职能划分看，计划、组织、指挥、协调和控制也有相应的管理标准。

（3）工作标准。

工作标准是对工作的责任、权利、范围、质量要求、程序、效果、检查方法、考核办法所制定的标准。

工作标准的内容包括：岗位职责、岗位任务、任务数量、工作质量、完成期限、完成方法、信息传递方式、人员考核与奖罚方法等。

需要说明的是，《中华人民共和国标准化法》将标准分为国家标准、行业标准、地方标准（DB）、企业标准（Q）四级。

（二）标准化

标准化，是指企业制定标准和实施标准的一系列活动。它是一项综合性的基础工作，对提高企业经济效益具有重要作用。

企业推行标准化管理工作，其重要性表现在：

（1）标准化是合理组织企业生产经营活动的科学依据。

（2）标准化是组织专业化生产的技术基础。专业化、协作化都只有在标准化的基础上才能顺利进行。标准化水平也是衡量企业的生产技术与管理水平高低的尺度，是现代化程度的一个重要标志。

（3）标准化能从根本上保障产品生产的高质量、低消耗、高速度、低成本，使产品具有较强的竞争能力。

（4）标准化是实施技术改造、开发新产品、提高劳动生产率的有效手段。

（5）标准化是企业生产经营同国际标准接轨，实施“走出去”的国际化经营战略的重要途径。采用国际标准，将使企业的产品在国际市场竞争中取得有利地位。

因此，所有的企业都必须重视标准化工作，积极采用、认真贯彻执行国际标准、国家标准和专业标准。凡是没有国家标准和专业标准的，要尽快制定企业标准。

在经济全球化的竞争环境下，由于企业生产技术和组织条件处于变动之中，特别是信息化、智能化对传统的分工协作体系以及方法工具猛烈冲击，企业标准化工作呈现出新的特点：

（1）标准化领域不断增加；

（2）标准不断升级；

（3）突破国际竞争的“标准”障碍；

（4）抢占制定“标准”的制高点；

（5）用动态标准引导企业（从静态的标准到动态的标准）。

对某些企业来说，标准化不仅是赢得竞争优势的手段，而且进一步上升为企业的核心竞争力，正如流行的说法那样，**“三流企业卖苦力，二流企业卖产品，一流企业卖技术、卖服务，超一流企业卖规则、卖标准”**。在网络经济条件下，规模经济和技术依赖使这种“标准垄断”成为可能。

ISO9000 系列标准就是使用范围广、认可度高的国际质量标准。它是现代化大生产、国际分工和国际贸易发展的必然结果。ISO 标准的实施和推广对规范市场行为，促进各类企业组织加强质量管理，提高产品质量，增强市场竞争力都会产生积极效果。

三、质量管理体系

（一）质量管理体系

国际标准化组织（International Organization for Standardization，ISO）中的质量管理和质量保证技术委员会（ISO/TC 176），于 1987 年 3 月制定并发布了“ISO9000 族质量管理体系标准”的系列标准，标准编号分别为 ISO9000、ISO9001、ISO9002、ISO9003、ISO9004，简称 ISO9000 系列标准。

ISO9000 系列标准，由若干核心标准和一系列支持性标准及文件构成。后经多次修改、补充和发布，ISO9000 系列标准不断丰富和完善。

1. 2000 版 ISO9000 系列标准的四项核心标准

（1）ISO9000《质量管理体系　基础和术语》，明确了质量管理的八项原则，表述了建立和运行质量管理体系应遵循的基础知识，阐明了质量管理体系所用术语和基本概念。

（2）ISO9001《质量管理体系　要求》，规定了对质量管理体系的要求，用于证实组织具有提供满足顾客要求和适用法规要求的产品的能力，目的在于增进顾客满意程度。它是质量管理体系认证的基础。

（3）ISO9004《质量管理体系　业绩改进指南》，提供了提高质量管理体系有效性和效率两方面的指南和建议，其目的是促进组织实现、保持和改进整体业绩，使顾客和其他相关方满意。该标准也可用于评价质量管理体系的完善程度。

（4）ISO 19011《质量和（或）环境管理体系审核指南》，它为运用质量管理体系或环境管理体系的组织进行内审和外审提供了指南。

与之前的ISO9000系列标准相比，2000版的标准具有如下特点：

（1）面向所有组织，通用性强；

（2）文字通俗易懂，结构简化；

（3）确立管理原则，统一理念；

（4）提倡过程方法，操作性强；

（5）强化领导作用；

（6）突出改进，提高有效性；

（7）兼顾相关方利益；

（8）质量管理体系与环境管理体系相互兼容等。

之后，2008年又对2000版ISO9000系列标准进行了修订。

2. 质量管理体系构成

根据ISO9001《质量管理体系　要求》，质量管理体系由四个要素构成：

（1）管理职责。

包括规定最高管理者的职责、确定质量方针、进行质量策划、制订质量目标、建立组织机构、明确所有部门和员工的职责及权限、编写质量手册和其他质量文件、进行管理评审等。质量责任制是落实质量职能的重要手段。

（2）资源管理。

资源和人员是质量体系的基本组成部分。具有能满足产品质量要求的各种设备和一支经验丰富、训练有素的技术、管理与操作人员的队伍，是企业质量保证能力的基本条件。通常包括识别、配备、评价和改进实现质量目标所需要的资源，如各类人才资源和专业技能、供方、基础设施设备、计算机软件、数据信息、工作环境、资金等。

（3）产品实现。

质量管理体系涉及产品寿命周期的全过程，即从最初识别市场需要到最终满足顾客要求，具体包括产品设计、开发、采购、生产和服务提供、生产和服务控制等方面确定顾客和其他相关方的要求。为了保证产品质量，就必须对影响产品质量的全部活动和全过程加以控制。

（4）测量分析与改进。

对产品、过程和体系以及顾客和其他相关方的满意程度等进行测量和分析，对测量和分析中发现的问题和不足进行改进。

上述质量管理体系的四个构成要素是相互作用的关系。产品实现过程是主过程，对过程的管理构成管理过程（管理职责），实现过程所需资源的提供构成资源管理过程，对实现过程的测量、分析和改进则构成支持过程，如图9-3所示。

图9-3中，置于中间的椭圆形代表一个组织的质量管理体系，左右两侧表示相关方，如顾客、组织的所有者和员工、供方、合作者、银行和社会等。左侧表示相关方对产品的需要和期望，右侧为相关方对组织提供产品的满意程度。

（二）质量管理体系的文件

质量管理体系文件是质量体系的“软件”部分，是质量管理体系的文字描述。它是企业进行质量管理的依据，可使企业的各项活动有法可依、有章可循。同时，它也是衡量企

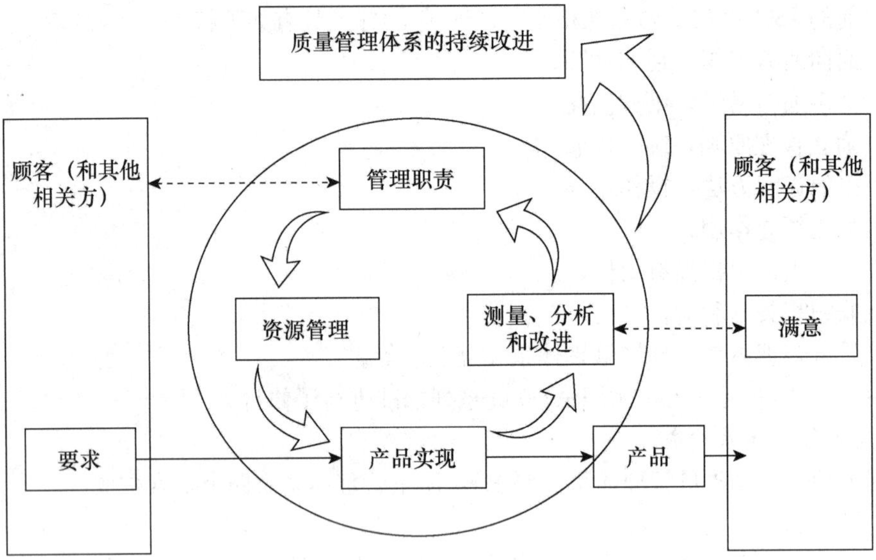

图 9－3　质量管理体系构成及其运行过程

业质量保证能力的重要依据之一。

质量管理体系文件主要包括质量手册、程序文件、工作文件和质量记录四个层次。

1. 质量手册

质量手册是企业质量管理的纲领性文件，是对质量管理体系总的描述，是质量管理的体现，是实施和控制的基础。

质量手册中通常包含质量方针和质量目标的内容。质量方针是由最高管理者正式发布的该组织总的质量宗旨和方向。质量目标是指在质量方面所追求的目的。质量方针应与组织的总方针相一致，并为制定质量目标提供框架，质量目标通常依据质量方针制定。

除了质量方针和质量目标之外，质量手册还包括公司质量管理的执行或评审人员的职责权限和相互关系，以及质量管理体系程序要点和说明。

2. 程序文件

程序文件是指把为完成某项质量活动而规定的顺序、内容和方法写成书面材料并正式颁布而形成的文件，是质量手册的支持性文件。程序文件的内容必须同质量手册的规定要求相一致，同时应具有很强的可操作性。

3. 工作文件

工作文件是针对操作者个人或岗位编制的最具体的操作性文件，包括作业指导书、岗位责任书、检验指导书等。

4. 质量记录

质量记录是为已完成的活动或达到的结果，提供客观证据的文件。

质量管理体系文件的结构如图 9－4 所示。

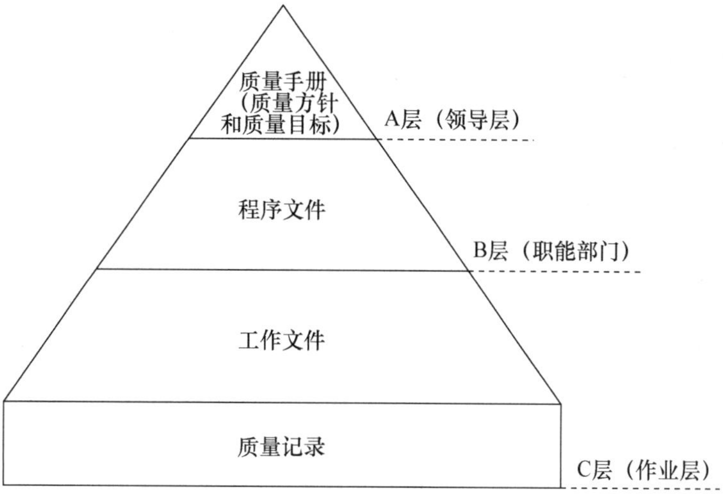

图 9-4 质量管理体系文件结构

小资料

产品、体系和过程

2000 版 ISO9000《质量管理体系　基础和术语》中，对过程、产品、体系的定义分别是：

过程，指一组将输入转化为输出的相互关联或相互作用的活动。如产品的生产过程、旅行社的导游服务过程、企业工作的策划过程、物资的采购和运输过程等。凡是得到输入并将其转化为输出的任何一项活动都可称其为过程。

产品，即过程的结果。产品有以下四种通用类别：服务（如运输）、软件（如计算机程序）、硬件（如机械零件）、流程性材料（如润滑油）。许多产品都包含上述四种类别中的一种或数种，但究竟属于哪一类产品取决于其主导成分。

体系，即系统，是指相互关联和相互作用的一组要素。如由人、设备、任务、管理等构成的生产体系。

（三）质量认证

质量认证作为对产品质量、企业质量保证能力实施的第三方评价活动，已经成为当今世界各国规范市场行为、促进贸易发展和保护消费者合法权益的有效手段。

1. 质量认证的概念

质量认证，也称为合格认证，是指第三方依据程序对产品、过程或服务符合规定的要求给予书面保证（合格证书）的程序。

质量认证包括两部分：

（1）产品质量认证；

（2）质量管理体系认证。

质量认证活动是围绕着产品质量认证发展起来的，并衍生为一系列的认证活动。

理解质量认证的概念，须明确以下几点：

（1）认证的对象。按照合格评定的范围，认证对象是产品或质量管理体系。当只对产品进行安全认证时，认证的对象特指产品的安全特性。

（2）认证的依据。认证的依据是标准和有关的法律法规。产品认证应符合具有国际水平的国家标准或行业标准。对质量体系认证，则可依据 ISO9000 系列标准进行。

（3）认证的证明方式。当产品或质量管理体系经认证合格，则可用合格证书或产品认证标志的形式向顾客和有关方面传递“符合标准”的信息。

（4）认证的主体。认证主体是指质量认证或质量审核的第三方执行机构。

（5）认证的性质。认证强制程度可分为自愿性认证和强制性认证。

（6）认证的目的。质量认证的目的，对企业来说，是通过取得合格证书或合格标志向顾客证明自己的产品水平或企业的质量保证能力，从而提高企业信誉，增强市场竞争能力。对顾客来说，可通过识别合格标志选择供方或满足自己要求的产品。

2. 产品质量认证

产品质量认证，是指依据产品标准和相应技术要求，经认证机构确认并通过颁发认证证书和认证标志来证明某一产品符合相应标准和相应技术要求的活动。

产品质量认证有两种：一种是安全认证，它通过法律、行政法规或规章规定强制执行认证；另一种是合格认证，属于自愿性认证，是否申请认证，由企业自行决定。

3. 质量管理体系认证

（1）质量管理体系认证的概念。

质量管理体系认证，是指依据国际通用质量管理标准，由经国家授权的第三方认证机构对组织的质量管理体系进行审核，通过注册及颁发证书的形式来证明组织的质量管理体系和质量保证能力符合相应要求的活动。

根据我国法律法规，在国内从事质量管理体系认证的机构必须取得国家的资格认可。中国合格评定国家认可委员会（CNAS）统一负责对认证机构、实验室和检验机构等相关机构的认可工作。

（2）质量管理体系认证的证明。

1）认证证书。

认证机构向获准认证通过的企业颁发质量管理体系认证证书。证书内容一般包括：证书编号，获证组织名称、地址和组织机构代码，质量管理体系覆盖的生产经营或服务的地址和业务范围，质量管理体系评定标准的表述，认证机构名称，有效期的起止年月日，相关的认可标识及认可注册号。认证证书的有效期一般为 3 年。

2）认证标志。

认证机构向获准认证通过的企业颁发带有认证机构专有标志的体系认证标志。企业可以利用其做广告宣传，表明本企业所具有的质量信誉，但不得张贴在产品上，也不得以任何可能使人误以为产品合格的方式使用。

（3）质量管理体系认证的作用。

1）有利于提高产品质量，降低生产成本，增加消费者满意度，更好地保护消费者利益。

2）有利于加强采购控制，持续改进工作流程，提高企业管理水平。

3）有利于促进国际贸易合作，增强企业国际市场竞争能力。

第四节 质量管理与控制方法

质量管理方法是质量管理体系有效性的重要保证。TQM、ISO9000 系列标准都强调在质量管理中自觉地利用先进科学技术和管理方法。质量管理方法体系包括 PDCA 循环过程方法以及建立在数理统计基础上的 6σ 方法等多种质量管理方法。

一、质量管理常用的统计方法

日本的石川馨博士最早将统计技术和计算机技术应用到全面质量管理过程之中，并归纳出常用的 7 种统计分析方法：排列图法、因果图法、调查表法、直方图法、散布图法、控制图法和分层法。这里只简单介绍前两种方法。

（一）排列图法

1. 排列图的概念

排列图，又叫帕累托图，是为了将质量改进项目从最重要到最次要进行排列而采用的一种简单的图示方法。排列图由一个横坐标、两个纵坐标、几个按高低顺序排列的矩形和一条累积百分比折线组成，如图 9－5 所示。

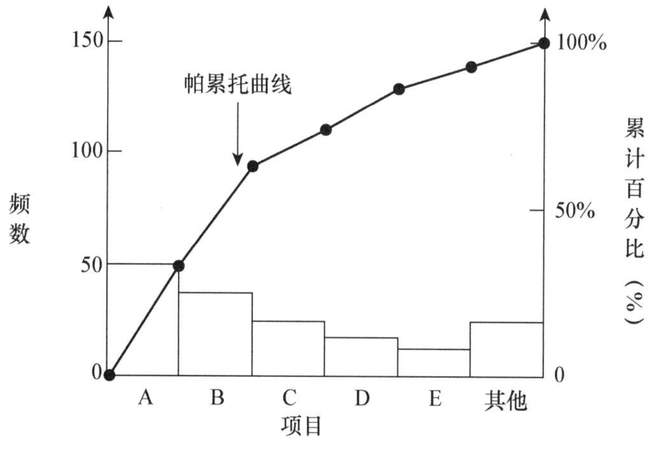

图 9－5 排列图

排列图是建立在帕累托原理的基础上的。帕累托原理是意大利经济学家帕累托在分析社会财富分布状况时得到的“关键的少数和次要的多数”的结论。应用这一原理，就意味着在质量改进的项目中，少数的项目往往起着主要的、决定性的作用，通过区分控制最重要的和最次要的项目，就可以用最小的努力获得最大的质量改进。

排列图有两个重要作用：一是按重要顺序显示出每个质量改进项目对整个质量问题的

作用；二是识别进行质量改进的机会。

2. 做排列图的注意事项

(1) 通常把因素分为A、B、C三类。在累计频率80%与90%两处画两条横线，把图分成三个区域，累计频率在80%以内的诸因素是主要因素（A类），累计频率在80%～90%之间的是次要因素（B类），在90%以上的是一般因素（C类）。

(2) 主要因素不能太多，一般找出主要因素一二项为宜，最多不超过三项。

(3) 适当合并一般因素。不太重要的因素可以列出很多项，合并为“其他”项。

(4) 在采取措施之后，为验证效果，要重新画帕累托图，以便进行比较。

(二) 因果图法

因果图，也称特性因素图。因其最初是由日本质量管理专家石川馨于1953年提出使用的，又称为石川图；又因图形像树枝和鱼刺，也被称为树枝图或鱼刺图。因果图就是整理和分析影响产品质量（结果）的各因素（原因）之间的关系的一种工具，它通过带箭头的线，将质量问题与原因之间的关系表示出来，基本图形如图9-6所示。

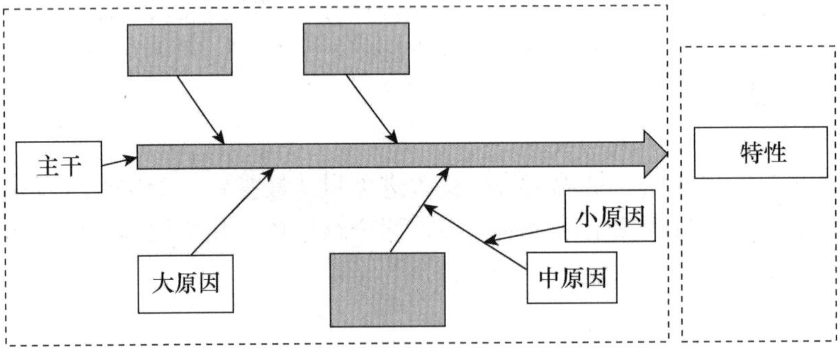

图9-6 因果图

任何一项质量问题的发生或存在都是有原因的，而且经常是多种复杂因素平行或交错地共同作用所致。因果图由以下几部分组成：

(1) 特性，是生产过程或工作过程中出现的结果，一般指尺寸、重量、强度等与质量有关的特性，以及工时、产量、开动率、不合格率、缺陷率、事故件数、成本等与工作质量有关的特性。因果图中所提出的特性，是指要通过管理工作和技术措施予以解决并能够解决的问题。

(2) 原因，是对质量特性产生影响的主要因素，一般是导致质量特性发生分散的几个主要来源。原因通常分为大原因、中原因、小原因等。

(3) 枝干，是表示特性（结果）与原因之间关系或原因与原因之间关系的各种箭头。把全部原因同特性联系起来的是主干；把个别原因同主干联系起来的是大枝；把逐层细分的因素同各个原因联系起来的是中枝、小枝和细枝。

此图以要改善的某主要质量问题为结果，画出一个主干线箭头图，然后根据影响产品质量的原因，从大到小、从粗到细层层地寻找原因，把各种层次的原因都用箭头线记录在图上。

二、PDCA 循环

企业的每一项生产经营活动都有一个计划（plan）、执行（do）、检查（check）和处理（action）的过程，这也是做任何事情的一般规律。按照这一规律进行质量管理，其工作方法分为 PDCA 四个阶段并周而复始地进行工作，简称 PDCA 循环，是组织质量体系运转的基本方式。

PDCA 循环是一个科学的管理工作程序，除了包括四个阶段之外，还可以进一步具体化为八个工作程序（如图 9－7 所示）：

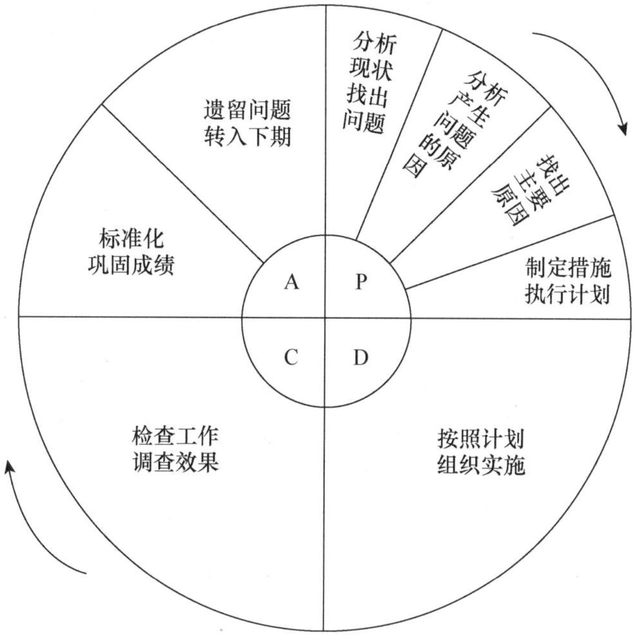

图 9－7 PDCA 循环的工作程序

（1）分析现状，找出存在的质量问题。

（2）分析产生质量问题的各种原因。

（3）从各种原因中找出影响质量的主要原因。

（4）针对主要原因提出改革措施，制定计划，并预计其效果。

（5）严格按照计划组织各项措施的实施。这是执行阶段的具体化。

（6）把工作结果同预定目标对比，检查执行过程中的情况和问题，看是否达到预计效果。这是检查阶段的具体化。

（7）总结经验教训，把成功的经验、行之有效的办法纳入有关标准和规章制度，用来指导以后的工作，以巩固成绩。把失败的教训记录在案，引以为戒，以防止同类问题的发生。

（8）把这一循环未能解决的问题提出来，转入下一循环继续解决。

此外，在运行中应加强各部门和各项质量活动的协调工作以及定期体系审核，以保证体系的有效性和适应性。

三、六西格玛方法

“六西格玛（6σ）”的概念于1986年由摩托罗拉公司的比尔·史密斯提出。6σ法是一种统计评估法，核心是追求零缺陷生产，防范产品责任风险，降低成本，提高生产率和市场占有率，提高顾客满意度和忠诚度。

σ是一个希腊字母，在统计学上用来表示标准偏差值，用以描述总体中的个体离均值的偏离程度，测量出的σ表征着诸如单位缺陷、百万缺陷或错误的概率，σ值越低，缺陷或错误就越少。6σ是一个目标，这个质量水平意味的是所有的过程和结果中，出错率不超过百万分之3.4。也就是说，做100万件事情，其中只有3.4件是有缺陷的，这是趋近完美的境界。

（一）六西格玛方法的特征

1. 以顾客为关注焦点的管理理念

六西格玛方法是以顾客为中心，关注顾客的需求。它的出发点就是研究客户最需要的是什么、最关心的是什么，通过提高顾客满意度和降低资源成本促使组织的业绩提升。

2. 注重数据和事实，使管理成为一种真正意义上基于数字上的科学

六西格玛方法是一种高度重视数据，依据数字、数据进行决策的管理方法，强调“用数据说话”“依据数据进行决策”。另外，它通过定义“机会”与“缺陷”，通过计算DPO（每个机会中的缺陷数）、DPMO（每百万机会中的缺陷数），不但可以测量和评价产品质量，还可以把一些难以测量和评价的工作质量和过程质量，变得像产品质量一样可测量和用数据加以评价，从而有助于获得改进机会，达到消除或减少工作差错及产品缺陷的目的。

3. 一种以项目为驱动力的管理方法

六西格玛方法的实施是以项目为基本单元，通过一个个项目的实施来实现。通常项目是以黑带为负责人，牵头组织项目团队通过项目成功完成来实现产品或流程的突破性改进。

4. 实现对产品和流程的突破性质量改进

六西格玛方法的一个显著特点是项目的改进都是突破性的。通过这种改进能使产品质量得到显著提高，或者使流程得到改造，从而使组织获得显著的经济利益。

5. 有预见的积极管理

六西格玛方法包括一系列工具和实践经验，它用动态的、即时反应的、有预见的、积极的管理方式取代那些被动的习惯，促使企业在当今追求完美的质量水平而不容出错的竞争环境下能够快速向前发展。

6. 无边界合作

六西格玛方法是建立在广泛沟通基础上的，因此能够营造出一种真正支持团队合作的管理结构和环境，黑带是项目改进团队的负责人，而黑带项目往往是跨部门的，要想获得

成功就必须由黑带率领他的团队打破部门之间的障碍，通过无边界合作完成项目。

7．追求完美，容忍失误

遵循 DMAIC 的改进方法，具体包括项目定义（define）、数据收集（measure）、分析（analysis）、项目改善（improve）、项目控制（control）。

8．强调骨干队伍的建设

六西格玛方法比较强调骨干队伍的建设，其中，执行负责人、黑带大师、黑带、绿带是整个六西格玛队伍的骨干。对不同层次的骨干进行严格的资格认证制度，如黑带必须在规定的时间内完成规定的培训，并主持完成一项增产节约幅度较大的改进项目。

（二）六西格玛管理的人员组织结构

1．6σ 管理委员会

它是企业实施 6σ 管理的最高领导机构，主要成员由公司领导层成员担任。

2．执行负责人

通常由高层领导担任，负责综合协调。

3．绿带

跨部门的工作人员，负责把 6σ 的概念和工具传达到企业日常活动中去。

4．黑带

领导项目小组实施流程变革，同时负责培训绿带。黑带要求具备丰富的工作经验，能够熟练地操作计算机，能熟练使用至少一种先进的统计学软件。

5．黑带大师

这是 6σ 管理专家的最高级别，一般是统计方面的专家，负责在 6σ 管理中提供技术指导。

六西格玛方法成为质量管理学发展的里程碑之一。20 世纪 90 年代中期通用电气将其从一种全面质量管理方法演变成为一个高度有效的企业流程设计、改善和优化的技术，并提供了一系列同样适用于设计、生产和服务的新产品开发工具。继而与通用电气的全球化、服务化、电子商务等战略齐头并进，成为全世界追求管理卓越性的企业最为重要的战略举措。六西格玛方法逐步发展成为以顾客为主体来确定企业战略目标和产品开发设计的标尺，成为追求持续进步的一种管理哲学。

该方法在摩托罗拉、通用电气、戴尔、惠普、西门子、索尼、东芝等众多跨国企业的实践中证明是卓有成效的。为此，国内一些机构和企业大力推广 6σ 管理工作，引导企业开展 6σ 管理。

本章内容小结

（一）质量和质量管理的概念

（二）全面质量管理的概念、特点和基本要求

（三）质量管理体系及认证

（四）质量控制的方法

第十章　项目管理

本章提要

随着社会的发展，目前，几乎所有行业都有项目，项目管理也成为企业的一项重要管理职能。随着社会对于复杂、尖端和定制化产品及服务的需求的广泛增长，市场需求正在快速变化，但是，激烈的市场竞争留给人们寻找并使用知识来解决问题的时间却在减少。在这样的时代，成功的项目管理能使企业比其竞争对手更快地将新服务或新产品推向市场。

“一切都是项目，一切将成为项目”，项目导向性时代已经到来，人们创造社会财富和福利的途径与方式已经由过去以重复进行生产活动为主，逐步转向以项目开发和项目实施活动为主的模式，企业管理的重点也由以运营管理为主转向以项目管理为主。21 世纪“项目管理”已成为一个重要的专门职业。

本章首先概要介绍了项目的定义和特性以及项目管理的基本含义、目标和主要内容；其次简述了项目管理的过程以及项目管理的各类组织形式；最后介绍了两个重要的项目计划工具：工作分解结构和关键路径分析，以期引起读者对学习和掌握项目管理技术的重视。

重点难点

（一）项目的特性和项目目标的关系

（二）项目管理各阶段的重点工作

（三）各类项目组织的特点及适应性

（四）工作分解结构和关键路径分析的作用与方法

引导案例

北京奥运会火炬传递

2007年4月26日，北京奥运会组委会在北京世纪坛宣布第29届奥运会火炬传递计划路线和火炬样式。根据以往火炬传递惯例和此次火炬传递的特点，北京奥组委制定了火炬传递路线，境外传递城市19个，境内传递城市和地区116个，总路线长达13.7万千米。按照计划，境外传递原则上每天有80个火炬手，每人跑250米，一天传递里程20千米左右，包括起跑仪式和传递结束后的庆祝活动，运行约6小时。其中香港和澳门各120名火炬手，传递时间相应加长。境外传递团队转场全部采用包机方式进行。境内传递期间，原则上每天有208个火炬手，每人跑200米，一天传递里程为40～50千米，运行10～12小时。境内则通过航空、铁路、公路进行31个省（自治区、直辖市）的转场。

北京奥组委同时发布了火炬传递计划的日程安排：2008年3月25日，奥林匹亚采集圣火；3月25—30日，奥运圣火在希腊境内传递；3月30日，圣火交接仪式；3月31日，圣火抵达北京，举行火炬传递启动仪式，同时开启境外传递；5月，圣火传回中国开启境内传递；8月8日，国家体育场主火炬塔圣火点燃。

为了确保火炬传递能够按既定的日程完成，组委会还对中途可能出现的意外情况做了预案，例如：如何应对火炬意外熄灭、如果火炬手出现意外如何处理、如何避免被商业利用等。在周密的安排下，8月8日，圣火准时在国家体育场鸟巢点燃。北京奥运会的火炬传递创下历届奥运会中火炬手最多、传递时间最长和传递距离最长三项纪录，火炬手总数达到2.178万人，传递时间达到130天，传递距离为13.7万千米，传递城市和地区135个。

案例思考：

火炬传递有明确的时间期限和标准要求，传递活动涉及众多的利益相关机构和人群，活动范围波及130多个境内外城市，活动环境复杂，如何确保在既定时间和预算范围内按预期目标完成火炬传递？

第一节　项目管理概述

一、项目

(一) 项目的定义

项目管理协会（PMI）对项目的定义是“项目是为创造独特的产品、服务或成果而进行的临时性的工作”（2004）。一般认为，项目是一个组织为实现自己既定的目标，在一定的时间和资源约束条件下所开展的一种具有一定独特性的**一次性工作**。

项目创造的产出可以是：

（1）一种新产品，或是其他产品的组成部分、某个产品的升级。如软件公司研发一个新游戏软件、汽车公司开发新的车型、建筑公司建造一座大楼。

（2）一种新的服务或提供某种服务的新能力。如企业开发新的管理系统、优化组织结构或管理流程、政府组织大型赛事、公司组织周年庆典。

（3）一种新成果。如某研究项目的研究报告或研发的专利。

项目的“临时性”指项目有明确的起点和终点，当项目目标达成或因项目发起人要求终止时，项目就结束，所以项目是一次性的工作，也就是临时性的工作。它与企业中遵循已有流程的重复性工作不同，每个项目都是独特的，即使是同类的项目，项目实施中有相同的元素，也改变不了项目的这种独特性。例如建筑公司实施的建筑项目，即使采用了相同或相似的材料，由相同的团队来建设，但每个建筑项目因位置不同、设计不同、环境和利益相关人不同等而具备独特性。因此，各种项目都无法完全使用常规的既定方法去进行管理。换言之，能够用常规方法或流程去完成的工作就不是项目，如通过流水线作业去制造标准产品、做每周的工作报告等都是非项目工作，而属于常规性工作，因为它们是重复性的工作。

(二) 项目的特性

不同的项目在复杂性、资源需求、完工所需时间和风险等方面千差万别，但所有项目一般都具有以下共同的特征：

1. 目的性

任何一个项目都是为实现特定的组织目标服务的，都具有一系列的预期目标和结果。在特定的时间和成本约束条件下产出特定的成果，这是每个项目要达到的基本目的。

2. 独特性

每个项目所创造的产品、服务或成果与其他产品或服务相比都有其独特之处，即便某种项目成果已经存在，但对项目所属组织而言它仍是独特的。例如，某种已被开发出来的新技术，对仍在组织开发这种技术的其他组织而言，这一技术开发项目还是独特的。

3. 有时限的生命周期性

每个项目都有自己明确的时间起点和终点，都是有始有终的一次性工作，并且像有机体一样，每个项目都有自己的生命周期，基本遵循启动，逐渐成长达到巅峰，而后开始下滑，最后走向终结的生命周期规律。

4. 相互依赖性

项目包括必须以特定顺序来执行的许多活动。对于大规模的项目而言，众多合作者之间需要开展广泛的协调，例如研制大型客机。

5. 制约性

又称资源稀缺性。每个项目都在一定程度上都受客观条件的制约，特别是有限资源的限制。项目资源通常是限定的，由于项目实施过程中面临诸多不确定性，项目经理往往需要去获取额外资源，与组织中的职能部门或其他项目展开资源竞争。

（三）项目生命周期

项目生命周期指项目从启动到结束所经历的一系列阶段。不论大小繁简，所有项目都会呈现出与一般生命体一样从诞生到成长再到结束的生命周期结构。目前，在各行业甚至同行业的公司中，对项目生命周期阶段的划分尚未达成一致。美国项目管理协会在项目管理知识体系建设和推广方面做出了卓越的贡献，其生命周期的四阶段论在项目管理实践领域有较大的影响。项目管理协会把项目生命周期划分为以下四个阶段：启动项目、组织与准备、执行项目工作、结束项目。

通用的项目生命周期一般具有以下特征：

（1）成本与人力投入在开始时较低，在工作执行期间达到最高，并在项目要结束时迅速回落（见图 10－1）。

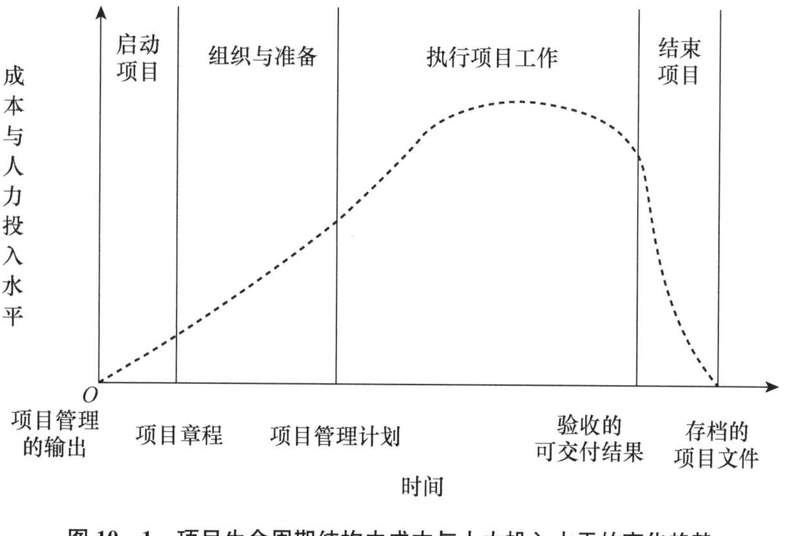

图 10－1　项目生命周期结构中成本与人力投入水平的变化趋势

（2）风险和不确定性在项目开始时最大，随着项目进展而逐步降低。

（3）在不显著影响成本的前提下，改变项目成果最终特性的能力在项目开始时最大，随着项目进展而减弱。相反，做出变更的成本随着项目越来越接近完成而显著增高

（见图 10－2）。

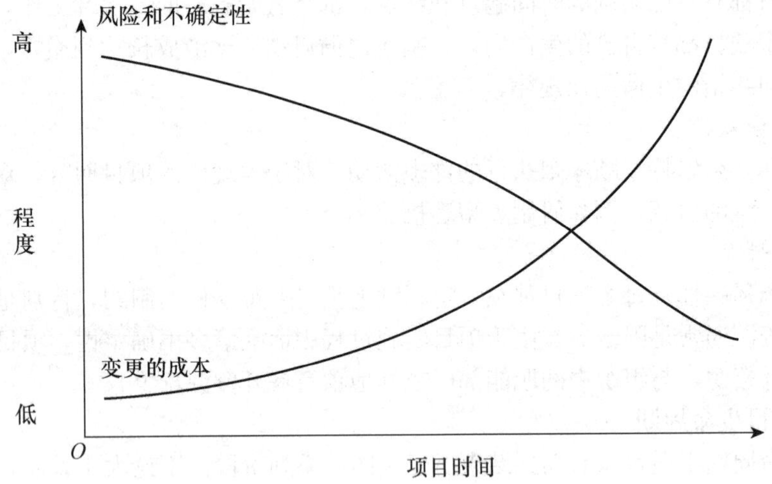

图 10－2　项目风险与变更成本随项目时间变化的趋势

二、项目管理

（一）项目管理的基本含义

项目管理就是通过计划、组织、协调、控制等管理职能有效运用组织资源去完成项目所需的各种活动，确保在既定时间和预算范围内按预期绩效完成项目。换言之，项目管理是在项目的时间、成本、绩效目标的约束下，对组织资源进行有效管理。如图 10－3 所示，时间、成本和绩效是项目的约束因素，如果项目是针对外在客户的，良好的客户关系也是一个限制因素，项目管理者既要注重在一定的时间、成本和绩效约束下从内部管理项目，也要重视维护良好的客户关系。

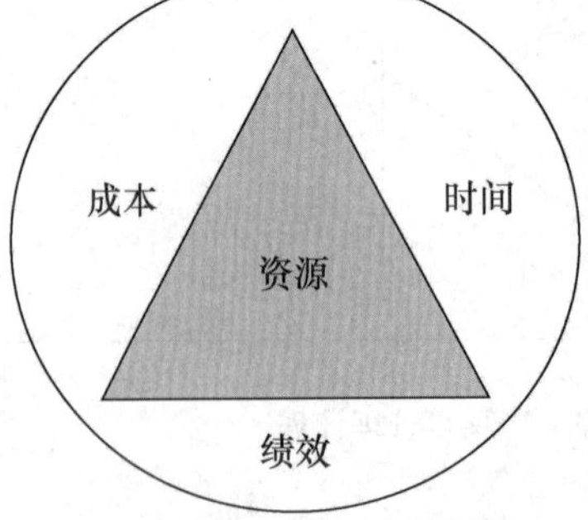

图 10－3　项目的约束因素

（二）项目管理的目标

项目管理的目标是实施项目所要达到的期望结果。项目的存在是为了生产出可交付成果，也就是项目结束时的具体产出。为此，往往人们会有一种倾向，总是把项目只与其产出联系起来，实则这样的理解是不全面的。完整的项目管理的目标至少能够回答这样四个问题：

(1) 要做什么？即项目的“范围”是什么。

(2) 完成的产品要达到什么标准？即项目的“质量”标准是什么。

(3) 在什么时候完成？即项目的“时间”要求是什么。

(4) 要用多少资源？即项目的“成本”是多少。

对以上问题的回答就是项目管理的目标应包括的四个要素：范围、质量、时间、成本。范围和质量又被统称为绩效。

有效的项目管理一般被定义为：在一定的时间内（时间）、在一定的成本内（成本）、在要求的性能或技术水平下（质量），高效运用资源，创造出被客户所认可的成果（范围）。

项目的这四个要素通常被分别描述为四个子目标，但它们并不是各自独立的，而是相互关联的，其中任何一个因素发生变化都会引起其他因素的变化。例如，缩短工期通常都需要提高预算，以更多的资源实现在较短的时间内完成同样的工作量；如果无法提高预算，则只能缩小交付成果的范围或降低其质量标准，这样才可能做到在较短时间内以同样的预算完成交付成果。通常时间的缩短要以成本的提高为代价，而时间及成本的投入不足又会影响成果范围和质量，因此，以上四个因素又被看作是项目的约束条件，项目经理最基本的任务就是管理好这些目标间的平衡关系。

（三）项目管理的主要内容

依据项目管理协会提出的现代项目管理知识体系的分类，项目管理的内容可分为以下三类九个方面：

1. 核心内容

第一类是核心内容，指对那些直接实现项目目标的活动进行的管理，包括四个方面：

(1) 项目范围管理，即计划和界定一个项目或项目阶段需要完成的工作和必须要完成的工作。

(2) 项目时间管理，又叫项目工期进度管理，即确保按时完成项目工作所进行的管理工作。

(3) 项目成本管理，即确保在不超出项目预算的情况下完成整个项目工作。

(4) 项目质量管理，即确保项目达到预期的质量标准。

2. 辅助内容

第二类是辅助内容，指对那些有利于项目目标实现的活动进行的管理，包括以下四方面：

(1) 项目人力资源管理，更有效地利用项目所涉及的人力资源。

(2) 项目沟通管理，有效、及时地生成、收集、储存、处理项目信息，确保有效使用项目信息。

(3) 项目风险管理，识别项目风险、分析项目风险和应对项目风险，避免任何对项目目标的负面影响。

(4) 项目采购管理，也叫项目获得管理，是从项目组织外部寻求和获得各种商品与劳务的管理。

3. 项目整体管理

第三类是项目整体管理，指作为一个整体性的大框架在项目生命周期中来集成和协调所有其他项目管理领域所涉及的过程，确保各种项目工作和项目的成功要素能够很好地协调与配合。

第二节　项目管理过程与组织

一、项目管理过程

项目管理是连续的，一般包含启动、规划、执行、监控与收尾共五个过程。各过程之间的关系比较复杂，虽然有一定的先后顺序，但在实际工作中经常是重叠、交叉并反复进行的，特别是规划过程与执行过程往往会多次反复进行，执行中出现问题有可能要重新规划，再按修改后的规划去实施，多次反复直至项目产出达到验收标准。为了确保项目管理的整体性，监控过程几乎与其他所有过程同时进行，监控过程是其他四个过程的"背景"过程（见图 10－4）。

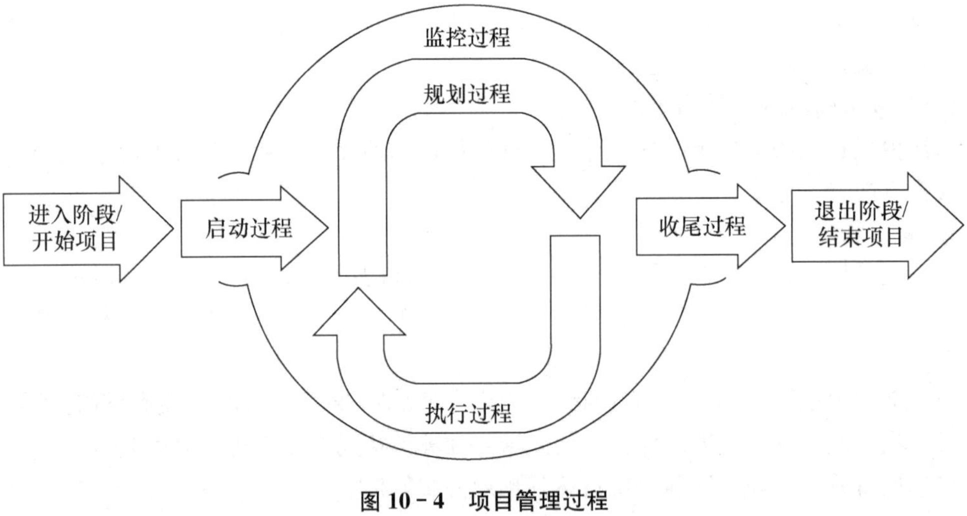

图 10－4　项目管理过程

（一）项目启动

启动是定义新项目并授权开始该项目的过程。项目启动的主要工作任务是：(1) 初步定义项目范围、可交付成果、项目工期和落实财务资源；(2) 识别将影响项目总体结果的内外部干系人；(3) 委派项目经理并明确其拥有调配组织资源的相关权限。

所谓"干系人"指会受到项目有利或不利影响的个人或组织，包括项目团队所有成员以及企业内外部与项目有利益关系的个人或组织。不同干系人对项目的期望可能是相互冲突的，对项目的影响可能是积极的，也可能是消极的。例如商业区建设项目，相关企业、地方政府看到项目将带来就业机会、基础设施和税收，对项目抱有积极期望，会采取积极行动促进项目成功。相反，受项目负面影响的干系人，如附近的居民可能会因此被迫搬迁，因而对项目抱有消极期望，会通过阻碍项目进展来保护自己的利益。

项目启动的主要目的就是保证干系人期望与项目目的一致，让干系人明确并认同项目范围和目标，以促进他们积极支持项目进展。

（二）项目规划

项目规划又称项目计划，它是明确项目范围，定义和优化目标，制定行动方案的过程。项目规划的主要工作任务是：（1）确定工作要求、工作质量和数量；（2）确定所需资源；（3）制定进度计划；（4）评估各种风险。

规划的主要作用是为成功完成项目确定战略、战术及行动方案。项目规划的目标之一是完整定义所有需要的工作，并以项目规划文件的形式明确下来，以便每个项目参与者都能较容易地确定自己的角色。在规划项目时，要注意满足项目干系人的需求和期望，应当尽可能征求重要干系人的意见，并鼓励干系人参与规划，这样在项目执行过程中有利于获得干系人的支持。

（三）项目执行

执行是完成项目计划所设定的工作任务的过程。项目执行的主要工作任务是：（1）按项目计划来协调资源；（2）管理干系人的期望；（3）整合并实施项目活动。

成功的项目执行强烈地依赖于项目经理与企业中直接管理项目资源的部门经理保持良好的工作关系。项目执行过程中，项目经理有权要求配备计划的资源，但是企业中的人、财、物、技术等资源，除了项目资金外，项目经理并不直接控制，而是由相关部门经理来控制，项目经理必须与他们就所需的项目资源进行协商。

（四）项目监控

监控是跟踪、审查和调整项目进展，识别必要的计划变更并启动相应变更的过程。监控的主要作用是定期和在异常情况出现或特定事件发生时，对项目执行结果进行测量和分析，识别与项目计划的偏差。

项目监控的主要工作任务是：（1）对照项目计划，监督正在进行的项目活动；（2）比较实际产出和计划产出，分析偏差和影响；（3）推荐纠正措施，或对可能出现的问题推荐预防措施，尽可能减少变更；（4）审批变更要求，确保经批准的变更才能付诸执行。

（五）项目收尾

项目收尾是完成所有项目任务，正式结束项目或结束合同责任的过程。其主要作用是总结经验教训，正式结束项目工作，释放组织资源以便开展新工作。

项目收尾的主要工作任务是：（1）审核各阶段的收尾信息，确保所有项目工作都已完成，确保项目目标已经实现，组织客户或项目发起人进行验收；（2）结束所有采购活动，确保完结所有相关合同；（3）总结项目成败、收集经验教训，将所有相关项目文件进行归档，供企业未来使用；（4）对项目团队成员进行评估，释放所有项目资源。

二、项目组织

无论企业是偶尔实施项目，还是经常从事多个项目工作，一旦项目开始，为了实施项目都需要从企业内各部门调集专业人才，组建一个临时性的组织机构，项目完成后就解散。因为项目组织的这种临时性特点，企业在组建项目组织时，除了考虑如何组织项目本身，还要考虑如何将项目和企业的组织结合起来，即把具有临时性的项目组织与企业的常规组织结合起来，使项目组织成为企业的一部分。

企业组织项目的形式有多种，有的把项目设为某职能部门的一项临时性专项工作，有的在企业中设立完全独立自主的项目部，有的把项目部与职能部结合在一起。每种组织形式都有其优缺点，企业应根据项目自身和企业组织的特点，选择适合的项目组织形式。

（一）项目组织的类型

1. 职能型组织

对于按职能方式组织的项目，该项目会被分配到最有助于项目实施的部门，成为该部门的一项非常规的临时性的专项工作。在该部门中设置项目负责人，抽调本部门人员组建项目团队，在需要的情况下，协调其他部门的人员参与项目工作。在职能型组织中，人员按专业分部门，因此，完成项目往往需要多个部门参与。参与项目的各个部门相互独立地开展分配给本部门的项目工作（见图 10－5）。

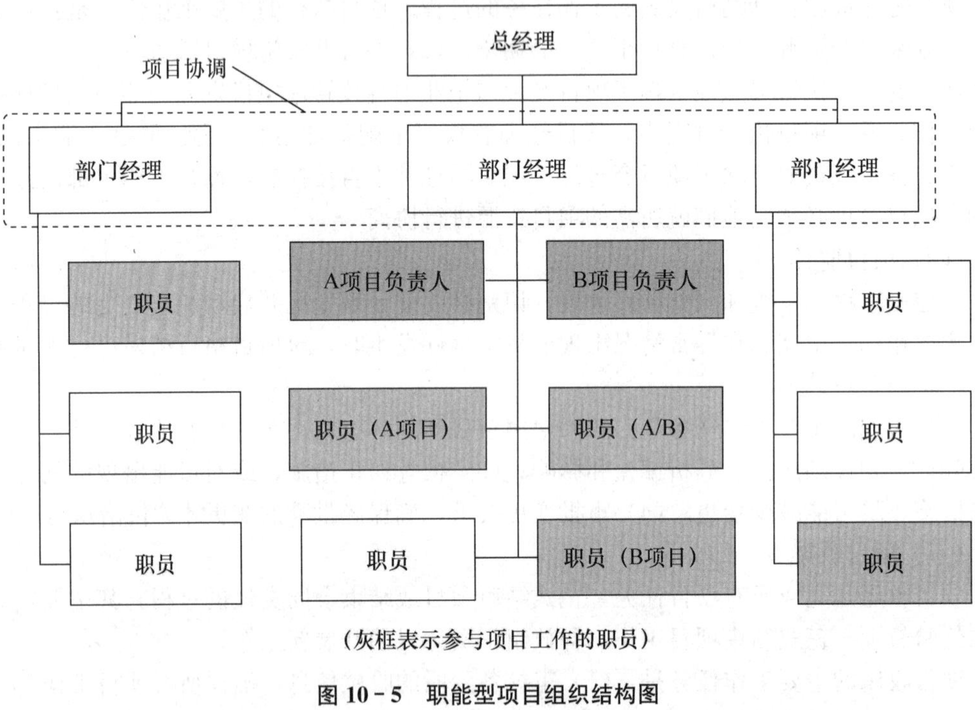

图 10－5　职能型项目组织结构图

由职能部门来负责项目，主要优点有：

（1）抽调人员灵活。项目所属的职能部门通常是项目所需相关专业人员的主要管理部门，因而，抽调专业人员在本部门中直接完成项目任务，无须与其他部门沟通，随时需要可随时安排；这些专业人员完成项目要求的任务后，也可立即返回到自己原来的工作中；对于组织多个项目的职能部门，部门中的专业技术人员可以相对容易地在多个不同项目中承担任务。

（2）共享经验便利。部门中参与不同项目的专业人员，可以编组工作，通过一起讨论、处理不同项目同一领域的问题，实现相互之间知识和经验的共享。这样，项目团队可以很容易地获得职能部门的专业技术知识，更有利于提出创造性、协调性方案以解决技术性难题。

由职能部门管理项目有上述优点的同时，也存在以下缺点：

（1）项目沟通与协作效率低下。项目负责人几乎没有职权，项目所需资源的调配和跨部门的协作都要由项目负责人向部门经理汇报，并由部门经理出面协调解决，这会造成效率低下，也会导致对客户需求反应迟钝。

（2）难以实现项目集成管理。职能部门各司其职，往往会将自己的常规工作置于项目任务之上，偏重于各自的工作而不以解决项目问题为出发点；解决项目问题时，由于任何职能部门都无法避免陷于局部的利益之争，由某个职能部门负责的项目，其跨部门沟通和资源共享难以达到最佳状态，项目很难从整体上进行集成管理。

2. 纯项目型组织

纯项目型组织是企业为项目专门成立独立自主的单位，项目所需要的各类专业人员从其所属部门中抽调出来，组成完整的项目团队，归项目经理直接领导。项目单位拥有自己的技术人员和行政管理机构，团队成员通常集中办公；项目经理拥有很大的自主决策权，通过阶段性的项目进度报告与公司保持薄弱的联系（见图 10－6）。有些企业对项目单位的行政、财务、人事和过程控制等方面给出具体的规定，有些企业则完全任由项目团队自行掌握。

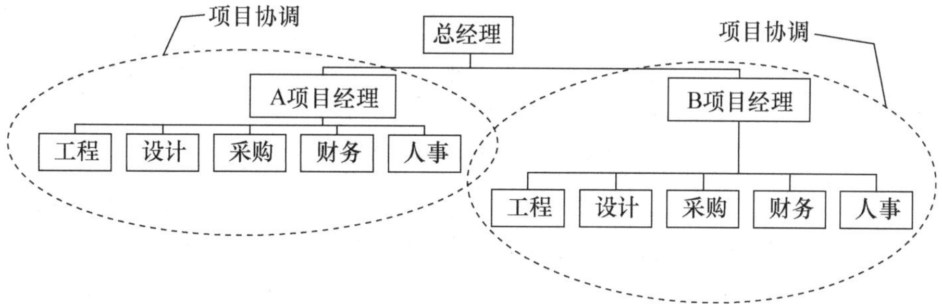

图 10－6　纯项目型组织结构图

与由职能型部门负责项目的组织形式相比，纯项目型组织具有独特的优点：

（1）项目沟通效率高，快速决策能力强。项目沟通主要发生在项目单位内部，无须跨部门协调，省去了向各部门经理申请审批的过程；同时，项目经理可以与企业高层管理者直接沟通，能够对客户的需求和上级的要求做出更为迅速的反应。

（2）项目决策的整体性有保障。项目经理对项目有绝对的决策权和指挥权，对项目负有全面责任，项目决策能够从整体着眼，避免了因部门利益仅重视项目局部忽视整体的问题。

纯项目型组织具有以上突出优点的同时，缺点也很明显：

（1）人力资源浪费。当企业同时实施多个项目时，每个项目都要有完整的人员配备，并且在项目间不能共享，会导致因重复设置造成人力资源的浪费。例如，即使一个项目不需要全职的人事经理，也要设置，因为无法与其他项目共用一位人事经理。同时，同一专业领域人员被分配到不同的项目中独立开展工作，经验和知识无法共享，也会造成人力资源的浪费。

（2）项目成本较高。为保证可“随时支用”，项目经理往往会囤积设备和技术人员以备不时之需，而不是在需要时才引入，这样，他们滞留在项目中的时间比实际需要的时间要长，导致项目成本增加。

3. 矩阵型组织

矩阵型组织是一种把纯项目型组织融入企业的各个职能部门中的一种组织形式，是纯项目型组织和职能型组织的结合，兼具两种组织的特征（见图10－7）。各个项目的经理直接向总经理负责，对项目负有总体协调的责任，职能部门负责为项目提供所需要的技术支持。换言之，项目是在项目经理的总体控制和协调下，由各职能部门组织技术力量协作完成的。

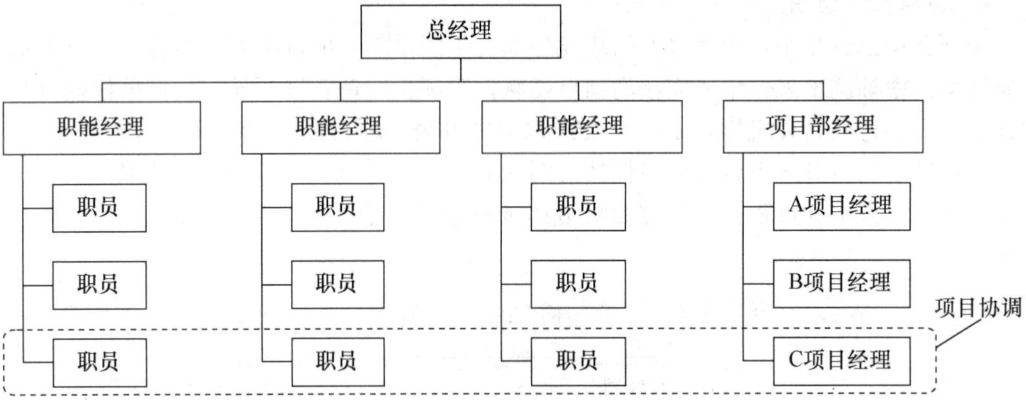

图10－7 矩阵型组织结构图

根据职能经理和项目经理之间的相对权威和决策权力的大小，矩阵型组织分为强矩阵、弱矩阵和平衡矩阵三类。其中，强矩阵型偏向纯项目型组织，弱矩阵型接近职能型组织，平衡矩阵型介于两者之间。

（1）强矩阵型组织拥有掌握较大职权的全职项目经理和全职项目人员。职能经理只决定派谁参加项目，这些人在什么时间做什么完全由项目经理决定。例如：在强矩阵型的出版公司，由制图部门经理指派制图人员参与各出版项目的团队，由项目经理直接指挥他们完成项目制图任务。

（2）弱矩阵型组织没有全职的项目人员，可能只有项目经理是全职人员。项目任务由相应的职能部门负责，由谁做、怎么做，都由相关职能经理来安排。项目经理的主要任务就是协调相关职能部门的项目工作，其角色更像协调员或联络员。例如：在弱矩阵型的出版公司，出版项目需要完成制图任务时，由项目经理向制图部门经理提出要求，由制图部门经理将该任务列入部门的日常工作中，安排制图人员完成项目的制图任务。

（3）平衡矩阵型组织的典型特点就是在项目责任和职能责任间保持平衡，如果项目需要职能团队的参与，并不会把团队人员调到项目中，但会在职能部门中将这个团队作为一个工作组进行管理。这种安排虽然削弱了项目经理的控制权，但项目中的问题随时都可以由该团队内有关专家解决。例如：在平衡矩阵型的出版公司，制图部门会按不同出版项目的需要，设立相应的制图小组，在部门经理的直接领导下全力为所属项目服务。

矩阵型组织的突出优点在于：

（1）保留了纯项目型组织由项目经理控制项目资源的优点，能够更好地协调时间、成本和任务，也能对变化做出快速反应。

（2）吸收了职能型组织的技术人才和信息知识可共享的优点，可避免资源浪费，实现成本最小化。

矩阵型组织在兼顾两种组织的优点的同时，又因为项目单位与职能单位的这种交叉导致冲突不断，协调难度加剧，主要缺点有：

（1）由于项目权力和责任由职能经理与项目经理共同承担，当项目取得成绩时，容易出现争名夺利的现象；当项目受挫时，也会相互推卸责任。

（2）由于项目经理所控制的资源都必须通过职能经理提供，职能经理为多个项目提供资源时，容易因优先顺序的安排与项目经理产生冲突，也会引起不同项目经理间的明争暗斗，为了项目利益而忽视公司的整体利益。

（3）项目成员在项目工作中要服从项目经理的领导，同时也要听从职能经理的安排，其绩效考核及任用、解雇的权力仍留在职能经理手中。当两位领导指令不统一时，这种双重领导的局面往往让员工无所适从，容易引发冲突。

矩阵型组织结构适用于技术发展迅速和产品品种较多，具有创新性强、管理复杂等特点的企业，如工程施工企业。

（二）项目组织的选择

在开始一个项目前，企业应考虑不同组织结构对项目的影响，根据项目特征和企业自身的组织特点，选择适合项目的组织结构。对项目的组织形式进行选择时，可采用以下步骤：

（1）确定项目目标；

（2）列出实现项目目标所需要完成的所有任务，并对关键任务进行排序和工作分解；

（3）确定实施各项任务的职能单位和相关的协助部门；

（4）列举相关项目特性和条件，如项目规模、技术水平、持续时间以及服务对象、员工素质、职能部门间的关系、公司管理项目的经验等公司内外部因素；

（5）综合以上各项和各种组织结构的特点，选择一种组织形式。

各类组织结构对项目的影响详见表 10-1。

表 10-1　　组织结构类型对项目的影响

组织结构 / 项目特征	职能型	矩阵型			项目型
		弱矩阵	平衡矩阵	强矩阵	
项目经理的职权	很小或没有	小	小到中	中到大	大到几乎全权
可用的资源	很少或没有	少	少到中	中到多	多到几乎全部
项目预算控制者	职能经理	职能经理	混合	项目经理	项目经理
项目经理的角色	兼职	兼职/全职	全职	全职	全职
项目管理行政人员	兼职	兼职	兼职	全职	全职

（资料来源：［美］项目管理协会．项目管理知识体系指南：第 5 版．北京：电子工业出版社，2013：22.）

综合以上，不同类型的项目组织适合不同特点的项目：

(1) 职能型组织适合于那些注重某职能领域的技术运用，对成本、进度要求不高的项目或需要大量使用某职能部门的设备和场所的项目；

(2) 纯项目型组织适合涉及多个专业领域，并需要周密控制的项目，如建筑工程、新机型开发等项目；

(3) 矩阵型组织适合需要多个职能部门的协调，并涉及复杂的技术问题又不要求技术专家全日制参与的项目。

第三节 项目管理技术

一、工作分解结构

(一) 工作分解结构的基本含义与作用

管理项目时，要学会分解任务，只有将任务分解得足够细，足够明了，才能统筹全局，安排人力和财力资源，把握项目的进度。工作分解结构（work breakdown structure，WBS）正是应此需求而产生并被广泛运用于项目管理各阶段的重要工具，是归纳和定义项目范围最常用的一种方法。

项目管理协会把 WSB 定义为：以可交付成果为导向，对项目团队为实现项目目标、创建可交付成果而需要实施的全部工作所进行的层级分解。WBS 一般将项目工作分解为由任务、子任务、工作包构成的层级结构。工作包是位于 WBS 最低层次的工作组件，可以对其进行进度计划、成本估算、监管和控制。从上述定义来看，WBS 就是对项目工作任务进行分解的一种方法，使用这个方法要掌握三个要点：首先，工作分解要从项目最终目标或可交付成果开始，即要以可交付成果为导向进行分解。其次，工作分解要全面，要完整包含创建项目成果所需要开展的全部工作，各“子”层次上的工作总和应100％地完全等于“母”层次上的工作，但不应包括项目范围以外的任何工作。最后，工作分解要有层次，每向下分解一个层次，就代表对项目工作的进一步详细定义，一般应分解到能说明产品生成的层次。因为所需控制程度的不同，各工作要素分解的层级数量会有所差异。

WBS 归纳并定义项目的整个工作范围，将项目工作分解成更小、更便于管理的工作单元，主要有三个作用：

(1) WBS 明确和准确地说明了项目的范围，通过编制 WBS，可进一步加深对项目范围的认识和理解。

(2) WBS 把项目目标分解成可被执行的具体任务，便于针对各独立单元，进行时间、费用和资源需要量的估算，也便于划分和分派责任。

(3) WBS 以层层递进的逻辑关系定义出项目所需要完成的全部工作，为确定项目进度测量和控制提供了基准。

（二）工作分解结构的形式与应用

1. WBS 的表现形式

选择 WBS 的表现形式，最重要的是要能清晰表达所有工作任务的层次结构，其次要能清晰呈现每项工作任务在整个项目工作中的位置。常用的 WBS 表现形式有树形的层次结构图和文本提纲或表格，辅之以代表任务所处层次和顺序的数字编码。

（1）图形化的树状结构。

图形化的树状结构是最为常见的 WBS 表示方式。它使用方框形式展现每个工作元素及其编码，并且每个元素都通过一条直线与其上一级和下一级任务连接，通常项目可交付成果置于最顶层，向下用直线依次连接分解后的各层次工作元素，形成树状结构的图形。有时，树状结构也会横向放置，即交付成果置于最左侧，向右依次展开分解后的各层次工作元素。

图 10－8 是一个纵向放置的自行车定制项目的 WBS 树状结构图，可以看出，这种形式的 WBS 结构性强，层次清晰，非常直观。不过，这种形式不是很容易修改，对于大的、复杂的项目也很难表示出项目的全景。

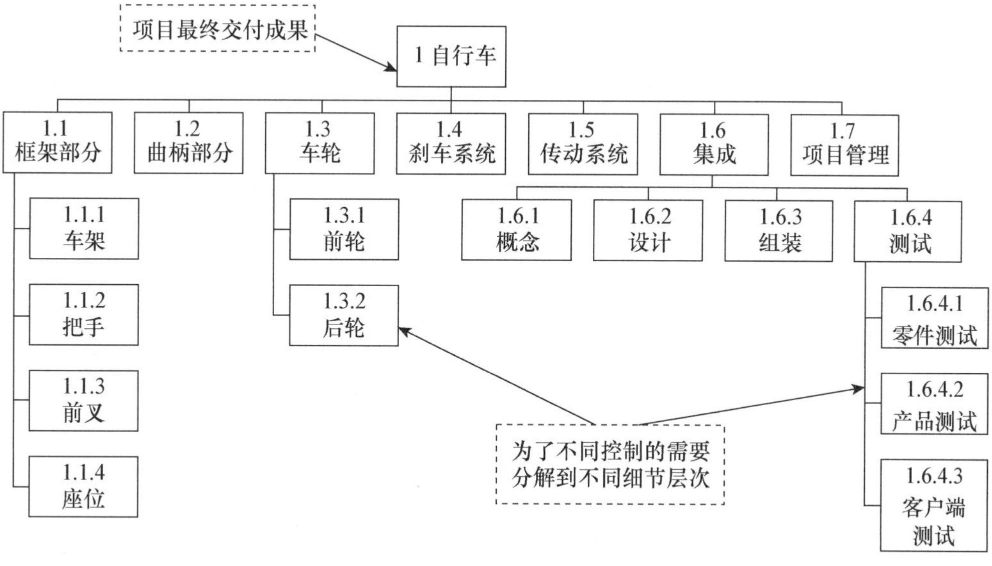

图 10－8 自行车定制项目的 WBS 节选

（2）提纲形式。

提纲形式使用逐层缩进的方式来表示 WBS 的各个层次，每个层次都有一个按数字顺序或字母顺序编排的编号。自行车定制项目的 WBS 提纲形式如下：

1 自行车

  1.6 集成

    1.6.1 概念

    1.6.2 设计

    1.6.3 组装

    1.6.4 测试

1.6.4.1 零件测试
1.6.4.2 产品测试
1.6.4.3 客户端测试

(3) 表格形式。

表格也是一种普遍使用的 WBS 形式，它用表格中的列来表示层次结构关系（见表 10-2)。这种形式方便修改，相比提纲形式，可节省一定的文档空间，也方便与职责分工和预算等管理活动建立对应关系。目前，项目管理软件大都是利用列表图来创建工作分解结构的。

表 10-2 自行车定制项目的 WBS 表格形式示例

层次 1	层次 2	层次 3	层次 4
1 自行车	1.6 集成	1.6.1 概念	
		1.6.2 设计	
		1.6.3 组装	
		1.6.4 测试	1.6.4.1 零件测试
			1.6.4.2 产品测试
			1.6.4.3 客户端测试

2. WBS 的高级运用

项目管理软件把 WBS 当作一个编号系统，然而，WBS 是一个重要的文件，可以通过许多不同的方式量身使用。项目管理者在使用 WBS 时，除了 WBS 元素名称及其编码这些核心要素外，往往还在 WBS 中添加元素的详细定义及其成本、资源、责任等其他相关信息，使 WBS 成为整合其他项目管理过程的有效工具。较为常用的有 WBS 词典和责任矩阵。

(1) WBS 词典。

WBS 词典主要是对每个 WBS 进行详细定义，可以使项目范围表述更加清晰明确，同时在词典中添加成本和责任单位等信息，可以作为成本控制和责任分配的管理工具（见表 10-3)。如果项目经理有要求，WBS 中也可以列出与每个具体任务或元素相关的供应商或分包商，可以注明每个工作包的详细规范、规定需要使用的硬件或软件，可以作为识别对资源需求的依据。总之，WBS 词典没有一个通用的样式能够满足所有的需要，词典中包含哪些要素由项目管理的需要来决定。

表 10-3 自行车定制项目的 WBS 词典示例

层次	WBS 编码	元素名称	定义	成本控制编号	责任单位
1	1	自行车 WBS	为定制一辆自行车而需要设计、组装和测试的所有零部件		客户销售与服务
2	1.6	集成	自行车完成的设计、组装及测试		客户销售与服务
3	1.6.4	测试	对单个零件及自行车成品进行的系列检查与测量，确认是否满足设计规范要求以及客户对成品外观与性能的要求		质量控制部门

续前表

层次	WBS编码	元素名称	定义	成本控制编号	责任单位
4	1.6.4.1	零件测试	对单个零件进行的系列检查与测量，确认是否满足设计规范的要求		质量控制部门
4	1.6.4.2	产品测试	对自行车组成部件及成品进行的系列检查与测量，确认是否符合设计规范的要求		质量控制部门
4	1.6.4.3	客户端测试	客户对成品自行车进行的系列检查与测量，确认成品自行车是否符合他们所期望的产品外观及性能要求		客户

注：成本控制编号一栏为空白，可以在订单生效后实际发生费用时再填写上对应的信息。

（2）责任矩阵。

责任矩阵又称为线性责任表，它是在WBS的基础上开发的，用以展示WBS中各个工作包的负责人的表单。WBS的一些工作责任可能涉及多个部门的多个人，每个人在其中承担部分责任，责任矩阵能够清晰显示出谁负责什么。责任矩阵的绘制要在WBS的基础上进行，如表10-4所示。在编制完整的WBS中，在每一个工作包后面，列出每项任务的负责人员和机构及其应履行的职责。

表10-4　　责任矩阵（线性责任表）示例

WBS		职责				
		项目办公室				现场操作
子项目	任务	项目经理	合同管理者	项目工程师	工业工程师	现场经理
确定需要	1.1	○		●	★	
	1.2	■	○	★	●	
询价	2.1	○	■	★		●
撰写要求	3.1	■	★	○	●	
	3.2		●	○	★	
	3.3	●	■	★		■
……	……					

注：★表示负责；●表示支持；■表示通知；○表示批准。

总之，WBS是成功计划和实施项目的重要工具，很多项目没能按要求的费用、进度、范围和质量完成，都可直接归因为项目的WBS不够完善。没有高质量的WBS，项目很难成功；反之，编制并应用一个高质量的WBS将会极大地增加项目成功的机会。

（三）创建WBS的工作方法

创建WBS的常用方法有自上而下法、自下而上法和模板参考法。自上而下法是从项目的最终产品开始，分解出完成最终产品所必需的中间可交付成果，再逐一分解完成每个可交付成果所需的工作任务。自下而上法是让参与人员一开始就尽可能地确定完成项目所需要的具体任务，即工作包，再将相关联的工作包进行逻辑分组，逐层汇总整合至项目的最终可交付成果。应用现成的 WBS 模板作为构建本项目 WBS 的起点，这是最为简便的一种方法。很多专业领域的项目都有约定俗成的 WBS 模板供参考，有的组织也会从已进行过的项目中提炼出通用的 WBS 模板作为今后类似项目的 WBS 标准。

这三种方法都有其优缺点，应根据具体的项目情况来选择合适的方法。如果没有合适的 WBS 模板可用，并且项目团队没有编制 WBS 的经验也没有组织现成的标准可参考时，自上而下法被认为是最常规的方法。下面以自上而下法为例介绍创建 WBS 的步骤。

步骤一：分解项目可交付成果。从最终可交付成果开始，逐级分解出更细分的可交付成果，得出可交付成果列表或成果分解结构图（见图 10－9）。这个步骤分解的是项目实施结果，其分解结构应全部由名词组成，代表了项目应完成的所有产出物，即明确了项目进行过程中会产出哪些工作产品。这些产品最终转化成交付给客户的项目成果。这一阶段的分解应详细定义项目的产品范围，应充分反映客户对项目结果的期望，明确客户“能得到什么”。

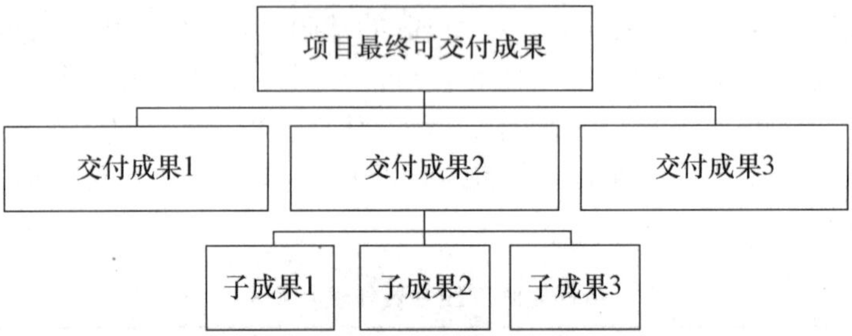

图 10－9　可交付成果分解结构图示例

步骤二：分解完成子成果所需的活动。对每一个子成果所需的工作活动进行逐级分解（见图 10－10）。这个步骤分解的是项目实施活动，其分解结构应全部由动词组成，代表了项目应完成的所有工作活动。这一阶段的分解应详细定义项目的工作范围，应充分体现项目实施方作为实施领域的专家对活动细节的理解，明确实施方“该做什么”。

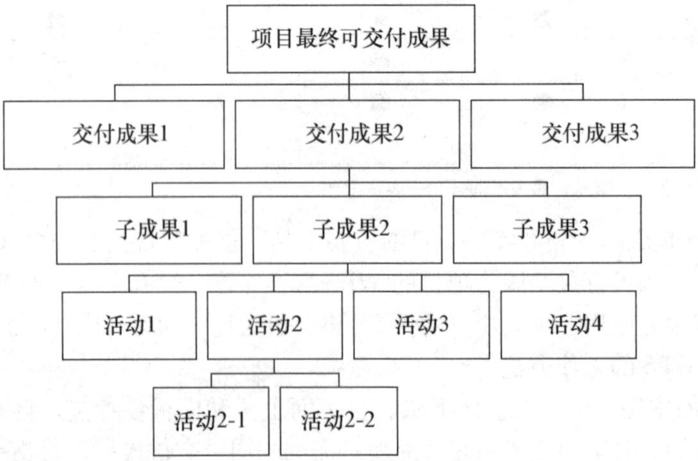

图 10－10　子成果分解活动示意图

步骤三：分解横向关联活动。有的项目成果分解，其子成果简单相加就可构成其上一级的成果，但有些项目需要额外的活动才能使子成果构成上一级的成果，这些活动被称为横向关联活动（见图 10－11）。自行车定制项目分解中的项目管理活动、集成活动和验收活动就属于这类活动，它们不直接产生交付成果，而是通过作用于其他子交付成果，形成更高一层级的交付成果。这一步就是对这类横向关联活动进行逐级分解。

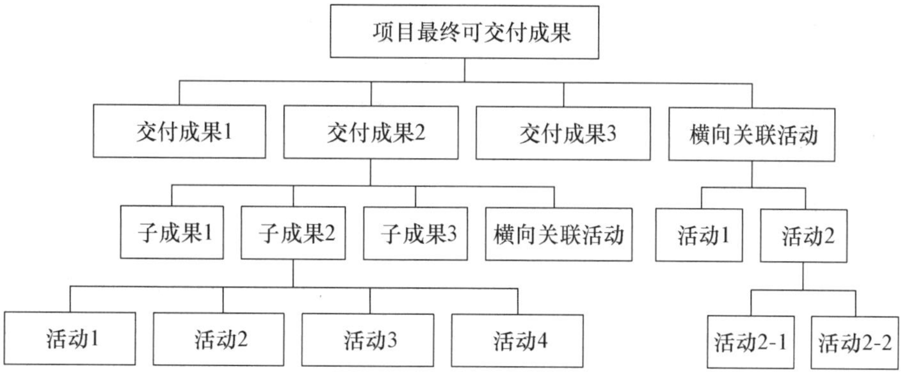

图 10－11 横向关联活动分解示意图

从以上的工作分解过程可见，工作分解包括对项目产品范围和项目工作范围的明确而详细的定义，需要此项工作的完成人具备项目相关领域的专业技能。也就是说，一个高质量的工作分解结构既体现了项目实施人员对项目范围的充分理解，也包含了大量的同类项目过去实践经验的总结，如果有现成的模板，应该尽量利用。

一个高质量的 WBS 具有以下特征：

（1）是以可交付成果为导向的，每个任务都有一个可交付成果，其完成情况都是可以量化的。

（2）是以分层方式构造的，每层要 100％包括上一层级的所有工作，每个母单元至少包括 2 个子单元。每个单元细分至工作包，即细分至能够对该工作包进行时间和成本估算、可以安排进度、做出预算和分配负责人员的程度。

（3）用名词来描述可交付成果，用动词来描述完成可交付成果应进行的活动。

（4）使用清晰描述项目层级性的编码方案。

二、关键路径分析

（一）关键路径分析的起源

WBS 只专门详细描述和细分项目的可交付成果或范围，并不定义何时生产可交付成果。当项目 WBS 编制完成，项目的各项任务明确后，项目经理必须要确定项目所需时间、每项工作任务何时需要资源支持、与哪些工作任务会相互依存。顺应这一需要，人们发明了进度计划技术，其基本方法就是构建一个活动和时间关系的网络，以图解的方式描绘出项目中各项任务之间的顺序关系。

最早出现的项目进度计划工具是在 1916 年由亨利·甘特发明的甘特图，它按日历形式画出每项活动的时间线，即以图形方式较为直观地显示出每个项目活动的起止时间（见图 10－12）。甘特图对于监督项目的进程来说，是一个很有用的工具，但是，并不适于大型复杂的项目。它不能清楚地表示活动之间的依赖关系，也不能表示个别活动在按时完成项目中的相对重要性，即活动若延期对项目按期完工的影响程度。

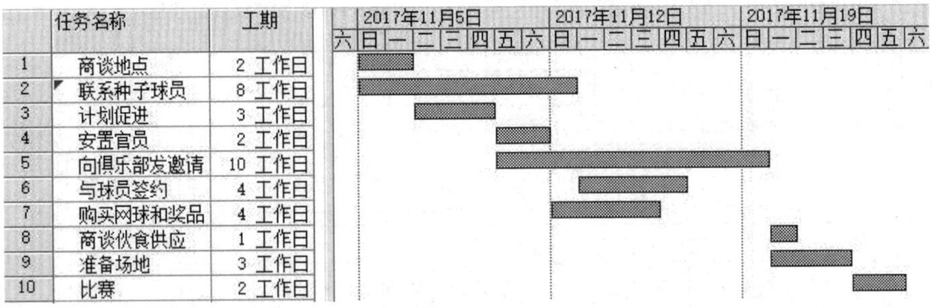

图 10－12　用微软项目管理软件（Microsoft Project）生成的一个网球比赛项目甘特图

20 世纪 50 年代，美国出现了许多庞大而复杂的科研和工程项目，这些项目常常需要运用大量的人力、物力和财力。如何在有限资源下以最短的时间和最低的成本费用完成项目成为一个突出的问题，由此，新的分析技术应运而生。1956 年，美国杜邦公司在一项 1 000 万美元的大型化工厂建设项目中发明了关键路径法（critical path method，CPM）。这一方法的运用不仅使项目工期比原计划缩短了 4 个月，而且一年中还节省了 100 万美元。1958 年，美国海军武装部在研制“北极星”导弹计划时，由于导弹的研制系统过于庞大、复杂，设计了计划评审方法（program evaluation and review technique，PERT）来估算项目工期。

关键路径法和计划评审方法都使用了网络图，因此又被统称为网络分析技术。2005 年，项目管理协会将 PERT 改称为箭线图法（arrow diagram method，ADM），将 CPM 改称为前导图法（precedence diagram method，PDM）。这两种方法其实非常相似，都用到了关键路径，在制订计划时都明确考虑了成本因素，有着相同的目标和很多共同的术语，因此，也有人把这两种方法合并为一种方法，称为 PERT/CPM。目前，大多数项目管理软件采用 CPM，使用 PERT 的机会已很少。

（二）关键路径分析的含义与作用

关键路径分析也称关键路径法（CPM），是一种通过分析项目过程中总用时最少的那个活动序列来预测项目工期的分析技术。它主要用于分析两个问题：一是完成整个项目最少需要多少时间；二是哪些活动是影响项目工期的关键。其分析方法主要是用网络图表示出项目整个过程中各项活动之间的相互关系，从中找出控制工期的关键路径，识别出直接决定项目进度的关键活动，在一定工期、成本、资源条件下做出最佳的计划安排，以达到缩短工期、提高工效、降低成本的目的。

关键路径分析的重点就是找出关键路径。关键路径指在网络图中由一系列必须按时完成的任务组成的线路。在通常的项目中，大多数任务可以延迟一些时间而不会影响项目的完成日期，而有少数任务如果延迟必然会影响项目完成日期，这些任务被称为关键任务。一系列关键任务构成了项目的关键路径。

关键路径具有以下特征：

（1）关键路径上所有活动的持续时间总和就是项目的工期。

（2）关键路径上的任何一个活动都是关键活动，其中任何一个活动的延迟都会导致整个项目完工时间的延迟。

（3）关键路径上的耗时是可以完工的最短时间量，若缩短关键路径的总耗时，会缩短项目工期；反之，则会延长整个项目的总工期。但是如果缩短非关键路径上的各个活动所需要的时间，并不会影响项目的完工时间。

（4）可以存在多条关键路径，它们各自的时间总量，即可完工的总工期是相等的。

在实际运用中，关键路径分析不仅提供项目最短用时，还为项目资源分配、进度监控提供了依据。关键路径上的活动直接决定了项目的进度，其总用时即是完成项目可能的最短时间，而且任何一个关键活动的延时都会导致项目延期，因此，关键活动在资源分配和管理上享有最高的优先权。项目经理以节省时间和资源为目标，把注意力集中于那些优先等级最高的活动，向关键路径要时间，向非关键路径要资源，即对各关键活动，优先安排资源，挖掘潜力，采取相应措施，尽量压缩需要的时间；对非关键路径的活动，只要在不影响项目工期的前提下，可从中抽调适当的人力、物力和财力等资源用在关键路径上，可以达到缩短项目工期，合理利用资源的目的。

（三）关键路径分析的步骤

1. 第一步：编制项目任务列表

编制项目的任务列表至少需要获取三类信息：一是项目的任务分解结构中最底层的任务及其发生顺序。一个任务代表了一个工时量，并有明确的可交付结果；它应当足够短，以便可以定期跟踪其进度。任务通常应介于一天到两周之间。二是估计完成每项任务所需的时间，又称估计工期。单位可以是月、星期、工作日、小时或分钟。工期时长不包含非工作时间。三是确定任务相关性，即确定任务间的依赖关系。任务相关性反映后来的任务（或后续任务）如何依赖前面的任务（或前置任务）的结束或开始日期。简单来说，每项任务在其所有前置任务完成后才能开始。例如，“确定宴会准备人”与“确定宴会菜单”这两个任务具有依赖关系，只有完成前者，后者才能开始，则“确定宴会准备人”是“确定宴会菜单”的前置任务。以上三类信息通常绘制在一张表里，基本形式如表 10－5 所示。

表 10－5　　网球比赛项目的任务列表

任务名称	编号	前置任务编号	估计工期（天数）
商谈地点	A	—	2
联系种子球员	B	—	8
计划促进	C	A	3
安置官员	D	C	2
向俱乐部发邀请	E	C	10
与球员签约	F	B，C	4

续前表

任务名称	编号	前置任务编号	估计工期（天数）
购买网球和奖品	G	D	4
商谈伙食供应	H	E，F	1
准备场地	I	E，G	3
比赛	J	H，I	2

目前，关键路径分析基本都用计算机软件进行操作，导入任务列表后，系统便能够自动生成网络图和关键路径。换言之，有正确的任务列表就能获得正确的路径分析结果，任务列表的质量直接决定着分析质量。因此，编制项目任务列表是使用关键路径法最重要的基础工作。

编制任务列表一般在项目任务分解结构基础上进行，估计每项任务的工期，确定各项任务的先后关系，这些工作与编制 WBS 一样，都需要编制者具备项目相关专业领域较高的技术水平和丰富的实践经验。因此，编制项目任务列表也是一项技术含量较高的工作。

2. 第二步：绘制项目网络图

项目网络图就是项目活动及其逻辑关系（依赖关系）的图解表示，由一组被称为“节点”的圆圈或方框和箭头线组成。项目网络图有两种编制方法：一种是箭线法（activity-on-arrow，AOA），用箭头线代表项目任务，节点表示任务的开始或完成；另一种是节点法（activity-on-node，AON），用节点表示项目任务，箭头线表示任务顺序。目前，所有的项目管理软件都具有生成网络图的功能，节点法较为常用。在节点中往往还显示任务名称、开始日期、完成日期、工期、任务编号和资源等信息。

3. 第三步：找出关键路径

找出关键路径要运用一些运算方法，计算出每项活动的最早时间（含最早开始时间和最早结束时间）、最晚时间（包含最晚开始时间和最晚结束时间）和缓冲时间。先用正推法，从网络起点任务开始到终点任务为止，计算每项任务的最早开始时间和最早完成时间；接着使用倒推法，从网络终点任务开始到开始任务为止，计算每项任务的最晚开始时间和最晚完成时间；最后由最早时间和最迟时间计算得出缓冲时间。缓冲时间为零的任务即是稍有延误便会影响项目工期的关键任务。目前几乎所有的项目管理软件都将寻找项目的关键路径作为最基本的功能，很少再需要用手工计算来找出项目的关键路径。图 10-13 就是在 Microsoft Project 软件中输入项目任务列表信息后，生成的网球比赛项目的网络图，其中黑色粗框显示的节点就是关键任务，黑色粗体的箭头线连接多个节点形成的路径就是关键路径。

4. 第四步：安排任务进程

找出关键路径的一个重要目的是确定项目的最短历时，以便确定整体项目及其各项任务的开始时间和结束时间。这一进程安排步骤也可以通过项目管理软件来完成。用 Microsoft Project 新建项目时，如果只输入项目的开始时间，在输入任务并排定这些任务的日程之后，Microsoft Project 会自动计算出项目最早的结束时间，并计算出各项任务的开始和完成时间。如果项目必须在某个时间之前完成，只需输入项目的结束时间，然后输入任务并排定这些任务的日程，Microsoft Project 就会计算出最晚开始时间。项目任务的开

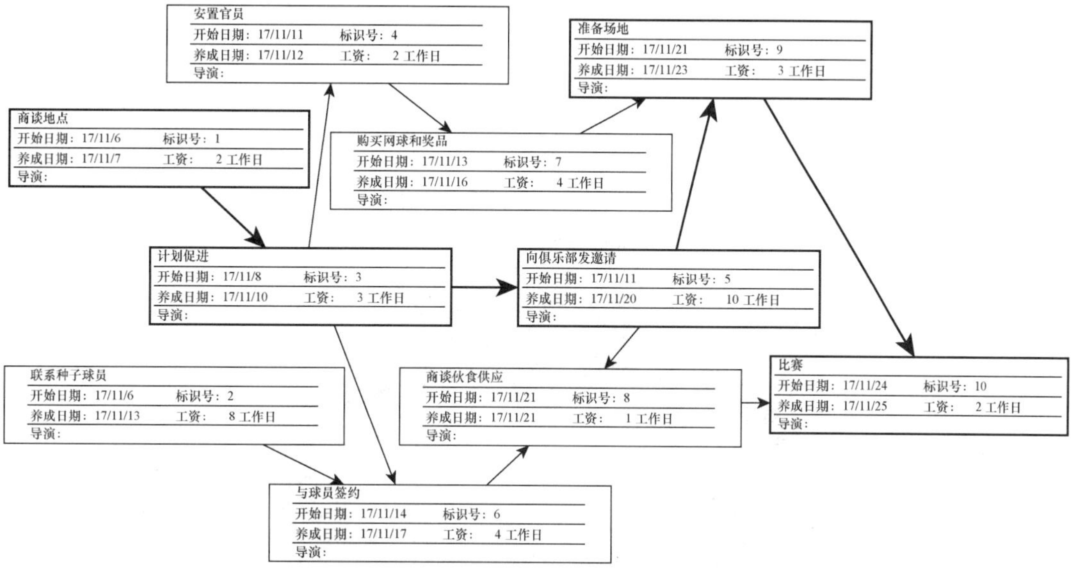

图 10-13 用微软项目管理软件（Microsoft Project）生成的网球比赛项目网络图

始时间和完成时间都可显示在网络图中。

5. 第五步：优化网络图

在任务进程安排时，如果任务排定在设定期限之后完成，Microsoft Project 会显示一个标记，用于警告任务将在其期限之后完成。如果需要，可综合地考虑进度、资源利用和降低费用等目标，缩短关键任务的作业时间，调整日程以满足该期限。在确实受到资源限制，或者在考虑综合经济效益的条件下，也可以适当地推迟项目完成时间。调整的过程就是优化网络图的过程，也是优化项目进度计划的过程。

项目管理是一项专门化的管理工作，有较强的专业性。受篇幅所限，本书仅介绍了以上两个技术方法，要掌握项目管理，还需要学习和掌握更多的项目管理工具和方法。

本章内容小结

（一）项目的特性和项目目标的关系

（二）项目管理各阶段的重点工作

（三）各类项目组织的特点及适应性

（四）工作分解结构和关键路径分析的作用与方法

第十一章　财务管理

本章提要

企业财务管理是按照企业资金运动规律的要求，组织企业财务活动，处理财务关系的一项经济管理工作。财务管理工作水平，特别是财务决策正确与否，关系着企业经济效益，直接影响着企业的生存和发展。本章着重就企业财务管理中的筹资和投资管理、利润分配、财务分析等内容进行论述。

重点难点

（一）企业筹资方式及其选择

（二）企业长期投资项目决策

（三）企业流动资产与流动负债管理

（四）企业利润分配方式及股利政策选择
（五）企业财务指标计算及财务评价

引导案例

M股份有限公司创办于20世纪90年代，是某地区当时最大的汽水饮料企业，后改组为股份有限公司。当前公司主要产品为三大类：40%的生产能力用于生产传统产品——碳酸饮料；50%的生产能力用于生产第二大类产品——矿泉水和瓶装纯净水；另外10%的生产能力用于新开发的绿色纯果汁系列产品，目前该系列产品已呈现较强的市场竞争力，不过由于公司生产能力有限，该系列产品投入不足，产出量不大，所创利润有限。M公司由于以往经营业绩较为稳定，一直采用固定股利政策，即每年每股发放0.2元现金股利。

随着市场经济的不断深化，饮品市场发展越来越迅猛，近几年M公司的市场占有率不断降低，经营业绩也随之不断下降，管理层开始考虑对公司各个方面进行重新定位。在经过广泛市场调研，并对公司当前财务状况进行全面分析之后，初步制定了两个投资方案以供决策：一是将生产能力全面转向新开发的、市场前景看好的绿色纯果汁饮品。为此需引进新的生产线以及相应的配套设施，预计需投资8 600万元，两年即可见效。二是扩大当前矿泉水和纯净水的生产能力，为此需要投资2 800万元进行扩大再生产，当年即可见效。

案例思考：

1. M公司在两个投资方案中如何进行决策？
2. 投资方案所需资金从哪里、采用什么方式进行筹集？
3. 企业在当前发展阶段，仍然采用固定股利政策是否恰当？

第一节 企业财务管理概述

一、财务管理的内容

企业在生产经营过程中，不断地发生各种形式的资金收入与资金支出，这些资金的收支构成了企业经营活动的一个独立方面，即财务活动。

筹资、投资、运营和分配构成企业基本财务活动的主要内容，它们相互联系、相互制约。筹集资金是企业财务管理最基本的要求，离开经营所需资金的筹措，企业就无法生存和发展。企业筹集到的资金必须有效地用于生产经营活动以取得盈利，才能实现筹资的目的，并不断增加企业的价值。企业筹资的数量会制约投资的规模，而投资反过来又决定了企业需要筹资的规模和时间。同时筹资和投资都需要依赖资金的营运才能实现，企业需要对营运资金进行合理的管理与控制，努力提高营运资金的使用效率与效果。由于筹资包括短期筹资和长期筹资，投资也包括短期投资和长期投资，而短期筹资、短期投资往往和营业现金流有密切关系，通常合并在一起称为资金营运。利润及其分配是上述各方面共同作用的结果，同时又会对上述各方面产生反作用。

财务管理就是根据财经法规制度，按照财务管理的原则，组织企业财务活动、处理财务关系的一项经济管理活动，它是企业管理的一个重要组成部分。筹资管理、投资管理、营运资本管理、利润分配的管理构成了企业财务管理的基本内容。只有做好了这些环节的有效管理，才能推动企业持续、稳定和健康的发展。

二、财务管理的目标

财务管理的目标是企业组织管理财务活动希望实现的结果，是评价企业理财活动是否合理的基本标准。企业财务管理作为企业管理的一个组成部分，其整体目标应该和企业的总体目标保持一致，即通过生产经营活动创造更多的财富，不断增加企业价值。财务管理目标在体现企业目标的同时又有其不同的表现形式。关于企业财务管理目标的表达，主要有以下三种观点。

（一）以利润最大化为目标

利润是企业一定期间经营收入和经营费用的差额，反映了当期正常经营活动中投入与产出对比的结果，代表了企业新创造的财富，利润越多，企业的财富增加得越多，越接近企业的目标。

（二）以股东财富最大化为目标

在股份公司中，股东是企业的所有者，股东投资的根本目的在于能在未来取得最大的收益，获得更大的财富。股东财富由其所拥有的股票数量和股票市场价格两方面决定。在股票数量一定时，股票价格达到最高，股东财富也达到最大。所以，股东财富最大化又演变为股票价格最大化。

（三）以企业价值最大化为目标

企业价值可以理解为企业所有者权益和债权人权益的市场价值，或者是企业所能创造的预计未来现金流量的现值。企业价值最大化目标要求企业通过最优的财务管理政策，充分考虑资金的时间价值、风险和报酬，在保证企业长期稳定发展的基础上使企业总价值达到最大。

三、财务管理的环节

财务管理的环节是企业财务管理的工作步骤与一般工作程序，一般包括以下几个环节：

（一）计划与预算

企业要根据财务活动的历史资料，考虑现实的要求和条件，对未来的财务活动和财务成果做出科学的预测。

财务计划需要根据企业整体战略目标和规划，结合财务预测的结果，对财务活动进行规划，并以指标形式落实到每一计划期间。

财务预算是根据财务战略、财务计划和各种预测信息，确定预算期内各种预算指标，进行财务计划的分解和落实。

（二）决策与控制

财务决策要按照财务战略目标的总体要求，利用专门的方法对各种备选方案进行比较和分析，选出最佳方案。财务决策是财务管理的核心，决策成功与否直接关系到企业的兴衰成败。

财务控制是利用有关信息和特定手段，对企业的财务活动施加影响或调节，以保证财务计划所规定的财务目标的实现。

（三）分析与考核

财务分析是以企业财务报表等信息资料为依据，采用专门的分析技术和方法，对企业的财务状况、经营成果等进行分析，为企业及其利益相关者做出正确决策提供准确的信息或依据。

财务考核是将报告期实际完成数与规定的考核指标进行对比，确定有关责任单位和个人完成任务的过程。

第二节　企业筹资管理

一、筹资的动机

任何企业在创立和发展过程中都需要筹集资金。企业筹资活动是指企业作为筹资主体，根据经济活动、投资活动和资本结构调整等需要，通过一定的金融市场和筹资渠道，采用一定的筹资方式，筹措和获取资金的一种财务行为。

企业在持续的生存和发展中，其具体的筹资活动通常受特定的筹资动机所驱使，这些具体的筹资动机有时是单一的，有时是复合的，归纳起来表现为四类筹资动机。

（一）创立性筹资动机

企业最初创建时就需要资金，以获得设立一个企业必需的初始资本。根据我国相关法律规定，任何一个企业或公司在设立时都要求有符合规定的出资额，才能到工商管理部门办理注册登记，开展正常的生产经营活动。

（二）扩张性融资动机

企业因扩大生产经营规模或增加对外投资的需要会产生追加筹资的动机。处于成长期、具有良好发展前景的企业通常会产生扩张性的筹资动机。其直接结果往往是企业资产总额的增加和资本总额的增加。

（三）调整性筹资动机

资本结构是指企业各种筹资方式的组合及其比例关系。一个企业在不同时期由于筹资方式的不同组合会形成不同的资本结构。随着相关情况的变化，现有的资本结构可能不再合理，需要予以调整，从而产生筹资的动机。该种筹资的目的只是调整资本结构，不是为企业经营活动追加资金，所以通常不会增加企业的资本总额。

(四) 混合性筹资动机

企业筹资的目的可能并不唯一。既为了扩大规模又为了调整资本结构而产生的筹资动机，称为混合性筹资动机。在这种动机的驱使下，企业通过筹资，扩大了资产和资本的规模，同时也引起资产结构和资本结构发生变化。

二、筹资渠道与筹资方式

(一) 筹资渠道

提到筹资，最直接的问题就是钱从哪里来，以什么方式来。企业的筹资渠道就是指企业筹集资本的来源与通道。企业的筹资渠道可以归纳为以下几种：

1. 国家资本

国家资本历来是国有企业筹资的主要来源，通常只有国有独资或国有控股企业才能利用。

2. 银行信贷资本

银行信贷资本是各类企业筹资的重要来源。我国银行一般分为商业银行和政策性银行。商业银行可以为各类企业提供各种商业性贷款；政策性银行主要为特定企业提供一定的政策性贷款。

3. 非银行金融机构资本

非银行金融机构是指除银行以外的各种金融机构及金融中介机构，包括租赁公司、保险公司、企业集团的财务公司以及信托投资公司、证券公司等。它们所提供的金融服务既包括融资融物，也包括为公司提供证券承销、信托服务等。

4. 其他法人资本

在我国，法人可以分为企业法人、事业单位法人和团体法人等。它们在日常的资本运营中，为了让暂时闲置的资金发挥效益，也需要相互融通，从而为企业提供了一定的筹资来源。

5. 民间资本

我国企事业单位的职工和广大城乡居民持有大量的货币资本，可以对一些企业直接进行投资，成为企业的一种筹资渠道。

6. 企业内部资本

企业内部资本主要指企业通过提取盈余公积和保留未分配利润而形成的资本。由于是企业内部形成的筹资渠道，比较便捷，有盈利的企业都可以加以利用。

7. 国外和我国港澳台地区资本

在当前经济全球化的大背景下，国外以及我国香港、澳门和台湾地区的投资者持有的资本，也可以加以吸收，形成境外投资企业的筹资渠道。

(二) 筹资方式

筹资方式是指企业筹集资本所采取的具体形式和工具。如果说筹资渠道是客观存在的，那么企业采用哪种方式筹资则属于企业的主观行为。对于客观存在的各种渠道的资金，企业可以采用的筹资方式主要包括：

1. 吸收直接投资

它是指企业按照“共同投资、共同经营、共担风险、共享利润”的原则直接吸收国家、法人、自然人等投资主体资金的筹资方式，主要适用于非股份制公司筹资股权资本。

2. 发行股票

发行股票筹资是股份有限公司筹措股权资本的基本方式。

3. 向金融机构借款

它是指企业根据借款合同从银行或非银行金融机构取得资金的一种债务筹资方式。这种筹资方式适用于各类企业，既可以筹集长期资金，也可以用于短期融通资金，具有灵活、方便的特点。

4. 发行债券

企业发行债券的目的通常是为其大型投资项目一次募集大额长期资本，筹资对象往往是法人单位和自然人。

5. 融资租赁

它是指企业与租赁公司签订租赁合同，从租赁公司取得租赁物资，通过对租赁物的占有、使用取得资金的筹资方式。融资租赁方式虽然不直接取得货币资金，但通过租赁信用关系，直接取得了实物资产，快速形成生产力，并通过向出租人分期交付租金的方式偿还资产的价款。

6. 商业信用

它是指企业之间在商品或劳务交易中，由于延期付款或延期交货所形成的借贷信用关系。商业信用由企业供销活动形成，是企业短期资金的一种重要的和经常性的来源。

7. 留存收益

它是企业从税后净利润中提取的盈余公积，以及从可供分配利润中留存的未分配利润。留存收益体现了企业将当年利润转化为股东对企业追加投资的过程，是一种股权筹资方式。

筹资渠道解决的是资金来源问题，筹资方式则解决通过何种方式取得资金的问题，它们之间存在一定的对应关系，一定的筹资方式可能只适用于某一特定的筹资渠道，但同一筹资渠道的资金往往可以采用不同的方式获得。

三、筹资的分类

企业通过各种筹资渠道和采用各种筹资方式所筹资的资本，由于具体的属性、期限、范围和机制不同，形成了不同的类型。企业筹集资金，按不同的标准可以分为不同的筹资类别。

(一) 按资本的属性划分

按照资本属性的不同，分为股权性筹资、债务性筹资与混合性筹资。

1. 股权性筹资

形成企业的股权资本，亦称权益资本、自有资本，是企业依法取得并长期持有，可自主调配运用的资本。股权资本由实收资本（股本）、资本公积、盈余公积和未分配利润组成。股权资本一般通过国家资本、其他法人资本、民间资本、企业内部资本，以及国外和我国港澳台地区资本等筹资渠道，采用吸收直接投资和发行股票等方式形成。

2. 债务性筹资

形成企业的债务资本，是企业依法取得并依约运用、按期偿还的资本。企业的债务资本一般是通过银行信贷资本、非银行金融机构资本、其他法人资本、民间资本、国外和我国港澳台地区资本等筹资渠道，采用长期借款、发行债券和融资租赁等方式取得或形成。

3. 混合性筹资

兼具股权性筹资和债券性筹资双重属性。目前最常见的混合筹资方式是发行优先股筹资、发行可转换公司债券和发行认股权证等。

（二）按是否通过金融机构划分

按照是否借助银行等金融机构，可以分为直接筹资和间接筹资。

1. 直接筹资

是指企业直接与资本所有者协商融通资本的一种筹资活动。具体而言，直接筹资主要有吸收直接投资、发行股票、发行债券、商业信用等方式。

2. 间接筹资

是指企业借助银行等金融机构融通资本的筹资活动。在间接筹资活动过程中，银行等金融机构发挥着中介作用，它们先集聚资本，然后提供给筹资企业。间接筹资的基本方式是银行借款和融资租赁等。

（三）按资金的来源范围划分

按照资金的来源范围不同，可以分为内部筹资和外部筹资。一般企业应在充分利用内部筹资之后，再考虑外部筹资问题。

1. 内部筹资

是指企业在企业内部通过留用利润而形成的资本来源。内部筹资数额大小通常由企业可分配利润的多少和利润分配政策所决定，一般无须花费筹资费用。

2. 外部筹资

是指企业向企业外部筹措资金而形成的资本来源。企业外部筹资的方式很多，如直接吸收投资、发行股票、借款、发行债券、商业信用等。企业外部筹资大多需要花费筹资费用。

（四）按资金使用期限划分

按照筹集到的资金使用期限的长短，分为短期筹资和长期筹资。

1. 短期筹资

是指企业筹集使用期限在一年以内的资金。短期资金主要用于企业的流动资产和资金的日常周转。短期资本常采取商业信用、短期借款等方式来筹集。

2. 长期筹资

是指企业筹集使用期限在一年以上的资金。长期资本主要用于购建固定资产、形成无形资产、对外长期投资、产品和技术研发等。长期筹资通常采取吸收直接投资、发行股票、发行债券、长期借款、融资租赁等方式来筹集。

四、筹资管理的内容和原则

（一）筹资管理的内容

筹资管理要解决企业为什么筹资、需要筹集多少资金、从什么渠道以什么方式筹集，以及如何协调财务风险和资本成本，合理安排资本结构等问题。所以筹资管理需要做好以下几项工作：

1. 科学预计资金需要量

在正常情况下，企业资金的需求来源于两个基本目的：满足经营运转的资金需要，满足投资发展的资金需要。

2. 合理安排筹资渠道，选择筹资方式

这直接关系到企业所能筹措的资金数量、成本和风险，是企业一项重要的财务工作。

3. 降低资本成本，控制财务风险

不同方式取得的资本的成本不同。一般债务资本成本比股权资本成本要低，但由于债务资本有固定还款期限，所以企业承担的财务风险比股权资本要大。

（二）筹资管理的原则

1. 合法合规

企业的筹资行为和筹资活动必须遵守国家的相关法律法规，依法履行法律法规和投资合同约定的责任，维护各方的合法权益。

2. 规模适当

企业应根据生产经营及发展的需要，合理安排资金需求。筹资规模与资金需要量应当匹配，既要避免因筹资不足影响生产经营正常运行，又要防止因筹资过多造成资金闲置。

3. 筹措及时

企业要合理安排筹资时间，适时取得所需资本。筹资与用资在时间上应相衔接，既要避免因过早筹资造成投资前的资本闲置，又要防止筹资滞后错过投资的最佳时机。

4. 来源经济

企业需要对各种筹资方式进行分析、对比，选择经济、可行的筹资方式，力求降低筹资成本。

5. 结构合理

企业要综合考虑股权资本与债务资本的关系，长期资本与短期资本的关系，内部筹资与外部筹资的关系，合理安排资本结构，保持适当的偿债能力，降低成本，减少风险。

五、长期筹资决策

（一）资本成本

资本成本，也称为资金成本，是企业筹资和使用资本而承付的代价。从广义上讲，企业筹集和使用任何短期资本和长期资本，都要付出代价，即存在资本成本。但由于资本主要用于企业长期投资决策和筹资决策，所以，资本成本研究的重点是筹资和使用长期资本的成本，包括股权资本和长期债权资本。筹资方案的资本成本大小是筹资决策的重要依据。企业筹得资本付诸使用后，只有用资项目的投资回报率高于资本成本率，才能表明所筹集的资本取得了好的经济效益。

资本成本从绝对量的构成来看，包括筹资费用和用资费用两部分。筹资费用指企业在资本筹集过程中为获得资本而承付的费用。例如向银行借款的手续费，发行股票、债券的发行费用等。筹资费用通常在筹资时一次性全部支付，资本使用过程中不再发生。用资费用是企业在资本使用过程中承付的费用。如向银行借款支付的利息，因发行股票向股东分配的股利等。用资费用是资本成本的主要部分，是经常性的，并会随着使用资本数量的多少和时间的长短而变动。

为便于不同筹资方式及不同筹资组合方案的比较与研究，资本成本一般用相对数表示，即表示为用资费用与筹资净额（即筹资数额扣除筹资费用后的金额）的比例。其通用的计算公式为：

$$资本成本率=\frac{年用资费用}{筹资总额-筹资费用}\times 100\%=\frac{D}{P-F}$$

或

$$资本成本率=\frac{年用资费用}{筹资总额(1-筹资费用率)}\times 100\%=\frac{D}{P(1-f)}$$

企业在进行资本结构决策时，需分别计算不同筹资方式的个别资本成本率，再根据各种长期资本的比重计算综合资本成本率，作为比较各个筹资组合方案、做出决策的依据。

1. 长期借款资本成本率

长期借款成本包括借款利息和筹资费用两部分。由于借款利息可以在所得税前扣除，起到抵税的作用，一般计算税后资本成本率。其计算公式为：

$$K_l=\frac{I_l(1-T)}{L(1-f_l)}\times 100\%$$

式中：K_l 表示长期借款资本成本率；I_l 表示长期借款年利息；T 表示所得税税率；L 表示长期借款筹资额，即借款本金；f_l 表示长期借款筹资费用率，即借款手续费率。

由于银行借款的手续费很低，通常可以忽略不计。这时长期借款资本成本率的计算公式为：

$$K_l=R_l(1-T)$$

式中：R_l 表示借款利息率。

例如，ABC 公司从银行借入一笔长期借款 5 000 万元，年利率 8%，期限 3 年，每年付息一次，到期一次还本。假设企业所得税率为 25%。该项长期借款的资本成本率为：

$$K_l=8\%\times(1-25\%)\times 100\%=6\%$$

2. 长期债券资本成本率

企业债券资本成本中利息费用可以在所得税前扣除，但作为筹资费用，债券的发行费用一般比较高，在计算资本成本时不可省略。其计算公式为：

$$K_b=\frac{I_b(1-T)}{B(1-f_b)}\times 100\%$$

式中：K_b表示债券资本成本率；I_b表示债券年利息；B 表示债券筹资额，按债券发行价格确定；f_b表示债券筹资费用率。

例如，ABC 公司拟发行面值 1 000 元、期限 3 年、票面利率 10%的债券，每年付息一次，到期还本。债券发行价格为 1 100 元，发行费用为发行价格的 4%，企业所得税率 25%。该批债券的资本成本率为：

$$K_b=\frac{1\,000\times 10\%\times(1-25\%)}{1\,100\times(1-4\%)}\times 100\%=7.1\%$$

3. 普通股资本成本率

普通股资本成本率就是普通股投资的必要报酬率。普通股资本成本率的测算方法一般有三种：股利折现模型、资本资产定价模型和债券收益率加风险报酬率。其中，资本资产定价模型可以简要描述为：普通股投资的必要报酬率等于无风险报酬率加上风险报酬率。用公式表示为：

$$K_c = R_f + \beta(R_m - R_f)$$

式中：K_c表示普通股投资必要报酬率，即普通股资本成本率；R_f表示无风险报酬率；R_m表示市场平均报酬率；β表示某股票的贝塔系数。

例如，ABC 公司股票的β值为 2，无风险报酬率为 6%，市场平均报酬率为 10%，那么 ABC 公司股票的资本成本率为：

$$K_c = 6\% + 2 \times (10\% - 6\%) = 14\%$$

4. 留存收益资本成本率

公司的留存收益（或留用利润）是由公司税后利润形成的，属于股权资本。股东愿意将其留用于企业而不作为股利取出投资于别处，总是要求获得与普通股等价的报酬。因此留存收益资本成本率的测算方法与普通股基本相同，只是不考虑筹资费用。

5. 综合资本成本率

综合资本成本率是一个企业全部长期资本的成本率，通过以各种长期资本的比例为权重，对个别资本成本率进行加权平均计算。其计算公式如下：

$$K_w = \sum_{j=1}^{n} K_j W_j$$

式中：K_w表示综合资本成本率；K_j表示第 j 种长期资本的资本成本率；W_j表示第 j 种长期资本的资本比例，其中，

$$\sum_{j=1}^{n} W_j = 1$$

例如，甲公司现有长期资本总额 20 000 万元，其中长期借款 3 000 万元，长期债券 5 000 万元，普通股 10 000 万元，留存收益 2 000 万元；各种长期资本成本率分别为 6%、8%、14%和 13%。该甲公司综合资本成本率可按如下步骤测算：

第一步，计算各种长期资本的比例：

$$长期借款资本比例 = \frac{3\,000}{20\,000} \times 100\% = 15\%$$

$$长期债券资本比例 = \frac{5\,000}{20\,000} \times 100\% = 25\%$$

$$普通股资本比例 = \frac{10\,000}{20\,000} \times 100\% = 50\%$$

$$留存收益资本比例 = \frac{2\,000}{20\,000} \times 100\% = 10\%$$

第二步，测算综合资本成本率：

$$K_w=6\%\times15\%+8\%\times25\%+14\%\times50\%+13\%\times10\%=11.2\%$$

上述测算过程也可以列表进行，如表 11-1 所示。

表 11-1　综合资本成本率测算表

资本种类	资本价值（万元）	资本比例（%）	个别资本成本率（%）	综合资本成本率（%）
长期借款	3 000	15	6	0.9
长期债券	5 000	25	8	2
普通股	10 000	50	14	7
留存收益	2 000	10	13	1.3
合计	20 000	100		11.2

（二）资本结构

资本结构是指各种资本的价值构成及其比例关系。广义的资本结构是指全部资本价值的构成及其比例关系，狭义的资本结构仅指各种长期资本价值的构成及其比例关系，主要指长期负债与股东权益的构成比例。企业的资本结构由企业采用的各种筹资方式而形成，各种筹资方式的不同组合决定了企业资本结构及其变化。

资本结构决策就是要确定最佳资本结构，即在适度财务风险条件下，使企业预期的综合资本成本率最低，同时使企业价值最大的资本结构。

第三节　企业投资管理

一、投资及其分类

简单的现金不可能给企业带来更多的现金，企业要赢利，就必须先将现金转换为各种各样的资产，即先进行投资。企业投资是指企业投入一定量资金从事某项经营活动，以期望在未来时期获取收益或达到其他经营目的的一种经济行为。

（一）企业投资的意义

企业筹资的目的是投资，企业能否把筹集到的资金投放到收益高、风险小、回收快的项目上，对企业是否能生存和健康发展是十分重要的。

1. 投资是实现企业财务管理目标的基本前提

企业财务管理目标是不断提高企业价值，为此要采取各种措施增加利润、降低风险。企业要想获得利润，就必须进行投资，通过投资获得效益。

2. 投资是企业自身生存和发展的必要手段

企业要维持简单再生产，就必须及时对机器设备进行更新，对产品和生产工艺进行改造，提高职工的科学技术水平等。企业要实现扩大再生产，必须新建厂房，增添机器设备，增加职工，提高人员素质等。企业只有通过一系列投资活动，才能推动企业不断发展壮大。

3. 投资是降低企业经营风险的重要方法

企业在经营中面临着各种风险，通过投资，可以将资金投向生产经营的关键环节或薄弱环节，使生产经营能力配套、平衡。通过把资金投向多个行业，可以实现多元化经营，分散风险，稳定收益来源。

（二）企业投资分类

企业投资按照不同的划分标准，可以分成不同类别。

1. 按投资与企业生产经营的关系，可以分为直接投资和间接投资

直接投资是将资金直接投放于形成生产经营能力的实体性资产，以便获得收益。间接投资主要是证券投资，是把资金投放于证券等金融性资产，以便获取利息、股利或资本利得等的投资。

2. 按投资回收期的长短，可以分为短期投资和长期股资

短期投资又称为流动资产投资，是指一年内可收回的投资，主要指对现金、应收账款、存货、短期有价证券等的投资。长期投资是指一年以上才能收回的投资，主要指对厂房、机器设备等固定资产的投资。

3. 按投资方向可以分为对内投资和对外投资

对内投资是把资金投向公司内部，购置各种生产经营用资产。对外投资是指向本企业以外的其他单位的资金投放。

4. 按投资项目之间的相互关系分为独立投资和互斥投资

独立投资是在彼此相互独立的若干个投资方案或项目间选择进行的投资。互斥性投资是非相容性投资，各个投资项目之间不能同时并存。

5. 其他分类

按资对象不同可以分为生产性投资和金融性资产投资。按投资活动对企业未来生产经营的影响可以分为发展性投资和维持性投资。按投资的具体内容可以分为固定资产投资、无形资产投资、流动资产投资、房地产投资、有价证券投资等各种形式。

二、投资管理的原则与过程

（一）投资管理的原则

为了实现投资管理的目标，做出合理的投资决策，需要制定投资管理的基本原则，保证投资活动的顺利进行。具体包括：

（1）做好市场调查，及时捕捉投资机会。

（2）建立科学的投资决策程序，认真进行投资项目的可行性分析。

（3）及时足额地筹集资金，保证投资项目的资金供应。

（4）认真分析风险和报酬关系，适当控制投资风险。

（二）投资管理的过程

投资是一项具体而复杂的系统工程。投资管理的过程就是指投资者为达到投资目的而

采取的一系列行动。一般可分为以下几个阶段：

1．调查研究

调查研究是投资活动的开始，主要是对投资环境进行分析，对市场状况进行考察，对技术能力做出分析。

2．分析预测

在调查研究基础上，企业要制定出各种投资方案，并做出必要的分析。分析预测的主要工作包括：对未来产品的生产要素的市场状况和价格水平进行预测；对投资的资金需求量进行预测；对投资的经济效益进行分析评估。

3．选择决策

对上一阶段提出的各项方案进行比较，根据企业的经济技术实力和风险承受能力以及对未来形势的期望和判断对投资方案进行选择。

4．事中监督

指在投资项目兴建过程中的监督和检查，以确保工程的正常进展。

5．事后评估

投资项目完工后，还需要对项目的运行状况和运行效果进行分析评价，与预期要求进行比较，与预期有较大偏离的，要找出产生问题的原因，以便后续改进。

三、长期投资决策评价方法

企业拟订的若干个投资方案，必须是可供选择的可行方案。只有那些不仅具有实施的必要性，能达到经营目标，又具备实施条件的投资方案，才是可行方案。长期投资决策通常通过计算评价指标来衡量和比较投资项目可行性。常用的可行性评价指标有净现值、现值指数、内含报酬率、回收期、投资利润率等。净现值、现值指数、内含报酬率等指标由于考虑了货币时间价值因素，被称为动态评价指标或折现现金流量指标，是投资项目评价使用的基本方法。回收期、投资利润率等由于没有考虑货币时间价值，被称为静态评价指标或非折现现金流量指标。

（一）净现值法

净现值（NPV）是指特定项目未来现金流入的现值与未来现金流出的现值之间的差额。净现值是评价项目是否可行的一个重要指标。

此处的现金流量是指与投资决策有关的现金流入和流出的数量，它是评价投资方案是否可行时的一个基础性指标。按照现金流动的方向，可以将投资活动的现金流量分为现金流入量、现金流出量和净现金流量。现金流入量主要包括营运各年的营业收入，在终结阶段投资项目的固定资产进行清理处置时所收回的价值，以及垫支营运资金的收回。现金流出量主要包括投资阶段的建设（原始）投资，垫支的营运资金，以及营业阶段的付现营运成本。净现金流量是指一定时间内现金流入量与现金流出量的差额。一定时期内现金流入量大于现金流出量，该期净现金流量为正值；反之，该期净现金流量为负值。净现值则是把各年的净现金流量按一定的贴现率折算为现值的合计数。其计算公式为：

净现值(NPV)＝未来现金净流量现值－初始投资额现值

或表示为：

$$NPV=\sum_{t=0}^{n}\frac{NCF_t}{(1+i)^t}$$

式中：NCF_t 表示第 t 年净现金流量；i 表示折现率（资本成本率或公司要求的报酬率）；n 表示开始投资至项目终结时的期数（初始投资发生在 $t=0$ 的时刻）。

净现值法的决策规则是，在只有一个备选方案时，净现值大于或等于零时，表明项目的实际报酬率高于或等于预期报酬率，方案具有财务可行性，反之该方案不可行。在有多个备选方案的互斥项目选择决策时，在其他条件一定时，净现值最大的方案为最优。

例如，甲企业的资本成本为 10%，有三个投资项目，有关数据如表 11－2 所示。

表 11－2　　**净现值计算表**　　单位：万元

年份	A 项目		B 项目		C 项目	
	净现金流量	现值	净现金流量	现值	净现金流量	现值
0	(5 000)	(5 000)	(4 000)	(4 000)	(8 000)	(8 000)
1	2 000	1 818.18	1 000	909.09	5 000	4 545.45
2	2 000	1 652.89	2 500	2 066.11	5 500	4 545.45
3	2 000	1 502.63	2 500	1 878.29		
合计		－26.3		853.49		1 090.9

注：表内使用括号的数字为负数。

从计算结果看，B、C 两项项目投资的净现值为正数，说明这两个项目的投资报酬率均超过 10%，都可以采纳。A 项目净现值为负数，应予放弃。而 B 项目和 C 项目哪一个更好，不能根据净现值直接判断。因为两个项目的期限和投资额不同，没有直接可比性。解决这种问题，可以使用获利指数法。

（二）获利指数法

获利指数（PI）又称利润指数或现值指数，是投资项目投产后未来现金流量现值与初始投资额的现值之比。其计算公式为：

获利指数(PI)＝未来现金流量现值/初始投资额现值

获利指数法的决策规则是，在只有一个备选方案的决策中，获利指数大于或等于 1，说明方案实施后的投资报酬率高于或等于必要报酬率，方案可行；若获利指数小于 1，说明方案投资报酬率低于必要报酬率，方案不可行。在有多个备选方案的互斥选择决策中，应采用获利指数大于 1 最多的投资项目。

（三）内含报酬率法

内含报酬率（IRR）又称为内部报酬率，反映了投资项目的真实报酬，等于使投资项目净现值为零时的折现率。其计算公式为：

$$NPV=\sum_{t=0}^{n}\frac{NCF_t}{(1+IRR)^t}=0$$

求解使上式成立时的IRR，即为项目的内含报酬率。

内含报酬率的决策规划是，在只有一个备选方案时，如果计算出的内含报酬率大于或等于企业的资本成本率或必要报酬率，方案可行；反之则不可行。在有多个备选方案的互斥选择决策中，选择内含报酬率超过资本成本率或必要报酬率最多的投资项目。

(四) 回收期法

回收期（PP）是指原始投资额通过未来现金流量回收所需要的时间，代表收回投资所需要的年限。回收期越短，方案越有利。如果初始投资一次支出，且每年净现金流量相等，其计算公式为：

$$回收期=\frac{初始投资额}{每年净现金流量}\times 100\%$$

如果每年净现金流量不相等，则要根据累计的净现金流量加以确定。

例如，甲公司打算进行一项投资项目，初始投资额为 1 000 万元，项目为 5 年，每年净现金流量有关资料见表 11－3。

表 11－3　　项目现金流量表　　单位：万元

项目计算期	每年净现金流量	累计净现金流量
1	100	100
2	300	400
3	300	700
4	400	1 100
5	500	1 600

该项目的投资回收期通过列表计算：

则该项目的回收期＝3＋300÷400＝3.75(年)

因为没有考虑资金的时间价值，这种计算方法下的指标称为静态回收期；若考虑资金成本，即资金的时间价值，则计算出的指标称为动态回收期。这种计算方法下，要收回投资成本，回收期就可能延长。

(五) 投资利润率法

投资利润率（ROI）是指投资回收期年平均利润与初始投资总额的比率。其计算公式为：

$$投资利润率=\frac{年平均利润}{投资总额}\times 100\%$$

应用投资利润率进行投资决策时，只有投资利润率指标大于或等于企业要求达到的投资报酬率时，投资项目才具有可行性。在有多个方案的互斥选择中，则选择投资利润率高的方案。投资利润率指标在进行决策时没有考虑货币的时间价值。

第四节　企业营运资金管理

一、营运资金的概念及管理原则

（一）营运资金的概念

营运资金又称营运资本、循环资本，是指一个企业维持日常经营所需的资金，通常指流动资产减去流动负债后的余额。其中，流动资产又称短期资产，是指可以在一年以内或超过一年的一个营业周期内变现或运用的资产，包括现金、应收账款、存货等。流动负债又称短期负债，是指需要在一年或者超过一年的一个营业周期内偿还的债务。营运资金管理既包括流动资产管理，又包括流动负债管理，前者是对营运资金投资的管理，后者是对营运资金筹资的管理。

（二）营运资金的管理原则

营运资金一般具有来源多样、数量波动性大、周转期短、形态易变的特点，因此营运资金管理也是企业财务管理工作的一项重要内容。营运资金管理主要解决两个问题：一是如何确定短期资产的最佳持有量；二是如何筹措短期资金。在营运资金管理过程中，企业应遵循以下原则：

1. 合理确定营运资金的需要数量

企业营运资金的需求量与企业生产经营活动有直接关系。企业应认真分析生产经营状况，综合考虑各种因素，合理确定营运资金的需要数量。

2. 节约资金使用成本

营运资金具有流动性强的特点，但流动性越强的资产收益性就越差，所以持有的营运资金过多，就会降低企业的收益。因此，企业要在保证生产经营需要的前提下，节约使用资金，避免安排过量而造成浪费。

3. 加速营运资金周转，提高资金使用效率

营运资金的周转是指企业的营运资金从现金投入生产经营开始，到最终转化为现金的过程。当企业的生产经营规模一定时，提高流动资产的周转速度，可以减少营运资金的需要量，从而提高资金的利用效率。

4. 保持足够的短期偿债能力

偿债能力是反映企业财务风险高低的标志之一。企业的流动负债主要用流动资产偿付。当企业流动资产相对流动负债过少，一旦流动负债到期，又无法通过其他途径筹措到资金时，就容易出现到期无法偿债的情况。所以企业必须要合理安排好流动资产与流动负债的比例，保证有足够的资金偿还流动负债。

二、流动资产管理

（一）现金管理

现金是指企业以各种货币形态存在的资金，包括库存现金、银行存款及其他货币资金等。现金是变现能力最强的资产，但其收益性最弱。所以现金管理就是在现金的流动性和收益性之间进行权衡选择，既要维护适当的流动性，又要尽可能提高其收益性。

1. 现金的持有动机

企业持有一定数量的现金主要是基于交易动机、预防动机和投机动机。

（1）交易动机指企业在日常经营中，为了维持正常的生产销售的运行必须保持一定数额的现金。

（2）预防动机指企业为了应对一些突发事件和偶然情况，有必要在正常业务活动现金需要量的基础上，再追加持有一定的现金余额。

（3）投机动机指企业为了抓住突然出现的获利机会而准备的现金余额。

2. 现金管理的内容

（1）现金预算管理。企业要在长期发展战略基础上，以现金管理的目标为指导，充分调查和分析各种现金收支影响因素，运用一定的方法合理估测企业未来一定时期的现金收支情况，并对预期差异想好应对对策。

（2）确定最佳现金持有量。企业应当采用特定的方法确定期末应当保留的最佳现金余额，当企业实际的现金余额与最佳现金余额不一致时，采用短期筹资策略或采用归还借款和投资于有价证券等策略达到理想状况。

（3）现金的日常控制。有效的现金管理，应该力求做到现金流入与现金流出能够合理匹配，达到同步化的理想效果；合理使用现金浮游量（由于企业支付与银行转账业务之间存在时滞，导致企业账簿中的现金余额与银行记录中的现金余额的差额），提升资金使用效率；对现金管理的相关人员之间形成有效的内部牵制，互相监督，做好复核，以减少差错，保证现金安全；及时进行现金清理，保证现金的账簿记录与实际相符。

（二）应收账款管理

应收账款是企业对外赊销产品、材料、供应劳务等应向对方收取而尚未收取的款项。随着市场经济的发展，商业信用的推行，企业应收账款数额明显增多，成为流动资产管理中一个日益重要的内容。

1. 应收账款的管理目标

应收账款在生产经营中可以起到通过赊销增加销售、减少存货的功能。但持有应收账款又会发生一定的成本。应收账款管理的目标是要充分发挥应收账款的功能，同时，尽可能降低应收账款的相关成本，最大限度地提高应收账款投资的效益。

其中，应收账款的成本包括：

（1）机会成本，指因资金投放于应收账款而放弃的其他投资所带来的收益。

（2）管理成本，指在进行应收账款管理时所增加的费用。主要包括调查顾客信用状况的费用、收集信息的费用、账簿的记录费用、收账费用等。

（3）坏账成本，指应收账款由于一些原因不能收回而发生的损失。

2. 应收账款的信用政策

应收账款管理的核心是制定适当的信用政策。信用政策是企业对应收账款进行规划与管理而制定的原则和行为规范，一般由信用标准、信用条件和收账政策三部分组成。

（1）信用标准，指企业同意向客户提供商业信用而要求对方具备的最低条件。企业如果信用标准较严，只对信誉好、坏账损失率低的顾客给予赊销，会减少坏账损失，但不利于扩大企业销售量；反之，如果信用标准较宽，虽然会增加销售，但会相应增加坏账损失和应收账款机会成本。企业应根据具体情况进行权衡。

（2）信用条件，是企业要求顾客支付赊销款项的条件，包括信用期限、折扣期限和现金折扣。信用期限是企业为客户规定的最长付款时间；折扣期限是为客户规定的可享受现金折扣的付款时间。例如“2/10，1/20，N/30”表示客户 10 天内付款，可以享受 2%的现金折扣；20 天内付款，可以享受 1%的现金折扣；如果不想取得折扣，这笔货款必须在 30 天内付清。

（3）收账政策，是针对客户违反信用条件，拖欠甚至拒付账款所采取的收账策略。无论采用何种方式进行催收，都会发生一定的收账费用。企业要在增加收账费用与减少坏账损失之间做出权衡，制定有效、得当的收账政策。

3. 应收账款的日常管理

企业信用政策建立之后，要做好应收账款的日常管理工作，包括：

（1）客户信用调查。企业可以通过直接调查或间接调查的方式收集和整理与客户信用状况相关的信息资料，以便合理地评价客户信用。

（2）客户信用评估。企业对收集好的信用资料，进行合理的信用评估方法判断客户的信用情况，为最后决定是否向客户提供商业信用做好准备。

（3）监控应收账款。应收账款一旦发生后，企业就有必要对应收账款的运行过程进行追踪分析。具体可以根据未收回的应收账款从产生到目前的整个时间分类进行账龄分析，从而对客户偿付货款的不同情况做出反应。

（4）催收拖欠款项。对于已逾期的应收账款，分析其产生原因，针对不同情况采取信件、电话、个人拜访、收款机构、法律诉讼等不同的收账方式。收账政策的确定很大程度上依靠管理人员的经验，但需要遵循成本收益原则。

（三）存货管理

存货是企业在日常活动中持有以备出售的产成品或商品、处在生产过程中的在产品、在生产过程或提供劳务过程中耗用的材料和物料等。存货在流动资产中的比重较大，存货管理是企业财务的一项重要内容。

1. 存货管理的目标

企业总有储存存货的需要，并因此占用或多或少的资金。这种存货的需要一方面是由于要储存必要的原材料和产成品等，保证生产或销售的经营需要；另一方面出于价格的考虑，零购物资的价格往往较高，而成批采购在价格上有优惠。但过多地存货要占用较多资金，并且会增加仓储费、维护费、管理人员工资等各项开支。进行存货管理，就要尽力在各种存货成本与存货效益之间做出权衡，在保证生产或销售经营需要的前提下，最大限度地降低存货成本。

2. 存货的成本

一般来说，存货成本主要包括以下几个方面：

（1）取得成本，是取得某项存货而支出的成本。既包括购置成本，即为购买存货本身而发生的买价和运杂费等；也包括订货成本，即为取得订单而发生的办公费、差旅费等支出。

（2）储存成本，指企业为持有存货而发生的成本费用支出，主要包括仓储费、保险费、保管人员的工资、存货破损和变质损失以及占用资金应计的利息等。

（3）缺货成本，指企业由于存货不足而造成的损失，主要包括材料供应中断造成的停工损失，产成品缺货造成延误发货的信誉损失及丧失销售机会的损失等。

企业存货的最优化，就是使企业存货总成本值最小。

3. 存货的规划

存货规划所要解决的主要问题是企业应当怎样采购存货。包括应当订购多少存货，以及何时开始订货等问题。按照存货管理的目的，需要找到能够使一定时期存货的总成本达到最低点的进货数量，这个数量就是经济订货量或经济批量。

4. 存货的控制

存货控制是要在日常生产经营过程中，按照存货计划要求，对存货的使用和周转情况进行组织、调节和监督。随着信息技术的发展，许多大型企业都采用了计算机存货控制系统，大大提高了企业存货管理方法的发展，也提高了企业的整体运作效率。典型的存货控制方法有：

（1）ABC 分类管理，即把企业种类繁多的存货，依据重要程度、价值大小或者资金占用等标准分为 A、B、C 三类，针对不同类别的存货分别采用不同的管理方法。

（2）适时制存货管理，又称为即时管理，是一种拉动式管理，即一切从市场需求出发，企业根据相应数量的订单来组织生产，根据订单要求的产品数量，依次对上道工序提出相应的要求。上道工序提供的正好是下道工序所需要的，且时间、数量上正好。这样，企业供、产、销各环节紧密配合，能够大大降低成本，提高生产效率和经济效益。采用适时制存货管理，当企业在生产过程中需要原材料或零件时，才要求供应商送货；每当产品生产出来就被客户拉走，从而将存货数量减到最少，甚至是零库存。

三、流动负债管理

营运资本筹资政策是指如何为流动资产筹资，采用短期资金来源，还是采用长期资金来源，或者兼而有之。其中短期筹资主要指短期负债筹资，形成了企业的短期借款、应付票据、应付账款等流动性负债项目。

（一）商业信用

商业信用是指商品交易中的延期付款或延期交货所形成的借贷关系，是企业之间的一种直接信用关系，产生于商品交换之中，属于一种自发性筹资。商业信息筹资具有使用方便、成本低、限制少的优点，但时间一般较短，不利于公司对资本的统筹运用。如果托欠，则可能导致公司信用地位和信用等级下降。

商业信用的具体形式有应付账款、应付票据、预收账款等。

1. 应付账款

赊购商品是最典型、最常见的商业信用形式。在此种形式下，买卖双方发生商品交易，买方收到商品后不立即支付现金，可延迟一定时期以后付款，形成企业的应付账款。对于买方来说，延期付款等于向卖方借用资金购进商品，可以满足短期资金的需要。对应付账款进行有效管理要考虑是否取得现金折扣、是否按期付款、拖延多久支付等问题。

2. 应付票据

是指在赊购商品时形成的，企业进行延期付款开具的反映债权债务关系的商业汇票。商业汇票支付期最长不超过 6 个月，到期必须归还，如若延期便要交付罚金，因而风险较大。

3. 预收账款

在这种形式下，卖方要先向买方收取货款，但要延迟一定时期以后交货。这等于卖方向买方先借一笔资金，以后用货物抵偿，是另一种典型的商业信用形式。

4. 其他应付费用

企业往往还存在一些在非商品交易中产生但也属于自发性筹资的应付费用，如应付职工薪酬、应交税费、其他应付款等。应付费用使企业受益在前、费用支付在后，相当于享受了受款方的借款，一定程度上缓解了企业的资金需要，而且往往无须付出任何代价。企业在使用应付费用作为短期筹资方式时，必须加强对支付期的控制，以免因拖欠给企业带来损失。

(二) 短期借款

短期借款通常是向银行或其他非银行金融机构借入的期限在一年以内的借款。短期借款往往是企业为解决短期资金需求而申请借入的款项，是短期资金重要筹集方式。企业短期借款通常包括三种方式：

1. 信用借款

又称无担保借款，是指不用担保人担保或没有财产作抵押，仅凭借款人的信用而取得的借款。

2. 担保借款

是指有一定的担保人或利用一定的财产作抵押或质押而取得的借款。

3. 票据贴现

是指商业票据持有人把未到期的商业票据转让给银行，以取得银行资金的一种借贷行为。

短期借款具有筹资速度快、弹性大等优点，但筹资风险大，资金成本较高，而且银行提出的限制会比较多。

第五节　企业利润分配与管理

一、利润分配内容

利润分配是对企业所实现的经营成果进行分割与派发。企业利润分配的基础是净利润，即企业缴纳所得税后的利润。利润分配既是对投资者投资回报的一种形式，也是企业内部筹资的一种方式，对企业的财务状况会产生重要影响。

根据我国《公司法》及相关法律制度的规定，公司净利润的分配应按以下顺序实行。

（一）弥补以前年度亏损

根据现行法律法规的规定，企业发生年度亏损，可以用下一年度的税前利润弥补，下一年度税前利润不足弥补的，可以在五年之内用税前利润弥补，五年内仍然未弥补完的亏损，可用税后利润弥补。

（二）提取法定公积金

法定公积金的提取比例为当年税后利润（弥补亏损后）的10％，但当法定公积金累计额已达到注册资本的50％时，可以不再提取。

（三）提取任意公积金

公司从税后利润中提取法定公积金后，经股东大会，还可以从税后利润中提取任意公积金。

法定公积金和任意公积金从性质上看都属于股东权益，可以用于弥补亏损、扩大生产经营或者转增公司资本。但转增资本后，所留存的法定公积金不得低于转增前公司注册资本的25％。

（四）向股东（投资者）分配股利（利润）

可供分配的利润包括当年所余的利润和以前年度的未分配利润，公司可以根据股利政策向股东分配股利。

近年来，以期权形式或类似期权形式进行的股权激励在一些大公司逐渐增多。从本质上说，股权激励是企业对管理层或者员工进行的一种经济利润分配。

二、股利形式与发放程序

（一）股利形式

股份公司分派股利的形式一般有现金股利、股票股利、财产股利和负债股利等。我国有关法律规定，股份有限公司只能采用现金股利和股票股利两种形式。

1. 现金股利

现金股利也称“红利”，是最常见也是最主要的股利支付方式。一般情况下，股东偏好现金股利，但公司支付现金股利除了要有累计盈余，还需要有充足的现金。

2. 股票股利

股票股利也称“红股”，也是较为常见的一种股利支付形式。在支付股票股利时，公司往往为所有股东按一定的比例增配股票。支付股票股利相当于把公司盈利转为普通股股票，是一种增资行为，因此还要按法定程序办理增资手续。

（二）股利发放程序

公司发放股利必须遵循法定的程序，一般而言，股利的支付需要按照规定的日程安排来进行。

1. 股利宣告日

即公司董事会将股东大会通过本年度利润分配方案的情况以及股利支付情况予以公告

的日期。在股利宣告日，所宣告的股利已经成为公司的一项实际负债，并应体现在公司的会计记录中。

2. 股权登记日

即有权领取本期股利的股东资格登记截止日期。只有在股权登记日这一天登记在册的股东才有资格领取本期股利。而在这一天之后登记在册的股东，即使在股利发放日之前买到了股票，也无权领取本次分配的股利。

3. 除息日

也称除权日，即股利所有权与股票本身分离的日期。在股权登记日当日及以后买入的股票不再享有本次股利分配的权利。我国目前规定与股权登记日相连的后一个工作日可确定为除息日。由于除息日之前的股票价格中包含了本次股利，而在除息日后的股票价格中不再包含本次股利，所以在除息日股票价格一般会下降。

4. 股利发放日

也称股利支付日，即公司将股利正式给股东的日期。一般证券交易所的计算机系统可以通过中央结算登记系统将公司发放给股东的股利直接打入股东的资金账户。

三、股利政策及其选择

(一) 股利政策类型

股利政策是公司在支付股利方面所坚持的策略。企业应在不违反法律、法规的前提下，根据企业具体情况制定。股利政策既要保持相对稳定，又要符合公司财务目标和发展目标。在实践中，常用的股利政策主要有几种类型：

1. 剩余股利政策

是指公司生产经营所获得的净收益首先应满足公司的权益资金需求，如果还有剩余，就派发股利，如果没有剩余，则不派发股利。

实行剩余股利政策，首先要根据选定的最佳投资方案，确定投资所需的资金数额；再按照企业的目标资本结构，确定投资需要增加的股东权益资本数额；将税后利润先用于满足投资需要的股东权益资本数额；满足投资需要后的剩余利润再向股东分配股利。

例如：ABC公司采用剩余股利政策。2016年税后净利润为12 000万元，2017年已确定的投资项目需要资金15 000万元。公司目标资本结构为：负债资本占40%，股东权益资本占60%。

根据目标资本结构的要求，ABC公司投资方案所需的权益资本数额为：

$$15\ 000\times60\%=9\ 000(\text{万元})$$

公司全部可用于分派的盈利为12 000万元，除了满足投资方案所需的权益资本数额外，还可以用于发放股利的数额为：

$$12\ 000-9\ 000=3\ 000(\text{万元})$$

则ABC公司2016年的股利支付率为：

3 000÷12 000=25%

假设 ABC 公司当年流通在外的普通股为 10 000 万股，那么每股股利为：

3 000÷10 000=0.3(元/股)

采取剩余股利政策意味着公司留存收益优先保证再投资的需要，有助于降低再投资的资金成本，保持最佳资本结构。但股利发放额每年随着投资机会和盈利水平的波动而波动，不利于公司树立良好形象，而且不利于投资者安排收入与支出。剩余股利政策一般适用于公司的初创阶段。

2. 固定股利政策

是指公司在较长时期内每股支付固定股利额的股利政策。当公司盈利发生一般的变化时，并不影响股利的支付，而是使其保持稳定的水平。

实施固定股利政策可以向投资者传递公司经营状况稳定的信息，也有利于投资者有规律地安排股利收入和支出，并有利于股票价格的稳定。但在公司净利润下降或现金紧张的情况下，公司为了保证股利的照常支付，容易导致现金短缺，财务状况恶化。固定股利政策一般适合经营比较稳定的公司采用。

3. 稳定增长股利政策

指在一定的时期内保持公司的每股股利额维持某一固定比率逐年稳定增长。

公司确定一个稳定的股利增长率，实际上是向投资者传递该公司经营业绩稳定增长的信息，降低投资者的担心，有利于股价上涨。但股利的支付与企业的盈利脱节，可能导致企业资金紧缺，财务状况恶化。这种股利政策适合处于成长或成熟阶段的公司采用。

4. 固定股利支付率政策

指公司确定一个股利占盈余的比率，长期按此比率支付股利的政策。这种股利政策是一种变动的股利政策，各年股利额随公司经营的好坏上下波动。

采用固定股利支付率政策，不会给企业造成较大的财务负担，但股利水平忽高忽低，可能向投资者传递经营不稳定的信息，容易使股票价格产生较大波动，不利于树立良好的公司形象。这种股利政策较适用于处于稳定发展且财务状况也较稳定的公司。

5. 低正常股利加额外股利政策

指公司事先设定一个较低的正常股利额，每年除了按正常股利额向股东发放股利外，在公司盈利较多时，再根据实际情况发放额外股利。

这种股利政策在公司盈利较少或投资需要较多资本时，可以只支付较低的正常股利，不会给企业造成较大的财务压力，又能保证股东定期得到一笔固定的股利收入。能够实现灵活性和稳定性较好的结合，因而为许多公司所采用。

(二) 制定股利分配政策应考虑的因素

公司的股利分配会受到各种影响和制约，企业必须认真审查这些影响因素，以便制定出适合本公司的股利政策。一般影响公司股利政策的主要因素有：

1. 法律因素

为了保护投资者的利益，有关法律法规都会对公司的股利分配进行一定的限制。包括在资本保全、企业积累、企业利润、偿债能力等方面进行约束。

2. 公司自身因素

公司自身内部的各种因素及其面临的各种环境、机会都会对股利政策产生影响。包括公司经营活动中的现金流量、盈余的稳定性、资产的流动性、投资机会、筹资能力、资本成本等方面。

3. 股东因素

股东从自身利益需要出发，也会对公司的利润分配产生一定的影响。主要涉及对控制权、收入和税负方面的考虑。

4. 债务契约因素

为了防止公司过多发放现金股利，影响企业偿债能力，债权人通常也会在债务契约中加入关于公司股利政策的限制性条款。

第六节　企业财务分析

一、财务分析的意义与方法

（一）财务分析的意义

财务分析是以企业的财务报告等资料为基础，采用专门的方法，对企业的财务状况、经营成果和现金流量进行分析和评价。财务分析是财务管理的重要方法之一，是对企业一定期间财务活动的总结，更为企业下一步的财务预测和财务决策提供了依据。具体而言，做好财务分析工作具有以下意义：

（1）通过财务分析，可以全面评价企业在一定时期内的各种财务能力，帮助企业经营者掌握企业状况，及时发现经营活动中存在的问题，促进企业改进经营活动，提高管理水平。

（2）通过财务分析，帮助企业的外部投资者、债权人、其他有关部门及人员了解和掌握企业的财务状况、经营成果和现金流量情况，为他们正确地进行投资决策、信贷决策和其他经济决策提供科学依据。

（3）通过财务分析，帮助企业检查内部各职能部门和单位完成经营计划的情况，考核经营业绩，有利于企业建立和完善业绩评价体系，协调各种财务关系，保证企业财务目标顺利实现。

（二）财务分析的方法

1. 比较分析法

是将同一企业不同时期的财务状况或不同企业之间的财务状况进行比较，揭示企业财务状况中所存在差异的分析方法。包括纵向比较和横向比较两种。

（1）纵向比较分析法，又称趋势分析法，是将同一企业若干期的财务状况进行比较，确定增减变动的方向、数额和幅度，揭示企业财务状况的发展变化趋势。

（2）横向比较分析法，是将本企业的财务状况与其他企业的同期财务状况进行比较，确定其存在的差异及程序，揭示企业财务状况中存在的问题。

2. 比率分析法

是将企业同一时期的财务报表中的相关项目进行对比，得出一系列财务比率，以此来揭示企业财务状况。

二、财务分析的基础

企业财务分析主要是以财务报告为基础。财务报告是指企业对外提供的反映企业某一特定日期财务状况和某一会计期间经营成果、现金流量等会计信息的文件。财务报告包括财务报表和其他应当在财务报告中披露的相关信息和资料。一套完整的财务报告至少应当包括“四表一注”，即资产负债表、利润表、现金流量表、所有者权益变动表以及附注。下面主要介绍一般企业的三张基本财务报表。

(一) 资产负债表

资产负债表是反映企业在某一特定日期的财务状况的财务报表。它是以“资产＝负债＋所有者权益”这一会计等式为依据编制的。通常分为左右两方，左方列示资产，反映企业特定日期资金的占用形态，并按照变现能力从大到小顺序排列；右方列示负债和所有者权益，反映资金的来源渠道，即多少来源于债权人，多少来源于企业所有者的投资。

资产负债表提供了企业的资产结构、资产流动性、资金来源情况、负债水平以及负债结构等财务信息。通过对资产负债表的分析，可以了解企业的偿债能力、营运能力等财务能力。

(二) 利润表

利润表也称损益表，是反映企业在一定期间经营成果的财务报表。它是以“利润＝收入－费用”这一会计等式为依据编制而成。我国的利润表是按照净利润的形成过程分步骤计算出来的。

通过利润表，可以反映企业在一定会计期间收入、费用、利润（或亏损）的数额和构成情况，帮助财务报表使用者全面了解企业的经营成果，分析企业的获利能力及盈利增长趋势。

为了便于后面的分析，此处列示简化的 ABC 公司的资产负债表和利润表，分别如表 11-4、表 11-5 所示。

表 11-4　　资产负债表

编制单位：ABC 公司　　2016 年 12 月 31 日　　单位：万元

资产	年末余额	年初余额	负债和所有者权益	年末余额	年初余额
流动资产：			流动负债：		
货币资金	660	550	短期借款	300	450
应收票据	100	150	应付票据	250	150
应收账款	680	600	应付账款	600	800
存货	1 320	1 100	应交税费	50	30

续前表

资产	年末余额	年初余额	负债和所有者权益	年末余额	年初余额
流动资产合计	2 760	2 400	流动负债合计	1 200	1 430
非流动资产：			非流动负债：		
可供出售金融资产	200	300	长期借款	900	500
持有至到期投资	300	300	应付债券	1 500	1 500
长期股权投资	800	800	非流动负债合计	2 400	2 000
固定资产	3 500	3 300	负债合计	3 600	3 430
在建工程	90	150	所有者权益：		
无形资产	350	250	实收资本	2 500	2 500
非流动资产合计	5 240	5 100	资本公积	400	300
			盈余公积	650	450
			未分配利润	850	820
			所有者权益合计	4 400	4 070
资产总计	8 000	7 500	负债和所有者权益总计	8 000	7 500

表 11－5　　利润表

编制单位：ABC 公司　　2016 年度　　单位：万元

项目	本期金额	上期金额
一、营业收入	12 000	8 800
减：营业成本	8 000	5 500
税金及附加	100	60
销售费用	400	320
管理费用	700	600
财务费用	200	150
加：投资收益（损失以“－”号填列）	100	40
二、营业利润（亏损以“－”号填列）	2 700	2 210
加：营业外收入	100	60
减：营业外支出	200	0
三、利润总额（亏损总额以“－”号填列）	2 600	2 270
减：所得税费用	650	550
四、净利润（净亏损以“－”号填列）	1 950	1 720

（三）现金流量表

现金流量表是反映企业在一定会计期间现金和现金等价物流入和流出的会计报表。现金流量表将企业的经营管理活动分为经营活动、投资活动和筹资活动三大类，分别列示每一类活动的现金流入量和流出量及其净流量，并汇总揭示企业总现金的净增减变动情况。

现金流量表按照收付实现制原则编制，将权责发生制下的盈利信息调整为收付实现制下的现金流量信息，便于信息使用者了解企业净利润的质量。通过现金流量表，报表使用者可以了解现金流量的影响因素，评价企业的支付能力、偿债能力和周转能力，预测企业未来现金流量。

三、财务能力分析

基本的财务报表分析内容包括偿债能力分析、营运能力分析、盈利能力分析等几个方面。主要采用的财务分析方法为财务指标，也称为财务比率，即通过财务报表数据的相对关系来揭示企业经营管理的各方面问题。

（一）偿债能力分析

偿债能力是指企业偿还各种到期债务的能力。通过这种分析可以揭示企业的财务风险。偿债能力分析主要分为短期偿债能力分析和长期偿债能力分析。

1. 短期偿债能力分析

短期偿债能力是指企业偿付流动负债的能力。一般来讲，流动负债需要以现金直接偿还，而流动资产是在1年内或超过1年的一个营业周期内可变现的资产，因而流动资产成为偿还流动负债的一个安全保障。通常评价短期偿债能力的财务指标主要有流动比率、速动比率等。

（1）流动比率，是企业流动资产与流动负债的比值，其计算公式为：

$$流动比率=\frac{流动资产}{流动负债}$$

一般情况下，流动比率越高，企业短期偿债能力越强，债权人的权益越有保障。

根据表11-4中ABC公司的流动资产和流动负债的年末数，该公司2016年末的流动比率为：

$$流动比率=\frac{2\ 760}{1\ 200}=2.3$$

表明ABC公司每1元流动负债有2.3元的流动资产作为保障。传统经验认为生产企业这一比率在2左右比较合适。但流动比率过高，可能是流动资产占用资金过多，会影响资金的使用效率进而影响企业盈利能力。

（2）速动比率，是速动资产与流动负债的比率。速动资产是指能迅速转化为现金的资产。在流动资产中，存货的变现能力较差，所以当企业的流动资产变现时，存货就极可能发生损失。一般来说，流动资产扣除存货后称为速动资产。速动比率的计算公式为：

$$速动比率=\frac{速动资产}{流动负债}=\frac{流动资产-存货}{流动负债}$$

一般情况下，速动比率越大，短期偿债能力越强。速动比率由于在计算时剔除了存货等变现能力较弱且不稳定的资产，所以能更加准确、可靠地评价企业的短期偿债能力。

根据表11-4中ABC公司的有关数据，该公司2016年末的速动比率为：

$$速动比率=\frac{2\ 760-1\ 320}{1\ 200}=1.2$$

传统经验认为企业的速动比率为1时比较合适，表明企业具有按期偿还短期负债的能力。ABC公司的速动比率为1.2，应属于正常范围之内。当然还要结合行业和企业的具体情况进行分析，不可一概而论。

2. 长期偿债能力分析

长期偿债能力是指企业在较长的期间偿还债务的能力。反映长期偿债能力的主要指标有资产负债率、产权比率等。

（1）资产负债率，是企业负债总额与资产总额的比例。其计算公式为：

$$资产负债率=\frac{负债总额}{总产总额}\times 100\%$$

资产负债率反映总资产中有多大比例是通过举债取得的。当这一比率高于50%时，表明企业资产来源主要依靠的是负债，财务风险较大；低于50%时，表明企业资产的主要来源是所有者权益，财务比较稳健。这一比率越低，表明公司的长期偿债能力越强。一旦资产负债率超过100%，则表明企业资不抵债，有濒临倒闭的危险。

根据表11-4中ABC公司的有关数据，该公司2016年末的资产负债率为：

$$资产负债率=\frac{3\,600}{8\,000}\times 100\%=45\%$$

这表明2016年ABC公司的资产有45%来源于举债；或者说ABC公司每45元的债务，就有100元的资产作为偿还债务的保障。

（2）产权比率，是负债总额与所有者权益的比率，也称资本负债率。其计算公式为：

$$产权比率=\frac{负债总额}{所有者权益总额}\times 100\%$$

负债产权比率反映了债权人资本受股东权益保障的程度，是企业财务结构稳健与否的重要标志。一般来说，这一比率越低，表明企业长期偿债能力越强，债权人权益保障程度越高，企业财务风险越小。

根据表11-4中ABC公司的有关数据，该公司2016年末的产权比率为：

$$产权比率=\frac{3\,600}{4\,400}\times 100\%=81.82\%$$

（二）营运能力分析

营运能力主要指资产运用、循环的效率高低。一般而言，资金周转速度快，说明企业的经营管理水平高，资金利用效率高，企业可以以较少的投入获得较多的收益。评价企业营运能力的财务指标主要有流动资产周转率、固定资产周转率、总资产周转率。

1. 流动资产周转率

流动资产周转率可以反映流动资产的流动速度和利用效果。它有两种表现形式，其计算公式如下：

$$流动资产周转率(次数)=\frac{主营业务收入}{流动资产平均余额}$$

$$\text{流动资产周转天数}=\frac{360}{\text{流动资产周转次数}}$$

其中：

$$\text{流动资产平均余额}=\frac{\text{期初流动资产余额}+\text{期末流动资产余额}}{2}$$

在一定时期内，流动资产周转次数越多，表明以相同的流动资产完成的周转额越大，流动资产利用效率越好。流动资产周转率用天数表示时，周转一次所需要的天数越少，表明流动资产周转所占用的时间越短，周转越快，可相对节约流动资金。各个不同类别流动资产均可计算周转率。常计算的有应收账款周转率、存货周转率。

（1）应收账款周转率，是企业一定时期赊销收入净额与应收账款平均余额的比率，其计算公式如下：

$$\text{应收账款周转率(次数)}=\frac{\text{赊销收入净额}}{\text{应收账款平均余额}}$$

其中：

$$\text{赊销收入净额}=\text{销售收入}-\text{现销收入}-\text{销售退回、折让、折扣}$$

$$\text{应收账款平均余额}=\frac{\text{期初应收账款}+\text{期末应收账款}}{2}$$

应收账款周转次数越高，周转天数越短，说明企业应收账款周转速度越快，回收速度越快，流动性越强，公司管理工作效率越高。

在利润表中，营业收入就是销售收入。假设 ABC 公司的营业收入全部都是赊销收入净额，根据表 11-4 和表 11-5 中的有关数据，该公司 2016 年的应收账款周转率为：

$$\text{应收账款平均余额}=\frac{680+600}{2}=640\text{(万元)}$$

$$\text{应收账款周转率}=\frac{12\,000}{640}=18.75\text{(次)}$$

$$\text{应收账款周转天数}=\frac{360}{18.75}=19.2\text{(天)}$$

这表明，ABC 公司一年内应收账款周转次数是 18.75 次，从赊销产品到收回应收账款的平均天数为 19.2 天。具体评价企业应收账款管理效率时，还应将计算出的指标与企业前期、行业平均水平或其他类似企业相比较来进行判断。

（2）存货周转率，也称存货利用率，是指销售成本与存货平均余额的比率，其计算公式如下：

$$\text{存货周转率(次数)}=\frac{\text{销售成本}}{\text{存货平均余额}}$$

其中：

$$\text{存货平均余额}=\frac{\text{期初存货}+\text{期末存货}}{2}$$

存货周转率反映企业存货的变现速度，主要衡量企业销货效率和存货使用效率。存货周转次数越多，周转天数越短，说明存货周转速度越快，资金占用水平越低，营运能力就越强。

式中销售成本为利润表中“营业成本”的数据。根据表 11－4 和表 11－5 中的有关数据，ABC 公司 2016 年的存货周转率为：

$$存货平均余额=\frac{1\,320+1\,100}{2}=1\,210(万元)$$

$$存货周转率=\frac{8\,000}{1\,210}=6.61(次)$$

$$应收账款周转天数=\frac{360}{6.61}=54.46(天)$$

2. 固定资产周转率

也称固定资产利用率，是企业销售收入与固定资产平均净值的比率，其计算公式如下：

$$固定资产周转率(次数)=\frac{销售收入}{固定资产平均净值}$$

固定资产周转率主要衡量企业对厂房、设备等固定资产的利用水平。比率越高，说明固定资产利用效率越高，固定资产管理水平越高；反之，利用效率低，会影响企业的盈利能力。

根据表 11－4 和表 11－5 中的有关数据，ABC 公司 2016 年的固定资产周转率为：

$$固定资产平均净值=\frac{3\,500+3\,300}{2}=3\,400(万元)$$

$$固定资产周转率=\frac{12\,000}{3\,400}=3.53(次)$$

3. 总资产周转率

也称总资产利用率，是企业销售收入与资产平均总额的比率，其计算公式如下：

$$总资产周转率(次数)=\frac{销售收入}{资产平均总额}$$

总资产周转率可以衡量企业全部资产的使用效率，如果这个比率较低，说明企业利用其资产进行经营的效率低，会影响企业的盈利能力。企业应采取措施提高销售收入或处理资产，以提高总资产利用率。

根据表 11－4 和表 11－5 中的有关数据，ABC 公司 2016 年的总资产周转率为：

$$资产平均总额=\frac{8\,000+7\,500}{2}=7\,750(万元)$$

$$总资产周转率=\frac{12\,000}{7\,750}=1.55(次)$$

（三）盈利能力分析

盈利能力是企业获取利润、实现资本增值的能力。评价企业盈利能力的指标主要有销售净利率、总资产报酬率、所有者权益报酬率。

1. 销售净利率

是净利润与销售收入的比例。其计算公式如下：

$$销售净利率=\frac{净利润}{销售收入}\times 100\%$$

销售净利率反映每 100 元销售收入可为企业创造的净利润是多少，用于评价企业通过销售赚取利润的能力。该比率越高，说明企业通过扩大销售获取报酬的能力越强。

根据表 11 - 5 中的有关数据，ABC 公司的销售净利率为：

$$2015\text{ 年销售净利率}=\frac{1\,720}{8\,800}\times 100\%=19.55\%$$

$$2016\text{ 年销售净利率}=\frac{1\,950}{12\,000}\times 100\%=16.25\%$$

从计算结果可以看出，ABC 公司 2016 年销售净利率指标比上年有所下降，说明企业盈利能力有所减弱，企业应查明原因，采取相应措施，提高盈利水平。

2. 总资产报酬率

又称总资产净利率，指净利润与平均资产总额的比率。其计算公式为：

$$总资产报酬率=\frac{净利润}{平均资产总额}\times 100\%$$

总资产报酬率表示每 100 元资产创造的净利润，衡量企业资产的盈利能力。这一指标越高，表明企业资产的利用效果越好，运用资产创造效益的能力越强。

根据表 11 - 4 和表 11 - 5 中的有关数据，ABC 公司 2016 年的总资产报酬率为：

$$总资产报酬率=\frac{1\,950}{(8\,000+7\,500)/2}\times 100\%=25.16\%$$

3. 所有者权益报酬率

又称为净资产收益率、权益净利率，是净利润与平均所有者权益的比率。其计算公式为：

$$所有者权益报酬率=\frac{净利润}{平均所有者权益总额}\times 100\%$$

所有者权益报酬率表示每 100 元股东资本赚取的净利润，反映资本经营的盈利能力。这一指标是企业盈利能力评价的核心指标，更是投资人关注的重点。一般来说，所有者权益报酬率越高，股东和债权人的利益保障程度越高，企业盈利能力越强。

根据表 11 - 4 和表 11 - 5 中的有关数据，ABC 公司 2016 年的所有者权益报酬率为：

$$所有者权益报酬率=\frac{1\,950}{(4\,400+4\,070)/2}\times 100\%=46.04\%$$

这表明股东每投入 100 元资本，可以获得 46.04 元的净利润。

采用财务指标方法评价企业财务状况和经营成果计算简便，计算结果容易判断，但要想真正发挥作用，必须要注意：一是明确指标变动趋势，是向好的方向发展还是向不利的方向发展；二是明确指标数值与既定的标准或同行业平均水平的关系，是否达到了既定的标准，是高于还是低于同行业平均水平，以此才能对企业做出正确的评价。

本章内容小结

（一）企业筹资方式及其选择
（二）企业长期投资项目决策
（三）企业流动资产与流动负债管理
（四）企业利润分配方式及股利政策选择
（五）企业财务指标计算及财务评价

第十二章　创业、创新与企业成长

本章提要

伴随着创业、创新火遍中国大地，所谓“新四大发明”，即高铁、支付宝、共享单车和网购已经进入中国百姓的日常生活。与此同时，石墨烯、可燃冰、基因修复、人工智能、量子通信等又逐渐成为当下社会热词。可以想见，未来会有一大批新创企业如雨后春笋般地出现在我们眼前。世界上众多的成功企业，由小到大、由弱到强，发展成为具有长久生命力的大公司、大集团，无一不是以不断创新来实现的。创新是企业的立命之本，对于企业而言，今天不创新，明天就要落后，后天就可能被淘汰。我们也看到，每天都有企业如昙花一现般地离我们远去。创业容易，守业难，长大更难，成长为百年老店更是难上加难。与欧美国家相比，中国企业的平均寿命要短得多。特别是在产品、技术、知识等创新速度日益加快的今天，搞清楚企业生命周期“短促”背后的原因，总结企业创业成长的经验教训，对更好地引导当前创业创新，推动企业可持续成长具有重要意义。本章以创业创新为主要研究对象，开展对创业创新规律的研究，系统研究企业创业的条件、创业成功的要素；技术创新的内涵、特点、作用、创新机理、影响因素、实现途径等；企业可持续成长的可能性、成长标志、成长条件等。

重点难点

（一）创业的条件与商业计划书
（二）技术的概念、特点及创新类型
（三）影响技术创新活动成败的基本因素
（四）技术创新能力的评价方法
（五）企业可持续成长的可能性及条件

引导案例

3M公司的技术创新

3M公司，是一家世界著名公司、产品多元化的跨国企业。它的前身是成立于1902年的明尼苏达矿业和制造公司，总部设在美国圣保罗市。3M素以勇于创新、产品繁多闻名于世。百年来，其开发了6万多种高品质产品，涉及机械、化工、电子、电气、通信、交通、汽车、航空、生物技术、医疗保健、安全、建筑、文教办公、商业及家庭消费品等各个领域，极大地改变了人们的生活和工作方式。

3M在全球超过70个国家经营业务，在38个国家设有工厂，在35个国家拥有实验室，向全球200多个国家的顾客们提供多元化及高品质的产品和服务。3M产品的特点是小产品、范围广、技术含量高。3M公司的研究开发工作分为3个层次，分别由公司研究开发中心、13个技术中心和40个部门实验室组成。其中，公司的研究开发中心负责10年以上的基础研究和长期开发项目，技术中心负责3～10年的中长期开发项目。各部门实验室负责3年以内的开发项目，主要是利用公司内部和外部的技术进行新产品开发、现有产品和技术服务的改进。3M公司的杰弗里·尼科尔森博士提出："科研是将金钱转换为知识的过程"，而"创新是将知识转换为金钱的过程"，他们的研究开发部门也围绕着这一定义开展各自的工作。此外，3M十分重视公司以外的技术和人力资源，目前，3M在中国与清华大学、北京大学、天津大学等多所大学进行合作。

3M的技术创新规划有力地提升了公司的新产品开发速度和创新能力，保证了公司产品的高技术含量。它的主要内容包括：

（1）30%的销售是最近四年的新产品，其中10%是最近一年的新产品。

（2）开发的所有技术归3M所有，各部门共享。为了保证公司内部的技术共享，3M建立了完善的技术网络系统，各部门都有自己的技术平台，技术人员可以无偿地使用公司的所有技术平台来开发新的技术和产品；另外，公司还建立了20多个专业的技术论坛，经常性地开展技术讨论和交流活动，为技术人员之间的交流创造自由、轻松的气氛。这对公司利用多种技术开发新产品极为有利。

（3）实施多项技术的杂交。公司85%以上的产品为多项技术杂交的结果。

（4）实施15%规则。它是指技术人员有15%的时间可以自由支配，做自己想做的研究工作而不必请示上级，其目的是创造一种自由选择的环境，充分发挥技术人员的创新能力，实施技术人员的新想法。公司的经费分配办法充分保障了这一规则的实施。实践表明，15%规则是使其技术创新成功的一个重要因素。记事贴是由一位工程师于1980年在自己的15%时间里发明的，并在公司其他人员的配合下生产出来。现在记事贴已经发展到有56种形状、18种颜色、27种尺寸以及20种香味，其销售额已达数亿美元。

3M的技术创新过程是一个从无序到有序的过程。初始阶段的工作是无序的。这个阶段是技术人员个人想法和初步实验的探索阶段。公司鼓励他们花15%的时间用于研究自己喜欢的新项目，公司对这些自由研究没有任何管理约束，管理部门不介入其中。因为风险较大，在3M这类项目不成功的概率超过50%。初始阶段对研究人员没有时间、任务和项目成败的具体要求，就给研究人员一个自由和广阔的空间，能充分发挥自身的才能和想象力去实施自己的各种想法，并可以随时加以修正。如果新项目确有商业价值，就进入下一步的商业开发阶段。这时产品开发部门和公司的管理部门开始介入，工作变得有序，有严格详细的开发计划进度要求等。这样的程序充分发挥了研究人员的主观能动性，并最大限度地减少了投资的风险。

案例思考：

1. 结合案例材料，指出3M创新的实现途径。
2. 分析实施15%规则对于3M的意义。

第一节　创业管理

创业成功者往往具有榜样性和鼓动性，但是，光环背后更多的是失败者和沮丧者，他们付出了艰辛和努力，有时却血本无归。创业失败是非常普遍的现象，人们常常过多关注成功者的经验，但忽略了失败者的教训，从而在创业的路上重蹈覆辙。创业失败不仅是个人的损失，也是社会的损失，同时也影响到未来企业家的产生和成长。因此，我们需要对创业成功的经验和失败的教训进行研究。

一、创业

根据“美国创业教育之父”杰夫里·提蒙斯（Jeffry A. Timmons）所著的《创业创造》（*New Venture Creation*）中的定义，创业是一种思考、推理结合运气的行为方式。它为运气带来的机会所驱动，需要在方法上全盘考虑并拥有和谐的领导能力。

创业既是一种需要创业者运营、组织、运用服务、技术、器物作业的思考、推理和判断的行为，也是创业者在发现某种信息、资源、机会后，积极调动和整合各种资源，通过市场运作对所发现的信息、资源、机会进行有效转化，以创造出最大化的财富、价值的过程。

二、创业的条件

很多时候，创业是顺其自然的事情，是创业者与市场、事业的自然结合。但是，创业是否成功，与创业者是否具有足够的能力、实力、机遇、悟性、勇气和魄力都有关系，更需要满足必要的条件。

（一）具有明确的目标

勇气和魄力是创业者必备的，但关键是要选准创业的项目或者事业机会。在创业之前，创业者对即将提供的产品或服务要有十分清楚的认识，需要在市场需求调查和竞争分析的基础上做出选择。仅凭冲动、盲动、赌徒心理的创业只是意气用事和自欺欺人。

（二）必要的资源

在创业阶段，企业生存远重于发展，创业者要面临超常的压力和挑战。缺资金、缺技术、缺设备、缺人手是创业的常态，因此，资金、技术、人力资源、场所，以及客户和销售渠道等都是创业过程中急缺的资源。对创业者来说，资金是必须考虑的基本资源，没有足够资金支持的创业往往会失败。仅凭借好的项目或技术“空手套白狼”，均无法实现成功的创业，这样的失败在年轻人中居多。有的创业者对技术的成熟性、从技术转化为产品的周期缺乏足够的思想准备，最后由于资金配套等问题而夭折或陷入困境。

（三）明确的运行规则

政府的经济政策对企业的发展方向选择影响巨大。创业要符合国家法律法规、国家经济与产业政策的要求。在此基础上，创业者要根据自身条件选择企业制度类型，如：自然人独资企业、多名自然人共同出资的合资企业、全体员工出资的股份合作企业、有限责任公司、股份有限公司等。与此同时，创业者需要对有关职责和权限、决策程序、处理常规性事务的基本准则等做出规定和要求。

（四）机遇

不可否认，一些所谓千载难逢的机会对企业创业的成功具有关键的作用，这种机会往往是稍纵即逝的，这就是机遇。

机遇，对每个人来说都是平等的。**对创业者来说，最重要的是当机遇来临时，能审时度势，毫不犹豫地把握好它。**捕捉和把握机遇的一个重要因素就是创业者的成功愿望和所具备的洞察能力。

（五）企业家与企业家精神

企业家是对企业创业成功具有关键作用的人力资源。马丁·格伦德的《成功企业家的九大素质》指出，当代成功企业家具有的基本素质包括：

（1）选择爱好；

（2）制定目标；

（3）不断学习；

（4）与成功者为伍；

（5）相信自己；

（6）发展特长；

（7）敢于提问；

（8）不循规蹈矩，不墨守成规；

（9）工作专注敬业。

作为创业者还需有一定的创业技能和知识，如网络、计算机方面的技能，相关专业知识、法律知识、管理知识、市场营销知识等。与上述的知识和能力相比，我们认为创业成功的更重要的因素是企业家精神。

企业家精神，是企业家特殊技能（包括精神和技巧）的集合。或者说，它是指企业家组织建立和经营管理企业的综合才能的表述方式，它是一种重要而特殊的无形生产要素。彼得·德鲁克提出企业家精神中最主要的是创新，认为“企业管理的核心内容，是企业家在经济上的冒险行为，企业就是企业家工作的组织”。著名管理咨询公司埃森哲，曾在26个国家和地区与几十万名企业家交谈，其中79%的企业领导认为，企业家精神对于企业的成功非常重要；在全球高级主管心目中，企业家精神是组织健康发展的基因和要穴。

1. 创新是企业家精神的灵魂

创新是企业家精神的内核。企业家通过从产品创新到技术创新、市场创新、组织形式创新等全面创新，从创新中寻找新的商业机会，在获得创新红利之后，继续投入、促进创新，形成良性循环。熊彼特关于企业家是从事“创造性破坏”的观点，凸显了企业家精神的实质和特征。一个企业最大的隐患，就是创新精神的消亡。一个企业，要么增值，要么就是在人力资源上报废，创新必须成为企业家的本能。但创新不是“天才的闪烁”，而是企业家艰苦工作的结果。创新精神的实质是“做不同的事，而不是将已经做过的事做得更好一些”。所以，具有创新精神的企业家更像一名充满激情的艺术家。

2. 冒险是企业家精神的天性

坎迪隆（Richard Cantillion）和奈特（Frank Rnight）两位经济学家，将企业家精神与风险或不确定性联系在一起。没有甘冒风险和承担风险的魄力，没有足够的心理承受能力，就不可能成为企业家。对1939年在美国硅谷成立的惠普、1946年在日本东京成立的索尼、1976年在中国台湾成立的宏碁（Acer）、1984年分别在中国北京、青岛成立的联想和海尔等众多企业而言，虽然这些企业创始人的生长环境、成长背景和创业机缘各不相同，但无一例外都是在条件极不成熟和外部环境极不明晰的情况下，他们敢为人先，成为第一个吃螃蟹的人。

3. 合作是企业家精神的精华

正如艾伯特·赫希曼所言：企业家在重大决策中实行集体行为而非个人行为。尽管伟大的企业家表面上常常是一个人在表演，但真正的企业家其实是擅长合作的，而且这种合作精神需要扩展到企业的每个员工。企业家不可能也没有必要成为一个超人（superman），但企业家更应努力成为蜘蛛人（spiderman），要有非常强的“结网”的能力和意识。

善于培养良好的团结协作精神是创业者应该具备的基本素质。创业者在选好合作伙伴之后，要保持平等的联合协作关系以及民主协商的管理方式，使各方朝着共同发展的方向努力。

4. 敬业是企业家精神的动力

马克斯·韦伯在《新教伦理与资本主义精神》中写道："这种需要人们不停地工作的事业，成为他们生活中不可或缺的组成部分。事实上，这是唯一可能的动机。但与此同时，从个人幸福的观点来看，它表述了这类生活是如此的不合理：在生活中，一个人为了他的事业才生存，而不是为了他的生存才经营事业。"财富只是成功的标志之一，对事业的忠诚和责任，才是企业家的"顶峰体验"。有了敬业精神，企业家才会有将全身心投入到企业中的不竭动力，才能够把创新当作自己的使命，才能使产品、企业拥有竞争力。

5. 学习是企业家精神的关键

彼得·圣吉在其名著《第五项修炼》中说道："真正的学习，涉及人之所以为人此一意义的核心。"学习与智商相辅相成，以系统思考的角度来看，从企业家到整个企业都必须进行持续学习、全员学习、团队学习和终生学习。日本企业家的学习精神尤为可贵，他们向戴明学习质量和品牌管理；向朱兰学习组织生产；向彼得·德鲁克学习市场营销及管理。同样，美国企业家也在虚心学习，企业流程再造和扁平化组织，正是学习日本的团队精神结出的硕果。

6. 执着是企业家精神的本色

精益求精、执着专注是企业家精神的底色。英特尔前总裁葛洛夫有句名言："只有偏执狂才能生存。"这意味着在遵循摩尔定律的信息时代，只有坚持不懈地创新，以夸父追日般的执着，咬定青山不放松，才可能稳操胜券。在经济处于低谷时，资本家可以用脚投票，变卖股票退出企业，劳动者亦可以退出企业，然而企业家却是唯一不会退出企业的人。正所谓"锲而不舍，金石可镂；锲而舍之，朽木不折"。

7. 诚信是企业家精神的基石

诚信是企业家的立身之本，在企业家修炼领导艺术的所有原则中，诚信是绝对不能摒弃的原则。市场经济是法制经济，更是信用经济、诚信经济。没有诚信的商业社会将充满极大的道德风险，交易成本显著抬高，造成社会资源的巨大浪费。其实，凡勃伦在其名著《企业论》中早就指出：有远见的企业家非常重视包括诚信在内的商誉。诺贝尔经济学奖得主弗里德曼明确指出：企业家只有一个责任，就是在符合游戏规则下，运用生产资源从事获取利润的活动。亦即须从事公开和自由的竞争，不能有欺瞒和诈欺。

8. 服务是一个企业家应有的本分

每个企业家都是服务者，都要服务好他的每一个客户。如果企业家不好好服务他的客户，别人会愿意代劳。

上述条件中，前三个条件属于必要的基本条件，第四、五个条件是创业成功的关键条件。

三、商业计划书

（一）商业计划书的定义

商业计划书是一份全方位的项目计划，是企业或项目团队为了达到招商融资和其他发展目标，从企业内部的人员、制度、管理以及企业的产品、营销、市场等各个方面对即将展开的商业项目进行可行性分析。

商业计划书的主要目的是让投资人对企业或项目做出正确的评判，从而使企业获得融资。商业计划书是企业或项目获得投资的“敲门砖”。

商业计划书的起草与创业本身一样，是一个复杂的系统工程，要求编写者不但要对行业、市场进行充分的研究，而且还要有很好的文字功底，并根据一定的格式和内容要求进行编辑整理。

（二）商业计划书的作用

（1）商业计划书是创业计划获得资金帮助的必要条件之一。商业计划书的目的在于为投资者提供一份创业的项目介绍，解释项目的商业运作计划，向他们展现创业的潜力和价值，以此说明创业需要资金的理由，让投资人觉得值得为此注入资金。如果项目不能给投资者带来收益，就不可能会有人来投资。这些问题都需要通过商业计划书来说明。

（2）商业计划书是企业筹资、进行战略规划与执行等一切经营活动的蓝图与指南，是企业的行动纲领和执行方案，也是创业企业走向成功的起点和导向地图。商业计划书不仅是用来申请风险基金的，它还是根据企业的成长率预测对未来所做的行动规划。商业计划书是为了展望商业前景、整合利用资源、寻找机会，而对企业未来所做的展望。

（3）商业计划书能使创业者本人认真思考其商业目标。对于一个发展中的企业，专业的商业计划书既是寻找投资的必备材料，也是企业对自身的现状及未来发展战略全面思索和定位的成果。商业计划书不仅是给投资者看的，更是给创业者自己看的。在编制商业计划书的过程中，创业者需要对整个计划进行反复的考虑，由初步的一个很模糊的概念，逐渐整理成为一个有理有据的商业计划。为了让风险投资者能够正确认识到项目的优点，创业者会事先反复进行项目优缺点的对比和思考，这样商业计划书的制定过程，实际也是创业者进一步认识创业项目的过程。也只有创业者本身对项目有了清楚的认识后，才有可能向投资者做出清晰的说明，才有可能获得投资者在资金上的支持。换句话说，创业者只有通过商业计划书把项目先推销给自己，才有可能成功地推销给投资者。

（三）商业计划书的内容

内容翔实、数据丰富、体系完整、装订精致的商业计划书往往能吸引投资者，从而使融资需求成为现实。站在投资者的立场上，一份好的商业计划书应具体包括以下内容：

1．精彩的内容提要

商业计划书的内容提要摘录了商业计划书中与筹集资金最密切相关的细节，包括企业基本情况、能力以及局限性、竞争对手状况、营销和财务计划、管理团队等情况。内容提要出现在商业计划书的最前面，是对整个计划书的简明而生动的概括，是商业计划书的精华，它涵盖了商业计划书的要点，其目的是希望投资者能在最短的时间内评审计划并做出判断。

强调精彩是因为内容提要虽然是制定商业计划书过程中最后完成的部分，却是用来吸引投资者注意的第一步。在无数的商业计划书中，为了能让投资者选中，就必须在内容提要上做出“精彩”，否则无法吸引投资者的眼球。

2．产品与服务的独特性和可赢利性

在商业计划书中，企业应详细提供产品或服务的细节，具体包括：目前产品市场状况正处于什么阶段（空白/新开发、可成长/成熟/饱和）、产品的独创性、产品的排名及品牌状况、产品的生产成本和售价。在这里应尽量用数字化和简单的语言来明确地描述企业产品或服务的属性，让投资者和创业者一样对产品有浓厚的兴趣。

3. 营销计划

营销计划以一个年度为基准，着眼于与营销组合变量（产品、价格、分销及促销）有关的决策，并考虑如何将计划加以实施。具体包括：

（1）详细的市场规模和市场份额分析；

（2）目标客户和营销渠道的选择，描述产品或服务的特殊性；

（3）营销队伍及其管理；

（4）促销计划和广告策略；

（5）价格决策；

（6）商业模式等。

这一部分内容是向投资者说明企业是如何赚钱的，能为客户创造多少价值，因为没有客户价值就没有销售，也就没有利润。没有好的营销计划，企业就完成不了市场开拓，无法实现其利润，进而使整个计划成为空谈。即使商业计划书中描述出了产品良好的市场前景，也并不意味着这个市场一定能被创业者所占有，没有良好的营销计划做支持，创业者的利润可能只是一个计算数字。

4. 生产运营计划

商业计划书中的生产运营计划应包括以下内容：

（1）产品制造和技术设备现状；

（2）产品投产计划；

（3）技术提升和设备更新的要求；

（4）质量控制和质量改进计划。

5. 管理团队

企业管理的好坏，直接决定了企业经营风险的大小。拥有专门人才（技术人才、管理人才、市场人才等）的管理团队、高素质的管理人员和良好的组织结构则是管理好企业的重要保证。没有优秀的管理团队，创业者的创业目标可能很难实现，一流的商业创意没有一流的团队进行运作往往是不会取得成功的。考虑到管理团队管理水平会影响到企业的经营风险，投资者在选择投资项目时会把对管理团队的考察放在比较重要的地位。因此，在商业计划书中，必须要对主要管理人员加以阐明，介绍他们的基本情况及在本企业中的职务和责任、管理理念、管理结构、管理方式，必要时可介绍管理人员过去的详细经历及背景。除此以外，最好再对企业结构做出简要介绍，比如企业的组织机构图、各部门的功能与责任、各部门的负责人及主要成员、公司的报酬体系等。

6. 财务计划

财务计划是对投资项目做的经济上的可行性分析，一般要包括以下内容：

（1）商业计划书的条件假设；

（2）预计的资产负债表；

（3）预计的损益表；

(4) 预计现金流量表、资金的来源和使用等。

这一部分应体现良好的现金流预测、实事求是的财务计划。这部分内容要详细列举项目的投资总额和每个项目需要投入的费用；指出投资规模的市场根据；详细说明项目投资的建设期、损益平衡期与回报期、回报利润率、项目的成熟期等内容。财务计划应真实地反映公司目前的财务状况，对未来5年的营业收入和成本进行估算。

对于正在寻求资金的企业来说，商业计划书就是企业的名片。商业计划书的好坏，往往决定了投资交易的成败。商业计划书通过以上这些组成部分分别向投资者说明企业如何赚钱、凭什么赚钱、能赚到多少钱、需要多少钱等内容。商业计划书是创业过程中必不可少的一块敲门砖，其中的每一部分内容也都为创业计划的实现发挥了积极的作用。财务计划作为回答企业需要多少钱、为什么要这么多的钱、为什么投资者值得为此注入资金等问题的一个专门部分，更是完成商业计划书使命的一个重要砝码。可以这样说，一份商业计划书概括地提出了在筹资过程中投资者需做的事情，而财务计划则是对商业计划书的支持和说明。

7. 机会的描述

前面已经讲过机会是创业的关键因素之一。通过对创业环境的分析，发现、理清和描述本企业创业的有利机会。

8. 可能面临的风险及解决办法

描述企业产品进入市场将会遇到的各种风险，以及应对这些风险的具体措施。

第一、三和六部分是商业计划书的三个基本内容。

第二节 技术创新

一、技术创新的概念及特点

(一) 创新的概念

最早提出"创新"概念的是美国经济学家熊彼特（J. A. Schumpeter），他在1912年出版的《经济发展理论》一书中首次提出了"创新"的概念和理论。他认为，创新就是把新的生产要素和生产条件的"新组合"引入生产体系，即"建立一种新的生产函数"。他把创新活动归结为五种形式：

(1) 开发新产品或提供产品的新质量；

(2) 采用一种新的生产方法、新技术或新工艺；

(3) 开辟新市场；

(4) 获得原材料或半成品的新的供给来源；

(5) 采用新的企业组织形式或管理方法。

显然，创新体现了技术创新（新产品制造、新生产方式、新原料利用、新市场开发）和制度创新（新的组织形式）的基本思想，其基本含义是指与新技术、新工艺的研究开发、新产品生产及其商业化应用有关的经济技术活动。其中，技术创新是指企业家抓住市场潜在盈利机会，以获取经济利益为目的，重组生产条件和要素，不断研发应用新工艺、新技术，推出新产品，以获得市场认同的过程。

熊彼特的创新理论主要有以下几个基本观点：

（1）创新是生产过程中内生的。

（2）创新是一种“革命性”变化。例如微软成功的秘诀之一是“淘汰自己的产品，否则别人就会毫不留情地超越你”。

（3）创新同时意味着毁灭。创新常常是新旧交替的过程，这对被替代者就有破坏性。创新可能打击甚至摧毁一个产业，例如，数码相机对传统相机、胶卷、冲印业的巨大冲击。可以设想不远的将来人工智能的发展会对传媒、金融等领域造成冲击。

（4）创新必须能够创造出新的价值。创新成功会产生常规经营所不能达到的收益，这是创新最具吸引力的原因。

（5）创新是经济发展的本质特征。技术创新强调从新技术的研发到首次商业化应用是一个整体过程。技术创新是把发明创造或科技成果引入生产体系，制造出满足市场需求的商品并首次实现商业价值的复杂行为和动态过程。满足市场需求、获得商业利益是检验创新成功与否的最终标准。如果在市场上实现了创新（产品创新），或在生产工艺中应用了创新（工艺创新），那么创新就完成了。

（6）创新的主体是企业家。企业是技术创新的主体，主要体现为企业在研究与开发、创新投入、产出及收益上的主体地位。现代企业的本质特征就是创新，企业只有在不断的创新中，才能提高其市场应变能力和竞争能力，才能获得可持续成长，才能推动社会进步和经济发展。

经过最近几十年来的理论探索和实际应用，技术创新无论在理论还是实践上都超越了熊彼特的创新理论和范围，得到了极大的深化和发展。

小资料

技术创新与相关概念的关系

1. 发明与创新之间的关系

熊彼特认为，先有发明，后有创新，发明是新工具或新方法的发现，创新则是新工具或新方法的实施。因此，发明是创新的技术基础和前提，创新在经济发展中具有重要地位和作用。德鲁克认为，发明是指在技术上解决特定问题能力的提高，创新是指对人的生活方式的影响。不以实现商业化为目标的研究与开发不是创新活动，没有实现经济效益的研究与开发成果不是技术创新成果。

2. 技术创新与研究开发的区别和联系

研究开发是构成技术创新的一个必要环节，只能是技术创新的一部分。研究开发侧重于技术活动链的前端。美国教授厄特巴克在 1974 年发表的《产业创新与技术扩散》一文中认为，与发明和技术样品相区别，技术创新就是技术的实际采用或首次应用。

3. 技术创新与技术进步的区别和联系

技术进步是指生产函数扣除资本、劳动力等基本要素贡献后的余额。技术进步的手段很多，如提高教育水平和劳动者素质，实现规模经济等，但实现技术进步的根本途径则是技术创新。在这个意义上，可以说技术创新是手段，技术进步是结果或是目的。

4. 技术创新与其他创新概念的区别

创新是当今使用频率很高的术语之一，所以还有必要进一步说明技术创新与其他创新的区别。技术创新是指将有商业价值的新思想变成商业化产品的活动；而管理创新、金融创新等主要是指某些领域、行业的改革和转变。

（二）技术创新的特点

企业是技术创新的主体，技术创新的特点主要集中在以下几个方面：

1. 市场性

市场既是企业创新的出发点，也是企业创新的归宿点，更是判断企业创新成功与否的重要标准。企业的创新行为与市场息息相关，这其中包含三层含义：

（1）企业通过一系列创新行为，适应市场变化，跟上市场前进的步伐。

（2）把握市场变化的规律，通过创新，做到与市场的变化同步前进。

（3）预测市场未来的发展方向、潜在趋势，通过观念创新、产品创新、管理创新去创造市场、创造需求。

激烈的市场竞争使产品更新的速度加快，生命周期缩短；企业的生命周期也在发生着变化。如果企业缺乏应变能力和创新精神，因循守旧、故步自封、无所作为、停滞不前，就失去了生存的基础；反之，企业就会去创造新的产品、开拓新的领域，企业也就有了生存的基础和发展的源泉。

2. 收益性

技术创新的最终目标就是增加企业的经济收益，促进企业发展。企业创新是一种具有经济和社会目标导向的行为，它是实现企业经济效益的一个动态过程。

3. 系统性

创新是一个复杂的系统工程。企业是由多种要素构成的综合体，企业生产经营过程是由多个环节构成的，企业创新是涉及市场调查和预测、新产品的创意、研究与开发、生产和销售等一系列过程的系统活动。其中各个环节之间紧密相连，缺一不可，任何一个环节出现失误，都会影响整个企业创新活动的效果。同时，创新过程不仅涉及企业本身，还与企业所处的社会经济环境的各个方面紧密相关。

4. 风险性

技术创新是一个具有很大不确定性的随机过程，这个过程必须投入大量的人力、物力、财力。但是由于受各种因素的制约，技术创新活动的投入和结果不存在简单的正相关关系。据统计，我国大约有90%的创新最终在进入市场之前夭折，所以技术创新是一种高收益与高风险并存的经济活动。以产品创新为例，国际上企业的成功率只有20%～30%。

从技术创新风险类型来看，一般分为技术风险和市场风险两种。

（1）技术风险是指一项创新在技术上存在着成功与否的不确定性。

（2）市场风险是指一项创新活动在技术上成功后，还存在其成果是否受市场欢迎的不确定性，不同内容的创新所需要的资金、时间的投入以及相伴随的风险是不同的。

技术创新作为一项高风险性的活动，其最终成败会受到各种难以预料的复杂因素的影响。概括而言，创新的成败主要受三个方面的因素影响：

（1）外部环境状况因素，包括市场形势的变化、竞争对手竞争手段的改变、科学技术的发展与变革等。

（2）创新项目本身的因素，包括创新项目的合理性与可行性、该项技术本身的成熟性、技术转移过程中各方面要素的匹配性、创新产品的市场性、生产工艺的成熟性等。

（3）创新活动执行主体方面的因素，包括创新主体的创新愿望、创新综合能力水平、创新活动过程中的协调与组织、创新活动获得的支持力度与投入量。

需要说明的是，除了上述因素之外，产品本身对创新的成功有重大影响。新产品的性能和质量、新产品优于现行竞争产品的程度是创新成功的先决条件，这方面的不足是任何别的因素都无法弥补的。新产品与现有产品之间在技术与生产上的兼容性、相关产业对创新的支持也是创新成功的重要因素。

二、技术创新的类型

可以从创新程度、创新对象、技术创新路径等角度，对技术创新进行分类。

（一）按创新程度分类

1. 渐进性创新（局部性创新）

渐进性创新是一种对现有技术进行局部性改进而引起的渐进的、连续的创新。20 世纪 60 年代中期，人们通过对大量技术创新的实证研究，发现大量的创新是渐进性的创新。这些创新不是由技术推动，而是常常出自直接从事生产的工程师、工人和用户。1966 年美国经济学家施莫克勒（Schmookler）提出了**需求拉动学说**，认为市场或生产是研发构思的来源，其目的是满足市场需求或解决生产中存在的问题。

渐进性创新在某个时点的创新成果并不明显，但它有巨大的累积性效果。例如，电话机由拨号式改进为按键式的创新就是一种局部性创新。当大量的小创新不断地改善着企业的技术状态并达到一定程度时，就会导致质变的创新。在现实的经济活动中，不断推新的移动通信设备、不断变化的各类汽车款式、不断完善的各种工具等，这些时刻发生在我们身边的技术变革都属于渐进性创新。

2. 根本性创新

根本性创新是指在技术上有重大突破的技术创新，是在技术原理变动基础上的技术创新。基础性研究开发或科学发现是推动根本性创新的主要源泉和动力。例如，通信技术中由模拟式有线通信技术到数字式无线通信技术的技术创新，数字式高清晰度彩色电视机、等离子、液晶屏都是电视机领域的根本性创新。

根本性创新的特点有：

（1）技术突破的内生性，即创新技术和产品所需的关键性知识和能力源于各层次或各类创新主体，如企业，是技术创新成功的必要条件之一。

（2）技术与市场开发的率先性。率先性是根本性创新所追求的目标，新技术成果具有独占性。

(3) 知识和能力支持的内在性。知识和能力支持是根本性创新成功的内在基础和必要条件。

另外，根本性创新常常会伴随着一系列渐进性的产品创新和工艺创新，并在一段时间内会引起产业结构的变化。如真空管被半导体取代，数码相机取代胶卷相机，磁悬浮列车的问世，都属于根本性创新，这类创新往往需要全新的概念与重大的技术突破等。

20 世纪 70 年代末至 80 年代初，英国经济学家罗斯韦尔和罗伯逊提出了第三代技术与市场交互作用的创新过程模型，强调整个技术创新过程中技术与市场这两大创新要素的有机结合，认为技术创新是技术和市场交互作用共同引发的。

(二) 按创新对象分类

1. 产品创新

产品创新是指技术上有变化的产品的商业化。按照技术变化程度的大小，产品创新可分为重大的产品创新和渐进性的产品创新。

(1) 重大的产品创新。

重大的产品创新往往是在技术上发生较大变化的基础上推出的新产品，如相对于光学感光照相机的数字照相机、相对于内燃机车或电动机车的磁悬浮列车、相对于内燃机动力轮船的气垫船、相对于固定电话的移动电话等。

案例

奥迪发布自动驾驶汽车

2017 年 9 月大众汽车旗下品牌奥迪发布了新款旗舰 A8 轿车，最引人注目的特性是允许驾驶员在交通拥堵、车速不超过每小时 60 公里时让车辆进入自动驾驶状态，而驾驶员自己则可舒服地坐在座位上看风景。当发生紧急情况时，这款车会把控制权交还给驾驶员。推出自动驾驶汽车的初衷是减少道路事故。

汽车行业在发展自动驾驶汽车这一问题上分成了泾渭分明的两派。奥迪、日产和梅赛德斯-奔驰等车企对逐步增强车辆“自主”程度、在发生紧急情况时把控制权交还给驾驶员的系统持支持态度。福特、捷豹路虎等则持不同意见，它们认为，只有当车辆“自主”技术能在所有情形下驾驶车辆时，才会给自己的汽车加装该技术。

---

(2) 渐进性的产品创新。

渐进性的产品创新是指技术原理没有重大变化的情况下，基于市场需要对现有产品的功能进行扩展或局部技术改进而推出的改进型产品，如对制冷空调进行改进后推出的家用冷暖式空调、对台式电脑改进后推出的笔记本电脑等。

在服务业发生的大量创新也属于产品创新的范畴，如保险业推出的为各类顾客定制化的险种、金融业推出的个人理财业务等。“机器人写手”用算法从公司报告中萃取数据，转化成用（基本上）直白的文字撰写的财经新闻。

2. 工艺创新

又称过程创新，是指生产（服务）过程在技术变革基础上的技术创新，它包括新工艺、新设备及新的管理和组织方法。工艺创新常常是以提高生产效率、生产能力和生产质量为目的的，比如通过工艺创新来降低产品缺陷率或者提高单位时间内的产量。

工艺创新同样也有重大和渐进性之分，如计算机集成制造系统等，都是重大的过程创新。这些过程创新往往与重大的技术变化有关。另外，也有很多渐进性的工艺创新，如复合型刀具的采用、成组技术、用工业工程的方法对企业物流的优化等。

产品创新与工艺创新经常是交替出现的。首先，新工艺使得新产品的生产能够实现。例如，新的冶金技术的发现使得自行车链条的生产能够实现，使得多齿轮传动自行车的开发能够实现。其次，新产品也可能使得新工艺的开发得以实现。例如，先进的计算机工作站的开发使得企业能够实现计算机辅助制造（CAM）工艺，从而提高了生产的速度和效率。

（三）按技术创新路径分类

1. 沿技术轨道的顺轨创新

技术轨道总是基于某个范式的，沿着技术轨道的持续创新行为就是顺轨创新，主要有产品特性变化和工艺技术改进两种方式。英特尔公司计算机微处理器创新就是基于技术轨道创新的一个典型例子。

2. 组合性创新

基于企业的几个核心技术形成一个技术平台，在这个平台上不断对有关技术的重新组合，典型例子是日本索尼的"随身听"，它的三项核心技术是微型电机、超薄机身和口香糖电池。在随身听的这个技术平台上，三项核心技术不断重新组合，通过其他局部的变动或改变产品辅助功能，就创新出了系列新产品。

3. 向技术相关域发展的渗透性创新

我们把与一个企业在产品或技术上具有供需关系或互补关系的领域称为技术关联域，如计算机软、硬件生产企业。企业在现有产品和技术的基础上，为将其经营活动向相关产品和技术领域进行扩展而进行的创新称为向技术关联域发展的渗透性创新。

渗透性创新总体表现为四种形式：向上游产品领域渗透（如钢铁生产企业产品创新向冶金设备领域渗透）；向下游产品领域渗透（如 PVC 企业产品创新向应用性产品创新拓展）；向工艺相近领域渗透（如造船公司的产品创新拓展到新型钢结构产品）；向有互补关系的产品领域渗透（计算机硬件生产企业将创新领域拓展到软件，即开发自己的软件程序）。

案例

贵糖的创新

广西贵糖集团是用甘蔗榨糖的制糖企业，曾经将榨糖后的废液和渣滓完全作为垃圾扔掉。后来借鉴国际上先进的工艺，把废液经过一定的工艺过程提纯出酒精；甘蔗渣经过一定的工艺生产出餐巾纸；在生产餐巾纸的过程中，造纸废液又回收做成烧碱；做烧碱过程中产生废白泥，利用废白泥又生产成装修时勾瓷砖缝用的白水泥。这个企业就是流程工业创新的一个很典型的例子。无论生产蔗糖，还是生产其他产品，不断向相近的工艺领域渗透，企业越做越大。

（资料来源：闫笑非. 技术经济与管理. 北京：经济科学出版社，2005：241.）

三、技术创新的实现途径

企业技术创新涉及创新构思、研究开发、技术管理与组织、工程设计与制造、用户参与及市场营销等一系列活动，其实现途径有以下三种：

（一）自主创新

自主创新，是指企业通过自身努力和探索产生技术突破，并在此基础上依靠自身的能力推动创新的后续环节，完成技术的商品化，获取商业利润，达到预期目标的创新活动。

1. 自主创新的特点

（1）技术突破的内生性。

自主创新所需的核心技术来源于企业内部的技术突破，是企业依靠自身力量，通过长期技术积累和独立的研究开发活动而获得的。这是自主创新的本质特点，自主创新的许多优势及缺陷也都是由此而决定。

值得注意的是，自主创新并不意味着要独立研究开发所有技术。企业只要独立研究开发其中的关键性核心技术，打通创新中最困难的技术环节，独自掌握核心技术即可。辅助性外围技术既可自己研究与开发，也可委托其他企业和组织，或通过技术购买解决。

（2）技术与市场的率先性。

率先性虽然不是自主创新的本质特点，却是自主创新追求的目标。新技术成果是具有独占性的，在技术开发的竞争中，法律上真正的成功者只能有一个，其他晚于率先注册专利者的同类成果不仅不能受到专利保护，而且不能够被合法使用。因此，在同一市场中，非率先性的自主创新是没有意义的。自主创新企业必须将技术的率先性作为努力追求的目标才可能获得成功。技术的率先性必然带动市场开发的率先性。技术开发的成果只有尽快商品化，才能为企业带来丰厚的利润，因此，自主创新企业还应将市场率先性作为努力追求的目标，以防止跟随者侵蚀其技术开发的成果。

一般说来，自主创新企业既是技术上的先锋，又是市场方面的先锋，自主创新优势在很大程度上正是由技术与市场两方面的率先性奠定的。

（3）知识和能力支持的内在性。

知识和能力支持也是自主创新成功的内在基础和必要条件。在研究、开发、设计、生产制造、销售等创新的每一个环节，都需要相应的知识和能力的支持。在自主创新过程中，不仅技术突破是内生的，并且创新的后续过程也主要是依靠企业自身的力量推进的。在这一过程中，除了一些辅助性工作可以委托其他企业承担外，技术创新的主体工作及主要过程都是通过企业自身知识与能力支持实现的。这与合作创新有根本性区别。在合作创新中，创新的推进是通过合作双方（或多方）的共同努力进行的，合作群体中的任何一方都没有能力独自推动创新。因此，自主创新在知识与能力支持方面具有内在性；另外，自主创新过程本身也为企业提供了独特的知识与能力积累的良好环境，能够有效地提高企业的研究开发能力。一些落后企业为加深对先进技术原理的理解，提高自身的研究开发能力，不惜投入大量人力、物力，对先进技术进行重复性开发，其道理正在于此。

2. 自主创新的优势

自主创新是当今世界上成功大企业在竞争中取胜经常采用的方法。自主创新的优势可以体现在技术开发、生产制造和市场销售三个方面。

（1）技术开发方面。

1）自主创新企业在核心技术及其成果上拥有独占性，有助于企业形成技术壁垒，并在一定时间内会形成企业对新技术的自然垄断。跟进企业对新技术的解密、消化、模仿需要一定的时间，而从投资到形成生产能力，也需要一定的时间。

2）自主创新企业还可通过专利保护的形式，从法律上确定企业的技术垄断地位，巩固和加强企业在相关技术上的领先地位。借助专利保护的技术壁垒，自主创新企业能在一定时期内掌握和控制某项产品和工艺的核心技术，在一定程度上左右行业或产品技术发展的进程和方向；企业可自行确定是否转让其核心技术以及向谁转让、何时转让、转让到何种程度等，使企业在竞争中处于十分有利的地位。

3）自主创新的技术突破往往会导致企业一系列的技术创新，形成创新的集群和簇射现象，带动一大批新产品诞生，推动新兴产业的发展；同时，通过建立良好的品牌依赖度，形成较高的市场进入壁垒，提高后来企业的市场进入门槛。这不仅有利于促进企业多元化投资，获取丰厚的利润，而且可以使企业在一定程度上控制多个技术领域或全产业的发展。国际上许多著名的大公司正是通过这种途径发展壮大的。美国杜邦公司通过对人造橡胶、化学纤维、塑料三大合成材料的自主创新，在相当长时间内掌控了世界化工原料市场；通过推出合成橡胶、乙烯、尼龙、涤纶等一系列有重大意义的化工产品，引起了世界汽车业、服装业等行业的深刻变化。杜邦也获得了巨额利润，大大增强了自己在化工领域中的统治地位。

（2）生产制造方面。

自主创新企业的新产品生产启动早，产能领先于跟进企业，能够优先积累生产技术和管理方面的经验，提早建立起相适应的企业核心能力，因此，自主创新企业能领先于其他企业获得产品成本和质量控制方面的竞争优势。根据研究，企业产品单位成本与其积累产量之间呈现负相关关系，即在同样生产环境下，率先创新企业的生产成本比跟随企业低。在激烈的市场竞争中，有时产品成本方面的微小差别往往会对竞争的胜负产生重大影响。

（3）市场销售方面。

自主创新企业作为新市场的开拓者，在产品投放市场的初期，企业将处于完全垄断地位，可获得大量超额利润。之后，通过新技术专利的转让，企业亦可获得相当可观的收入。另外，由于其技术的率先性，其产品标准和技术规范很可能演变成为本行业和相关行业的统一认定标准，迫使后来企业采用该标准和技术规范规定的要求和技术条件。

自主创新企业可以通过较早建立原料供应网络和开辟销售渠道，率先获得创新产品生产所需资源和市场销售的保障。此外，用户通过使用自主创新企业的产品和技术，会积累经验和专业技能。一旦用户要放弃企业的产品，除了硬件投资损失，还必须面临废弃已经拥有的经验和熟练掌握的技能。面对如此巨大的有形和无形转换成本，用户往往会理智地选择继续使用原企业的产品系列。

3. 自主创新的缺点

虽然具备上述几个方面的优点，但**自主创新仍存在着不少缺点**。同样从技术开发、生产制造和市场销售三个方面进行分析：

（1）技术开发方面的高投入和高风险性。

新技术领域的开发和探索本身具有较高的复杂性和不确定性。为了获得有效的技术突破，企业必须具备雄厚的研发实力，甚至需要拥有自己的基础研究团队。企业不仅要投巨资于技术研发，而且必须确保在人力资源储备方面的巨大投入，这些都为企业带来了沉重的财务负担。另外，自主研究开发的成功率是相当低的，研发产出周期高度不确定，即使在西方发达国家，基础性研发的成功率一般为5%，技术性研发的成功率一般为50%。

为了有效降低率先探索的风险和产出的不确定性，自主创新企业往往需要进行多方位、多项目的复合投资。

（2）生产制造方面的生产成本和质量控制风险。

首先，自主创新企业一般较难在社会上招聘到现成的熟练技术工人，必须由企业投资对生产操作人员进行特殊培训，并帮助相关生产协作单位提高生产技术能力。

其次，新工艺、新设备可靠性的风险也必须由自主创新企业承担，这也在一定程度上增加了自主创新的生产成本和质量控制风险。

（3）市场销售活动的效果外溢性和迟滞性。

自主创新企业为打开产品市场需要在市场开发、广告宣传等销售活动中投入大量的资金，这种市场推广活动很大程度上是一种新产品概念和消费观念的导入，因此，其投入具有很强的外溢效果，即相当部分的投资收益将被模仿跟进者无偿分享。此外，市场开发有时具有较强的迟滞性。当今广受欢迎的3M公司生产的记事贴，在投放市场的初期备受冷落，直到十多年后才转变为畅销产品。

（二）模仿创新

模仿创新，是指企业通过学习模仿率先创新企业的创新思路和创新行为，吸取率先创新企业的成功经验和失败教训，引进或者破译先进的核心技术和技术秘密，并在此基础上改进、完善和进一步开发；在工艺设计、质量控制、成本控制、大批量生产管理、市场营销等创新链的中后期阶段投入主要力量，生产出在产品性能、质量和价格方面与技术领先企业相比富有竞争力的产品，以此确立自己的竞争地位，获取经济利益的一种创新模式。美国国家科学基金会在《1976年：科学指示器》报告中指出，“技术创新是将新的或改进的产品、过程或服务引入市场”，明确地将模仿和不需要引入新技术知识的改进作为最低层次上的两类创新而划入技术创新的范畴中。

模仿创新的途径与方法有直接引进和反向工程两种，其中，反向工程是一种重要的模仿创新手段。

小资料

反向工程

所谓“反向工程”，是指从产品入手，进行综合剖析研究，在广泛搜集实物信息的基础上，通过对尽可能多的同类产品的解体和破坏性研究，运用各种测试、分析和研究手段，反向探索产品的设计制造方法、原材料特征、加工技术与工艺、设备乃至产品的包装方法等，从而达到全面、系统地掌握产品生产技术的目的。

反向工程的主要作用有：

- 了解产品的发展动态和技术信息，为开发新产品提供依据；
- 缩短新产品的开发周期，节约费用；
- 迅速掌握先进技术，赶超先进水平。

模仿创新是当今许多企业参与市场竞争的有力武器。在任何企业的发展过程中都会用到模仿创新，尤其是在企业发展的初期和中期。为了节约资金、降低风险，现在越来越多的大型企业也愿意采取模仿创新的方法。尽管不能获得率先进入市场的垄断利益，但是通过模仿创新企业可以为工艺和产品找到新的亮点，占领部分市场。日本、韩国和中国的许多企业的迅速发展就得益于模仿创新，在以率先创新为主的美国企业中也有采用。

1. 模仿创新的特点

(1) 跟随性。

模仿创新的跟随性体现在技术和市场两个方面。一是模仿创新企业不做新技术的开拓探索者和率先使用者，而是做有价值的新技术的积极追随者和学习者，所以它能最大限度地吸取率先创新企业成功的经验与失败的教训，继承率先创新企业的成果。二是模仿创新企业不是独自开辟新市场，而是充分利用并进一步开发率先创新企业所开辟的市场。

(2) 研究开发的针对性。

模仿创新并不是单纯的模仿，而属于一种渐进性创新行为，它同样需要投入足够的研究开发力量，来进行企业特有的研究开发活动。许多以模仿创新著称的日本企业每年的研究开发经费投入均占销售收入的5%以上。

模仿创新企业除了对率先创新企业先进技术的反向工程之外，还包括对率先创新企业先进技术的完善和进一步开发。与自主创新或合作创新不同的是，模仿创新的研发投入具有高度的针对性。对能够免费获得的技术或能够以合理价格引进购买到的技术，不再重复开发；其研究开发活动主要偏重于破解无法获得的关键技术、技术秘密，以及对产品功能、生产工艺的发展与改进。相比较而言，模仿创新更偏重于工艺的研究开发。

(3) 资源投入的中间聚积性。

在资源投入方面，模仿创新与率先创新有较大的区别。率先创新面临着新技术和新市场开发的任务，要在创新链的前期（即研究开发阶段）和后期（即市场开发阶段）投入足够的人力物力，因此，率先创新在创新链上的资源分布比较均衡。在某些情况下，为了集中资源进行强势投入，率先创新企业甚至会放弃在创新链中期的投入，如美国的许多公司将生产制造环节转包给国外企业，在本国只保留研究开发和销售部门。模仿创新节省了对新技术探索性开发的早期投入和新市场开发建设的风险投入，因而能够集中力量在创新链的中游环节，即产品设计、工艺制造、装备等方面投入大量的人力和物力，使得创新链上的资源分布向中部聚积。这是模仿创新战略的一个重要特点，也是模仿创新的优势之处。

2. 模仿创新的优势

模仿创新的优势主要表现在技术创新成本低、开辟市场的风险小、能更好地满足市场需求。下面主要从技术、生产、市场三个方面分析模仿创新的优势。

（1）技术方面。

模仿创新企业通过冷静地观察率先创新企业的创新行为，向多个技术开拓企业学习，选择成功的率先创新企业的产品进行模仿改进。模仿创新不涉足未知的探索性领域，而主要从事渐进性的工艺改进、完善和再开发，所以模仿创新能有效地回避研究开发探索的风险。另外，模仿创新还能够回避研究开发竞争的风险。研究开发具有排他性，在一项新技术开发的竞争中，只有率先申请到专利保护的成功者才是合法使用者，其他后来者的成果得不到保护。模仿创新不涉足率先研究开发竞争的角逐，也就能有效地避免这方面的风险。

（2）生产方面。

首先，模仿创新企业将主要的创新投入后移到生产制造等环节，对产品性能的改进、工艺的进步、产品质量的提高等方面予以极高的关注。因此，模仿创新企业的产品在质量、性能等方面都具有竞争优势。其次，相对于率先创新企业，模仿创新企业特有的跟随性使得企业可以在开始阶段就能够降低生产成本、提高生产效率，从而在产品价格方面取得竞争优势。

（3）市场方面。

首先，模仿创新企业可以有效规避市场“沉默期”的风险。大多数创新产品在市场初级阶段都可能要经历一个被用户接受、逐步代替替代品的漫长过程，这一过程被称为市场的“沉默期”。“沉默期”的长短往往决定了率先创新企业的市场生存。模仿创新企业面临的基本都是市场的爆发性发展阶段。其次，由于率先创新企业需要投入大量的人力、物力进行市场宣传，而模仿创新企业可以分享这种市场开发带来的外溢效应。

3. 模仿创新的缺点

模仿创新的主要缺点是被动性。模仿创新企业如果只做先进技术的跟进者，在技术上有时只能被动适应，在技术积累方面也难以进行长远规划。被动跟随和市场定位经常性的变换也不利于营销渠道的巩固和发展。

模仿创新有时还会受到各种壁垒的制约。壁垒可能是自然壁垒，如核心技术信息被封锁，模仿创新难以进行，率先创新企业先期建立的完备的营销网难以突破等；也可能是法律保护壁垒，模仿创新企业有时会和率先创新企业产生知识产权矛盾，产品技术受专利保护的率先创新企业会通过法律保护自身利益，阻碍模仿创新发生。由于这两方面的制约，会使模仿创新活动受到一定程度的影响。

（三）合作创新

合作创新，是指企业间或企业与科研机构、高等院校之间的联合创新行为。合作创新通常以合作伙伴的共同利益为基础，以资源共享和优势互补为前提，有明确的合作目标、合作期限和合作规则，合作各方在技术创新的全过程中或在某些环节上共同投入、共同参与、共享成果、共担风险。在高新技术产业的技术创新活动中，选择合作创新方式的企业较多。

作为一种特殊的经济行为，合作创新与自主创新相比存在着寻找交易对象、沟通、谈判签约、履约、合作失败等方面的资源支出，包括资金、时间、精力的支出等。

根据其组织特征和基本功能，可以把企业合作创新的具体组织形式归纳为五种主要模式：

1. 合同创新模式

合同创新模式，是指以合同形式确定的合作创新模式。通常是由甲方（委托方）提供资金和规定创新目标，乙方（受委托方）提供人力、设备并实施创新过程。创新内容可包括基础研究、应用研究、产品或工艺技术开发以及市场开拓等。合同创新的乙方主体主要是大学、独立研究机构和政府研究开发机构；甲方主体可能是企业、政府或研究开发基金会。

合同创新主要是利用创新的外部分工，弥补内部创新资源不足或资源结构缺陷。对于甲方来说，其优点是不必参与创新过程而能全部享有最终创新成果，利用资金优势加快新技术、新产品、新工艺的开发。其缺点是不能分享或不能完全分享创新过程的信息和经验，这种模式比较适合于非核心技术或通用技术的开发以及非关键产品开发和关键产品的前期开发。

2. 项目合伙创新模式

项目合伙创新模式，是指企业为完成某一特定技术项目的研究与开发，通过合伙投入及合作组织研究与开发过程，共享研究与开发成果的一种合作创新模式。

项目合伙创新模式是企业完全利用外部技术资源和完全利用内部技术资源（如自有实验室）的一种中间形式。这种模式有以下作用：一是在有多个合伙单位共同投入和参与创新过程，使创新的财务风险分散。二是通过合伙的方式，加速了创新所需知识经验的累积，减少了创新的技术风险，增大了创新成功的可能性。三是项目合伙创新模式便于进行一些重大的技术创新活动，并有利于创新的扩散。

当然，项目合伙也有一些问题，如在合伙单位的选择、合作体的管理和成果的分享中都可能存在许多矛盾和困难。

3. 基地合作创新模式

基地合作创新模式是企业在大学或研究机构（包括私人和政府建立的研究机构）建立共同技术创新基地的一种合作创新组织形式。一般由企业提供资金或设备，大学或研究机构提供场地和研究人员。基地提供给企业的往往是中间技术成果和中间产品，同时具有较强的技术培训功能。

基地合作模式是企业在技术上与大学或研究机构形成分工合作关系的一种重要形式。这种模式的作用主要体现在两个方面：一是有利于开展以知识积累为主要特征的基础研究和应用研究。二是有利于接近大学或研究机构正在进行探索的前沿技术，从而有利于企业把握新技术的发展动态，捕捉新的技术信息。

基地合作也存在一些问题，主要是企业一般不参与实际创新过程，因而不能分享创新过程的实际经验，同时基地向企业的技术转让也受多方面因素的影响，不仅受基地的技术能力的影响，而且也受企业技术吸收能力的影响。另外，基地合作往往不以项目为主导，企业合作的效益一般难以准确估价。

4. 研究公司合作创新模式

研究公司合作创新模式是企业合作创新的一种新形式。研究公司是由多个大企业（有时也有中小企业和私人或政府研究机构参加）为增进和加速某一或某些技术领域的创新而共同组建的股份制形式的合作创新组织。这种合作创新模式一般是一个开放的公司系统，参与企业既可按一定程序进入也可按一定程序退出。一个研究公司所选择的创新项目的需求来自多个企业，企业可有选择地参与不同的创新项目。

研究公司合作模式的主要作用体现在以下几个方面：

（1）集聚创新资源的功能。

在共同的利益和目标下，创新资源可从各成员企业或持股单位向研究公司集聚，这使得研究公司能集中资源、集中时间、集中人才完成一些规模大、技术复杂、周期长、投入多的靠单个企业无法完成的创新项目。

（2）组合创新资源的功能。

研究公司可以根据创新项目对资源的需求情况，对成员企业或持股单位提供的创新资源进行重新组合。

（3）技术转让和技术培训功能。

创新过程的最大特点是它不仅是一个创新成果和创新知识的生产过程，而且是一个创新组织和创新人才的升级过程。创新过程的终结不仅形成有形的创新成果和无形的创新经验，而且形成高质量的创新人才和高质量的管理组织。

除了上述几种模式之外，20 世纪 70 年代以来，为促进某一或某些技术领域的发展，以大企业为主体联合中小企业及其他私人或政府机构共同出资，建立一定规模的创新风险基金的合作创新模式也得到迅速发展。

综上所述，合同创新模式属于分散式合作创新；基地合作创新模式、研究公司合作创新模式属于集中式合作创新；项目合伙创新模式中一部分属于分散式合作创新，一部分属于集中式合作创新。

四、技术创新评价

技术创新的评价是指对技术创新开发的过程及成果进行全面审查、综合分析和比较鉴别。其目的主要是为新技术的采用、改进、应用和推广提供科学依据。

（一）技术创新评价的内容

1. 技术价值的评价

这主要是从技术角度做出评价，包括两项内容：一是技术的先进性，如技术的指标、参数、结构、方法、特征，以及对科学技术发展的意义等。只有创新才能保证所开发的技术成果具有先进水平，创新是技术开发中选题与成果评价的重要依据。二是技术的适用性，如技术的扩散效应、相关技术的匹配、实用程度、形成的技术优势等。

2. 经济价值的评价

这主要是对技术的经济性做出评价，保证用户在使用技术成果过程中的经济合理；能够为生产企业带来生产经营的经济效益。其评价是多方面的，可以从市场角度进行评价，如市场竞争能力、需要程度、销路等；也可以从效益上进行评价，如新技术的投资、成本、利润、价格、回收期等。

3. 社会价值的评价

这主要是对技术从社会角度上做出评价。如新技术的采用和推广应符合国家的方针、政策和法令，要有利于保护环境和生态平衡，有利于社会发展、劳动就业、社会福利以及人民生活水平的提高、合理利用资源等。

（二）技术创新评价的方法

1. 经济评价法

其基本原理是对技术创新项目的预计收益（或盈利）与该课题的预计费用（或成本、投资）进行对比，计算课题收益率。计算公式如下：

$$E=\frac{M}{Y}\times P$$

式中，E 表示课题收益率；M 表示课题的预计收益额；Y 表示课题的预计研究开发费用；P 表示课题开发的成功概率。

M 值和 P 值一定，Y 值越小，或者 Y 值与 P 值一定，M 值越大，则 E 值越大，说明研究开发的经济效果越好，就越可取。

2. 综合评价法

这是在定量分析的基础上，从系统的整体概念出发，综合各种因素的评价方法。评价的因素要依据技术开发的情况而定。对每一个评价因素给予一定的权重，然后根据其评分等级给予相应分数，最后计算出加权之和，即总分，依据总分决定课题的优先顺序或应用的可能，具体见表 12-1。

表 12-1　综合评价表

评价因素①	评价因素权重②	评分等级③	各等级分数④	评价因素得分 ⑤=②×④
研究开发的重要程度	0.15	1. 非常重要 2. 重要 3. 一般	15 10 5	
成果的先进性	0.2	1. 达到世界先进水平 2. 达到国内先进水平 3. 达到本地区先进水平 4. 创企业先进水平	20 15 10 5	
成果的适应性	0.2	1. 适应 2. 努力后才适应 3. 非常努力才适应	15 10 5	

续前表

评价因素①	评价因素权重②	评分等级③	各等级分数④	评价因素得分⑤=②×④
成果的危害性	0.1	1. 无 2. 基本没有 3. 有	15 10 5	
成功概率	0.1	1. 大 2. 中 3. 小	15 10 5	
经济效益	0.15	1. 年创利润百万元以上 2. 年创利润 50 万元左右 3. 年创利润 10 万元左右	15 10 5	
开发周期	0.1	1. 短 2. 中 3. 长	15 10 5	
总计	1.0			

第三节 企业可持续成长

阿里·德赫斯在《长寿公司》中指出，在企业全球化和知识化的年代，经营环境持续动荡，技术变革加速，经验的重要性不断降低，企业生存发展所面临的挑战越来越多，而持续成长是企业在日益激烈的竞争中的生存方式。

一、可持续成长企业

从理论上讲，企业具有人造系统的特性，是法人而不是自然人，这是企业能够实现可持续成长的客观条件。企业内部系统是可以改造的，它可以根据目的和企业内外环境的变化，进行适应性的改造。企业的生命力取决于整个系统对外部环境的适应性，只要企业系统能依据环境条件的变化及时而有效地变革和改造，就可以避免衰退和死亡。

可持续成长，是指企业在一个较长的时期内由小变大、由弱变强的不断变革的过程。其特征包括以下三点：

（1）持续性。可以用超过业界企业平均寿命作为持续性的基本衡量尺度。我国很多企业不到 5 年就夭折了，10 年以上的企业就算是长寿了。从持续性的角度考察，这些企业都达不到可持续成长。

（2）成长性。可以用企业的各种经济业绩作为尺度来说明由小变大、由弱变强的成长。

（3）变革。这是企业可持续成长的状态性指标。里查德·德埃芬尼在《超竞争》中指出，产品或技术更新的速度越来越快，再也不存在永久的竞争优势，持续竞争优势不在于固执死板地执行一个集中的五年计划，而是一系列互相嵌套的短期战略的结果。那些长盛不衰、持续成长的优秀企业，能够适应环境的变化，及时有效地进行组织变革。

一般来说，同时具备以上可持续成长三个特征的企业，就属于可持续成长企业。有些企业一直在活着，但它们不一定在成长；有些企业创立后扩张很快，几年内就成了知名企业，但很快又由于战略失误或运气不佳销声匿迹了，这些企业属于超速成长但短命的企业，我们说这样的企业有成长而没持续。

所谓**成长型企业**，是指那些在一定时期内（一般为3～5年），具有持续挖掘未利用资源能力，不同程度地呈现整体扩张态势，未来发展预期良好的企业；而非成长型企业，是指那些在一定时期内未能有效利用资源，企业整体发展弱化或呈现整体萎缩态势，未来发展预期不明或总体看淡的企业。例如，我国新创企业大量集中于餐饮、批发与零售服务、低端消费品制造领域，这些领域门槛低、竞争激烈、需求变化快，创业者难以打造差异化优势以实现长期发展。

根据企业成长过程中的不同状态，还可以将成长型企业划分为超速成长、渐进成长和缓慢成长三种类型；将非成长型企业划分为缓慢衰退、渐进衰退和快速衰退三种类型。

机会、人才、技术和产品是企业成长的四种主要牵引力，它们之间存在着相互作用。一般来讲，机会牵引人才，人才牵引技术，技术牵引产品，产品牵引更多更大的机会。只要加大这四种力量的牵引力度，并保持它们之间的良性互动，就会加快企业成长。

从资源有效利用的角度看，企业成长就是企业不断挖掘未利用资源而持续实现潜在的价值，大企业不过是自然成长的结果而已。从结果来看，可持续成长企业一定是长寿企业。

小资料

中国企业平均寿命为什么短?

与欧美国家相比，中国企业的平均寿命要短得多。有抽样调查显示，中国民营企业平均寿命仅3.7年，中小企业平均寿命只有2.5年；而在美国与日本，中小企业的平均寿命分别为8.2年、12.5年。中国大企业的平均寿命是8年，欧美大企业平均寿命长达40年，日本大企业平均寿命有58年。中国“百年老店”的数量更是远不及发达国家。

（资料来源：刘兴国. 中国企业平均寿命为什么短.（2016-06-01）[2017-12-30]. http://www.ce.cn/xwzx/gnsz/gdxw/201606/01/t20160601_12370561.shtml.）

我国中小企业普遍缺乏创新意识，不愿意进行创新与设备改造投入，企业产品与服务附加价值低，盈利空间有限，难以通过自我积累实现持续发展。受创业者素质影响，新创企业管理水平偏低，大量中小企业内部管理混乱，缺乏风险管控能力；大量创业行为是出于短期盈利动机，机会驱动与逐利特征显著，企业缺乏长远发展谋划，不关注人员培训与生产、服务能力提升，不重视产品、服务品质以及客户关系管理，品牌建设与社会责任更

是无从谈起。

世界上持续优秀和卓越的公司为数不少。在詹姆斯·柯林斯和杰里·波拉斯合著的《企业不败》一书中，罗列了一批像通用电气、3M、波音、IBM、运通、福特、惠普、强生、宝洁、迪斯尼、沃尔玛等世界级著名公司。人们对这些公司持续优秀的评价不只是来自其业绩，更多的是来自其形象：有 40 年以上的历史；在行业中首屈一指；得到人们的普遍赞誉；给世界留下了永不磨灭的印记；经历了一代又一代的领导人。从我国不少优秀企业的成长性与持续性态势看，它们将来成为世界级可持续成长企业的可能性极大，如海尔、小米、联想、华为、阿里巴巴、腾讯等。

二、企业成长的标志

企业成长理论的创始人英国人伊迪丝·彭罗斯（E. T. Penrose）认为，企业成长理念的内核可以简单地表述为：企业是建立在一个管理性框架内的各类资源的集合体，企业的成长主要取决于能否更为有效地利用现有资源。

企业的成长不只是企业规模的扩大或者企业员工人数的增多，而是体现在很多方面，其中财务、战略和组织的增长是企业最重要的成长标志。

（一）财务增长

财务增长意味着企业业绩的增长，包括销售收入、投资、利润以及资产的增长。衡量企业业绩，除了上述绝对指标之外，还应考虑相对指标，如净资产利润率、人均利润率、销售利润率、资金周转率等，这些是体现企业经营效率和管理水平的重要标志。这些数据可以表明企业财务增长的状态、幅度和趋势，可以用来与其他企业进行比较，从而对企业的投资者和管理者的决策产生影响。

（二）战略增长

战略增长，是指企业在环境分析和自身资源与能力分析的基础上更加明确企业的发展方向、目标和实现目标的方式，即企业已经建立起竞争优势以参与市场竞争和实现持续成长。企业竞争优势的获得，是通过竞争性的成本、高质量的产品、速度和创新来实现的。

美国的戴尔电脑公司，不仅其制造成本是行业内最低的，而且注重质量改进，质量方面在业内排名处于前列。它通过直销方式保持供货的快速，并且不断创新，来满足顾客不断变化的需要。

具有清晰有效的企业战略并且已经构建了企业赖以成功的竞争优势，是企业健康成长的一个重要特征。

（三）组织增长

组织增长表现为组织结构的变革，也就是在组织机构和相互关系方面发生变化。从创立初期的非正式化、简单化发展为正式化、复杂化，表现为企业组织机构的增多、规范相互关系的制度增多、管理层次的增多，导致企业组织机构变得庞大。随着 ERP 的导入及企业流程再造的推进，官僚化的企业组织结构实现了简化和扁平化。

企业组织增长表明企业实力的增强和素质的提高，是企业继续成长的基础和条件。

如果没有健康和运行有效的组织的支撑，企业的财务业绩可能只是昙花一现，不能保持下去，企业的战略就不能得到有效的贯彻执行。因此，组织的增长是企业成长的重要特征。

综上所述，企业的成长是财务、战略和组织三个方面的共同增长，是同一成长过程的不同侧面，要注意它们之间的相互协调关系。

三、企业可持续成长的条件

企业成长所需要的基本资源主要有人力（man）、财力（money）、物力（material）、市场（market）、设备与技术（machine）五种（5M）（见图 12－1）。企业成长的要素，一般包括资本、技术、人才、企业制度、管理与组织创新，企业家的创新能力对各种要素起着整合作用，而资本是企业存在的前提和维持企业正常运转的基本条件。

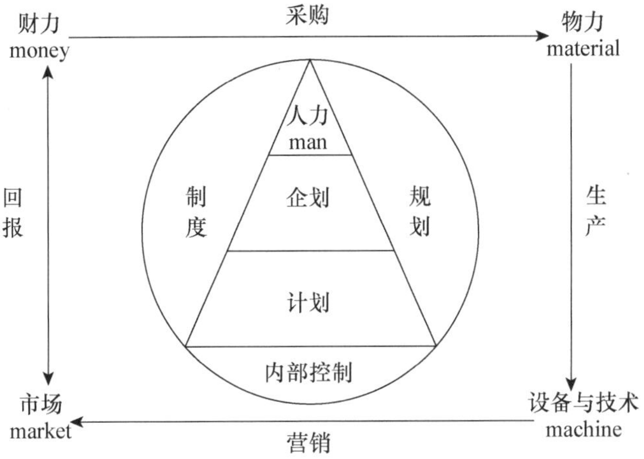

图 12－1　企业成长所需要的基本资源

除了这些基本资源和要素之外，企业可持续成长还需要一些必要的条件。

（一）企业运营能力的成长不能低于企业所从事的事业规模（或复杂性）的成长

一个企业扩张的程度，以及能否抓住机遇，取决于以企业的管理队伍素质和管理控制能力为核心的运营能力。

企业要实现可持续成长，就不能一味地追求扩张。当企业的竞争能力或管理能力大于其所从事的事业规模（投资规模、人员规模、市场规模）时，该企业就可能从容地进行经营并具有持续成长的潜在力；反之，就可能失去可持续成长的能力。当扩张不能有效地提高组织的效率时，企业就应放缓扩张的步伐，放弃一些机会，转而致力于运营能力的提升。

现实中，事业规模（或复杂性）在一定程度内超越企业能力，一般不会对企业可持续成长造成大的影响。但如果大幅度或长期超越的话，企业可能会因能力不足而失败。近年来，脱离实际、违反规律的所谓超速成长，过度追求快速扩张的“巨婴型”企业和过度多元化经营的“到处伸手型”企业，失败与短命的原因基本源于此。

因此，企业追求可持续成长并非追求成长速度的最大化，而是追求在一定利润水平之上的合理成长速度。可持续成长的速度标准不是来自股东或所有者的要求，而是来自企业本身生存的需要。比如，企业成长速度要达到和保持高于行业平均速度，或高于行业中主要竞争对手的成长速度。

（二）知识资本的增值大于财务资本的增值

一个企业的成长，除了基本资源和基本要素之外，还需要知识资本，甚至有些优秀企业摆脱了成长过程中对基本资源的过度依赖。华为认为，一个企业要从必然王国走向自由王国，就必须摆脱对人才的依赖、对资金的依赖、对技术的依赖，要依靠的是一种能不断激励员工，使员工做出可持续贡献的知识资本化机制，使劳动、知识以及企业家的管理得到体现和回报。通过这种机制构建知识资本平台，形成不断增值和吸引人才、资金和技术的支撑点，就可能实现知识资本的增值大于财务资本的增值。

（三）文化是企业实现可持续成长的重要保证

企业是做百年老店，还是追求短期利益“打一枪换一个地方”，两种追求体现不同的企业文化和核心价值观，直接影响着企业的成长状态。世界上著名的长寿公司有一个共同特征，就是它们都有一套坚持不懈的核心价值观，有一种崇拜式的企业文化，有一种有意识地灌输核心价值观的行为。所以，没有文化的企业难以实现可持续成长。文化不解决企业盈利问题，但文化解决企业成长可持续的问题。

从这个意义上来说，中国企业能否不断成长，成为世界级企业，成为百年老店、长寿公司，取决于企业制度的改革、管理与技术创新、价值设计和企业家的职业精神与道德重塑，与企业文化建设的成败有着密切关系。

本章内容小结

（一）创业的条件与商业计划书

（二）技术的概念、特点及创新类型

（三）影响技术创新活动成败的基本因素

（四）技术创新能力的评价方法

（五）企业可持续成长的可能性及条件

参考文献

［1］刘仲康，郑明身．企业管理概论．武汉：武汉大学出版社，2005.

［2］冯俊华．企业管理概论．北京：化学工业出版社，2006.

［3］赵有生．企业管理．北京：电子工业出版社，2007.

［4］杨乃定．企业管理理论与方法．北京：机械工业出版社，2004.

［5］张振刚．企业管理实务．北京：化学工业出版社，2004.

［6］李海波．企业管理概论．上海：立信会计出版社，2001.

［7］曾旗，雷思友．企业管理学．北京：中国矿业大学出版社，2006.

［8］韩福荣．现代企业管理教程．北京：北京工业大学出版社，2004.

［9］姚顺波．现代企业管理学．北京：科学出版社，2004.

［10］王关义，等．现代企业管理．北京：清华大学出版社，2004.

［11］徐盛华，等．现代企业管理学．北京：清华大学出版社，2004.

［12］肖祥伟．企业管理理论与实务．广州：中山大学出版社，2007.

［13］邢以群．管理学．北京：高等教育出版社，2007.

［14］王利平．管理学原理．北京：中国人民大学出版社，2017.

［15］罗宾斯．管理学．北京：中国人民大学出版社，2012.

［16］迈克尔·波特．竞争战略．北京：华夏出版社，1997.

［17］赵淑华，臧维．战略管理与伦理．北京：中国财政经济出版社，2012.

［18］汤姆森·斯迪克兰德．战略管理：概念与案例：第 10 版．北京：北京大学出版社，2000.

［19］彼得·圣吉．第五项修炼．上海：生活·读书·新知三联书店，1994.

［20］戴维·J. 科里斯．公司战略．北京：中国人民大学出版社，2001.

［21］闫笑非．技术经济与管理．北京：中国经济科学出版社，2005.

［22］［美］项目管理协会．项目管理知识体系指南：第 5 版．北京：电子工业出版社，2013.

［23］格雷戈里·T. 豪根．有效的工作分解结构．北京：机械工业出版社，2005.

［24］杰克·R. 梅雷迪思，小塞缪尔·J. 曼特尔．项目管理：第 7 版．戚安邦，等译．北京：中国人民大学出版社，2011.

［25］李涛．项目管理：第 2 版．北京：中国人民大学出版社，2009.

［26］郭国庆，钱明辉．市场营销学通论：第 4 版．北京：中国人民大学出版社，2011.

后　记

经全国高等教育自学考试指导委员会同意，由经济管理类专业委员会负责高等教育自学考试工商企业管理专业教材的审定工作。

《企业管理概论》自学考试教材由北京石油化工学院闫笑非教授担任主编，参加编写的人员有：张小红教授（第一、二章）、闫笑非教授（第三、四、七章）、李祇辉副教授（第九章）、杨钟红副教授（第六、十章）、曹淑艳副教授（第十二章）、卢君副教授（第五、六章）、张传统副教授（第八章）、叶江鸿讲师（第十一章）、边策讲师（第七章）。全书由主编闫笑非教授统稿。

参加本教材审稿讨论会并提出修改意见的有：中国人民大学秦志华教授、北方工业大学吴振信教授、中国人民大学邓子梁副教授。法国 AEC 公司曾宪山先生对第七、八、十二章内容提出了重要修改意见，包头财经信息职业学校王琦凡老师对部分内容提出了修改建议。

对于编审人员付出的辛勤劳动，在此一并表示感谢。

全国高等教育自学考试指导委员会
经济管理类专业委员会
2018 年 1 月